Exilforschung · Ein internationales Jahrbuch · Band 22

I0130885

EXILFORSCHUNG

EIN INTERNATIONALES JAHRBUCH

Band 22
2004
BÜCHER, VERLAGE, MEDIEN

Herausgegeben im Auftrag der
Gesellschaft für Exilforschung / Society for Exile Studies
von Claus-Dieter Krohn, Erwin Rotermund,
Lutz Winckler und Wulf Koepke
unter Mitarbeit von Ernst Fischer

edition text + kritik

Prof. Dr. Claus-Dieter Krohn
Mansteinstr. 41
20253 Hamburg
email: cdkrohn@web.de

Prof. Dr. Ernst Fischer
Johannes Gutenberg-Universität
Institut für Buchwissenschaft
Welderweg 18
55099 Mainz
email: efischer@mail.uni-mainz.de

Satz: Fotosatz H. Buck, Kumhausen
Druck und Bindung: Bosch-Druck, Landshut
Papier: säurefrei, aus chlorfrei gebleichtem Zellstoff hergestellt;
alterungsbeständig im Sinne von DIN-ISO 9706
Umschlag-Entwurf: Thomas Scheer/Konzeption: Dieter Vollendorf
© edition text + kritik im Richard Boorberg Verlag GmbH & Co KG, München 2004
ISBN 3-88377-777-3

Eine detaillierte Auflistung aller bisherigen Beiträge in den Jahrbüchern
EXILFORSCHUNG sowie ausführliche Information über alle Bücher
des Verlags im Internet unter: www.etk-muenchen.de

Inhalt

Vorwort

Die bisher erschienenen Jahrbücher haben unter verschiedenen Themenschwerpunkten Exilanten einzeln oder in Gruppen vorgestellt und deren Lebensschicksal, Tätigkeit oder Werke interpretierend in den historisch-politischen Kontext eingeordnet. Immer ging es dabei um intellektuelle, literarische oder künstlerische Leistungen und um Fragen einer mehr oder minder problemsensitiven Wahrnehmung und Verarbeitung der spezifischen Situation. Dieses methodische Vorgehen, einerlei ob es geistes-, sozial- oder kulturwissenschaftlich bestimmt war, hat zwar immer wieder auch die Rezeptionsbedingungen und -möglichkeiten mit eingeschlossen, das vermittelnde Medium allerdings wurde selten zum eigenständigen Gegenstand der Analyse. Die materielle Seite des Kommunikationsprozesses, die Herstellung und Verbreitung von Büchern, Broschüren oder Zeitschriften blieb damit weitgehend unbeachtet.

Erstmalig wird nun das Buch als Medium zum thematischen Schwerpunkt des Jahrbuchs gemacht, im Anschluss an die im März 2003 in Mainz abgehaltene Jahrestagung der Gesellschaft für Exilforschung. Eine Begründung für diese Wahl muss kaum gegeben werden, sie ergibt sich gleichsam von selbst aus dem Blick auf die Aktivitäten des Exils, die in einem hohen Maß und in vielfältigster Weise mit dem Gebrauch gedruckter Medien verbunden gewesen sind. Für die Exilierten nach 1933 waren Buch und Zeitschrift die wichtigsten Instrumente der politischen Aufklärung und Waffen im Kampf gegen den Nationalsozialismus. Mit der Bücherverbrennung war vom NS-Regime am 10. Mai 1933 das Fanal für die Vernichtung des Geistes in Deutschland gesetzt worden, ein symbolischer Akt, der vom »anderen Deutschland« sogleich aufgenommen und als Ausdruck der Kulturbarbarei strategisch gegen den Nationalsozialismus gewendet wurde. Die Gründung der Deutschen Freiheitsbibliothek in Paris im Mai 1934 und zahlreiche Veranstaltungen in den folgenden Jahren dokumentieren den Anspruch des Exils, die humanistische Tradition zu bewahren. Wie sehr die Exilanten ihrerseits von der symbolischen Kraft des Buchs Gebrauch zu machen suchten, zeigen die Tendenzen der Mythisierung und Metaphorisierung des Mediums, die sich in vielfältigen Zusammenhängen und auch in literarischen Werken u.a. von Anna Seghers, Bertolt Brecht oder Walter Mehring beobachten lassen.

Das »freie deutsche Buch« wurde zu einem Marken- und Erkennungszeichen der publizistischen Gegenwelt des Exils, besonders in Frankreich, wo dieses Schlagwort sich zu einem über die politischen Fraktionen hinweg konsensfähigen, kulturpolitischen Konzept konkretisierte. Im Zeichen des

»freien deutschen Buchs« und daraus abgeleiteter Prägungen wurden Ausstellungen veranstaltet, bibliografische Zusammenstellungen vorgenommen, Verlage und Zeitschriften gegründet, eine antifaschistische Offensive, eingebettet in ein Netzwerk von Druckereien, Buchhandlungen, Antiquariaten und Leihbibliotheken, das bis 1938 eine bemerkenswerte Dichte erreichte und damit erkennen lässt, dass die Grenzen zwischen ökonomischem Interesse und den zu vermittelnden politischen Botschaften durchaus fließend waren. Zugleich illustriert diese Bestandsaufnahme, wie erfolgreich literarische und politische Aufklärung hätte wirken können, wenn die Chancen hierfür nicht von den Exilanten selbst vertan worden wären. Der Beitrag über die hinter den Kulissen der Zeitschrift *Das Neue Tage-Buch* geführten Volksfront-Kontroversen lässt die Zerklüftungen hervortreten, die um 1937 die Medienlandschaft des Exils kennzeichneten, und erhellt damit die Gründe für das tragisch-untragische Scheitern der publizistischen Offensive des Exils. Wie sich nach Ende der NS-Herrschaft das Blatt gewendet hatte, dokumentiert exemplarisch die Geschichte des 1950 in Düsseldorf gegründeten Progress-Verlags, der jene Tradition wieder aufzunehmen suchte. Geleitet von dem ehemaligen Generalsekretär des Freien Deutschen Kultur-Bundes im Londoner Exil wurde dessen Buchproduktion nach dem KPD-Verbot alsbald Gegenstand der Aktivitäten des bundesdeutschen Verfassungsschutzes.

Verbannung ins Exil zielt auf Ausgrenzung und Vereinzelung, auf die Entfernung von Oppositionellen aus ihrem gesellschaftlichen Umfeld. Dass dieses auch vom NS-Regime verfolgte Kalkül nicht aufging, verdankt sich nicht zum wenigsten den mehr als 800 Exilverlagen, die für die aus Deutschland vertriebenen Autorinnen und Autoren neue Publikationsmöglichkeiten schufen und sie so vor dem Verstummen bewahrten. Die Existenz dieser Verlage stellte ohne Frage eine entscheidende Voraussetzung dar für die Herausbildung einer politischen und literarischen Öffentlichkeit, letztlich auch für die Entstehung einer deutschsprachigen Exilliteratur, die ihrem Umfang wie ihrem Rang nach als singuläres Phänomen angesehen werden kann. Über die bedeutenderen und auch einige kleinere Exilverlage gibt es zwar zum Teil eingehende Darstellungen, exemplarisch genannt seien nur Allert de Lange und Querido in Amsterdam, Oprecht in Zürich, Bermann-Fischer in Wien, dann in Stockholm oder die Pazifische Presse in Los Angeles, doch ist das Bild alles andere als vollständig. Ergänzend, gelegentlich auch kontrastierend dazu wird hier am Beispiel von ausgewählten und zuweilen weniger bekannten Verlagen der Frage nachgegangen, wer hinter diesen Initiativen stand, welche Motive damit verbunden waren und wie die praktische Verlagsarbeit unter den erschwerten Bedingungen des Exils ausgesehen hat: Nach welchen Kriterien fielen die Publikationsentscheidungen in den Exil-Verlagen, welche Rolle spielten dabei unternehmerische Gesichtspunkte im Verhältnis zu idealistischer Motivation oder (partei-)politischer Taktik? In welchem Maße agierten die Verlage autonom, oder standen Geld- und Auftraggeber hinter ihnen? In all diesen Fragezusammenhängen gibt es noch Entdeckungen zu machen, wie das Beispiel des Luxemburger Malpaartes-Verlag beweist, der 1934–1938 der deutschen Literaturemigration offen stand. Ebenso erhellend ist der Blick auf die Umstände der Entstehung und Führung des Verlags El Libro Libre, einer genossenschaftlichen Gründung der kommunistischen Schriftstellerkolonie in Mexico City, mit 25 Veröffentlichungen der erfolgreichste Exilverlag der zweiten, überseeischen Exilphase.

Die Reihe der bislang ungenügend diskutierten Fragen ist aber noch zu ergänzen: Wie stellte sich die logistische und ökonomische Problematik dar, wenn deutschsprachige Bücher in der anderssprachigen Umwelt der Zufluchtsländer oder in weiträumiger, grenzüberschreitender Distribution verbreitet werden sollten? Wie konnten Werke der Exilautoren in Übersetzungen den einheimischen Lesern bekannt gemacht werden? Einige der nachstehenden Beiträge machen deutlich, wie kommerzielle Notwendigkeiten die Verlage zu Kooperationen und Partnerschaften zwangen (die freilich nur temporär erfolgreich betrieben werden konnten) oder wie sich amerikanische Verleger wie Alfred A. Knopf für Werke der deutschen Exilliteratur engagierten bzw. welche Verständnisschwierigkeiten diesem Engagement auf dem entschieden kommerziell orientierten US-Markt Grenzen setzten.

Absatzorientierung und Marketingerwägungen bestimmten auf dem amerikanischen Buchmarkt auch die äußere Gestaltung der Bücher, anders als in Europa, wo die Ausstattung stärker den Buchinhalt reflektierte oder Prinzipien einer eigenständigen Ästhetik verfolgte. Diese Erfahrung machten die deutschen Buchgestalter und Buchillustratoren, die sich in die Vereinigten Staaten geflüchtet hatten und dort versuchen mussten, ihr in Deutschland erworbenes handwerkliches und künstlerisches Know-how in die berufliche Wiederetablierung einzubringen. Dass dies mit recht unterschiedlichem Erfolg gelang, zeigt sich an ausgewählten Beispielen, an denen zugleich deutlich wird, wie schmal der Grat zwischen Anpassung und Verweigerung auf der einen Seite, Anpassung und Überanpassung auf der anderen Seite war. Einen Transfer amerikanischer Geschäftspraktiken nach Europa kann man dagegen im Bereich der Literarischen Agenturen beobachten, die nach 1945 mit einem Zentrum in Zürich beträchtliche Bedeutung in der Organisation des internationalen Verlagslizenzverkehrs gewannen. Mit an der Spitze dieses von deutschen Re- und Emigranten geleisteten Transfers stand Ruth Liepman, der als einer »Anwältin der Autoren« ein Beitrag gewidmet ist.

Erfolgreichen Karrieren stehen Geschichten vom Scheitern in der Fremde gegenüber, so im Falle des Kunsthistorikers und Museumsdirektors

Alexander Dorner, einer schillernden Figur. Dorner, der in den USA – wie zuvor in Hannover – eindrucksvolle museologisch-kunstpädagogische Konzepte realisierte, wurde das Opfer seiner widersprüchlichen, jedenfalls missverständlichen Haltung vor der Emigration und einer Akkulturationsverweigerung, mit der er sich den Weg zu einer Weiterführung der Berufslaufbahn endgültig selbst versperrte.

In den vergangenen Jahren hat mit der Debatte um den nationalsozialistischen Kunstraub auch die Frage nach dem Bücherraub vermehrt Aufmerksamkeit gefunden. Neben Bibliotheken v. a. in den eroberten Gebieten sind zwischen 1933 und 1945 in einer vorerst unübersehbaren Anzahl Bücherbestände und -sammlungen aus privatem jüdischem Besitz – von emigrierten oder im Holocaust ermordeten Juden – das Opfer von Beschlagnahmungsaktionen geworden: Viele Millionen Bücher sind damals quer durch Europa verschoben oder vernichtet worden. Angesichts dieser buchgeschichtlich einschneidenden Vorgänge scheint es angebracht, in diesen Band einen Beitrag über den aktuellen Stand der Erforschung dieses organisierten Bücherraubs und der nach 1945 unternommenen Restitutionsbemühungen aufzunehmen, in diesem Fall aus österreichischer Perspektive.

In den Bereich des Antiquariatsbuchhandels und zugleich auf das Gebiet des Fortlebens des Exils führen schließlich die Zeitzeugenberichte Joseph Suschitzkys, eines aus Wien vertriebenen Verlegers und Buchhändlers, der 1945 in London ein Antiquariat aufbaute, das 25 Jahre lang einen Treffpunkt für emigrierte Bücherliebhaber und Sammler, für Schriftsteller und Literaturinteressierte, für Wissenschafter und Intellektuelle bildete; mit der Schließung des Geschäfts 1971 ging ein Stück deutschsprachiger Emigrationskultur in Großbritannien zu Ende.

Die Rolle von Buch und Zeitschrift in den Kommunikationsverhältnissen des Exils ist mit den Beiträgen des vorliegenden Bandes an vielen Punkten erhellt worden. Sichtbar geworden ist dabei auch, dass sich unter dem Druck der kulturellen Selbstbehauptung des über viele Länder zerstreuten deutschsprachigen Exils erstaunlich rasch ein Literatur- und Medienbetrieb von beträchtlicher Intensität ausgebildet hat, komplexe Strukturen einer Gegenöffentlichkeit, deren vielfältige Elemente – vom Buchbesprechungswesen über literarische Preisausschreiben bis zu Buchgemeinschaftsprojekten – zukünftiger Forschung noch reichlich Stoff bieten. Da die Frage nach dem Medium Buch und seiner spezifischen Funktion in der Ausnahmesituation der Vertreibung unterschiedlichste Fachinteressen berührt, ist davon auszugehen, dass im Umkreis der Exilforschung dieses Thema immer wieder aufgegriffen werden wird.

Hélène Roussel

Bücherschicksale

Buchsymbolik, literarische Buch- und Bibliotheksphantasien im Exil

»Durch Licht zur Nacht«, so hieß eine der ersten öffentlichen Reaktionen aus dem Exil auf die Bücherverbrennungen: die Fotomontage von John Heartfield, die am 19. Mai 1933 in der *AIZ*, der *Arbeiter-Illustrierte-Zeitung* erschien.[1] Auf dem Bild vernichten die Flammen, die im Hintergrund die Reichstagskuppel angreifen[2], im Vordergrund auch Bücherstapel, auf denen Marx' *Kapital*, Remarques *Im Westen nichts Neues*, Theodor Pliviers *Der Kaiser ging, die Generäle blieben*, Thomas Manns *Zauberberg*[3] sowie Johannes R. Bechers *Ein Mensch unserer Zeit*, Jaroslaw Hašeks *Schwejk*, Ilja Ehrenburgs *Die heiligsten Güter* und ein Band von Egon Erwin Kisch mit unleserlichem Titel noch zu erkennen sind. Ehrenburgs Roman handelt witzigerweise von dem berühmt-berüchtigten Zündholzkönig Ivar Kreuger, dessen Wirtschaftsimperium 1932 in einem riesigen Bankrott untergegangen war. Durch die Assoziationen weckende Wirkung der Montage werden aber auch die »heiligsten Güter« als die höchsten Werte schlechthin durch die Vernichtung dieses einen Buchs symbolisch dem Flammentod übergeben. Die Palette der hier vorgeführten Bücher dokumentiert die verschiedenen Traditionen, die dem Zerstörungswillen der Nazis anheimfielen, nämlich die des Marxismus, des Pazifismus und des Humanismus, und zwar in ihrer jeweils gesellschaftskritischen Ausformung. Die von Heartfield getroffene Auswahl weist auch darauf hin, dass Bücher deutscher und ausländischer, jüdischer und nicht jüdischer Autoren vernichtet wurden. Dass dabei mindestens zwei Schutzumschläge von ihm selbst gestaltet worden waren und mindestens drei aus dem Malik-Verlag stammten, sollte meines Erachtens nicht so sehr als Eigenwerbung denn als nahe liegende, sich in der Exilsituation anbietende praktische Lösung verstanden werden.[4]

Unten links auf der Fotomontage macht Goebbels mit erhobenem Zeigefinger ein viel sagendes Handzeichen, das zugleich Hitlergruß, Signal zur Büchervernichtung und Ankündigung seiner sie begleitenden Rede sein mag. Unten rechts steht eine Blechkanne der Marke: »Deterding-Goering & Co. prima Brandstifter-Oel«, was die Urheber der Brandstiftung an Reichstag und Büchern unmissverständlich anzeigt, nämlich die Nationalsozialisten als Handlanger des internationalen Großkapitals (hier durch Henri Deterding[5] vertreten, den Leiter des führenden europäischen Erdölunternehmens, des Royal-Dutch-Shell-Konzerns).

Das Symbol des läuternden Feuers, aus dem der nationalsozialistische Geist emporsteigen soll, wird in eine Anklage gegen Nazis und Großkapitalisten umgekehrt. Dabei teilen sich die Großkapitalisten die Rollen un-

DURCH LICHT ZUR NACHT

Also sprach Dr. Goebbels: Laßt uns aufs neue Bründe entfachen, auf daß die Verblendeten nicht erwachen!

Abb. 1: Fotomontage John Heartfields, AIZ Nr. 18, 1933

tereinander auf. Als Erdölproduzent hat Henri Deterding das von Göring benutzte »Brandstifteröl« hergestellt, während Ivar Kreuger, der für Ehrenburgs Romanhelden Pate steht, als Zündholzkönig die Zünder geliefert hat, bevor er selbst als Zauberlehrling (hier symbolisch als Buch und im Brand) unterging. Beschwört Goebbels angesichts der Bücherverbrennung: »Hier sinkt die geistige Grundlage der November-Republik zu Boden, aber aus diesen Trümmern wird sich siegreich erheben der Phönix eines neuen Geistes – eines Geistes, den wir tragen, den wir fördern und dem wir das entscheidende Gewicht geben und die entscheidenden Züge aufprägen!«[6], so signalisieren laut Heartfield diese Flammen eine Rückkehr zu Dunkelmännertum und Barbarei: Die lapidare Formel »Durch Licht zur Nacht« deckt den gewaltigen geistig-politischen Rückschritt zur Finsternis vormoderner Zeiten und die Annullierung humanistischer Grundprinzipien auf, die der mythisch-symbolischen Geste der Bücherverbrennungen zugrunde liegt. Die von Goebbels wortreich beschworene Erneuerung darf die Leserschaft der *AIZ* – die exilierte in erster Linie und eventuell auch die inländische, da die *AIZ*-Redaktion damals noch stark auf illegale Verbreitung in Deutschland setzte – über die keineswegs nur symbolisch gemeinte Vernichtung der aus dem *Esprit des Lumières* hervorgangenen modernen kritischen Kultur von Demokratie, Arbeiterbewegung und Pazifismus nicht hinwegtäuschen.

Die Warnung vor dem unter der Parole der Erneuerung verschleierten Kahlschlag wendet sich auch an die internationale Öffentlichkeit. Darüber hinaus legt Heartfield den Zusammenhang zwischen Reichstagsbrand und Bücherverbrennungen bloß und stellt beide Aktionen als komplementäre Seiten einer und derselben Politik vor, bei der Göring und Goebbels mit verteilten Rollen agieren. Die Bildunterschrift betont die Gewaltsamkeit, den zerstörerischen Charakter der NS-Politik nicht als Akzidens, sondern als grundlegende Eigenschaft: »Also sprach Dr. Goebbels: Laßt uns aufs neue Brände entfachen, auf daß die Verblendeten nicht erwachen!« Dadurch verkehrt diese Unterschrift die am 10. Mai 1933 positiv eingesetzte Lichtmetaphorik in ihr Gegenteil: Die Brandstiftung zielt als Herrschaftsmittel darauf hin, die »verblendeten« Anhänger der Nazis ihrer Betäubung oder gar ihrem Schlaf zu überlassen. Somit knüpft Heartfield an den alten Topos des schlafenden Deutschen (an die Figur des deutschen Michel) diskret wieder an; zugleich dreht er die Kernparole aus der Aufstiegsphase der NSDAP, »Deutschland erwache«, sarkastisch um und entlarvt die Stoßrichtung der Politik im »Dritten Reich« als eine, die auf die geistige Rückentwicklung einer bewusstlos gewordenen, durch Goebbels' Propaganda narkotisierten Bevölkerung hinzielt.

Die NS-Herrschaft durch Entlarven und Richtigstellen zu bekämpfen, dies ist von Anfang an ein Hauptanliegen der Exilpublizistik. Im Laufe der

Zeit sollten sich jedoch die Perspektiven des publizistischen Kampfes von Nahzielen auf fernere Ziele verlagern. Heartfields Fotomontage ist durch die damalige KPD-Strategie eines offensiven Gegenangriffs gegen das gerade erst an die Macht gekommene NS-Regime geprägt, eine Strategie, die in der Frühphase des Exils nicht nur den deutschen Kommunisten, sondern auch dem Großteil der exilierten Schriftsteller und Künstler eigen ist und darauf abzielt, den Sturz des Regimes direkt und kurzfristig herbeizuführen.[7] Bezeichnend ist, dass gerade diese Parole des »Gegenangriffs« zum Titel der neuen, Ende März 1933 gegründeten Exilwochenschrift der KPD wird, die bis März 1936 erscheint.[8]

Unter den damaligen Umständen erhält die symbolische Einkleidung der also intendierten scharfen Konfrontation mit dem Hitlerregime eine überaus wichtige Rolle. Denn für die Nationalsozialisten wird die »Ästhetisierung der Politik«, um mit Walter Benjamin zu reden, in der Gestaltung des öffentlichen Lebens zu einer Hauptdimension ihres Umgangs mit den Massen, der auf sinnlichem Erleben, Aufpeitschen von Gefühlen und Sehnsüchten bei Ausschaltung des kritischen Verstandes beruht. Dazu dient bei ihren Massenveranstaltungen die publikumswirksame Instrumentalisierung von Mythen und Symbolen, der Rückgriff auf »Theatralik«, so Brechts fachmännische Diagnose. Der Widerstand aus dem Exil ist also gezwungen, darauf offensiv zu reagieren, und zwar zum Teil auf der gleichen Ebene: Er muss selbst auf wirksame Symbole, oft mythischen Ursprungs, die ebenfalls an das Gefühl appellieren und Identifikationen fördern, zurückgreifen, auch wenn er grundsätzlich – wie hier Heartfield – eine vernebelnde Verwendung von Symbolen und Mythen durch die Nazis ablehnt. Auf die »symbolische Politik« der Bücherverbrennungen (so nennt Thomas Lischeid diese Dimension der NS-Politik in seiner Studie von 2001 zum »Ereignis der NS-Bücherverbrennung 1933 im Kontext seiner Diskursgeschichte«[9]) muss ebenfalls durch »symbolische Politik« geantwortet werden.

Von welchen symbolischen Vorstellungen wurde nun die kulturpolitische Replik der Exilierten auf den Initialschock der Bücherverbrennungen geprägt? Wie hat sich im Laufe der Zeit bei der Beschäftigung mit dem Thema Buch die Vorstellungs- und imaginäre Bilderwelt exilierter Autoren entwickelt und wodurch ist sie gekennzeichnet? Auf solche Fragen soll jetzt anhand einiger Beispiele eingegangen werden. Zunächst zu einigen weiteren Spielarten des Symbolischen bei der kulturpolitischen Antwort auf die Bücherverbrennungen, die für die Entwicklung einer intellektuellen und künstlerischen Opposition insbesondere in den ersten Exiljahren eine treibende Kraft bildet.

Der kulturpolitische Kampf der Exilierten gegen das »Dritte Reich« ist nicht zuletzt ein Legitimitätskampf um die Repräsentation Deutschlands. Als »das andere«, beziehungsweise »das freie Deutschland« versucht sich das

Exil zu profilieren, wobei ihm die Betonung des Symbolischen eine besondere Aura verschafft. Außerdem kann ein vom Ausland aus geführter Kampf per definitionem keine unmittelbare, konkrete Wirkung im Inland erzielen, zumal die Hoffnung auf eine nennenswerte Gegenoffensive von dort aus bald schwindet, da der scharf verfolgte innere Widerstand rasch abnimmt. Der Widerstand aus dem Exil muss zwangsläufig vor allem durch die Publizistik und ad hoc geschaffene Institutionen geführt werden; dort fungiert der Rückgriff auf symbolische Handlungen nicht selten als Ausgleich für das Fehlen direkter Einwirkungsmöglichkeiten. Von beiden Seiten wurde um die Anerkennung ihrer eigenen kulturellen Legitimität gerungen. Von dem Wettkampf um die Benutzung und Besetzung von Symbolen sollen zunächst verschiedene Aspekte ins Auge gefasst werden, bevor wir einigen Schriftstellern bei der Entfaltung ihrer sehr persönlichen Buch- und Bibliotheksphantasien beim literarischen Schreiben über die Schulter schauen.

Die Aktion am 10. Mai 1933, wohl eine der spektakulärsten in den Anfängen der Naziherrschaft, war die erste im Kulturbereich, die durch ihre Symbolik eine starke Schockwirkung auf die innerdeutsche Bevölkerung, insbesondere die Jugend, und die internationale Öffentlichkeit anstrebte. Gerade deshalb löste sie einen intensiven Symbolkampf im kulturpolitischen Bereich mit den Gegnern im Exil aus. Die Exilierten machten die verbrannten beziehungsweise geretteten Bücher zum Symbol des Gegensatzes zwischen einer als »Barbarei« bezeichneten Zerstörung der Kultur im »Dritten Reich« und der programmatisch verkündeten »Verteidigung der Kultur« im Exil. Auf vielen öffentlichen Tribünen wurde dieser Kampf der aufklärerisch-humanistischen Kultur gegen die Vernichtung der Ideen von 1789 mit der Replik auf die Bücherverbrennungen gekoppelt – so unter anderem auf dem ersten internationalen Schriftstellerkongress im Juni 1935 – und er wurde zu einem einigenden Moment zwischen den politisch zersplitterten Kommunisten, linken Sozialisten, Pazifisten, Linksliberalen und den »frei schwebenden« Schriftstellern, Künstlern und Intellektuellen schon vor dem Volksfrontversuch. Das Sammeln, Ausstellen, Verlegen von Büchern wurde stark institutionalisiert, und zwar unter Nutzung symbolkräftiger Bilder, das Buch und der Umgang mit Büchern wurden zur symbolischen Kundgebung gegen das NS-Regime schlechthin.

Zu den wirksamsten unter den ad hoc geschaffenen Institutionen zählt die Deutsche Freiheitsbibliothek in Paris. Durch ihre demonstrative Eröffnung am ersten Jahrestag der Bücherverbrennungen und die nachfolgenden Veranstaltungen in den nächsten Jahren wurde der als Fanal der Läuterung des »deutschen Geistes« von dem »undeutschen Geist« konzipierte 10. Mai umfunktioniert: Er wurde zu einem Jahr für Jahr wiederkehrenden Symbol des kulturpolitischen Widerstands gegen das NS-Regime – eines Widerstands aus dem Exil, der nicht aufhörte und sich wie der Phönix jedes Jahr

neu belebte. Der deutsche Name der Bibliothek weist sie symbolisch als
Zuflucht, als freie Zone aus, wo gerettete »freie deutsche Bücher« ihre be-
freiende Wirkung auf Leser wieder ausüben können, und ihre Gründung ist
als Errichtung einer »Bastion des kulturellen Widerstands« zu verstehen, so
Alfred Kantorowicz.[10] Auf Französisch besitzt der zunächst paradox anmu-
tende Name: Bibliothèque allemande des livres brûlés – »verbrannte
Bücher« sind schwer in einer Bibliothek zu sammeln! – eine starke, sugges-
tive Kraft: zunächst weil er sehr konkret das NS-Regime der Kulturzer-
störung anklagt, indem er die Bücherverntung beim Namen nennt und
als »Schande« verurteilt – eine Funktion, die Brecht[11] den Verbannten selbst
ausdrücklich zusprach: »Sind wir doch selber / Fast wie Gerüchte von Untaten, die da entkamen / Über die Grenzen«; dann, weil dieser Name die symbolische Leistung der Exilierten hervorhebt, Bücher, die in Deutschland als
»Ballast«, als »geistiger Unflat« diffamiert, symbolisch hingerichtet und
konkret verboten wurden, als kostbares Erbe zu wahren. Der Doppelname
der Bibliothek suggeriert, dass die humanistisch-kritischen Werte aus der
Tradition der Aufklärung und der Französischen Revolution auf französi-
schem Boden – ihrem ursprünglichen Entstehungsort – gewahrt werden
und dort ihre Vermittlungsfunktion wieder ausüben. Auf die symbolische
Vernichtung der Ideen von 1789 und ihrer Nachfolge antwortet also die,
gemeinsam durch deutsch-französische Veranstaltungen des Schutzverbandes Deutscher Schriftsteller (SDS) und der Deutschen Freiheitsbi-
liothek gefeierte, symbolische Wiederaufrichtung dieses geistigen Erbes. Bei
diesen Kundgebungen erhielt die deutsch-französische Zusammenarbeit
der Schriftsteller eine klare symbolische Bedeutung. Sie zeugten davon,
dass die Schöpfungen der »Verbannten und Verbrannten« durch die Solidarität des klassischen Asyllandes Frankreich gefördert wurden und dass
der »Kampf gegen die NS-Barbarei« ein gemeinsamer sein sollte, da
die Bekämpfung der Ideen von 1789 nach wie vor ein Kernpunkt der
NS-Kulturpolitik war.[12]

Dass das tatsächliche Lesepublikum auf Emigranten und einige französische Leser zwangsläufig begrenzt blieb[13], die Bibliothek in einem bescheidenen Lokal der »Cité fleurie«, einer Pariser Künstlerkolonie[14], untergebracht war und nach wenigen Jahren diese Institution immer mehr zu
einem direkt politischen Medium des Volksfrontversuchs gemacht wurde[15],
all dies tut der Kraft des Symbols keinen Abbruch. Durch diese Gründung
hatten sich die Exilierten in ihrer Rolle als Verteidiger und Retter der im
»Dritten Reich« bedrohten Kultur bei einer größeren Öffentlichkeit Gehör
verschafft und gerade darauf kam es im symbolischen Kampf an. Die Deutsche Freiheitsbibliothek stand symbolisch als Stellvertreterin für die in
Deutschland geplünderten und verwüsteten Bibliotheken und fungierte als
rettende Arche sowie als Mahnmal.

Daneben wurden zwei Buchausstellungen in Paris vom Schutzverband Deutscher Schriftsteller veranstaltet: Die erste vom November 1936 »Das freie deutsche Buch in Paris«[16] bedeutete das erste geschlossene Auftreten der deutschen Exilliteratur in Frankreich sowie eine Antwort auf eine Goebbels'sche Bücherschau, die zur gleichen Zeit in Paris stattfand. Die zweite Ausstellung »Das deutsche Buch in Paris 1837–1937« dauerte vom 25. Juni bis zum 20. November 1937 und verstand sich als eine Entgegnung auf den Pavillon Hitler-Deutschlands auf der Weltausstellung. Beide Buchausstellungen sollten die Präsenz der humanistisch-demokratischen deutschen Literatur in Paris manifestieren. Die erste zeugte von dieser Präsenz für die Gegenwart, die zweite verwies darauf als geschichtliche Kontinuität. Beide betteten diesen durch die Nazis unterdrückten Entwicklungsstrang der deutschen Literatur in die demokratischen Traditionen Frankreichs ein. Zum Paten der zweiten Ausstellung wurde Heine erkoren (seine Büste war auf den Einladungskarten abgebildet), und zwar als Exilierter und

Abb. 2: Die 1935 bis 1937 in Paris erscheinende Zeitschrift der Deutschen Freiheitsbibliothek

Vermittler zwischen dem demokratischen Deutschland und Frankreich. Der Kampf um das Weiterleben des nicht »gleichgeschalteten« deutschen Buches wurde einem deutsch-französischen Publikum symbolisch als Weiterführung einer gemeinsamen Tradition vorgestellt.

Weiterhin erfolgte 1939 im Umkreis des Schutzverbands Deutscher Schriftsteller eine markante Gründung, nämlich die des Verlags 10. Mai, eines Gemeinschaftsunternehmens hauptsächlich kommunistischer Schriftsteller.[17] Die Namensgebung sollte der Bekämpfung der Bücherverbrennungspolitik durch die Schaffung und Verbreitung antifaschistischer Exilliteratur wieder aktuelle Brisanz verleihen. Zur Anklage und Replik auf die Bücherverbrennungen wurde abermals die Symbolkraft des 10. Mai bemüht. Allerdings bestand dieser Verlag nur sehr kurze Zeit und konnte lediglich zwei Bücher herausbringen.[18] Dieser in Paris durch den Kriegs-

Abb. 3: Der Verlagsname als Replik auf die Politik der Bücherverbrennung in Deutschland

Abb. 4: Der Phönix-Mythos, publizistisches Symbol der Selbstbehauptung des Exils

ausbruch und die Besetzung gescheiterte Versuch wurde in Mexiko wieder aufgegriffen: Am 10. Mai 1942 brachte der im März als Selbsthilfeunternehmen gegründete Verlag El Libro Libre sein erstes Buch heraus.

Auch die Nationalsozialisten hielten an ihrer eigenen symbolischen Sinngebung des 10. Mai fest. Genau sieben Jahre nach den Bücherverbrennungen begann am 10. Mai 1940 die Blitzoffensive der Wehrmacht gegen Holland, Belgien, Frankreich: Der Kampf gegen die Ideen von 1789 wurde nunmehr im Weltmaßstab und mit Waffen weitergeführt. In Amerika wurde dann die Tradition der symbolischen kulturpolitischen Veranstaltungen am Jahrestag der Bücherverbrennungen fortgesetzt, und zwar in den USA, wo am 10. Mai 1943 zum zehnten Jahrestag groß angelegte Kundgebungen stattfanden, und in Mexiko. Aus der Anklage und der symbolischen Replik war der »Tag des freien Buches« hervorgegangen.

In seiner Rede vom 10. Mai 1933 hatte Goebbels den Phönix-Mythos ziemlich stark entstellt. Im Mythos verbrennt sich nämlich der Phönix selbst: Er wird also nicht verbrannt und lebt selbst aus seiner Asche verjüngt wieder auf. Also kann, dem Mythos nach, aus der Asche des »alten Geistes« kein Phönix des »neuen Geistes« emporsteigen. Seit dem ägyptischen und griechischen Altertum weist dieser Mythos vielmehr auf das nicht durch den Tod zerstörbare Lebendige, daher auf Unsterblichkeit beziehungsweise zyklische Auferstehung hin. Die Vorstellung eines unzerstörbaren Kerns, der sich trotz Verfolgung und Terror aus eigener Kraft regeneriert, zieht sich so auch wie ein roter Faden durch die widerstandsbezogene Exilliteratur und -publizistik. Das Phönixsymbol wurde von den Exilanten auf ihre eigene Buchproduktion wieder und wieder angewandt, um deren ersehnte Unvergänglichkeit oder gar Unzerstörbarkeit trotz Verbrennung und Verboten zu behaupten: Davon zeugen zum Beispiel die Namen des (kurzlebigen) Pariser Exilverlags Éditions du Phénix und seiner Reihe Phoenix-Bücher sowie das Emblem des erwähnten Verlags 10. Mai: ein brennendes Buch[19] – das trotzdem gelesen wird.

Auf ein alttestamentarisches Symbol griff der Verleger Wieland Herzfelde zurück, um den Kampf der Buchverlage im Exil gegen Verlagswesen und Buchpolitik im »Dritten Reich« darzustellen. »David gegen Goliath« heißt seine 1937 in Das Wort erschienene Bilanz »Vier Jahre deutsche Exilverlage«[20], in der er deren Schwierigkeiten schildert und trotzdem optimistisch in die Zukunft blickt.[21] Der ungleiche Kampf, bei dem der Schwächere, Kleinere, jedoch über List (Steinschleuder) und Kunst (Saitenspiel) Verfügende über den Stärkeren, Gewaltsamen siegt, steht hier symbolisch Pate für den Kampf der Exilverlage.

Das Emblem des 1942 im mexikanischen Exil als Selbsthilfeunternehmen gegründeten Verlags El Libro Libre ist ebenfalls ein kämpferisches: Ein von oben geschleudertes Buch zerschlägt ein am Boden liegendes Hakenkreuz. Diese Vorstellung vom Buch als Waffe, nämlich »das verbotene Buch, das in dem Scheiterhaufen des 10. Mai statt zu Asche zu werden, geglüht und gehärtet wurde zu einer handfesten Waffe im Kampf gegen Hitler«[22], bestimmt auch den Tenor von Anna Seghers' Aufsatz von 1943: »Geglüht und gehärtet. Zum 10. Jahrestag der Bücherverbrennungen«. Die Seghers'sche Phantasie kehrt die symbolische Wirkung der NS-Feuermetaphorik um. Die Bücher, die die Feuerprobe passiert haben, sind zu Waffen geschmiedet, wie auch die Arbeit des im Jahr zuvor gegründeten Verlags El Libro Libre bezeugt. Das Neue in diesem Aufsatz besteht darin, dass die Autorin den aktuellen antifaschistischen Kampf in eine Langzeitperspektive wiedereinfügt, indem sie zwischen der Gegenwart als Umbruchzeit und »dem ersten Abschnitt unseres Zeitalters, dem Anfang der Neuzeit«[23] eine Parallele zieht. Sie stellt fest, dass die Kämpfe der frühen Renaissance um die Durchsetzung eines volksnahen, aufklärerischen Humanismus gegen die Dunkelmänner mit der neu erfundenen Buchdruckerei geführt wurden, die das verfolgte »freie Wort« mit erfinderischen Mitteln verbreiten half. Die prekären Bedingungen des damaligen Druckens und Verbreitens von Flugschriften und Büchern werden anhand einer üppigen Bilderfülle mit dem zeitgenössischen Kampf zur illegalen Verbreitung antifaschistischen Denkens innerhalb Deutschlands parallelisiert. Der frühe Kampf um das »freie Wort« wird als ein kommunikativer und medialer gezeigt, ebenso wie der ihrer Zeit: »Die jungen Buchdrucker zogen mit ihren leicht beweglichen Karren – vergleichbar heute den illegalen fahrbaren Sendern in den faschistischen Ländern – von Ort zu Ort, um ihre Presse zur Messezeit aufzuschlagen.«[24] Der Vergleich verrät allerdings, dass da Wunschdenken am Werke ist. »Ein Ulrich von Hutten, ein Thomas Müntzer schickten damals ihre Boten durch Deutschland, um Druckereien zu finden, die es riskierten, ihre Bücher zu drucken.«[25] Die geschichtsphilosophische Perspektivierung des gegenwärtigen Kampfes findet so in der entfernten Vergangenheit Präzedenzfälle, die, zu einer aufklärerisch-humanistischen Tradition zusammengedacht, den Antifaschisten einen geschichtlichen Rückhalt bieten. Der Umweg über die Buchkämpfe der frühen Renaissance bestätigt die Legitimität und die Zukunftsträchtigkeit des gegenwärtigen Buchkampfes.

Anna Seghers beleuchtet hier eine alternative, fortschrittliche Traditionslinie in der deutschen Kulturgeschichte, ebenso wie sie 1935 beim Internationalen Schriftstellerkongress auf die nicht kanonisierte, kritische Traditionslinie der deutschen Literatur, von Hölderlin zu Büchner, über Kleist und die Günderrode, Lenz und Bürger hingewiesen hatte. Sie unterstreicht auch die »Einheit von Denken und Druckwerk, von Schreiben und Setzen«[26] in dieser frühen Zeit, die später durch die Parzellierung der Arbeit verloren ging, die Einheit von Kopf- und Handarbeit, die dem Zusammenhang von Bücherschreiben und -drucken einen schöpferischen Charakter verlieh, und sie schließt mit der Feststellung, dass gerade in der solidarischen Arbeit des Notverlags El Libro Libre etwas von diesem anregenden Geist der Frühzeit wieder auflebt. Aus den Symbolen und Mythen der Vergangenheit Mut zur Verwirklichung utopisch gewordener Vorstellungen zu schöpfen, das ist eine der Lieblingsstrategien der Autorin im Exil, um sich von den Aporien einer durch NS-Diktatur und Weltkrieg bestimmten Gegenwart produktiv zu lösen und Mut zur Zukunft wiederzufinden.

Dass im klassischen Erbe Ressourcen für den Kampf gegen die NS-Herrschaft und -Ideologie zu finden sind, hatte Anna Seghers bereits im Aufsatz »Illegales legal« erklärt, den sie für das Bulletin des SDS *Der deutsche Schriftsteller* zu dessen dreißigjährigem Jubiläum 1938 verfasst hatte.[27] Dieses Sonderheft war zum Teil zur illegalen Verbreitung in Deutschland vorgesehen. Anna Seghers wendet sich darin an Leser in Deutschland und zwar weder an stramme Nazis noch an überzeugte Widerstandskämpfer, sondern an hilflose bürgerliche Demokraten, die sich haben »gleichschalten« lassen, weil sie dem Machtantritt Hitlers nichts entgegenzusetzen hatten, jedoch im Laufe der Zeit Nostalgien empfinden und nicht unempfänglich sein mochten für eine Besinnung auf ihre früheren Werte und ihre Vorliebe für die – inzwischen verbrannte und verbotene – kritische Weimarer Literatur. Anna Seghers schreibt ihnen heimliche, kaum eingestandene Nostalgien zu, die diese Menschen zu im »Dritten Reich« unzulässigen Buchphantasien verleiten: »Manches Buch, das einem noch vor sechs Jahren teuer war, möchte man heute wieder lesen. Ja, wenn man das könnte, ohne sich die Finger an dem Buch zu verbrennen. Man muß es ja aus dem Scheiterhaufen herausziehn. Und in manches Heft möchte man einen Blick werfen, aber man wagt es selbst von dem besten Freund nicht auszuleihen.«[28] Wenn solche rein von Wunschdenken bestimmte Phantasien als zu nichts führend geschildert werden, so ist auch bezeichnend, dass sich die Autorin nicht auf das Einschleusen illegaler Literatur nach Deutschland verlässt, um eine solche Besinnung bei dem von ihr anvisierten Lesepublikum zu fördern, sondern gerade als Verfasserin eines illegalen Textes einen radikal anderen Weg vorschlägt. Der Titel »Illegales legal« enthält scheinbar eine Unmöglichkeit in sich, fungiert aber als Titel eines Leitfadens: Wie kann man sich illegal gewordenes Gedankengut legal (wieder) aneignen? Dadurch, dass man die Bücher der Klassiker gegen den Strich liest, also auf ihr kritisches Potenzial hin. Dies ist die im Titel kodierte Botschaft eines Textes, der zu einer Rückbesinnung auf die humanistischen Werte und Einstellungen des aufstrebenden Bürgertums ermuntert, obwohl sich das heutige Bürgertum davon abgewandt hat und 1933 gegen den Nationalsozialismus nichts einzuwenden gehabt hatte. Es ist also keine Anleitung zum Widerstand durch das Lesen von Büchern, sondern eine Anregung, das klassische Erbe auf seine damaligen humanistischen, aufklärerischen, beziehungsweise revolutionären Inhalte zu überprüfen und diese zur Kritik der Unterwerfung unter die NS-Diktatur nutzbar zu machen.

Mit diskreter Ironie weist Anna Seghers ihre erhofften Leser auf »die Goldrändigen«[29] – die Gesamtausgaben der Klassiker in ihren Bibliotheken – hin und stellt fest: »Sie enthalten allen Stoff, der genügt für siebenhundert Scheiterhaufen. Sie enthalten Gründe genug, (...) um eine ganze Generation ins Zuchthaus zu schicken und nach Dachau und nach Oranienburg.«[30] Dass auf den Regalen der deutschen bürgerlichen Privatbibliotheken der zwanziger und dreißiger Jahre die Ausgaben von Autoren wie Hans Grimm, Felix Dahn, Artur Dinter und Edwin Erich Dwinger höchstwahrscheinlich weniger »unaufgeschnittene Seiten« als die von Lessing, Lenz oder Lichtenberg hatten, wird in diesem Text nicht reflektiert.[31] Wie dem auch sei, die Ausgaben der Klassiker werden hier gegen ihre Kanonisierung durch ein Bildungsbürgertum verteidigt, das sich von seinen Ursprüngen längst abgekehrt hat, und sie werden als Gedächtnis der kritischen Denktraditionen einer deutschen Kultur betrachtet, die auch für die Gegenwart ihre kritische Sprengkraft bewahrt haben. Dieser unbedingt notwendige geistige Proviant wird als »die eiserne Ration deutscher Dichtung«[32] bezeichnet, die trotz des feindlichen Umfelds ein geistiges Überleben in den »finsteren Zeiten« ermöglicht. Für Anna Seghers beinhaltet diese »eiserne Ration« nicht den Rilke und den Nietzsche, die die deutschen Soldaten des Ersten Weltkrieges angeblich im Tornister hatten, sondern vielmehr über die »klassischen Klassiker« wie Goethe hinaus diejenigen, »die jung starben zur Zeit Goethes, die Lenz und Bürger und Hölderlin und Büchner«[33], also gerade Schriftsteller, die vom Bildungsbürgertum lange unterschätzt wurden. Am Schluss des Textes wandelt sich noch einmal die Buchsymbolik, von den wegen des Ansehens ihrer Autoren weder »konfiszierlichen« (so Heine) noch verbrennbaren Goldrandausgaben und von der »eisernen Ration« weg und hin zu einer luftigeren, ja äolischen Buchmetapher aus der Odyssee: »Gar manches lange unbeachtete Buch gleicht jenem Sack aus der Sage, dem, als er geöffnet wurde, alle Stürme entbrausten, die die Welt in Aufruhr bringen.«[34] Dieses Schlussbild ist ein positives Pendant zur Büchse der Pandora. Könnte man es nicht eventuell so verstehen, dass die Gefährten des Odysseus neugierig den von Aiolos geschenkten Sack aufmachen und der Sturm losbricht, durch den sie vielleicht – als bürgerliche Fellow-Travellers? – mit auf die gefahrvolle, abenteuerliche Odyssee des Widerstandes getrieben werden? Jedenfalls steht die Zukunft offen und die Evokation des Aufruhrs relativiert im Geist der Leser die Macht der Nationalsozialisten.

Unter den Buchsymbolen und -phantasien aus dem Exil begegnet man aber bei weitem nicht nur solchen, die im offiziellen kollektiven Diskurs des Exils – hier beispielsweise bei Veranstaltungen des Schutzverbandes Deutscher Schriftsteller und der Deutschen Freiheitsbibliothek – oder auch in individuellen publizistischen Beiträgen mit programmatischem Charakter wie die angesprochenen von Herzfelde und Seghers, positiv und meistens kämpferisch angelegt sind. Buchsymbole und -phantasien, die sich auf das eigene Werk des Autors beziehungsweise auf das Werk seiner Figuren beziehen, können vor allem in literarischen Texten zu einem Gradmesser seiner Stimmung werden, seiner Einschätzung der eigenen Lage. Sie können dann sowohl über seine Schwierigkeiten, seine ureigensten Ängste, seine Enttäuschungen als auch über seine augenblicklichen Hoffnungen und positiv besetzten Zielsetzungen Auskunft geben. Dafür einige Beispiele.

Zunächst beim Brecht der späten dreißiger Jahre. In den *Svendborger Gedichten* kommt eine Sorge um seine Werke häufig zum Ausdruck, die auf seine Situation des Abgeschnittenseins vom direkten Austausch mit dem Publikum in Deutschland zurückzuführen ist. Sie ist sowohl eine Sorge um ihre Verbreitung als auch eine um sein weiteres Schaffen, da er diese ständige Kommunikation mit dem Publikum braucht, um zu »lernen«, so sein eigener Ausdruck. Auch seine intensive Reflexion über das Medium, und zwar speziell über die Wahl von Medien, die seiner konkreten Situation im Exil und seiner Einschätzung der eigenen Wirkungsmöglichkeiten möglichst genau entsprechen, ist zum Teil durch diese Sorge geprägt sowie seine literarische Praxis. Es findet – im Vergleich zu seinem Weimarer Werk – eine deutliche Aufwertung des Buches gegenüber dem Theater bei ihm

statt, die mit den im Exil verringerten und unsicher gewordenen Auf-
führungsmöglichkeiten (vor allem in der Originalsprache) zusammen-
hängt. Brecht sucht auch nach neuen Vermittlungsarten, um die alten nicht
mehr oder kaum noch bestehenden zu ersetzen, unter anderem Verto-
nungen etwa von Gedichten der *Deutschen Kriegsfibel*[35], oder Rundfunk-
übertragungen, darunter der *Deutschen Satiren* durch den Deutschen Freiheitssender.[36] Er setzt sogar einige Hoffnung auf die Möglichkeit einer
mündlichen Tradierung seiner Lieder innerhalb Deutschlands.

Zwischen Ende 1937 und 1938, jedenfalls im Zusammenhang mit dem
Erscheinen der ersten beiden Bände der *Gesammelten Werke*[37] im Malik-
Verlag Herzfeldes, der Ende 1938 von Prag nach London flüchten musste,
schreibt Brecht ein Gedichtfragment mit dem Titel »Adresse an die Figuren
der beiden ersten Bände«.[38] Dort wendet sich das lyrische Subjekt an
Figuren aus mehreren seiner Stücke, die damals nicht gespielt werden
konnten, jedoch in Buchform erscheinen sollten. Der Autor veranstaltet in
diesem Gedicht ein imaginäres Zusammenspiel von drei Medien: Theater,
Gedicht und Buch. Das ermöglicht ihm, als lyrisches Subjekt inszeniert,
von früheren Aufführungen her bekannte Theaterfiguren als potenzielle
Gesprächspartner anzureden, so Polly Peachum, als »billige(n) Pfirsich der
Vorstädte«, oder »Johanna von den Schlachthöfen«, »Du, (…)/Folgenlos
Gütige«[39], und sie locker Revue passieren zu lassen, wie etwa auf einer imaginären Kabarettbühne, und dies im Augenblick, zu dem sie für ein Publikum von Lesern in Buchform wieder lebendig werden. Das Buch fungiert
hier, konkret und in Brechts Phantasie, als Ersatz für die Bühne und ermöglicht Autor und Leser eine neuartige Wiederbegegnung mit denselben
Figuren, zu der in diesem Gedicht der Autor in der Rolle des Conférenciers
im Kabarett über die Buchlektüre einlädt. Wie sich diese Szene auf Brechts
imaginärer Kleinkunstbühne weiterentwickeln sollte, sei allerdings dahingestellt: Das Gedicht ist Fragment geblieben.

Bezeichnend ist auch, dass Brecht im selben schwierigen Jahr 1938 zwei
Gedichte verfasst, die in der Art, wie sie mit der Frage nach dem Schicksal
der eigenen Bücher umgehen, in ihrer Aussage ziemlich entgegengesetzt
sind: »Die Bücherverbrennung«[40] im Juli[41] und »Besuch bei den verbannten Dichtern«[42], dessen genauer Entstehungszeitpunkt leider nicht bekannt
ist. In »Die Bücherverbrennung« wird die bekannte Geste von Oskar Maria
Graf, der 1933 auf den Versuch der Nationalsozialisten, ihn zu vereinnahmen, durch einen offenen Brief mit der Bitte: »Verbrennt mich!« reagierte[43],
als bezeichnende Anekdote mit Beispielcharakter unpathetisch-ironisch
erzählt. Der Grund, warum Brecht diese immerhin schon fünf Jahre
zurückliegende Begebenheit 1938 wiederaufgreift, könnte an der sich für
die Gegner der NS-Herrschaft rapiden Verschlechterung der internationalen Lage liegen. Nach dem »Anschluss« Österreichs im März richtet das

»Dritte Reich« sein Augenmerk als nächstes Ziel seiner Expansion in Europa auf die Tschechoslowakei. Kann die sich im Juli 1938 in der Sudetenkrise abzeichnende Kriegsgefahr Brechts Erinnerung an frühe Terrormaßnahmen des NS-Regimes wie die Bücherverbrennung wachgerufen haben? Jedenfalls fügt im Gedicht die distanzierende, rückblickende Erzählhaltung dieses Ereignis in die Geschichte des Widerstandes gegen die NS-Herrschaft ein. Die Bücherverbrennung wird in diesem Gedicht historisiert – als historischer Stoff behandelt – und dadurch relativiert. Die sehr ungleiche Proportionierung der Kontrahenten im Text verdeutlicht die satirische Absicht: Gegenüber der ausführlichen Darstellung von Grafs Handeln wird die Schilderung der Bücherverbrennung sehr knapp gehalten und auf zwei Elemente beschränkt, die sie der Lächerlichkeit preisgeben. Zum einen durch eine oxymorische Kontrafaktur der NS-Sprachregelung: »Bücher mit schädlichem Wissen«, die auf die *Listen des schädlichen und unerwünschten Schrifttums* anspielt, und zum anderen durch die Karikierung des Abtransports der zu verbrennenden Bücher durch dazu genötigte Ochsen: »Ochsen (wurden) gezwungen (…), Karren mit Büchern / Zu den Scheiterhaufen zu ziehen.« Der Rückgriff auf das Bild des Ochsenkarrens, so wurden die Bücher am 10. Mai 1933 tatsächlich in Frankfurt am Main gefahren[44], unterstreicht den mittelalterlichen, antimodernen und primitiven Charakter des Rituals und ist vermutlich auch als Pointe gegen die Dummköpfe gemeint, die sich vor den NS-Karren spannen lassen (vgl. später »Kälbermarsch«). Die in dieses Gedicht eingebaute historische Distanz zum Geschehen der Bücherverbrennung und ihre Dezentrierung im Vergleich zum Protest Oskar Maria Grafs, der, ungenannt, zum unbekannten Soldaten des literarischen Widerstands wird, ermöglicht dem Autor, mit der Verbrennung unter anderem der eigenen Bücher – und möglicherweise, mit der Androhung neuer Verfolgungen – in souveräner Ironie umzugehen.

Ganz anders sieht es im Gedicht »Besuch bei den verbannten Dichtern« aus, bei dem man leider nicht weiß, ob es 1938 vor oder nach dem anderen Gedicht geschrieben wurde und auch nicht genau in welchem unmittelbaren Kontext. Bei dem Dante nachempfundenen Besuch des lyrischen Subjekts im Traum bei seinen verbannten Kollegen der Weltliteratur erweisen sich alle diese, von Ovid bis Voltaire, als quicklebendig, voller Ironie beziehungsweise klaren Verstandes und bilden in ihrer Hütte eine Art Exilgemeinschaft der Marginalisierten. Sie empfangen den neuen Verbannten gut, zeigen sich mit ihm solidarisch und stehen ihm mit Rat und Tat bei. Mit dieser Gemeinschaft lebensfreudiger Vorfahren kann sich Brecht identifizieren, die impliziten Reaktionen der Ich-Figur lassen sich unschwer als positiv entziffern. Angst macht hingegen den toten verbannten Dichtern, die durch den Anklang ihrer Werke beim Publikum weiterleben, nur eins, nämlich das Schicksal der »Vergessenen«, denen »nicht nur die Körper, auch die Werke vernichtet«[45] wurden. Sie bilden in »der dunkelsten Ecke«[46] eine zurückgezogene, etwas gespenstische Sondergruppe und verkörpern die maximale Verfolgung und Zerstörung, die Verdammung zum Vergessenwerden, also die absolute Negation ihrer Dichteridentität. Sie stellen sogar für die Verbannten einen Alptraum dar, das für sie als Dichter Unvorstellbare, den blinden Punkt ihres Denkens. Ihre Fragen an das lyrische Subjekt zeigen diesem, dass sie, trotz ihrer Bemühung, die Vernichtung ihrer Bücher zu überwinden und neue Medien zu finden, um den Kontakt zum Publikum nicht zu verlieren, bei der Gleichschaltung aller Medien kaum eine Chance haben, ihn aufrechtzuerhalten. Und genau das ist damals Brechts stärkste Angst: »Du, wissen sie auch / Deine Verse auswendig? Und die sie wissen / Werden sie der Verfolgung entrinnen?«[47] Daher die Schlusspointe: »Der Ankömmling / War erblaßt.«[48] Das lyrische Subjekt hat verstanden, dass es potenziell zu den »Vergessenen«[49] gehört, deren Schicksal auch den Verbannten am meisten Angst macht. Seine Reaktion weist auf die Bücherverbrennung vom Mai 1933 hin. Die Verfolgung und Vernichtung von Kultur unter der NS-Herrschaft rangiert dadurch implizite unter den allerschlimmsten Kulturvernichtungen aller Zeiten. Der Besuch bei den verbannten Dichtern stellt sich letzten Endes als ein Besuch bei den Verbrannten heraus. Hinter der Gemeinschaft der Verbannten, die noch widerstandsfähig sind, entdeckt das lyrische Subjekt die Parias unter den Parias, die sich nicht mehr wehren können, da sogar ihre Existenz als Dichter im Bewusstsein der Menschen zerstört wurde. Die Verbrannten sind zu Vergessenen geworden. Dies ist der maximale Alptraum des Dichters im Exil.

Als Anna Seghers 1940 bis 1942 *Transit* schreibt, sind Brechts Ängste von 1938 in den von der deutschen Wehrmacht besetzten Ländern längst Wirklichkeit geworden. In dieser Phase hat für die exilierten Schriftsteller die Zeit der Verfolgung, der Lebensgefährdung wieder angefangen. Es geht bei den meisten nur noch ums Überleben durch Flucht, um ungesicherte, oft verzweifelte Versuche, das kriegsgeplagte Europa nach Übersee zu verlassen. Welchen Platz gibt es in solcher Situation noch für reale Bücher und für Bücherphantasien – oder genauer gesagt für reale Manuskripte und das Phantasieren über Manuskripte, weil nämlich diese zu einem Buch zu drucken in dieser hochgradig bedrohlichen Phase ein Ding der Unmöglichkeit geworden ist? Sie sind dadurch noch kostbarer geworden, antwortet Anna Seghers in *Transit*. Dort bekommt die Hauptfigur, ein namenloser Flüchtling erst dann, als alle seine Versuche gescheitert sind, den Handkoffer eines verstorbenen Schriftstellers, der ihm durch eine Verkettung von Zufällen zugespielt wurde, durch Übergabe an Dritte loszuwerden, das darin enthaltene Manuskript zu lesen. Dieses wie in alten Abenteuerromanen zufällig im fremden Koffer eines Toten gefundene Manuskript zieht ihn durch die magische Wirkung der Muttersprache in seinen Bann und führt ihn durch die läuternde Kraft seiner Fiktion, vom chaotischen Erleben einer aus den Fugen geratenen Wirklichkeit weg, zu seiner vergessenen glücklichen Kindheitswelt zurück, was ihm wieder die Kraft und den Mut gibt, der deprimierenden und gefährlichen Gegenwart entgegenzutreten. Das Manuskript übt auf ihn eine gleichsam magische, regenerierende Wirkung aus, gerade zu einem Zeitpunkt, als er das bitternötig hat. Jedoch schlagen die Zwänge der verhängnisvollen Wirklichkeit wieder zu: Dieser magische Regenerierungsprozess wird durch den Abbruch des Manuskripts jäh unterbrochen, der zur Alptraumvorstellung des Lesers wird, er sei von allen, auch vom toten Schriftsteller im Stich gelassen. Diesen Alptraum des abbrechenden Manuskripts wird er dann überwinden können, wenn er selbst »einmal alles erzähl(t)« haben wird[50], »von Anfang bis zu Ende«[51], so der Ich-Erzähler in der fiktiven Erzählsituation am Anfang des Romans. Die Angst vor dem Abbruch beziehungsweise vor dem Verlust oder gar der Vernichtung des eigenen Manuskripts, die Angst davor, nicht weiterschreiben zu können, ist kennzeichnend für diese Phase, die für die Exilschriftsteller, die Krieg, Internierung und Verfolgung überleben konnten, die Zeit der äußersten Bedrohung dargestellt hat. Davon zeugt auch der symbolstarke Titel von Theodor Balks Buch *Das verlorene Manuskript* – ein Buch, das er trotz erzwungener Unterbrechungen bei der Niederschrift seiner Reportagen, zum Beispiel durch einen Gefängnisaufenthalt, und des Verlusts mehrerer seiner konfiszierten Manuskripte, in seinem Gedächtnis aus Europa nach Mexiko hinüberretten und dort beim Verlag El Libro Libre 1943 veröffentlichen konnte.[52]

In einem Rückblick voller Nostalgie setzt Walter Mehring gleich nach Ende des »Dritten Reiches« der »verlorenen Bibliothek« ein Denkmal[53], die die Welt seiner Kindheit und Jugend gebildet und die er nach dem Tod seines Vaters geerbt hatte, welche ihm aber durch mehrmaliges Exil und Flucht abhanden gekommen war. Dafür bezichtigt er sich des Versagens, der Veruntreuung des kostbaren Erbes. Er lässt vor seinem inneren Auge alle die Bücher und Autoren in der »einmaligen Konfiguration, wie sie sich in der Bibliothek (s)eines Vaters, in seinem speziellen Horoskop des XIX. Jahrhunderts eingestellt hatte«[54], wiederaufleben und übermittelt sie der Nachwelt als »Autobiographie einer Kultur« – den Generationspakt bei der Tradierung von Kultur trotz Bibliotheksverlusts und Exilfolgen symbolisch erfüllend.

1 *AIZ (Arbeiter-Illustrierte-Zeitung)*, Jg. 12 (1933), Nr. 18 vom 19. Mai, S. 321. — **2** Das hier verwendete Foto des brennenden Reichstags wurde von Heartfield für eine weitere, ebenfalls weltbekannte Fotomontage noch einmal benutzt, nämlich für den Schutzumschlag des im August 1933 erschienenen *Braunbuchs über Reichstagsbrand und Hitlerterror*. Im September 1933 wurde diese Fotomontage in der Sondernummer der AIZ über den Londoner Gegenprozess zum Leipziger Reichstagsbrandprozess (Nr. 36) mit leichten Varianten und unter dem Titel: *Goering, der Henker des Dritten Reichs* abgebildet. Vor dem brennenden Reichstag steht überlebensgroß, in SA-Uniform, ein hysterisch schreiender Göring mit wutverzerrtem Gesicht, der eine blutbespritzte Fleischerschürze umgebunden hat und mit unmissverständlicher Drohgebärde ein blutiges Hackbeil in der Rechten hält. — **3** Dieser Roman, ebenso wie die übrigen Werke Thomas Manns, wurde 1933 nicht in Berlin, dafür aber in mehreren Städten wie etwa Köln verbrannt. Jedenfalls scheint er für Heartfield zu einem Kanon der kritischen, vom »Dritten Reich« verfolgten Literatur selbstverständlich dazuzugehören, der sowohl die humanistische, pazifistische als auch die sozialkritische und die marxistische Tradition mit einschließt. Thomas Manns Werke wurden erst 1936 in Deutschland verboten, d. h. nachdem ihr Autor öffentlich gegen die NS-Herrschaft Stellung genommen hatte. — **4** Von Heartfield sind die Schutzumschläge von *Die heiligsten Güter* (1931) und *Der Kaiser ging, die Generäle blieben* (1932); beide Bücher erschienen im Malik-Verlag und Bechers *Ein Mensch unserer Zeit* (Erstausgabe 1929 im Greifenverlag zu Rudolstadt) wurde 1930 vom Malik-Verlag und von der Universum Bücherei übernommen. — **5** Lebensdaten: 1866–1939. — **6** »Rede zur Bücherverbrennung auf der Kundgebung der Deutschen Studentenschaft ›Wider den undeutschen Geist‹ am 10. Mai 1933 auf dem Opernplatz in Berlin«. In: Joseph Goebbels: *Reden*. Hg. von Helmut Heiber. Düsseldorf 1971: Bd. 1. 1932–1939, S. 108–112, zit. in: »*Das war ein Vorspiel nur ...*« *Bücherverbrennung Deutschland 1933. Voraussetzungen und Folgen*. Ausstellung der Akademie der Künste vom 8. Mai bis 3. Juli 1983. Hg. Hermann Haarmann, Walter Huder, Klaus Siebenhaar. Berlin 1983, S. 198. — **7** Ein weiteres Beispiel für die symbolische Umsetzung der direkten Gegenoffensive bildet Heartfields Fotomontage zum Leipziger Reichstagsbrandprozess gegen Dimitroff und die anderen Angeklagten: »Der Richter – der Gerichtete«, also Dimitroff contra Göring, auf dem ein überdimensionierter ruhiger Dimitroff vor einem vergeblich bedrohend sich gefasste Haltung das Feld beherrscht (*AIZ*, Jg. 12 [1933], Nr. 45). — **8** *Der Gegen-Angriff* erschien in Prag, Basel und Paris unter der Chefredaktion von Bruno Frei. — **9** Thomas Lischeid: *Symbolische Politik. Das Ereignis der NS-Bücherverbrennung 1933 im Kontext seiner Diskursgeschichte*. Heidelberg 2001. — **10** Alfred Kantorowicz: *Politik und Literatur im Exil. Deutschsprachige Schriftsteller im Kampf gegen den Nationalsozialismus*. Hamburg 1978, S. 291. — **11** Im Gedicht »Über die Bezeichnung Emigranten«. In: Bertolt Brecht: *Große kommentierte Berliner und Frankfurter Ausgabe*. Hg. von Werner Hecht, Jan Knopf, Werner Mittenzwei, Klaus-Detlef Müller. Bd. 12: *Gedichte 2. Sammlungen 1938–1956*. Berlin, Weimar, Frankfurt/M. 1988, S. 81. — **12** Am 22. Mai 1936 sprachen zum 3. Jahrestag der Bücherverbrennung René Lalou, Eugène Dabit, Rudolf Leonhard und Anna Seghers. Am 9. Mai 1938 hieß die Veranstaltung: »›Fünf Jahre Scheiterhaufen‹. Deutsch-französische Kundgebung zum Jahrestag der Bücherverbrennung – gegen die Kulturbarbarei im Dritten Reich«. Vgl. Albrecht Betz: *Exil und Engagement. Deutsche Schriftsteller im Frankreich der dreissiger Jahre*. München 1986, S. 301. Unter den Rednern war bei der Veranstaltung vom 9. Mai 1938 André Wurmser; die anderen Redner werden nicht genannt. Ebd., S. 314. — **13** Während der Pariser Internationalen Ausstellung von 1937 wurden auch Leser aus Deutschland selbst angesprochen, die nach Paris zum Besuch der Ausstellung gekommen sind. Auf einer kleinen Broschüre der Emigranten findet sich ein Stadtplan von Paris, auf dem unter anderem die Deutsche Freiheitsbibliothek eingezeichnet ist. — **14** 65, Boulevard Arago, Paris (13ᵉ). — **15** Vgl. dazu Kantorowicz: *Politik und Literatur im Exil* (s. Anm. 10), S. 291. Die *Mitteilungen der Deutschen Freiheitsbibliothek* wurden zu einem Forum der politischen Diskussion unter den Exponenten der deutschen Volksfront umfunktioniert, ohne dass Perspektiven einer kulturpolitischen Entwicklung der Volksfront dort in Betracht gezogen wurden. Dazu Dieter Schiller: »Die Deutsche Freiheitsbibliothek in Paris«. In: *Exilforschung. Ein internationales Jahrbuch*. Bd. 8. München 1990, S. 212–214. — **16** Sie fand vom 16. bis zum 23. November am Boulevard Saint-Germain statt. — **17** Ein Aufsatz von Alfred Wolfenstein über »Die Gefährlichkeit des Buches« erschien am 10. Mai zum sechsten Jahrestag der Bücherverbrennung in der *Pariser Tageszeitung*. Es ist fraglich, ob das der Text einer öffentlichen Ansprache zu diesem Thema war. Nichtsdestoweniger ist klar, dass im Mai 1939 die zunehmende Kriegsgefahr sowie die Unterstützung der Exilierten aus Österreich und der Tschechoslowakei die Hauptachsen der kulturpolitischen Veranstaltungstätigkeit des durch die seit den Konflikten von 1937–1938 zunehmenden Differenzen innerhalb des Exils etwas geschwächten SDS ausmachten. — **18** Willi Bredel: *Begegnung am Ebro* und Heinrich Mann: *Mut*. Dann wurden die Bestände des Verlags von der französischen Polizei nach dem Hitler-Stalin-Pakt beschlagnahmt und fielen im Sommer 1940 den Nazis in die Hände. Zu diesem Verlag vgl. unter anderem Hélène Roussel: »Éditeurs et publications des émigrés allemands (1933–1939)«. In: Gilbert Badia u. a.: *Les Barbelés de l'exil. Études sur l'émigration allemande et autrichienne (1938–1940)*. Grenoble 1979, S. 392–394. — **19** Vgl. Willi Bredel: »Blick in die Zukunft« (1946). In: *Sinn und Form*, Jg. 23 (1971), Nr. 3, S. 561–566. — **20** Untertitel des Aufsatzes, der in *Das Wort*, H. 4–5 v. April–Mai 1937, S. 55–58 erschien. — **21** »David gegen Goliath. Vier Jahre deutsche Emigrationsverlage«, ebd., S. 58. — **22** Anna Seghers: »Geglüht und gehärtet. Zum zehnten Jahrestag der Bücherverbrennung«. In: *Freies Deutschland*, Jg. 2 (1943), H. 6, S. 2; hier zit. n. Anna Seghers: *Aufsätze Ansprachen Essays 1927–1953*. Berlin, Weimar 2. Auflage 1984, S. 134. — **23** Ebd. — **24** Ebd. — **25** Ebd., S. 135. — **26** Ebd. — **27** *Der deutsche Schriftsteller. Zeitschrift des Schutzverbandes Deutscher Schriftsteller*. Paris. Sonderheft zum Jubiläum des SDS, November 1938, S. 2; hier zit. nach Seghers: *Aufsätze Ansprachen Essays 1927–1953* (s. Anm. 22), S. 69–70. — **28** Ebd., S. 69. — **29** Ebd., S. 70. — **30** Ebd. — **31** Diesen Hinweis verdanke ich Klaus Schulte, dem ich hier für gute, anregende Gespräche danken möchte. — **32** Seghers: *Aufsätze Ansprachen Essays 1927–1953* (s. Anm. 22), S. 69. — **33** Ebd., S. 70. — **34** Ebd. — **35** Durch Hanns Eisler im Juli 1936; vgl. Brecht: *Große kommentierte Berliner und Frankfurter Ausgabe* (s. Anm. 11). Bd. 12 *Gedichte 2*, S. 349. — **36** Ab Januar 1937 gesendet; Oktober 1937 bis Mai 1938, Abdruck in *Das Wort* und *Internationale Literatur*, beide Moskau, ebd. — **37** Brecht: *Große kommentierte Berliner und Frankfurter Ausgabe* (s. Anm. 11). Bd. 12, S. 648. — **38** Ebd., Bd. 14: *Gedichte 4. Gedichte und Gedichtfragmente 1928–1939*. 1993, S. 371. — **39** Die drei Zitate ebd. — **40** Brecht: *Große kommentierte Berliner und Frankfurter Ausgabe* (s. Anm. 11). Bd. 12, S. 61. — **41** Handschriftliche Datierung von Margarete Steffin, ebd., S. 377. — **42** Ebd., S. 35–36. — **43** *Wiener Arbeiterzeitung* vom 12. Mai 1933. — **44** Vgl. ein damaliges Foto, abgedruckt in: »*Das war ein Vorspiel nur …*« (s. Anm. 6), S. 206. — **45** Brecht: *Große kommentierte Berliner und Frankfurter Ausgabe* (s. Anm. 11). Bd. 12, S. 35. — **46** Ebd. — **47** Ebd. — **48** Ebd., S. 36. — **49** Ebd., S. 35. — **50** Anna Seghers: *Transit*. Bandbearbeitung von Silvia Schlenstedt, *Werkausgabe*, Helen Fehervary und Bernhard Spies (Hg.), *Das erzählerische Werk* I/5, Berlin 2001, S. 6. — **51** Ebd. — **52** Neudruck Frankfurt/M. 1983. — **53** Die erste Ausgabe erschien 1951 in Amerika. — **54** Walter Mehring: *Die verlorene Bibliothek. Autobiographie einer Kultur*. Icking, München 1964, S. 291.

Michaela Enderle-Ristori

Das »freie deutsche Buch« im französischen Exil
Ein kulturpolitisches Konzept und seine organisatorische Praxis

Der Reichstagsbrand vom 27./28. Februar 1933 hatte die Weimarer Demokratie symbolisch in Schutt und Asche gelegt und noch in derselben
Nacht Hunderte von Hitlergegnern zur Flucht gezwungen. Wenige Wochen später brannten die Bücher und Schriften aller derjenigen, die den
Geist der Republik geprägt hatten und die im NS-Jargon schon seit langem
als »Novemberverbrecher«, »Kulturbolschewisten« oder »Asphaltliteraten«
gebrandmarkt worden waren. Auf das Autodafé vom 10. Mai 1933 reagier-
ten viele der betroffenen Autoren zunächst mit herausfordernder Gelassen-
heit, zu der sie das plötzliche internationale Aufsehen und die sichere Distanz ihres mittlerweile gewählten Exils gleichermaßen verleitet hatten. So
schrieb zum Beispiel Heinrich Mann aus Nizza an seinen Freund Félix Bertaux: »Am 16. (sic!) Mai werden meine Bücher verbrannt, in München und
in Berlin. Von meinen sämtlichen Publikationen wird nur *Flöten und Dol-
che* verschont. Weshalb? Sollte es so schlecht sein?«[1]
   Heinrich Manns Reaktion war durchaus charakteristisch für das Denken
der exilierten Autoren, die Bücherverbrennung und Publikationsverbote
zum Beweis ihrer literarischen Qualität und intellektuellen Rechtschaffen-
heit erhoben und sich nun doppelt legitimiert sahen, fortan die «bessere»
deutsche Literatur zu repräsentieren. Die Kehrseite dieser Haltung sollte jedoch auch Heinrich Mann bald zu spüren bekommen. Aufgestachelt durch
den Erfolg von Bruder Thomas, dessen erster *Joseph*-Roman soeben in
Deutschland erschienen war, schrieb er sechs Monate später an Freund
Félix: »Sie wissen, das Buch meines Bruders hat einen durchschlagenden
Erfolg. Innerhalb von 8 Tagen 10.000 verkaufte Exemplare. (...) Was
könnte ich für Geld verdienen, wenn nur mein Buch (gemeint ist *La Hai-
ne/Der Hass*; M. E.-R.) dort eingelassen würde.« Und er gestand ohne Um-
schweife: »Hinzu kommt, dass ich schreckliche Angst vor dem Misserfolg
der Emigranten-Verlage habe. Werden sie sich halten können? Es ist keineswegs erwiesen, dass deutsche Bücher sich außerhalb Deutschlands be-
friedrigend verkaufen lassen.«[2]
   Die Freiheit des Schreibens ohne Zensur und Schrifttumskammer er-
kauften sich Heinrich Mann und alle anderen mit der Anpassung an die
prekären Publikationsbedingungen des Exils. Doch allen Schwierigkeiten
zum Trotz sollte gerade in Frankreich zwischen 1933 und 1940 eines der

wichtigsten Zentren für Exilliteratur und -publizistik entstehen. Verlage, Bibliotheken, Buchdrucker, Buchhändler und als öffentliche Relais wirkende Zeitschriften und Kulturorganisationen hatten dort einen literarischen Markt entstehen lassen, der die Herstellung und Verbreitung der Exilschriften übernahm und der dazu beitrug, dass die Stimme des *anderen Deutschland* im Ausland gehört wurde. Doch diese Stimme klang selten unisono. Die außergewöhnlich reiche Palette kultureller und politischer Organisationen verlieh dem intellektuellen Kräftefeld der deutschen Hitlergegner in Frankreich seine Dynamik und seine öffentliche Schlagkraft, die sich in zum Teil spektakulären, bis in Berlin registrierten Aktionen äußerte – man denke nur an den in Paris orchestrierten Londoner Gegenprozess zum Leipziger Reichstagsbrandprozess. Zugleich aber war sie die Wurzel für interne Spannungen und für eine drohende Atomisierung ihrer Initiativen auf dem politischen wie auf dem genuin literarischen Terrain. Zeitweilige Einigungsversuche, wie sie auf politischem Feld unter der *Volksfront*-Losung unternommen worden waren, fanden ihr kulturpolitisches Pendant und kristallisierten sich im literarästhetischen Bereich an einzelnen Konzepten, die die isolierten Kräfte zu binden und nach kurzfristigen intellektuellen Konjunkturen zu strukturieren suchten: Die Diskussionen um Begriffe wie *antifaschistische Literatur, bürgerlich-humanistisches Erbe* oder *freies deutsches Buch* erfolgten in diesem Zusammenhang.

Die literarästhetischen Debatten des Exils müssen hier nicht nachvollzogen werden.[3] Vielmehr soll an dieser Stelle ein kulturpolitisches Schlagwort – *das freie deutsche Buch* – herausgegriffen und in seinen theoretischen und praktischen Implikationen ausgeleuchtet werden, ausgehend von den kulturellen Orten seiner Entstehung bis in die einzelnen Instanzen seiner Vermittlung. Im Vordergrund der Untersuchung sollen dabei einige bislang wenig bekannte Bereiche der Literaturvermittlung im französischen Exil stehen, insbesondere die Druckereibetriebe und Buchhandlungen, die das ihrige zur materiellen Entstehung des *freien deutschen Buches* und zu seiner Verbreitung als geistigem Zeugnis eines anderen Deutschlands beitrugen. Denn es wurde bislang zu wenig beachtet, dass Buchhändler und -drucker nicht nur ökonomische Zulieferdienste für Exilzeitungen und -verlage leisteten, sondern häufig auch persönlich oder weltanschaulich mit ihnen verbunden waren und oft dasselbe Schicksal teilten. Weit davon entfernt, lediglich einen merkantilen Umschlagplatz für Bücher einzunehmen, waren sie stets auch intellektuelle Vermittlungsstätten und damit zwar auf anderer Ebene, doch nicht in geringerem Maße als die emigrierten Autoren mit den Aporien des *freien deutschen Buches* im Exil konfrontiert. Ihre Einzelschicksale machen diesen Umstand augenfällig.

Das *freie deutsche Buch* in Frankreich

Nirgendwo außer in Frankreich fand das Epitheton *frei* bis 1940 so häufigen Gebrauch zur Bezeichnung kultureller oder spezifisch literarischer Institutionen des Exils. Zwar ist das Adjektiv im selben Zeitraum auch für andere europäische Exilländer belegt und sollte nach 1940 durch die *Bewegung Freies Deutschland* bis ins außereuropäische Exil Verbreitung finden.[4] Doch gerade in Paris war das Adjektiv *frei* seit 1935 ausgesprochen *en vogue*. Es figurierte dort im Titel zahlreicher Zeitschriften (*Freie Kunst und Literatur*[5], *Das freie Wort*[6], *Zeitschrift für Freie deutsche Forschung*[7], *Freie Jugend*[8] bzw. *Freie deutsche Jugend*[9]), im Titel von Vereinen und Bildungseinrichtungen (*Freie deutsche Hochschule*[10], *Freier Künstlerbund*[11]) oder in kulturpolitischen Schlagwörtern wie *freie deutsche Literatur* bzw. *freies deutsches Buch*. Hinzu kamen zahlreiche substantivische Prägungen wie *Deutsche Freiheit*[12], *Deutsche Freiheitsbriefe*[13], *Deutsche Freiheitspartei*[14] und natürlich – als zeitlich früheste all dieser Bezeichnungen – die *Deutsche Freiheitsbibliothek*, die offiziell zum ersten Jahrestag der Bücherverbrennung am 10. Mai 1934 als Sammelstätte der verbrannten Bücher und als Ort des geistigen Kampfes gegen Hitler eingeweiht worden war.

Wie die Aufzählung zeigt, fungierte das Adjektiv *frei* keineswegs als epitheton ornans, sondern es diente nach dem Vorbild der *Deutschen Freiheitsbibliothek* als Matrix für die Benennung von Institutionen, die zumeist zwischen Herbst 1935 und dem Jahreswechsel 1938/39 gegründet und dem Umkreis der Pariser Volksfront-Bewegung entsprungen waren. In diesem Sinne bezeichnete es also nicht nur »freie«, weil dem Machtbereich der nationalsozialistischen Diktatur entzogene Institutionen; gleichzeitig trat es an die Stelle präziser Parteizuordnungen wie *sozialistisch* bzw. *kommunistisch* oder ersetzte stark parteilich konnotierte Termini wie *antihitlerisch* oder *antifaschistisch*. Das Epitheton *frei* wurde somit zum zeitweiligen Angelpunkt einer einheitlichen Kulturpolitik im Pariser Exil. Wie es sich speziell im literarischen Bereich durchsetzen und in den Schlagworten *freie deutsche Literatur* bzw. *freies deutsches Buch* programmatischen Charakter erlangen konnte, soll zunächst kurz gezeigt werden.

Die Bücherverbrennung vom 10. Mai 1933 hatte unter den exilierten Autoren zwar gemeinsame Betroffenheit, doch keine Gruppenidentität gestiftet. Die Distanzierung von der »gleichgeschalteten« NS-Literatur bildete den einzigen Grundkonsens unter diesen Literaturproduzenten, die nicht selten die veränderten Grundlagen ihres Schaffens ignorieren und die Existenz einer »Exilliteratur« in Abrede stellen wollten. Auch die Literaturkritik ging zu Beginn des Exils von antagonistischen Positionen aus: Die marxistischen Literaturtheoretiker verabschiedeten 1934 die von der Realität überholte Doktrin der Parteiliteratur zugunsten eines breiteren, allerdings die Parteiprärogativen wahrenden Programms *antifaschistischer* Literatur, während zur selben Zeit ein bürgerlicher Kritiker wie Hermann Kesten in einem nicht minder programmatischen Artikel noch auf den deutschen Idealismus rekurrierte und mit Kant die *Freiheit* der Kunst auf ihrer *Wahrheit* gründete (»dass Kunst ohne Freiheit, d. h. ohne Wahrheit, unmöglich sei«[15]). Hoffte man andererseits angesichts der konzeptionellen Differenzen theoriebefrachteter Literaturkritik auf die uniformierende Wirkung journalistischer Sprachpraxis, sah man sich gleichfalls enttäuscht: Der redaktionelle Sprachgebrauch der Exilpresse reflektierte ebenso große Uneinigkeit. So kündigte zum Beispiel Schwarzschilds *Neues Tage-Buch* die außerhalb Deutschlands erscheinende Literatur bis zum Mai 1940 stets unter dem Titel *Abseits von der Reichskulturkammer*[16] an, während der von Bruno Frei redigierte kommunistische *Gegen-Angriff* seit dem Moskauer Schriftstellerkongress vom Sommer 1934 den Begriff *antifaschistische Literatur* benutzte (noch im Mai 1934 war die Sonderseite zum »Tag des verbrannten Buches« allein der proletarischen Literatur gewidmet gewesen).[17] Interessant ist schließlich der Fall der *Pariser Tageszeitung*, die im November 1936 von der polemischen und in der Sache zu kurz greifenden Formulierung *Literatur jenseits der braunen Grenzpfähle* zum Begriff *freie deutsche Literatur* überging.[18]

Bezeichnenderweise erfolgte der Übergang anlässlich der Berichterstattung zur Ausstellung *Das Freie Deutsche Buch – seine Entwicklung 1933 bis 1936,* die von der Deutschen Freiheitsbibliothek unter dem Protektorat des Schutzverbandes deutscher Schriftsteller (SDS) veranstaltet worden war.[19] Die Ausstellung fand vom 16. bis 23. November 1936 statt; sie verstand sich als öffentliche Gegenaktion zu einer nationalsozialistischen Bücherschau in Paris und als Gegenentwurf zum Literaturblatt des *Völkischen Beobachters, Das deutsche Buch.* Kulturpolitisch freilich ging es um mehr: Die Ausstellung vereinigte die neueste Literaturproduktion des Exils (Belletristik, Essayistik ebenso wie illegale Kampfschriften), also das *freie deutsche Buch,* mit ausgewählten Autoren der bürgerlichen Literatur und suchte diese in den breiteren Traditionszusammenhang *freier deutscher Literatur* zu bringen. Dazu ausgestellt waren neben antifaschistischen Tarnschriften und Büchern von Erich Mühsam und Kurt Tucholsky auch Werke von Lessing, Voltaire und Heine. Die Folgeausstellung vom Juli 1937 machte die Entwicklung komplett: Das *freie deutsche Buch* wurde nun zum *Deutschen Buch in Paris,* das der langen Reihe deutscher Emigrantenschicksale zugeordnet werden konnte. Wie Lion Feuchtwanger in seiner Eröffnungsrede formulierte, sollte der historische Rahmen von 1837 bis 1937 aufzeigen, was »deutsche Dichter seit einem Jahrhundert in der Emigration produziert haben«.[20]

Der Begriff *freies deutsches Buch,* wie ihn der Pariser SDS unter Vorsitz Rudolf Leonhards in seinen Veranstaltungen offiziell propagierte, vereinigte also zwei Aspekte: zum einen die Erweiterung des bürgerlichen Literaturbegriffs um Formen pragmatischer bzw. politisch-intentionaler Literatur, zum anderen die Integration der bürgerlich-humanistischen Literaturtradition in die aktuelle Exilliteratur, und zwar im spezifischen Sinne des marxistischen Erbe-Begriffes. Nur in Gestalt dieses Kompromisses konnte sich das *freie deutsche Buch* in Paris als konsensfähiges Konzept für die Arbeit der kommunistischen wie auch der bürgerlichen Intellektuellen erweisen, nachdem zuvor der konkurrierende Begriff der *antifaschistischen Literatur* auf starke Vorbehalte gestoßen war. Stellvertretend für die linksbürgerlichen Autoren sei nochmals Heinrich Mann zitiert. Obwohl er gegenüber der Idee militanter Literatur gewiss außerordentlich aufgeschlossen war, hatte er sich bereits im Juni 1934 gegen eine parteipolitische Einengung des Konzepts *antifaschistischer Literatur* gewehrt und die Teilnehmer des Moskauer Allunionskongresses in seiner Grußadresse vorab wissen lassen: »Die antifaschistische Literatur ist nicht notwendig absichtsvoll antifaschistisch: sie ist es schon dadurch, dass sie auf der Gewissensfreiheit besteht.«[21]

Seit Heinrich Mann auf Veranlassung der Kommunisten[22] im Januar 1935 zum Ehrenpräsidenten des SDS gewählt worden war, diente sein Hinweis auf Geistes- und Gewissensfreiheit wiederholt als Fingerzeig für die in Paris einzig konsensfähige Strategie des *freien deutschen Buchs*, das mit seiner Moskauer Lesart nicht zu verwechseln war. Denn als Heinrich Mann im Frühjahr 1936 zur Herausgeberschaft der dort im Zeichen der Volksfront gegründeten Literaturzeitschrift *Das Wort* eingeladen wurde, äußerte er gegenüber Feuchtwanger unmissverständlich, »er werde der Redaktion nur beitreten, wenn ›die Zeitschrift sich als Organ der *freien deutschen Literatur*‹ bezeichnen und auch danach handeln wolle. ›Persönlich‹, fügte er hinzu, ›billige ich die kommunistische Demokratie, wie die Sowjet-Union sie hervorbringt. Für Deutschland brauchen wir den einfachen Freiheitskampf – ohne Doktrin: die kommt später und wird natürlich die sozialistische sein.‹«[23]

»Der einfache Freiheitskampf – ohne Doktrin«, so ließe sich das Schlagwort *freies deutsches Buch* politisch zurückübersetzen. Es stellte den notwendigen, in Wirklichkeit jedoch stets konfliktgeladenen Versuch dar, einen von parteiideologischen Fixierungen weitgehend freigehaltenen literarischen Antifaschismus auf breitester Basis zu betreiben. Wie schwierig das Unterfangen im Grunde war, zeigt nicht nur die weitgehend bekannte Vereinsgeschichte des SDS selbst, sondern auch der Blick auf die einzelnen, von Parteidirektiven und Parteigeldern stark abhängigen Institutionen des literarischen Marktes.

Exilzeitschriften und -verlage

Frankreich war bis bis zur Okkupation im Juni 1940 das wichtigste Zentrum für Exilliteratur und -publizistik; 167 mehr oder minder bedeutende Presseorgane wurden für das Land verzeichnet. Neben den regionalen Zentren Elsass und Lothringen, die nach 1935 zunehmend an strategischer Bedeutung verlieren sollten, konzentrierten sich die Unternehmen in der französischen Hauptstadt (131 Organe erschienen direkt in Paris, sechs in unmittelbarer Umgebung).[24] Unter ihnen befanden sich die Parteiorgane von KPD, KPO, ISK, SAP, Neu Beginnen und (ab 1938) der Sopade sowie die Blätter einiger politischer Schlüsselfiguren wie Max Braun, Willi Münzenberg, Leopold Schwarzschild oder Georg Bernhard. Die parteigebundene Exilpublizistik wie auch die überparteilichen Presseorgane, die teils sogar einen Kultur- bzw. Literaturteil führten, reflektierten insgesamt das äußerst differenzierte politische Kräftefeld der in Paris wirkenden Parteien und Gruppierungen. Zu den wichtigsten unter ihnen zählten Schwarzschilds linksbürgerliches, später dezidiert antikommunistisches *Neues Tage-Buch* (1933–1940), Münzenbergs antifaschistisches Kampforgan *Gegen-Angriff* (1933–1936) und später die in Opposition zur KPD stehende *Zukunft* (1938–1940), ab 1938 auch die kommunistische *Neue Weltbühne* sowie das zwischen alle politische Fronten geratene *Pariser Tageblatt* (1933 bis 1936) bzw. die *Pariser Tageszeitung* (1936–1940). Parteilich unabhängige Kulturzeitschriften wie *Das Blaue Heft*, *Die Zone* sowie die Kulturorgane politischer Splitterparteien (so etwa die trotzkistischen *Cahiers d'Europe*) führten dagegen eine bescheidenere und ungleich kurzlebigere Existenz. Am schlechtesten bestellt war es jedoch gerade um die Kulturorganisationen der Volksfront-Bewegung, deren Organe es nur selten über den Status von Vereinsblättern hinaus brachten und die oft nur in hektografierter Form erscheinen konnten (so zum Beispiel die Zeitschrift des Deutschen Kulturkartells, *Freie Kunst und Literatur*); ja selbst die Vereinszeitschrift des ansonsten überaus aktiven Pariser SDS wurde nach drei Nummern wieder eingestellt. Damit ergibt sich ein zunächst überraschender Befund: Wo die Pariser Volksfront-Parteien sich zumindest zeitweilig zur Herausgabe eines gemeinsamen politischen Mitteilungsblattes – den (überwiegend mit KPD-Geldern finanzierten) *Deutschen Informationen* – zusammengefunden hatten, wurde ein solcher Versuch auf literarischem Gebiet nie unternommen. Es fehlte in Paris eine Literaturzeitschrift, die das *freie deutsche Buch* in einer breiten Öffentlichkeit hätte wirkungsvoll propagieren können – und die Standortwahl Moskau für die Literaturzeitschrift *Das Wort* konnte den Mangel nicht korrigieren.

Dies war umso gravierender, als Paris neben Prag, Zürich und Amsterdam zugleich zu den wichtigsten Zentren für Verlagsarbeit zählte: über ein Dut-

zend Exilverlage waren dort angesiedelt.[25] Freilich dominierten auch hier
wieder die Parteiunternehmen, allen voran der 1934 von Basel nach Straßburg und von dort im Sommer 1938 nach Paris transferierte Komintern-Verlag Prometheus bzw. Editions Prométhée[26] (der damit kein wirklicher Exilverlag war) und Editions du Carrefour (auch er keine Exilgründung, sondern
1933 von Münzenberg übernommen und ausgebaut). Tatsächliche Exilverlage mit einer durchaus respektablen Buchproduktion waren dagegen der
zweite Münzenberg-Verlag Editions Sebastian Brant, der ISK-Verlag Editions Nouvelles Internationales sowie die beiden Privatverlage Mercure de
l'Europe und Editions du Phénix. Viel zu spät – erst im Frühjahr 1939 – erfolgte die Gründung des von der Internationalen Vereinigung Revolutionärer Schriftsteller (IVRS) finanzierten Literaturverlags Editions du 10 Mai,
der nach zwei Einstiegstiteln von Heinrich Mann und Willi Bredel auch Anna Seghers und Hermann Kesten, Lion Feuchtwanger und Hans Marchwitza
publizieren wollte – aber nicht mehr dazu kam. So behielt die Pariser Verlagslandschaft eine starke parteipolitische Prägung, die sich in der prioritären
Ausrichtung der Verlagsprogramme an theoretischen Werken und Kampfschriften niederschlug und dazu führte, dass die großen Exilromane zwar in
Pariser Hotelzimmern geschrieben, aber nur selten in Paris verlegt werden
konnten. Döblin, Feuchtwanger, Heinrich Mann und Joseph Roth veröffentlichten in Amsterdam oder in Zürich, ja selbst die kommunistischen Autoren Bredel, Kisch, Koestler, Regler und Anna Seghers konnten ihre Romane nur begrenzt bei den ortsansässigen Verlagen Carrefour oder Prométhée
unterbringen und mussten mitunter auf Oprecht oder Querido ausweichen.

Druckereibetriebe

Wie sehr die Pariser Exilorgane und -verlage auf ihre Eigenständigkeit bedacht waren, zeigt sich bis in den – die politischen Orientierungen und
Sensibilitäten getreulich reflektierenden – Produktionsprozess. Augenfällig
wird dies an den Druckereibetrieben, die sich relativ präzise in das parteipolitische Spektrum einordnen lassen. Die Erklärung liegt darin, dass parteigebundene Presseorgane und -verlage in der Regel auf die Logistik der
französischen Schwesterparteien zurückgriffen und nur parteilich ungebun-
dene Kunden sich auf den privaten Markt der Pariser Drucker verlegen
mussten. Auf diese Weise verstärkten die merkantilen Bindungen zu
Druckereibetrieben die politisch-ideologischen Fixierungen der gedruckten
Organe, weshalb umgekehrt ein politischer Standortwechsel stets auch einen Druckerwechsel bedingte.

Deutsche Emigrantenunternehmen ließen sich im Druckereisektor bislang nicht nachweisen[27], wohl aber Fälle einer finanziellen Teilhaberschaft

oder eines Angestelltenverhältnisses in französischen Betrieben (als Setzer, Korrektoren etc.).[28] Dafür verantwortlich waren nicht nur die restriktiven gesetzlichen Vorschriften zum Betrieb einer Druckerei[29], sondern auch die immensen Investitionskosten für Druck- und Setzmaschinen, Lettern und Papiervorräte. So erforderte die Ausstattung einer Druckerei ein Vielfaches des Kapitals von Verlags- oder Buchhandelsunternehmen, vor allem für den Zeitungsdruck.[30] Abgesehen von der Region Elsass-Lothringen[31] und von dem bekannten Fall von Lucien Mink, dem Inhaber der Imprimerie Française und der Editions Sebastian Brant in Straßburg[32], wurde die deutsche Exilliteratur und -publizistik von einem relativ begrenzten Kreis französischer Betriebe hergestellt, die sich in den 1920er Jahren in Paris etabliert hatten. Ihre Besitzer waren jedoch in der Regel nicht in Frankreich geboren. Wie die Einzeluntersuchungen zeigen, waren die mit Exilpublikationen betrauten Drucker mehrheitlich selbst zwischen 1910 und 1920 aus Polen oder aus Russland nach Frankreich gekommen und seither größtenteils naturalisiert worden. Das *freie deutsche Buch* und die deutsche Exilpublizistik waren an ihrer logistischen Basis also eng verzahnt mit der vorausgegangenen Welle polnischer und russischer Emigranten. Vermutlich nur ein kleiner Teil von ihnen bestand aus aktiven Parteimitgliedern, die nach 1921 vor allem am Aufbau der kommunistischen Presse in Frankreich mithalfen. Folgerichtig teilten diese Druckereibesitzer 1939/40 häufig das Schicksal der Exilorgane und -parteien, für die sie gearbeitet hatten. Einige von ihnen wurden nach dem Hitler-Stalin-Pakt als Kommunisten interniert[33], andere konnten bis zur Okkupation weiterarbeiten. Dann kam für (fast) alle das Aus. Die meisten Druckereibetriebe – auch die kommunistischen – wurden Opfer der Rassengesetze in Frankreich; ab Oktober 1940 wurden sie »arisiert«, ihre Inhaber zum Teil deportiert. In der jüdischen Herkunft der Drucker lag sicherlich das einzige alle Parteischranken überwindende Motiv, sich an der Herstellung deutscher Exilschriften zu beteiligen.

Für die kommunistischen Verlage und Presseorgane arbeiteten eine Reihe französischer Druckereien, unter denen das Komintern-Unternehmen Imprimerie Coopérative Etoile das wichtigste war. Es war hervorgegangen aus einer Briefkastenfirma für Druckaufträge offizieller sowjetischer Stellen, die die Russen Zemack Kantine[34] und Léon Rothenberg[35] am 1. Mai 1927 unter ihrem Namen gegründet hatten (»Firmensitz« war die Privatwohnung Kantines[36]). Die Gründung des Nachfolgeunternehmens Coopérative Etoile[37] im März 1931 führte alsbald zu einem mehrjährigen Rechtsstreit, in dem die Inhaber im Februar 1935 zu Gefängnisstrafen verurteilt wurden.[38] Doch bereits am 21. Oktober 1935 erfolgte die Neugründung der Druckerei, diesmal bei der Place de la République.[39] Trotz der offiziell nur 30.000 Francs Firmenkapital[40] war die neue GmbH Imprimerie Coopérative Etoile ein hochmodernes Unternehmen, das alle gängigen Druckarbeiten inklusive der Herstellung von Tageszeitungen in allen europäischen Sprachen ausführen konnte (es druckte u. a. die Exilpublikationen der Editions Prométhée und Editions du Carrefour, die *Deutsche Volkszeitung*, den *Gegen-Angriff*, anfangs auch *Die Zukunft*). Dazu verfügte es über drei Ateliers im Erd- bzw. Untergeschoss des Gebäudes am Canal Saint-Martin, drei Büroräume und über einen großen Maschinenpark, der 1937 durch Mietkauf erweitert worden war. Als die als Kommunisten bekannten Inhaber Kantine und Rothenberg infolge des Hitler-Stalin-Pakts am 3. September 1939 interniert wurden, kam das Unternehmen in finanzielle Bedrängnis; eine ausgebliebene Abschlagszahlung lieferte dem Maschinenhändler im Mai 1940 den Vorwand für die Demontage eines Teils der Druckmaschinen. Der rechtswidrige Vorgang empörte selbst den von der Vichy-Regierung am 16. April 1941 zur »Arisierung« des Unternehmens eingesetzten Verwalter Henri Dupuy, der um die Rückgabe der Maschinen prozessierte. Da Dupuy jedoch bei seiner Hierarchie im französischen Judenkommissariat keinen Rückhalt fand, konnte er am 15. Dezember 1941 die Druckerei nur noch in Konkurs geben, um eine weitere Demontage zu unterbinden.[41] Das Rumpfunternehmen wurde im Juli 1942 versteigert und erbrachte noch einen Erlös von nahezu 1,3 Millionen Francs. Die wirtschaftliche Bedeutung des Komintern-Unternehmens lässt sich an einigen Zahlen ermessen: der Umsatz der Imprimerie Coopérative Etoile hatte sich im letzten Geschäftsjahr 1938 auf über 3 Millionen Francs belaufen; im Juni 1939 soll sie bis zu 90, beim Konkurs im Dezember 1941 immerhin noch 10 Arbeiter beschäftigt haben. Nach seiner Rückkehr aus dem amerikanischen Exil konnte Kantine 1947 den Verkauf annullieren lassen; die geraubten Maschinen waren freilich verloren.

Ein zweites kommunistisches Großunternehmen war die im Pariser Zeitungsviertel gelegene Imprimerie Centrale de la Bourse, die unter anderem die deutschsprachigen Publikationen des Weltkomitees gegen Krieg und Faschismus und das *Deutsche Volks-Echo* druckte. Ihre Firmengeschichte begann, als der Franzose André-Jacques Bloch am 14. Febuar 1926 die Aktiengesellschaft Société Générale Française d'Imprimerie (117, rue Réaumur, Paris 2ᵉ) gründete.[42] Diese fusionierte im Juli 1932 mit der Druckerei der aufgelösten Firma Alcan-Lévy und nannte sich fortan Imprimerie Centrale de la Bourse[43]. André-Jacques Bloch blieb Mehrheitseigner der neuen GmbH, deren Firmenkapital von 600.000 auf 1 Million Francs angewachsen war. Im März 1936 erfolgte eine tief greifende Umstrukturierung: Die wirtschaftlich florierende Imprimerie Centrale de la Bourse verlegte ihren Firmensitz nach 142, rue Montmartre (Paris 2ᵉ) und transferierte Maschinen und Kunden zunehmend auf die nur einen Steinwurf entfernte Tochtergesellschaft Imprimerie Centrale du Croissant[44] (hier ging

u. a. die *Deutsche Volkszeitung* in Druck). Letztere übernahm schließlich die Führung eines Kombinats, zu dem sich drei[45] Betriebe unter der Bezeichnung Société des Grandes Imprimeries de Paris-Centre vereinigt fanden. Die Umstrukturierung verdeckte die politischen Zusammenhänge und ermöglichte ein Finanzgeschäft, das lukrative Gewinne einbrachte, die an die kommunistischen Geldgeber zurückflossen. Denn die Imprimerie Centrale de la Bourse, die vor dem Krieg auf ihrem Firmenbriefkopf mit dem stolzen Besitz von zehn Rotationsmaschinen und 35 Linotype- und Lichtsatzmaschinen warb, besaß zum Zeitpunkt ihrer Liquidierung 1942 nurmehr acht Linotypes, aber bedeutende, auf ausländischen Konten blockierte Aktien- und Devisenguthaben, die die Geldquellen der Komintern berührten. Die Liquidierung der zwischen Dezember 1939 und Mai 1940 ohnehin stillgelegten Unternehmen erfolgte auch hier im Zuge der Zwangsarisierung jüdischer Betriebe, da die Firma neben dem 1939 verstorbenen Inhaber André-Jacques Bloch noch weitere jüdische Teilhaber gehabt hatte.[46] Im Dezember 1941 wurde die Imprimerie Centrale du Croissant, im Januar 1942 die Imprimerie Centrale de la Bourse Arisierungskommissar Martin übergeben, dem es mangels Geschäftsbüchern (sie waren in Sicherheit gebracht worden) nicht gelang, die Unternehmen als kommunistische Betriebe zu identifizieren. Nach 1945 wurden beide Firmen neu gegründet.

Einen weiteren Einblick in die Verzweigungen der Komintern-Betriebe gibt die Imprimerie Centrale Commerciale, die aus der Imprimerie d'Art Voltaire (34, rue Richer, Paris 9ᵉ) hervorging. Letztere war im August 1926 durch den russischen Drucker und Verleger Oreste Zeluk[47] gegründet worden, der eigentlich für mehrere Oppositionsblätter des seit der Oktoberrevolution im Pariser Exil lebenden Ex-Außenministers Pavel Miljukow arbeitete. Ihren Statuten zufolge war die Imprimerie d'Art Voltaire eine Aktiengesellschaft im Alleinbesitz des Ehepaars Zeluk, das zur Sicherung des erstaunlichen Firmenkapitals in Höhe von 1 Million Francs u. a. einen Immobilienbesitz nahe dem Boulevard Voltaire und seine Anteile an der russischen Wochenzeitung *Rassviet* eingebracht hatte.[48] Ab 1933 druckte die Imprimerie d'Art Voltaire auch kommunistische Tarnschriften und die *Antifaschistische Front*, was zumindest Geschäftskontakte zwischen Zeluk und KP-Kreisen nahe legt. Im Oktober 1937 wechselte die Imprimerie d'Art Voltaire vollends den Besitzer, und zwar über eine (getarnte russische) Handelsniederlassung. Neuer Inhaber wurde der Russe Israel London, der sogleich den Firmennamen änderte – das Unternehmen nannte sich fortan Imprimerie Centrale Commerciale – und den Firmensitz in die Rue Grange Batelière Nr. 13 (Paris 9ᵉ) verlegte. Die Notwendigkeit des sorgfältig vorbereiteten Wechsels lag auf der Hand. Zeluks Unternehmen im Eckhaus der Rue Richer Nr. 34 umfasste drei Räume im Erdgeschoss sowie einen Keller, die auch aus der Rue Saulnier zugänglich waren. Unter dieser Adresse hatte Zeluk längst zwei neue Unternehmen ins Handelsregister eintragen lassen, die von der stillgelegten Imprimerie d'Art Voltaire nur juristisch, nicht aber räumlich getrennt waren: Zwischen November 1931 und April 1937 hatte Zeluk als Alleinbesitzer die Edition et Imprimerie Rapide de la Presse (E.I.R.P.)[49] betrieben, die unter anderem das *Neue Tage-Buch*, das *Pariser Tageblatt* (von 1933 bis 1935) und kleinere Exilorgane wie *die aktion* und *Der Monat* druckte. Am 12. April 1937 transformierte er die Firma in eine neue Aktiengesellschaft, die dank weiterer Teilhaber ihr Kapital von 100.00 auf 300.000 Francs aufstocken und unter dem Namen Société Parisienne d'Imprimerie (S.P.I.) ihre Aktivitäten fortsetzen konnte: Zum *Neuen Tage-Buch* kamen die *Österreichische Post* und spanische Exilorgane; als frühere Kunden blieben drei russische Blätter (u. a. die Tageszeitung *Poslednie Novosti*) und die jiddische Tageszeitung *Pariser Haint*.

Mit dem Verkauf der Imprimerie d'Art Voltaire hatte Zeluk 1937 der Komintern die Eröffnung eines weiteren Tarnunternehmens ermöglicht.[50] Die Imprimerie Centrale Commerciale (I.C.C.) war wiederum als Aktiengesellschaft mit 1 Million Francs Stammkapital strukturiert, zu deren Teilhabern neben Israel London[51] auch sein Bruder Jacques[52] gehörte. Sie arbeitete unter anderem für den Komintern-Verlag Editions Prométhée, verfügte jedoch über einen vergleichsweise kleinen Maschinenpark, so dass sie häufig nur den Satz ausführte und den Druck Zulieferbetrieben überließ. Im Juni 1939 beschäftigte sie zehn Arbeiter, darunter mehrere Ausländer (zumeist Polen und Russen). Nach der Okkupation wurde auch dieses Unternehmen »arisiert«, wobei das Vorgehen des Verwalters Marcel Schiffer einen Musterfall der Enteignungspraxis darstellte. Israel London musste seine Geschäftsanteile für ein Hundertstel ihres Werts verkaufen und alle Passiva – faktisch alle Außenstände für Druck- und Satzarbeiten in russischer und polnischer Sprache sowie der KPF – übernehmen, da seine »nachlässige« Geschäftsführung, so Schiffers Urteil, das Unternehmen in wirtschaftliche Schwierigkeiten gebracht habe. Auf der Schuldnerliste der Imprimerie Centrale Commerciale findet sich eine Reihe von Betrieben, die dort Satzarbeiten hatten vornehmen lassen, so die Imprimerie du Croissant und die noch zu erwähnende Druckerei J.E.P. Nach 1945 konnte London die Arisierung und den mittlerweile erfolgten Verkauf an den Druckereibetrieb Jacques Reboul & Fils rückgängig machen.

Ein letztes Komintern-Unternehmen war die Druckerei Lantos Frères et Masson[53], die ab 1937/38 auch verstärkt die Arbeit zunehmend bedrohter Schwesterunternehmen in Prag und Basel übernahm. Zahlreiche Buch- und Pressepublikationen von KPD und Komintern wurden hier gedruckt, so zum Beispiel die *Kommunistische Internationale*, der *Weltjugendkurier*, die *Internationale Bücherschau* und die *Zeitschrift für freie deutsche Forschung*, zeitweilig auch die *Deutschland-Informationen des ZK der KPD*.

Auch kommunistische Splittergruppen verfügten über ihre Druckereien. Die Société Nouvelle d'Impression et d'Edition (S.N.I.E.)[54] war hervorgegangen aus der im Januar 1927 gegründeten Société Nouvelle d'Editions Franco-Slaves, einem russischen Emigrantenunternehmen, das zwischen 1927 und 1932 u. a. von Ex-Marineminister Lebedev zur Herausgabe antibolschewistischer Blätter finanziert worden war. Im Mai 1933 erfolgte der Firmenwechsel und in dessen Folge die Neuorientierung der Druckerei. Unter den neuen Gesellschaftern (den Russen Jacques Chapnik[55] und Lazare Ranzen[56], ab 1935 auch Kurt Simon[57] und zwei Polen[58]) wurde die S.N.I.E. zur angestammten Druckerei des ISK – sie druckte alle Buchtitel des Parteiverlages Editions Nouvelles Internationales, die Zeitschriften *Die Sozialistische Warte, Das Buch* und Willi Eichlers *Reinhart-Briefe* –, daneben aber auch Blätter der Trotzkisten (*Unser Wort*) und der SAP-Gruppe *(Neuer Weg)*. Weitere Kunden waren jiddische, polnische und russische (trotzkistische) Blätter. Die recht bescheidenen Mittel (nur 25.000 Francs Firmenkapital, keine Lichtsatz- oder Rotationsmaschinen) setzten der wirtschaftlichen Expansion des Unternehmens, das immerhin bis zu 30 Arbeiter beschäftigt haben soll, enge Grenzen; als das Unternehmen im Dezember 1941 im Zuge der Zwangsarisierung verkauft wurde, stellte der zuständige Zwangsverwalter die hohe Verschuldung des Unternehmens fest. 1945 erreichten die früheren Inhaber die Annulierung des Verkaufs.

Ein weiteres Unternehmen des linken Spektrums war die Imprimerie Crozatier[59], deren Inhaber Michel Berstein[60] neben Exilpublikationen der SAP (*Die Neue Front*) auch russische und ukrainische Blätter druckte. Das 1921 gegründete Unternehmen umfasste zwei Werkstätten (Satz und Broschur im Vordergebäude, Druckmaschinen im Hinterhof) und beschäftigte mehrere Arbeiter, bis ein schwerer Arbeitsunfall Berstein im Frühjahr 1941 zum Verkauf der Druckerei zwang. Doch anstatt den Vertrag zügig abzuschließen (zum 22. Juli 1941 traten neue Arisierungsmaßnahmen in Kraft) bestanden die Interessenten – es war der französische Verleger Jean Crès und sein Geldgeber Albert Menès – auf einer Autorisierung des Verkaufs durch die Besatzungsbehörden, was die Einschaltung eines Arisierungskommissars auslöste. Crès kaufte das Unternehmen für 300.000 Francs; von dem Geld erhielten weder der 1942 deportierte Berstein noch seine in größter Not lebende Familie einen Centime.

Des Weiteren existierten in Paris eine Reihe sozialdemokratisch orientierter Druckereibetriebe, u. a. die Imprimerie Spéciale[61] (sie druckte u. a. die *Internationale Gewerkschaftskorrespondenz*) und die Imprimerie Union[62]. Letztere war am 28. Februar 1922 als offene Handelsgesellschaft mit 40.000 Francs Stammkapital gegründet und zunächst unter dem Namen ihrer Inhaber Wolf Chalit[63] und Jacques Snégaroff[64] eingetragen worden. Im März 1936 vergrößerte sich das Unternehmen; zu den ursprünglichen

Räumen 46, Bd. Saint-Jacques (Paris 14ᵉ) kamen neue Räume in der in der Nähe gelegenen Rue Méchain Nr. 13 hinzu, so dass der Betrieb, der sich fortan Imprimerie Union nannte, über 650 qm Werkstätten für Satz, Druck und Büros verfügte. Einer undatierten Angestelltenliste zufolge arbeiteten dort über 30 Personen, davon ein Drittel (naturalisierte) Russen.[65] Es verwundert daher nicht, dass der Betrieb Druckarbeiten in französischer, russischer und deutscher Sprache ausführte. In der Mehrheit handelte es sich um sozialdemokratische bzw. sozialistische Blätter; von der Prager Verlagsanstalt Graphia übernahm die Imprimerie Union 1938 insbesondere den Druck des *Neuen Vorwärts* und der *Deutschland-Berichte der Sopade*. Imprimerie Union wie die zuvor genannte Imprimerie Spéciale waren mit Sicherheit Druckereien der französischen sozialistischen Partei (SFIO).

Schließlich existierten auch einige Unternehmen unterschiedlichen Umfangs, die parteilich nicht gebunden schienen. Die Druckerei Lang et Blanchong war ein Großunternehmen, für das Exilpublikationen – im Wesentlichen die *Neue Weltbühne* und Bücher der Editions du 10 Mai – nur eine sekundäre Rolle spielten. Ihre französischen Inhaber Gaston Blanchong und Gaston Lang führten das Unternehmen seit 1915 gemeinsam;[66] 1936 transformierten sie es in eine Kommanditgesellschaft (Lang, Blanchong & Cie), die in den Folgejahren – hauptsächlich mit dem Druck von Zeitschriften und Magazinen – Umsätze zwischen 6 und 9 Millionen Francs erzielte. 1941 trennten sich die Wege der Soziétäre: Der Jude Gaston Lang musste seine Geschäftsanteile verkaufen und wurde 1942 deportiert; der »Arier« Gaston Blanchong leitete das Unternehmen während der Okkupation weiter (Angaben von Arisierungskommissar Lahure zufolge soll es 160 Angestellte in drei Schichten rund um die Uhr beschäftigt haben).

Ein Unternehmen mittlerer Größe war die Druckerei Imprimerie pour Journaux, Editions, Périodiques (J. E. P.)[67], die der Schweizer Marcel Schwitzguebel[68] mit zwei französischen Teilhabern im November 1933 gegründet hatte. Die Aktiengesellschaft mit 500.000 Francs Stammkapital war für den Zeitungsdruck ausgelegt; an Exilorganen druckte die J.E.P. das konservative Blatt *Europa* sowie ab Oktober 1935 das *Pariser Tageblatt* bzw. die *Pariser Tageszeitung* wie auch kommunistische Tarnblätter (so das Magazin *France-Espagne*). Während der Okkupation setzte die Druckerei ihre Tätigkeit fort; der im Handelsregister vermerkte Geschäftseintritt von Jacques Reboul, der im selben Jahr 1941 die Imprimerie Centrale Commerciale aufkaufen sollte, deutet allerdings auch hier eine (vielleicht im Einverständnis mit den Eigentümern unter Privatvertrag vorgenommene) »Arisierung« des Unternehmens an.

Ein Kleinunternehmen war dagegen die Imprimerie Haloua[69], die ihr Inhaber, der in Algerien geborene Franzose Emile Haloua[70], seit 1923 mit seinem Sohn betrieb. Wie die Arisierungsakten später festhalten sollten, ar-

beitete die Druckerei mit geringsten Gewinnspannen. In dem kleinen La-
dengeschäft mit anliegenden Räumen im Hinterhof führte Haloua auf der
Handpresse allerlei praktische Druckarbeiten für den täglichen Geschäfts-
bedarf sowie Buchdrucke aus. Für die deutsche Emigration druckte Haloua
Bücher der Editions du Phénix und Editions Météore. Nachdem sein Sohn
1940 ein Opfer der *drôle de guerre* geworden war, beschäftigte Emile
Haloua einen Angestellten, bis er am 20. August 1941 aus seiner Wohnung
verschleppt, in Drancy interniert und danach deportiert wurde – ein
Schicksal, das viele der bereits genannten Berufsgenossen ebenfalls traf.

Buchhandlungen, Leihbibliotheken und Antiquariate

Eine weitere Etappe führt von der Herstellung der Exilschriften zu ihrer Verbreitung. In letzter Instanz oblag es ja den Buchhändlern, das *freie deutsche
Buch* dem Publikum nahe zu bringen. Dabei wurden die Schwierigkeiten,
unter denen der Sortimentsbuchhandel einen literarischen Markt aufrechtzuerhalten versuchte, bislang nur annähernd zur Kenntnis genommen.
Ohne zentrale Auslieferungsstelle, dafür mit umso größeren Transport- und
Devisenproblemen konfrontiert, trugen die Buchhändler ein Risiko, dem sie
durch die Diversifizierung ihrer Aktivitäten zu begegnen suchten. Spätestens
seit der sich 1938 zuspitzenden Marktsituation waren sämtliche Exilbuch-
handlungen mit einem Schreibwarengeschäft, einer Leihbibliothek oder
einem Modernen Antiquariat gekoppelt. Die beiden Letzteren erlaubten es
den Buchhändlern, veraltete oder wenig gängige Titel des Sortiments ohne
große Mehrkosten im Handel zu erhalten; reine Antiquariate waren hingegen selten.[71] Doch neben der kommerziellen Aktivität übten die Buchhandlungen permanent eine wichtige kommunikative Funktion aus, sei es für
den Informationsaustausch und als Treffpunkt von Autoren, als Veranstal-
tungsort für Vorträge und Fortbildungskurse zahlreicher Emigrantenvereine
oder schlicht als menschliches Refugium in widrigen Zeiten.

Mindestens fünf[72] Buchhandlungen waren im Pariser Exil von deutschen
Emigranten gegründet worden, und zwar in der zeitlichen Reihenfolge ihrer Eröffnung: Librairie du Pont de l'Europe (März 1933), Biblion (Mai
1933), Librairie Franco-Allemande (Februar 1935), Agence de Librairie
Française et Etrangère (November 1935) und Science et Littérature (September 1937). Als Teilhaber oder Angestellte wirkten Emigranten auch an
einigen französischen Unternehmen mit, so zum Beispiel an der kommunistischen Buchhandlung C. Mayer & Cie.[73] Die Inhaber der Exilbuch-
handlungen waren teils gelernte Buchhändler, teils wurden sie in Paris erst
dazu. Ihre Geschäfte zeigen wiederum ein breites Spektrum politischer und
literarischer Orientierungen; eine nennenswerte Marktstellung sollten je-

doch lediglich Au Pont de l'Europe und die Kommissionsbuchhandlung Agence de Librairie Française et Etrangère erlangen.

Sich als deutscher Buchhändler in Paris zu etablieren, verlangte neben dem nötigen Startkapital viel fachliche Kompetenz, denn jede Unternehmensgründung stieß sich an der Konkurrenz etablierter Pariser Buchhandlungen, von denen mehrere eine fremdsprachige Abteilung führten. Mit einem Bücherangebot in deutscher Sprache warben zum Beispiel die Buch-

Wichtig für Buchhändler!

Wir erinnern unsere Herren Kollegen an die Tätigkeit unserer Engros-Abteilung. Folgende Neuerscheinungen unserer Exklusivitäten sind bereits erschienen oder gelangen in den nächsten Tagen zur Auslieferung:

FRANZ WERFEL: Von der reinsten Glückseligkeit des Menschen.
JOHANN HUIZINGA: Der Mensch und die Kultur.
CARL ZUCKMAYER: Herr über Leben und Tod.
MARTIN GUMPERT: Dunant.
THOMAS MANN: Schopenhauer.
THOMAS MANN: Achtung Europa.
FRANZ KOERMENDI: Der Irrtum.
KARL OTTEN: Torquemadas Schatten.
RENE SCHICKELE: Heimkehr. — Vorwort von Hermann Kesten.
VEIT VALENTIN: Weltgeschichte.
JOLAN FOELDES: Maria vor der Reifeprüfung.
EMIL LUDWIG: Quartett.
HEINRICH MANN: Die Vollendung des Königs Henri Quatre.

STEFAN ZWEIG: Ungeduld des Herzens.
FRITZ WALTER: Kassandra.
HERMANN KESTEN: Die Kinder von Gernika.
ANNETTE KOLB: Festspieltage in Salzburg und Abschied von Oesterreich.
JOSEPH ROTH: Die Kapuzinergruft.
GUIDO ZERNATTO: Die Wahrheit über Oesterreich.
GEORG KAISER: Der Gärtner von Toulouse.
JAMES CAIN: Serenade.
DEUTSCHER FREIHEITSKALENDER 1939.
ERIKA MANN: Zehn Millionen Kinder.
EMIL LUDWIG: Die Neue Heilige Allianz.
KURT KERSTEN: Unter Freiheitsfahnen.
E. J. GUMBEL: Freie Wissenschaft.
MAX WERNER: Aufmarsch zum zweiten Weltkrieg.

Die Lieferung erfolgt zu den bekannten Katalogpreisen mit höchstem Buchhändlerrabatt. Vergessen Sie nicht bei Ihren Neubestellungen die Auffüllung Ihres Sortiments. Verlangen Sie gleichzeitig Kataloge und Werbematerial. Wir senden auf Wunsch Sonderliste verlagsneuer, interessanter Titel zu stark herabgesetzten Preisen.

WIR BESORGEN BEREITWILLIGST JEDES DEUTSCHSPRACHIGE BUCH ZU HOECHSTEM RABATT

AU PONT DE L'EUROPE
LIBRAIRIE FRANÇAISE ET ETRANGÈRE
PARIS (VIIIe).   Telefon OPEra 80-54   17, RUE VIGNON (nahe Madeleine)

Wichtige Neuerscheinung!

Soeben erschienen:
„SCHRIFTEN ZU DIESER ZEIT"
I.
ALFRED DOEBLIN

Die deutsche Literatur
(im Ausland seit 1933)
Preis: ffrs. 15.—

VERLAG SCIENCE & LITTERATURE
Paris (Ve)   21, rue Cujas

Soeben erschienen:

MELODIEN
GEDICHTE
von
ALFRED KERR
176 Seiten   Kart.: ffr. 18.—
50 handsignierte Exemplare werden zu Gunsten der politischen Gefangenen in Deutschland zum Preise von je sfr. 18.— verkauft.

EDITIONS NOUVELLES INTERNATIONALES
(Internationale Verlagsanstalt)
Boîte Postale 30.   Paris (XVIe), Rue Singer

SONDERANGEBOT II
ANTIQUARISCHE SAMMLUNGEN

BERTHOLD AUERBACH:
Gesammelte Schriften. Erste, neu durchgesehene Gesamtausgabe. Stuttgart, Cotta 1857; 20 Bände in 10. Einbände der Zeit. Gut erhalten .... ffrs. 250.—
LUDWIG ANZENGRUBER:
Gesammelte Werke. Zweite durchgesehene Auflage. Stuttgart, Cotta 1892, in 10 Bänden (fehlt jedoch Band 5). Leinenbände der Zeit. Vollständig neu. .... ffrs. 135.—
ALBERT BIELSCHOWSKY:
Goethe. München 1915. 2 gut erh. Halbiederbände m. Goldschn. .... ffrs. 90.—
HEINRICH BULTHAUPT:
Dramaturgie des Schauspiels. (Dramaturgie der Klassiker.) Oldenbg. 1891. 3 Leinenbde, wie neu. .... ffrs. 100.—
FELIX DAHN:
Ein Kampf um Rom. Leipzig 1895. Vier Halbiederbände m. Goldschn. Neu .... ffrs. 65.—
H. J. Ch. von GRIMMELSHAUSEN:
Simplicianische Schriften. Herausg. u. m. Erläuterungen vers. v. H. Kurz. Leipzig 1863, 4 Halbiederbände in 12° .... ffrs. 100.—
Klopstocks Werke. Lpzg. 1876. 5 Bde. ...... ffrs. 100.—
Knut Hamsun: Gesammelte Werke in 12 Bänden. Die ersten 5 Bde. (bis 1930 ersch.) ...... ffrs. 125.—
Eduard Mörike: Gesammelte Schriften vollst. in 4 Lubdbn., wie neu. Stuttgart 1893 .... ffrs. 120.—
Schlossers Weltgeschichte. Berlin 1888. In 19 Gr.-Okt. Lubdbn. (fehlt Bd. 31); die 18 Bde .... ffrs. 250.—
C. M. Wielands sämtliche Werke. Lpzg (Göschen) 1853. 36 Bände in 18 Kl.-Format-Lubdbn. ffrs. 100.—

LIBRAIRIE INTERN. LETTRAS
15, rue Vieux-Colombier, Paris (VIe)
Tel. LITtré 85-37   Postscheck: 2195-10

Abb. 1: Inserate Pariser Exil-Verlage und Buchhandlungen im Neuen Tage-Buch, Nr. 50 v. 10.12.38

handlung Gibert Jeune und die Verlagsbuchhandlungen Stock und Fischbacher oder die (heute nicht mehr existierenden) Librairie-Bibliothèque Universelles[74] und Librairie Universum[75]. Einige Pariser Buchhandlungen hatten ihr deutschsprachiges Literaturangebot sogar nach Sachgebieten spezialisiert, so etwa die Librairie Internationale des Lettres, Arts et Sciences, die sich dem Emigrantenpublikum in politisch korrekten Werbeslogans als die »bestsortierte Buchhandlung freier (sic!) deutschsprachiger Wissenschaften«[76] präsentierte, und für Judaica existierten im Marais-Viertel ohnehin einschlägige Unternehmen.[77] Die Konkurrenz war umso schärfer, als die Bezugsbedingungen für französische und Emigrantenunternehmen oft identisch waren, da die Verlage häufig Exklusivverträge mit Vertriebsfirmen abgeschlossen hatten, die ihre Großhändlerrabatte eifersüchtig verteidigten oder – wie im Fall der Messageries Hachette – seit Ende des 19. Jahrhunderts eine quasi Monopolstellung für den Buch- und Zeitschriftenvertrieb zwischen Paris und der Provinz wie für einen Teil der Auslandsimporte hatten aufbauen können. So war der Verlag Allert de Lange zum Beispiel jahrelang vertraglich an Messageries Hachette gebunden, während etwa die Buchhandlung C. Mayer & Cie den Exklusivvertrieb für die Bücher der Editions Prométhée besaß.

Sogar in der Kategorie der Kleinunternehmen waren findige Franzosen den Emigranten eine Nasenlänge voraus. Das beste Beispiel gab Hélène Kra. Sie hatte im Mai 1933 in der Rue Blanche die Librairie Eda eröffnet, die auf nur 40 qm Ladenfläche Schreibwaren, ein Buchsortiment und eine Leihbibliothek mit 12 bis 18.000 Titeln in deutscher, englischer und französischer Sprache anbot.[78] Über eine Innentreppe gelangte der hungrige Leser zum Teesalon im ersten Stock, wo die rührige Mademoiselle ihren Privatsalon zur Imbissstube umfunktioniert hatte und dort ab Sommer 1934 mit zwei Angestellten einen preisgünstigen Mittagstisch servierte. Die Kombination erwies sich als richtig, denn die erhaltenen Geschäftsbilanzen zeigen, dass sich die Leihbibliothek über den Teesalon finanzierte. Nun hatte Hélène Kra freilich ein besonderes Verhältnis zur deutschen Emigration und ihr Fall demonstriert erneut, wie Kultureinrichtungen des deutschen Exils nach 1933 auf früheren Generationen (jüdischer) Emigranten aufbauen konnten. Als Tochter des Verlegers Simon Kra[79], der selbst 1884 von Frankfurt nach Paris emigriert war, um dort einer der wichtigsten Verleger französischer Avantgarde-Literatur seiner Zeit zu werden, zeigte sie sich seit der ersten Stunde – der Gründungszeitpunkt von Eda ist bezeichnend – von der Situation deutscher Emigranten betroffen. Noch im selben Jahr trat sie auch als Übersetzerin von Exilliteratur hervor.[80] 1939 wurde die finanzielle Lage der Buchhandlung schwieriger[81], und nach der Okkupation drohte auch ihr die Arisierung. Hellsichtig hatte Hélène Kra noch im Mai 1941 den Verkauf ihres Geschäfts an eine »arische« Freundin, Jeanne Charbonnier, organisiert, der es gelingen sollte, im geheimen Einvernehmen mit dem von Vichy eingesetzten Zwangsverwalter Lucien Laurent eine Serie juristischer und finanzieller Streitigkeiten vorzuspiegeln, so dass die rechtsgültige Anerkennung des Verkaufs durch die deutschen Behörden (»homologation«) bis zum Mai 1944 verzögert werden konnte. (Die »homologation« hätte die Abführung der Kaufsumme auf ein Sperrkonto und damit, wie in den genannten Beispielen der Arisierung von Druckereibetrieben geschildert, die Enteignung des jüdischen Eigentümers bedeutet.) So liefert die Librairie Eda von Hélène Kra ein seltenes Beispiel, wie die Arisierung – unter freilich beträchtlichen Risiken für alle Beteiligten – unterlaufen werden konnte; anders als ihr Vater, der in der Deportation starb, konnte Hélène Kra nach ihrer Rückkehr aus dem Exil 1945 ihr Unternehmen weiterführen.

Ähnlich bescheiden, doch als reines Emigrantenunternehmen funktionierte die Buchhandlung Biblion, die aus einer (anfangs vermutlich ambulant betriebenen) Leihbibliothek am Montparnasse in unmittelbarer Nähe des Cafés Le Dôme hervorging. Gegründet wurde sie im Mai 1933[82] von dem gelernten Buchhändler Paul Günzburg[83], der bereits in Frankfurt ein eigenes Geschäft geführt hatte. Sekundiert wurde er von einer Gruppe linker jüdischer Emigranten aus Frankfurt und Berlin, darunter Käthe Hirsch[84] und die Schriftstellerin Ruth Rewald[85]. Die Buchhandlung mit Leihbibliothek und modernem Antiquariat funktionierte mit knappen Mitteln (25.000 Francs Firmenkapital); finanzielle Schwierigkeiten führten denn auch im Dezember 1936 zu einem Wechsel in der Unternehmensführung. Vorerst ungeklärt ist, ob Günzburg, der bis zur Okkupation in Paris lebte, weiter an dem bis zum Sommer 1939 existierenden Unternehmen beteiligt war.[86]

Als Treffpunkt sozialdemokratischer und kommunistischer Emigranten fungierte dagegen die Buch- und Papierhandlung Librairie Franco-Allemande (Lifa) bei der Place de la République.[87] Sie wurde von dem linken Sozialdemokraten und ehemaligen Berliner Rechtsanwalt Dr. Wilhelm Leo geführt, konnte sich jedoch nur dank der finanziellen Unterstützung eines begüterten französischen Verwandten halten[88] und hat nach ihrem Umzug ab 1938 nurmehr als Leihbibliothek[89] funktioniert. Dennoch erfüllte Lifa eine wichtige soziale Funktion; sie diente insbesondere als Vortragsraum der Deutschen Volkshochschule und für diverse Emigrationshilfen wie zum Beispiel Sprachkurse in Hebräisch.

Vergleichsweise spät – im November 1937 – wurde die im Quartier Latin gelegene Buchhandlung Science et Littérature[90] gegründet. Ihr Inhaber, der studierte Romanist Ernst Heidelberger[91], hatte erste buchhändlerische Erfahrungen in Tel Aviv gesammelt (u. a. in Kontakt mit Walter Zadek) und konnte bei seiner Installierung in Paris auf die Hilfe seines Freundes, des

Schriftstellers André Chennevière zählen. Die Konkurrenz der Pariser Buchhandlungen im Sorbonne-Viertel zwang Heidelberger allerdings bald, sich auf ein deutschsprachiges Sortiment zu konzentrieren. Wie Lifa unterhielt auch Science et Littérature enge Beziehungen zur Emigration: Aus dem Kontakt zu László Radványi und der Freien deutschen Hochschule erwuchsen die verlegerischen Aktivitäten Ernst Heidelbergers, zunächst als »Adresse« der *Zeitschrift für freie deutsche Forschung,* danach als Herausgeber von Döblin und Manès Sperber, mit denen er seit Jahren befreundet war. Bei seiner Internierung im September 1939 musste Ernst Heidelberger das Geschäft zurücklassen und konnte es 1945 nicht mehr zurückerlangen.

Noch bedeutender war die in einer Seitenstraße zwischen Madeleine und Oper gelegene Buchhandlung Au Pont de l'Europe.[92] Sie war bereits am 15. März 1933 als deutsch-französisches Gemeinschaftsunternehmen gegründet worden. Ihre Inhaber waren zwei erfahrene Nachkommen deutscher Buchhändlerfamilien der Gründerzeit: Ferdinand Ostertag, der Sohn eines ostpreußischen Buch- und Musikalienhändlers, hatte bereits in den 1920er Jahren in Berlin ein eigenes Unternehmen geleitet (zunächst in der Kleiststraße, dann die renommierte Buchhandlung in der Leipziger Straße[93]), während sein jüngerer Kollege Otto Gustav Ernst Wittenborn bis 1933 das in der Hamburger Grindelallee gelegene Familienunternehmen Wittenborn Söhne[94] führte. Französischer Partner und vor allem steter Schirmherr des Unternehmens war die prominente Familie Naville, von der sich gleich drei Mitglieder ins Handelsregister als Teilhaber hatten eintragen lassen. Treibende Kraft war Jacques Naville, der bis Ende 1936 an der Geschäftsführung beteiligt war; als weitere Teilhaber (oder eher: als finanzielle Garanten) figurierten sein – 1935 verstorbener – Bruder Claude und Vater Arnold (er blieb zumindest auf dem Papier bis 1940 dem Unternehmen verbunden). Wenn Jacques Naville auch im Schatten seines um ein Jahr älteren Bruders, des ehemaligen Surrealisten Pierre Naville, stand, so waren sie doch ähnliche Wege gegangen. Wie Pierre Naville, der 1926 mit Eklat der KPF beigetreten war, bis er nach einem ebenso spektakulären Parteiausschluss 1928 zum Mitbegründer der trotzkistischen Bewegung in Frankreich wurde[95], hatte sich auch Jacques Naville zunächst dem Trotzkismus verschrieben, danach aber einer Gruppierung des Dritten Weges, Ordre Nouveau, angehört. Als diese zunehmend ins Fahrwasser der konservativen Revolution geriet, verließ er sie im Juni 1933 mit anderen Mitgliedern des antifaschistischen Flügels (u. a. dem Publizisten Gaston Bergery).[96] Der germanophile Geist und die literarischen Verbindungen der Familie Naville[97] begünstigten den Erfolg der Buchhandlung, die als »deutsch-französisches künstlerisches Informationszentrum« ins Handelsregister eingetragen war. Sie war Ideenlaboratorium und Ort des intellektuellen Austauschs und hatte auf Bücherfreunde eine ähnliche Anziehungskraft wie Adrienne Monniers bekannter französischer Buchladen La Maison des Amis du Livre[98]: Bei Au Pont de l'Europe kreuzten sich Walter Benjamin und André Gide[99], diskutierten Klaus Mann und Alfred Döblin. Zugleich fand sich ein Stück Berliner Literaturszene hier konserviert, denn Döblin und Heinrich Mann hatten schon vor 1933 zu Ostertags Kunden gezählt.

Und doch hatte selbst ein Unternehmen wie Au Pont de l'Europe, das dank der französischen Mitinhaber noch bis 1938 beim Leipziger Börsenverein als Auslieferer für Frankreich firmieren und zugleich Kommissionär für Allert de Lange werden konnte (ein für Exilverlage ansonsten undenkbarer Vorgang), mit wirtschaftlichen Schwierigkeiten zu kämpfen. Das Unternehmen in der Rue Vignon – de facto zwei Ladenräume mit einem Durchgang zur pompösen Rue Tronchet und ein kleines Büro im ersten Stock – erlebte mehrere Umstrukturierungen und geriet in eine finanzielle Krise, als Wittenborn Ende 1936 ausschied und nach New York ging, wo er eine große Kunstbuchhandlung auf der Madison Avenue eröffnete. Ostertag blieb der Geist des Unternehmens, doch dieses war ihm ökonomisch entglitten. Mehrheitsbesitzer und neuer Geschäftsführer der GmbH Au Pont de l'Europe war seit November 1936 der polnisch-deutsche Emigrant Adolf Klapholz, der zunächst als Buchhalter ausgeholfen und sich dann durch einen Kredit der Quäker ins Unternehmen eingekauft hatte.[100] Ostertag wurde damit faktisch zum Angestellten und bewohnte bis zur Okkupation 1940 eine bescheidene Ein-Zimmer-Wohnung am Stadtrand von Paris, während Klapholz nach Kaufmannssitte über dem Geschäft im vierten Stock Wohnung nahm. So funktionierte die Buchhandlung bis zum 6. September 1939; das war der Tag, an dem beide interniert wurden. Ostertag kam dank seiner Beziehungen im Oktober wieder frei, bis er später der Okkupation zum Opfer fiel.[101] Klapholz blieb bis Juni 1940 interniert und überschrieb nach seiner Entlassung am 12. August 1940 das Unternehmen seiner »arischen« Gattin. Doch die Maßnahme kam trotz der streitbaren Emmy Klapholz zu spät. Denn bereits im Mai 1940 war das Geschäft von der französischen Polizei sequestriert und danach einem kommissarischen Verwalter zwecks Arisierung unterstellt worden. Im April 1942 musste dieser Ferdinand Niedermeyer weichen, der an höchster Stelle direkt beim Militärbefehlshaber in Frankreich das Vermögen deutscher Juden verwaltete und im Oktober 1943 den Verkauf des Unternehmens vollzog. Von der früheren Buchhandlung war freilich nicht mehr viel übrig, denn den Großteil der Bücher hatte die Gestapo schon im Januar 1941 abtransportiert.[102]

Der Verlagskommissionär Ernst Strauss

Das für die Verbreitung des *freien deutschen Buches* sicherlich wichtigste Unternehmen war die Agence de Librairie Française et Etrangère von Ernst Strauss[103], der in Paris als Großhändler und Kommissionär zahlreicher Exilverlage tätig war. Strauss hatte in Frankfurt und Berlin Jura studiert und wurde 1932 mit einer Dissertation in Verwaltungsrecht promoviert, die eine Reform des Rechtssystems auf föderalistischer Basis vorsah.[104] Seit Juni 1932 war er als Gerichtsassessor in Frankfurt tätig, bis er mit der neuen NS-Justiz in Konflikt geriet. Am 30. März 1933 erging gegen ihn Haftbefehl, weil er in der Nacht des Reichstagsbrandes die Flucht eines antinazistischen Attentäters in die Schweiz organisiert hatte; am 1. April 1933 kam er selbst als Flüchtling über Saarbrücken nach Frankreich. Dort erhielt die Pariser Polizeipräfektur über den Quai d'Orsay alsbald den Hinweis, dass Strauss zusammen mit Hellmut von Gerlach und Hellmut Klotz durch nationalsozialistische Feme-Organisationen bedroht sei.[105] Möglicherweise war Strauss wie Gerlach und Klotz Mitglied des Reichsbanners. Gerlach, der frühere Präsident der Deutschen Liga für Menschenrechte, starb 1935 in Paris, der Militärexperte Klotz sollte 1940 der Gestapo in die Hände fallen. Im Pariser Exil verkehrten die Genannten miteinander; spätestens ab 1938 wohnte Klotz im Nachbarhaus neben Strauss, hinter der übernächsten Haustür wohnten Ruth Fischer und Arkadij Maslow.[106]

Vermutlich versuchte Strauss zunächst, sich als Associé eines Pariser Rechtsanwalts zu etablieren[107], ehe er ab November 1935 – fortan mit französiertem Vornamen – als Inhaber der Kommissions- und Versandbuchhandlung Agence de Librairie Française et Etrangère auf sich aufmerksam machte[108]. Die Unternehmensgründung war gut vorbereitet, denn bereits im Januar 1936 erschien Strauss in seinen Geschäftskorrespondenzen als Exklusivvertreter in Frankreich für 14 (später bis zu 20) deutschsprachige Verlage – darunter Malik, Europa, Oprecht & Helbling, Vita Nova, Sexpol, Editions Météore, Mercure de l'Europe und Julius Kittl – sowie als Kommissionär einiger Schweizer Verlage und der Editions du Carrefour.[109] Die imposante Liste war indessen die Frucht intensiver Verlagskontakte und eines zähen Ringens um Geschäftsallianzen und Vorzugsrabatte; so stieß sich Strauss z. B. jahrelang an vertraglichen Bindungen zwischen Allert de Lange und Messageries Hachette, die ihn zwangen, das laufende Sortiment über Hachette mit dem normalen Buchhändlerrabatt von 33 Prozent zu beziehen, während der Verlag Hachette den Kommissionärsrabatt von 50 Prozent gewährte. Überhaupt war mit Rabatten nicht zu spaßen, darüber wachte auch die Konkurrenz. Als Strauss einmal ein Schnäppchen gelungen war – er hatte 200 Exemplare guter Remittenden zu 75 Prozent Rabatt erstanden, die er teils an Ernst Heidelberger (Science et Littérature), teils an

Auslandskunden weiterverkau-
fen wollte –, drohte Allert-de
Lange-Kommissionär Au Pont
de l'Europe mit Gerichtsklage
wegen Geschäftsschädigung, falls
Heidelberger die Remittenden
unter Ladenpreis verkaufe![110]
Für das angespannte Pariser Ge-
schäftsklima ebenso bezeichnend war der aggressive Ton
der Werbeannoncen: »Das Freie
deutsche Buch. Der deutsche
Auslandsbuchhandel deckt seinen gesamten Bedarf nur bei Dr.
Ernest Strauss«[111] lautete eine
häufige Anzeige, wobei Strauss
geradeso wie seine Konkurren-
ten weniger um die Erhöhung
von Gewinnspannen als um die
wirtschaftliche Existenz kämpf-
te. Doch aller kommerzieller
Schwierigkeiten ungeachtet hatte Strauss in Paris führenden An-

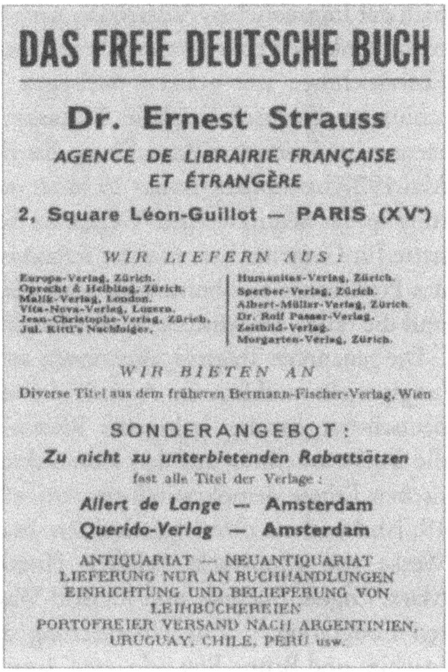

Abb. 2: Inserat des Verlagskommissionärs Ernest
Strauss im Neuen Tage-Buch, Nr. 11 v. 11.3.99

teil an der Verbreitung des *freien deutschen Buches* gewonnen. Er unterhielt
nicht nur Kontakte zu allen dortigen Exilorganen und -verlagen und half
z. B. den Buchvertrieb der *Pariser Tageszeitung* aufzubauen. Er hatte vor allem
in Zusammenarbeit mit dem Pariser SDS alle wichtigen Kulturveranstaltun-
gen um das *freie deutsche Buch* mitgetragen, z. T. sogar selbst initiiert, und
wurde schließlich der erste Bibliograf der deutschen Exilliteratur.

Als erste große Buchausstellung der Emigration fand im November 1936
die eingangs bereits erwähnte Ausstellung *Das Freie Deutsche Buch – seine
Entwicklung 1933 bis 1936* statt, die unter dem Protektorat des SDS stand
und von der *Deutschen Freiheitsbibliothek* in Paris – vermutlich von Max
Schröder – vorbereitet worden war.[112] Sie präsentierte einen aktuellen
Überblick der deutschen Exilliteratur, für den Strauss die Bücher geliefert
hatte.[113] Im Folgemonat Dezember beschickte er auch die Büchermesse des
SDS zugunsten der Not leidenden Schriftsteller.[114] Bei der zweiten großen
Veranstaltung *Das deutsche Buch in Paris 1837 bis 1937,* die parallel zur Pariser Weltausstellung vom 25. Juni bis 22. November 1937 stattfinden soll-
te[115], wirkte Strauss sogar als die treibende Kraft. In einem Schreiben vom
15. April 1937 berichtete er dem Verlag Allert de Lange das Ergebnis seiner
Unterredung mit den Ausstellungskommissaren: »(...) man wird im Rah-

men der französischen Ausstellung kein deutsches Buch zeigen, selbst wenn
es in Frankreich gedruckt ist. Unter diesen Umständen habe ich mich – im
Einvernehmen mit einigen wichtigen Verlagen – entschlossen, im Anschluss an die Internationale Weltausstellung, aber ausserhalb ihres Rah-
mens, eine besondere Ausstellung des freien deutschen Buches von Mitte
Mai 1937 bis Anfang Januar 1938 zu veranstalten. Träger dieser Veranstaltung ist der Schutzverband Deutscher Schriftsteller, der die Freundlichkeit
hatte (in Gemeinschaft mit der französischen Societé des Gens de Lettres)
das Protektorat zu übernehmen und die Ausstellung durch seinen Namen
und die tätige Mitwirkung seiner Mitglieder zu unterstützen.«[116]

Die genannten Trägerorganisationen sollten jedoch das Strauss'sche Ausstel-
lungsprojekt modifizieren. Anstelle der von Strauss angeregten Retrospektive
deutsch-französischer kultureller Wechselbeziehungen seit Voltaire[117] wurde
die Buchausstellung auf den Konjunkturbegriff des »bürgerlich-humanistischen Erbes« demokratisch-revolutionärer Autoren bzw. Emigranten des
19. Jahrhunderts zurechtgeschnitten. In der Ausstellung präsentiert wurden
Werke von Klopstock, Schiller, Humboldt, Freiligrath, Heine, Börne,
Marx, Engels, Büchner und Richard Wagner neben den Werken der jüngsten Emigration.[118] Zur Finanzierung der von Theodor Fanta, Hans A.
Joachim und Bruno Frei geleiteten Ausstellung fiel Strauss hingegen erneut
die Ehre zu, durch Bittschriften an Exilzeitschriften und -verlage die fehlenden 13.000 Francs in die Kasse zu bringen.[119] Die Buchausstellung war
damit zum Großteil von den Exilverlagen selbst finanziert worden.

Wie schwierig es war, buchhändlerische Initiativen zugunsten des *freien
deutschen Buches* ohne parteiliche Einmischung durchzusetzen, zeigt zuletzt
die Tätigkeit von Strauss als Bibliograf der Exilliteratur. Die Vorgeschichte
seiner 1938 erschienenen Bibliografie *Fünf Jahre freies deutsches Buch* beginnt spätestens im September 1936.[120] Eine Bibliografie der deutschen
Exilliteratur erschien zu diesem Zeitpunkt umso dringlicher, als seit August
1936 die Produktion der Exilverlage in keinem der offiziellen Verzeichnisse des Deutschen Börsenvereins mehr erfasst werden durfte.[121] So erschien
im September-Heft des *Worts* eine erste fragmentarische Bibliografie, die
unstreitig von Strauss erstellt wurde: Die Liste enthält fast ausschließlich
Verlage, für die er tätig war, und zwar in der exakten Reihenfolge ihrer Nennung auf seinem Firmenbriefkopf.[122] Im Folgemonat bat Strauss alle Exilverlage um eine Aufstellung ihrer sämtlichen Titel zwecks Erstellung einer
Bibliografie für die Dezember-Nummer »eine(r) literarische(n) Zeitschrift
der deutschen Emigration«[123] – gemeint war wiederum *Das Wort*. Sein Projekt zerschlug sich jedoch aus Gründen, die am Dezember-Heft der Zeitschrift abzulesen sind. Dort erschien fortan die neue Rubrik *Antifaschistische Publizistik*, d. h. eine Bibliografie wichtiger Beiträge der Exilpresse, die
sowohl in ihrem Gegenstand als auch in ihrer Konzeption (»antifaschis-

tisch«) dem Strauss'schen Projekt entgegengesetzt war.

Dieser Rückschlag ließ Strauss
nun seinerseits in Konkurrenz zum *Wort* treten, das im
April/Mai 1937 zum vierten
Jahrestag der Bücherverbrennung das Sonderheft *Vier Jahre
freie deutsche Literatur* mit bio-
bibliografischen Notizen zu 103
deutschen Schriftstellern veröffentlichte. Mitte Mai 1937 kündigte Strauss per Rundschreiben
den Exilverlagen seinen Plan
eines vollständigen Überblicks
über *fünf* Jahre Exilliteratur in
Buchform an. Das Werk war in
drei separat zu druckenden Teilen konzipiert, von denen der
erste (Rezensionen) für ein breites Publikum, der zweite (auto-
/biografische Notizen zu den

FÜNF
JAHRE

FREIES
DEUTSCHES
BUCH

GESAMTVERZEICHNIS
DER FREIEN DEUTSCHEN LITERATUR

1933   1938

VERLAG : STRAUSS PARIS-XV

Abb. 3: Eine der ersten Exilbibliografien erschien
im Selbstverlag von Ernest Strauss

Autoren mit Werkverzeichnis) und dritte Teil (bibliografische Titelnach-
weise mit Preisangaben) für den Fachhandel bestimmt waren.[124] Mit sicht-
licher Genugtuung begab sich Strauss in die neue Verlegerrolle und bat nun
seinerseits die Exilverlage zur Kasse: Die Aufnahme in sein Verzeichnis war
kostenpflichtig. Letztlich realisiert wurde daher nur der vorfinanzierte bibliografische Teil, der Ende 1937 (Druckvermerk: 1938) im Selbstverlag
unter dem Titel *Fünf Jahre freies deutsches Buch – Gesamtverzeichnis der frei-
en deutschen Literatur 1933–1938* erschien. Das Werk war innerhalb weniger Wochen vergriffen und bildete in zweiter Auflage den Grundstein für
die im April 1938 erstmals erschienene Zeitschrift *Das Buch*.[125]

Die Zeitschrift war eine Publikation der von Willi Eichler geleiteten Pariser Gruppe des ISK und bezeichnete deren Willen, weiter als bisher in den
stark kommunistisch geprägten Pariser Literaturmarkt vorzustoßen. Ob
Strauss selbst ISK-Mitglied war, ist ungeklärt – seine politischen Sympathi-
en gehörten fraglos den sozialistischen Splittergruppen[126] –, doch zählte er
mit Sicherheit zum Herausgeberkreis der Zeitschrift, die ganz offen auf seiner Bibliografie aufbaute und ohne seine Sachkenntnis schwerlich hätte ak-
tualisiert und ausgebaut werden können (z. B. durch die Einrichtung eines
Kundenservice für Bezugsadressen im Ausland, Büchersuchdienst etc.).
Überdies verfügte *Das Buch* ab Heft 2 auch über einen (von Strauss zuvor

projektierten) Rezensionsteil. Auf diese Weise suchte die Zeitschrift der angekündigten Intention gerecht zu werden, zum »Forum für den gesamten
unabhängigen Buchhandel (zu) werden.«[127]

Der terminologische Wechsel von der *freien* zur *unabhängigen* deutschen
Literatur (so der Untertitel der Zeitschrift *Das Buch*) war ein untrügliches
Zeichen für einen intellektuellen Perspektivenwandel. Die Volksfront-
Hoffnungen waren verflogen, die im Namen des *freien deutschen Buches* nur
mühsam kaschierten Differenzen konnten getrost wieder nach außen ge-
kehrt werden. So mochten die Kommunisten das Feld des Buchhandels
nicht kampflos dem ISK überlassen; ein Vierteljahr später erschien im Pariser Komintern-Verlag Bureau d'Editions die deutschsprachige Literaturzeitschrift *Internationale Bücherschau*.[128] Sie war nach demselben Muster
wie *Das Buch* konzipiert, allein ihr Inhalt war verändert: Die *Internationale Bücherschau* propagierte ausschließlich die Produktion kommunistischer
Verlage, während *Das Buch* diese gerade ausgespart hatte. Derlei Subtilitä-
ten interessierten die französischen Behörden freilich wenig. Um Strauss'
weiteres Schicksal zu schildern: Bereits einen Tag nach dem Verbot aller
Organisationen der III. Internationale wurde er am 27. September 1939
verhaftet und im Tennisstadion Roland Garros interniert – zusammen mit
einem harten Kern von Parteifunktionären der KPD und sozialistischer
Splittergruppen. Sein Name erscheint als letzter auf einer Liste von 68 Personen zur gesonderten Polizeibewachung (»section spéciale à surveiller«);
Franz Dahlem, Paul Merker, Paul Frölich und Rudolf Feistmann waren die
bekanntesten unter ihnen. Wie die zuvor Genannten wurde Strauss im
Lager Le Vernet interniert; danach fehlt jede weitere Spur. Seine Buchhandlung wurde am 26. Juni 1941 zur Arisierung überstellt; der Verwalter
Pierre Lesage zeigte keine Eile, Strauss dem Judenkommissariat als deutschen Juden anzuzeigen. Als dies unumgänglich wurde, fiel Strauss' Unternehmen – trotz dessen Ausbürgerung am 23. August 1939 – ins Ressort
von Ferdinand Niemeyer, der das Arisierungsverfahren noch im Folgemonat »mangels Masse« wieder einstellte. Denn die Räume der Buchhandlung und das kleine Büro, das Strauss noch im August 1939 in der Rue de
Tournon Nr. 16 eingerichtet hatte, standen zu diesem Zeitpunkt bereits
leer – ungeklärt bleibt, ob sie von Strauss selbst oder von der Gestapo
geräumt worden waren.

Wie der abschließende Fall von Ernest Strauss zeigt, war das *freie deutsche
Buch* also spätestens im Sommer 1938 in Paris als kulturpolitischer Leitbe-
griff verabschiedet worden. Als Gegenbegriff zu unzulänglichen inhaltlich-
geografischen Abgrenzungsversuchen zur NS-Literatur wie zu dem parteilich konnotierten Begriff der *antifaschistischen Literatur* ins Spiel gebracht,
hatte das Schlagwort vom *freien deutschen Buch* einen Versuch dargestellt,
der literarischen Produktion eine positive – und für die bunt gemischte Pa-

riser Schriftstellergemeinde konsensfähige – Schaffensgrundlage zu geben. Als solche war der Begriff von den Kulturorganisationen des Pariser Exils während der Volksfront-Phase als öffentlichkeitswirksames Konzept zur Demonstration der Einheit von deutscher Literatur und Kultur im Kampf gegen Hitler eingesetzt worden. Ein Blick auf die institutionellen Vermittlungsinstanzen des *freien deutschen Buch*es zeigt jedoch, dass dieses selbst innerhalb der tonangebenden Pariser Schriftstellerorganisation, dem SDS, keine einheitliche Aufnahme fand und vor allem, dass sich die Pariser Volksfrontorganisationen nie die Mittel für eine breite und überparteiliche Förderung der Exilliteratur gegeben hatten. Dafür bezeichnend war, dass die vor dem Pariser Schriftstellerkongress zur Verteidigung der Kultur erstmals im April 1935 erschienenen *Mitteilungen der Deutschen Freiheitsbibliothek* zwar als Literaturorgan gegründet, nach fünf Nummern jedoch zum politischen Informationsorgan umgewandelt worden waren. Die literarische Diskussion wurde damit zurückgeworfen auf ideologische Fronten, die sich – allen Volksfront-Strategien zum Trotz – bis in den Produktionsprozess der Exilverlage und -organe niederschlugen. Das reiche und im Vergleich zu anderen Exilzentren weite pluralistische Spektrum der Pariser Verlags- und Presselandschaft verzichtete damit auf die Möglichkeit, die vorhandenen Kapazitäten zu einer konzertierten Aktion zu nutzen und dem *freien deutschen Buch* die breite Zustimmung und öffentliche Wirkung zu verleihen, die es angesichts der Opfer und Risiken, die alle an der Buch- und Pressearbeit Beteiligten eingingen, tatsächlich verdiente.

1 Brief v. 11.5.1933. In: *Heinrich Mann – Félix Bertaux. Briefwechsel 1922–1948*. Hg. von Wolfgang Klein. Frankfurt / M. 2002, S. 302 f. — 2 Ebd., S. 341 ff., Brief v. 22.11.1933. — 3 Unter den neueren Darstellungen zur Literaturkritik des Exils vgl. u. a. Bettina Engelmann: *Poetik des Exils. Die Modernität der deutschsprachigen Exilliteratur*. Tübingen 2001; Michaela Enderle-Ristori: *Markt und intellektuelles Kräftefeld. Literaturkritik im Feuilleton von* Pariser Tageblatt *und* Pariser Tageszeitung *(1933–1940)*. Tübingen 1997; Alexander Stephan, Hans Wagner (Hg.): *Schreiben im Exil. Zur Ästhetik der deutschen Exilliteratur 1933–1945*. Bonn 1985; Silvia Schlenstedt (Hg.): *Wer schreibt, handelt. Strategien und Verfahren literarischer Arbeit vor und nach 1933*. Berlin, Weimar 1983. — 4 Vgl. die Titelgebung einiger außerhalb Frankreichs existierender Zeitschriften wie *Freie Deutsche Kultur* und *Freie Tribüne* (beide Großbritannien), *Der freie Deutsche* (Argentinien), von Organisationen wie dem *Freien Deutschen Kulturbund* (Großbritannien, Schweden) sowie der in Übersee verbreiteten *Bewegung Freies Deutschland / Alemaña Libre*. — 5 Paris, September 1938 – August 1939. — 6 Paris, Januar – Juli 1939. Gleichnamige Zeitschriften auch in den Niederlanden, UdSSR, Uruguay. — 7 Paris, Juli 1938 – März 1939. — 8 Paris, April 1936 – Dezember 1937. — 9 Troppau / Paris, Juni 1937 – Februar 1939. Gleichnamige

Zeitschriften auch in Großbritannien und der Tschechoslowakei. — **10** Paris, gegr. Nov. 1935. — **11** Paris, gegr. April 1938. — **12** Zunächst Saarbrücken / Straßburg 1933–1935, dann Paris, Dezember 1937 – April 1939. — **13** Paris, 1937–1939 (auch Prag). — **14** Gegr. Paris, Januar 1937. — **15** Hermann Kesten: »Der Preis der Freiheit. Zur Lage der deutschen Literatur«. In: *Die Sammlung,* Jg. 1 (1934), H. 5 (Januar), S. 239. — **16** Das *NTB* kündigte literarische Neuerscheinungen ab Juli 1933 zunächst unter dem Titel »Literatur«, ab Jg. 2, H. 43 v. 27.10.1934 unter der Rubrik »Abseits von der Reichskulturkammer« an. Sie erfasste nur außerhalb der Reichsgrenzen erschienene Werke. — **17** S. die Pariser Ausgabe des *GA,* Jg. 2 (1934), Nr. 19, S. 6. — **18** Flavius (i.e. Erich Kaiser): »Offensive des freien deutschen Buches. Die Ausstellung der ›Bibliothek der verbrannten Bücher‹«. In: *PTZ,* Jg. 1, Nr. 158 v. 16.11.1936, S. 2. — **19** Zur Geschichte der Freiheitsbibliothek vgl. u. a. Alfred Kantorowicz: *Politik und Literatur im Exil.* Hamburg 1978, Neuveröff. München 1983, S. 256–314. — **20** Lion Feuchtwanger: »Das deutsche Buch in der Emigration«. In: *PTZ* Jg. 2, Nr. 385 v. 2.7.1937, S. 3. — **21** Brief H. Manns an den Kongress der Sowjetschriftsteller, dat. 13.6.1934. In: Hans-Jürgen Schmitt, Godehard Schramm (Hg.): *Sozialistische Realismuskonzeptionen. Dokumente zum Allunionskongress der Sowjetschriftsteller.* Frankfurt / M. 1974, S. 400. — **22** H. Mann wurde auf Initiative Johannes R. Bechers von den kommunistischen Mitgliedern des SDS umworben und nach der Hauptversammlung vom 28. Januar 1935 zum Vorsitzenden gewählt, überließ die Geschäftsführung jedoch dem bisherigen Präsidenten Rudolf Leonhard und nahm formal die Stelle eines Ehrenpräsidenten ein. Vgl. Dieter Schiller: »Der Pariser Schutzverband deutscher Schriftsteller«. In: *Exilforschung. Ein internationales Jahrbuch.* Bd. 6. München 1988, S. 174–190. — **23** David Pike: *Deutsche Schriftsteller im sowjetischen Exil 1933–1945.* Frankfurt / M. 1981, S. 280, der einen Ausschnitt aus einem Brief Manns an Lion Feuchtwanger zitiert (Hervorh. i. Orig.). — **24** Vgl. Lieselotte Maas: *Handbuch der deutschen Exilpresse 1933–1945.* 4 Bde. München, Wien 1976–1990. — **25** Vgl. Hélène Roussel: »Editeurs et publications des émigrés allemands (1933–1939)«. In: Gilbert Badia u. a. (Hg.): *Les Barbelés de l'exil.* Grenoble 1979, S. 357–517; dies. u. Maria Kühn-Ludwig (Bearb.): »Deutschsprachige Bücher und Broschüren im französischen Exil 1933–1940«. In: *Archiv für Geschichte des Buchwesens.* Bd. 34 (1990), S. 267–325. — **26** In den Publikationen wurde ab 1934 Straßburg als Verlagsort angegeben. Die einzige bislang auffindbare Eintragung ins Handelsregister erfolgte jedoch am 13. Januar 1936. Die Editions Prométhée (Verlagssitz: 15, rue des Francs-Bourgeois) waren eine Aktiengesellschaft mit 25.000 Francs Kapital. Als pro-forma-Aktionäre fungierten mehrere Mitglieder der Straßburger *Humanité*-Redaktion und der Parteidruckerei *Argentoratum.* – Möglicherweise war der im Mai 1934 um die Zeitschrift Le Combat Marxiste in Paris gegründete Verlag Le Nouveau Prométhée (32, rue Rodier, Paris 9ᵉ) eine Abspaltung des Straßburger Unternehmens: Er versammelte neben Trotzkisten auch Mitglieder des linken Flügels der SFIO, u. a. den Bruder des aus dem Elsass stammenden sozialistischen Abgeordneten Salomon Grumbach, Jacques. Geschäftsführer von Le Nouveau Prométhée war der 1920 eingebürgerte russische Emigrant Wolf Epstein (geb. 1.10.1881 in Godlevo), selbst SFIO-Mitglied. — **27** Die nachfolgenden Angaben zu den Druckerei- und Buchhandelsunternehmen stützen sich, soweit nicht anders angegeben, auf Dokumente der Archives Départementales de la Seine (Akten des Tribunal de la Seine / Registre du Commerce, Sous-Série D33 U3) und auf Arisierungsakten der Archives Nationales (Sous-Série AJ 38, Archives du Commissariat Général aux Questions Juives et du Service de Restitution des biens des victimes des lois et mesures de spoliation). Vgl. auch meine Bemerkungen in Enderle-Ristori: *Markt und intellektuelles Kräftefeld* (s. Anm. 3), S. 98 ff. — **28** Der deutschjüdische Emigrant Walter Lichtwitz war zwischen 1934 und Oktober 1940 Teilhaber an der Druckerei des Italieners Romolo Morelli (3, rue des Rosiers, Paris 3ᵉ). Als Angestellte in Pariser Druckereien arbeiteten z. B. mehrere SAP-Mitglieder: Max Diamant und Louis Hacke als Setzer, Hermann Ebeling als Korrektor. — **29** Nicht nur das Ancien Régime, sondern auch die französische Republik hatte seit dem Code Napoléon das Druckerei- und Verlagswesen einer staatlichen Kontrolle unterworfen, die u. a. eine zahlenmäßige Beschränkung und polizeiliche Zulassung der Betriebe vorsah. Ausländer waren in den dreißiger

Jahren zusätzlich von den verschiedenen Verschärfungsmaßnahmen des Arbeitsrechts in Frankreich betroffen. — **30** Die Editions du Carrefour hatten als größter Verlag für Exilliteratur ein Stammkapital von 500.000 Francs, die Straßburger Editions Prométhée (offiziell) nur 25.000 Francs. Die meisten Druckereibetriebe hatten dagegen ein Kapital zwischen 100.000 und 1 Million Francs. — **31** Neben Metz, wo u. a. die Imprimerie Populaire de Lorraine KP-Publikationen druckte, waren vor allem in Straßburg eine Reihe kommunistischer Druckereien angesiedelt, die die Herstellung von Exilpublikationen übernahmen: Imprimerie Argentoratum und Imprimerie Sédal (beide Straßburg-Neudorf), Imprimerie Commerciale d'Alsace-Lorraine (Straßburg-Meinau). Sie druckten u. a. Publikationen des WKKF, die *Volks-Illustrierte* und Bücher der Editions Prométhée. — **32** L. Mink war Herausgeber der demokratischen Tageszeitung *La République* in Straßburg. Seine Imprimerie Française (5, place du Corbeau) druckte zahlreiche Exilorgane der KPD bzw. Münzenbergs (*Deutsche Volks-Zeitung, Unsere Zeit,* zeitweilig den *Gegen-Angriff)* und Bücher der Editions du Carrefour. Nachdem er seine parteioffizielle Publikationstätigkeit hatte niederlegen müssen, übernahm Münzenberg von Mink 1938 die Editions Sebastian Brant. — **33** S. bereits bei Bruno Frei (*Die Männer von Vernet.* Hildesheim 1980, S. 100) den Hinweis auf den internierten Pariser Drucker L. (vermutlich Israel London; s. nachfolgend). — **34** Geb. 17.7.1897 in Jekaterinoslaw (Russland), russischer Staatsbürger. Heirat 1922 in Warschau. Kam 1923 von Berlin nach Paris; von Beruf Schriftsetzer. Kantine hat offenbar einen Nansen-Pass besessen. — **35** Eigtl. Haîm Leib Roitenberg (auch Rotemberg), geb. am 26.2.1891 in Kiemenez (Russland), russischer Staatsbürger. Seit 1914 in Frankreich, von Beruf Schriftsetzer. — **36** Die Adresse war 113, rue de la Chapelle, Paris 18ᵉ. — **37** Firmensitz war nun 17, rue de la Comète, Paris 7ᵉ. — **38** Seit 1931 lief ein Strafverfahren gegen Kantine und Rothenberg wegen Prellung eines Angestellten, der 50.000 Francs in das neue Unternehmen eingebracht hatte, danach aber entlassen worden war. In der Berufung wurden die beiden Inhaber am 5. Februar 1935 zu vier Monaten Gefängnis und 100 Francs Geldstrafe verurteilt. — **39** Firmensitz 18–20, rue du Faubourg du Temple, Paris 11ᵉ. — **40** Von den 60 Geschäftsanteilen zu je 500 Francs besaßen Kantine (Geschäftsführer) und Rothenberg (Technischer Leiter) je 29; 2 Anteile besaß der französische Werkmeister Georges Vannier, geb. 14.6.1883 in Paris. — **41** Der Druckmaschinenhändler Legendre transportierte zwischen Mai 1940 und Januar 1942 zur Begleichung einer Restschuld von 70.000 Francs Maschinen im Schätzwert von rund 500.000 Francs ab und wurde dabei von hohen Stellen im französischen Judenkommissariat gedeckt. Dupuys Anstrengungen blieben erfolglos, bis er im Februar 1943 in einem Protestschreiben an den deutschen Militärbefehlshaber in Frankreich seinen Amtsrücktritt erklärte. Dupuy, selbst Drucker in Courbevoie, vertrat nach 1945 die Association des Imprimeurs Sinistrés et Spoliés. — **42** A.-J. Bloch, geb. 19.8.1881 in Paris, hatte zwei Teilhaber an seiner Aktiengesellschaft: Abraham Dreyfus, geb. 9.3.1865 in Rosheim und Julien Lantzenberg, geb. 29.9.1877 in Dijon. — **43** Im Briefkopf führte die Imprimerie Centrale de la Bourse ihren alten Namen Société Générale Française d'Imprimerie im Untertitel noch mit. — **44** Die Adresse war 19, rue du Croissant, Paris 2ᵉ. Das Firmenkapital der Imprimerie Centrale du Croissant belief sich auf 124.000 Francs, die Imprimerie Centrale de la Bourse hatte jedoch 1.354.000 Francs in deren Gründung investiert. — **45** Als drittes Unternehmen kam die Imprimerie Française 123, rue Montmartre, Paris 2ᵉ hinzu. — **46** Blochs Witwe Rose-Marie-Elizabeth Roux führte die Unternehmen bis zur Einstellung fort. — **47** Oreste Zeluk, geb. 9.5.1888 in Ouman (Russland), Heirat am 15.5.1912 in Petrograd mit Lidia Winitzkowska, geb. 17.1.1888 in Yalta (Russland). Vermutlich hat das Ehepaar Zeluk Russland nach der Oktoberrevolution verlassen. Im Oktober 1928 wurde Zeluk naturalisiert. — **48** Der Immobilienbesitz von Frau Zeluk betraf die Filiale der Druckerei, in einem Gebäude von 116 qm Grundfläche in der Passage Alexandrine-Lepeu, Paris 11ᵉ nahe des Boulevard Voltaire. Das Handelsregister verzeichnet dagegen sechs weitere Teilhaber (fünf Franzosen und einen Russen). Möglicherweise waren über sie Gelder der anti-bolschewistischen Opposition in das Unternehmen eingeflossen. — **49** Die E.I.R.P. war eine auf O. Zeluk eingetragene Aktiengesellschaft mit 100.000 Francs Kapital. Im Handelsregister ist als Firmensitz 1 bzw. 5, rue Saulnier angegeben; im Druckvermerk der meisten Publikationen ist jedoch die Adresse 4–6, rue Saulnier (d. h. das eigentliche Hintergebäude der Rue Richer Nr. 34) genannt. — **50** Der Firmenwechsel war gut eingefädelt worden: Der Mietvertrag für die Räume Rue Grange Batelière lief seit 10. Juli 1936; am 10. September 1937 erfolgte der Umzug, am 11. Oktober 1937 der Namenswechsel. Im offiziellen Gewerbeanzeiger wurde jedoch der Namenswechsel vor dem Ortswechsel veröffentlicht, um den Eindruck einer Firmenneugründung zu erwecken. Israel London hatte die Firma um die Hälfte ihres Wertes gekauft, was die Vermutung unterstützt, dass Zeluk einen Großteil der Maschinen in der Druckerei E.I.R.P. behalten hatte. Seit Juli 1937 hatte London größere Summen über osteuropäische Banken erhalten, die der Finanzierung des neuen Unternehmens dienten. — **51** Geb. 3.12.1898 in Hrubieszow (Russland). — **52** Geb. 26.6.1910 in Kiew. – Weitere Teilhaber des Unternehmens waren die Franzosen Marius Cottavoz, Jacques Roussel und Edmond Masson. — **53** Adresse 86, rue du Faubourg Saint-Denis, Paris 10ᶜ. — **54** Adresse 32, rue Ménilmontant, Paris 20ᶜ. — **55** Jacques Chapnik, geb. 1898 in Kiev, seit 1929 naturalisierter Franzose. — **56** Lazare Ranzen, geb. 7.9.1883 in Odessa, russischer Staatsbürger. — **57** Kurt Simon, geb. 7.4.1896 in Berlin. — **58** Es handelt sich um Majron Judkowski und Joseph Polivoda. Der Russe Borislav Lossenski scheint nur kurzfristig beteiligt gewesen zu sein. — **59** Adresse 3, impasse Crozatier, Paris 12ᶜ. — **60** Geb. 15.4.1883 in Smella (Russland); seit 1927 naturalisiert. — **61** Keine weiteren Angaben ermittelbar. — **62** Adresse 13, rue Méchain, Paris 14ᶜ. — **63** Geb. 15.10.1878 in Moskau, 1926 naturalisiert. — **64** Geb. 3.1.1880 in Vitebsk, 1927 naturalisiert. — **65** Undatierte Angestelltenliste (vermutl. Juni 1941) im Arisierungsdossier Imprimerie Union. Die Liste umfasst 34 Personen, davon 24 Franzosen (zur Hälfte in Paris und Umgebung geboren) und 10 außerhalb Frankreichs geborene Personen: einen Armenier und neun zur Mehrheit naturalisierte Russen. — **66** Vorläuferunternehmen war eine Druckerei in der Rue de Rochechouart Nr. 7 (Paris 9ᶜ), in die Blanchong und Lang zunächst als Angestellte, dann als Teilhaber eingetreten waren. 1921 wurde das Firmenkapital auf 350.000 Francs aufgestockt; 1928 verlagerte die Druckerei ihren Sitz vom traditionellen Druckerviertel an den Stadtrand von Paris, wo sie 30, rue du Poteau (Paris 18ᶜ) das nötige Gelände für den umfangreichen Betrieb vorfand. — **67** Adresse 7, rue Cadet, Paris 9ᶜ. — **68** Geb. 27.2.1888 in Bienne (Schweiz), Schweizer Staatsangehörigkeit; die weiteren Teilhaber waren Pierre Kolb (geb. 30.6.1875 im elsässischen Marckolsheim) und sein Sohn Yves (geb. 28.6.1903 im Département Meurthe et Moselle). — **69** Adresse zunächst 12, impasse du Moulin Joly, Paris 11ᶜ; ab Februar 1927 verlegte er den Betrieb 120, av. Parmentier, Paris 11ᶜ und behielt noch eine kleine Werkstatt in der Nähe (10, rue Vaucouleurs). — **70** Geb. 30.1.1883 in Oran. — **71** Ein Antiquariat führte der Emigrant Joseph Melzer unter wechselnden Adressen (6, rue Vaugirard und 41, rue Monsieur le Prince, Paris 6ᶜ) von 1938 (?) bis zur Einstellung im Juni 1939. Damals gab Melzer im *Neuen Tage-Buch* bekannt, er sei von gewissenlosen Teilhabern um seine Bücherlager gebracht worden (*NTB*, Jg. 7, Nr. 26 v. 24. Juni 1939, S. 624). — **72** Ein Werbeinserat des *PTB* (Jg. 3, Nr. 733 v. 15. Dezember 1935, S. 3) legt die Existenz einer weiteren deutschen Buchhandlung und Leihbücherei nahe: L'Horizon (22, rue Wilhem, Paris 16ᶜ). Über sie konnten keine Angaben ermittelt werden. – Die 1938 nach Paris emigrierten Buchhändler Martin Flinker und Fritz Picard eröffneten dort erst nach 1945 Unternehmen, die weithin bekannt wurden: Flinker, der ehemalige Leiter der Buchhandlung Hugo Heller in Wien, gründete 1947 sein Unternehmen am Quai des Orfèvres, Picard 1951 die Librairie Calligrammes in der Rue de Rennes. — **73** C. Mayer & Cie wurde im Januar 1938 mit Firmensitz 148, rue de Rennes, Paris 6ᶜ gegründet. Ihr Inhaber war der Franzose Camille Mayer, geb. 9.12.1911 in Paris; Mitinhaber wurde im September 1938 der österreichische Emigrant Johann Wertheim, geb. am 14.5.1888 in Wien. Wertheim erhöhte das Firmenkapital der GmbH von 25.000 auf 50.000 Francs. — **74** 89, rue de la Pompe, Paris 16ᶜ; Buchhandlung mit Leihbücherei in französischer, deutscher, englischer und russischer Sprache. — **75** 33, rue Mazarine, Paris 6ᶜ. Im Oktober 1936 liquidierte die Buchhandlung ihr deutschsprachiges Sortiment, das »belletristische, klassische und moderne Werke, Kriminal- und Abenteuerromane, politische Schriften, Baedecker, Grammatiken, Wörterbücher etc.« umfasst hatte: »Ausverkauf zu außerordentlich billigen Preisen« (*PTZ*, Jg. 1, Nr. 125 v. 14.10.1936, S. 6). — **76** Werbeinserat im *NTB* Jg. 7, H. 29 v. 15.7.1939, S. 695. Die Buchhandlung befand sich 18, rue du Vieux Colombier, Paris 6ᵉ. — **77** U. a. die Buchhandlung J. Rottemberg (12, rue des Hospitalières Saint-Gervais, Paris 4ᵉ). Die Buchhandlung wurde 1941 nach dem Tod ihres 82-jährigen Inhabers von der Vichy-Regierung geschlossen. — **78** Das Geschäft befand sich 10, rue Blanche, Paris 9ᵉ und wurde im Mai 1933 eröffnet. Laut einem Werbeinserat in der *aktion* (Jg. 1, Nr. 30 v. 23.11.1933, S. 5) scheinen zwei Filialen kurzzeitig existiert zu haben (28, rue Vavin und 133, bd. Exelmans). Ins Handelsregister ist nur die erste Adresse eingetragen. — **79** Hélène Kra, geb. am 25.3.1900 in Paris. Ihr Vater war naturalisierter Franzose und hatte 1919 in Paris den Verlag Simon Kra – Le Sagittaire gegründet, der insbesondere die Werke der französischen Surrealisten publizierte. Der Verlagssitz befand sich unmittelbar neben Eda in der Rue Blanche Nr. 6. — **80** Adrienne Thomas: *Catherine Soldat*. Übers. v. Hélène Kra und Armand Pierhal, Vorwort Jean Giraudoux. Paris 1933 (dt. *Die Katrin wird Soldat*. Berlin 1930). — **81** Laut Geschäftsbilanz betrug der Reingewinn 1938 rund 23.000, 1939 nurmehr 4.000 Francs. Der Teesalon hatte 1938 31.700, 1939 noch 19.400 Francs Gewinn abgeworfen, der das Manko der Leihbibliothek (8.500 Francs 1938, 15.000 Francs 1939) kompensierte. Die Zahlen belegen, wie sehr die Leihbibliothek auf das Emigrantenpublikum ausgelegt war. Die Verkaufsakte vom 15.5.1941 beziffert den Bestand der Leihbibliothek auf 5.300 französische und 5.850 deutsche und englische Titel; im Januar 1944 soll der Katalog sogar 7.000 französische, 6.000 deutsche und 5.000 englische Titel für ca. 500 Abonnenten umfasst haben. — **82** Eine Werbeanzeige im *Blauen Heft* Jg. 12, Nr. 20 v. 15.5.1933 meldete die Gründung der Leihbibliothek unter der provisorischen Adresse 48, av. des Gobelins, Paris 13ᵉ. Ab 20. Mai 1933 lautet die Adresse gleich bleibend 25, rue de Bréa, Paris 6ᵉ. Die offizielle Eintragung als »internationale Buchhandlung« erfolgte zum 1. August 1934 im Pariser Handelsregister. — **83** Günzburg, geb. am 8.3.1887 in Frankfurt / M., hatte dort sein Geschäft zum 31. März 1933 aufgelöst und kam im April nach Paris. Weitere Teilhaber waren der deutsche Emigrant Joachim Schmidt, geb. 7.4.1907 in Eilebon (Eisleben?) und die Holländerin Alida Fontaine, geb. 6.10.1909 in Amsterdam. — **84** K. Hirsch, geb. am 26.1.1892 in Berlin, hat die Beteiligung an Biblion in ihrem Erfahrungsbericht in: Hanna Schramm, Barbara Vormeier: *Menschen in Gurs. Erinnerungen an ein französisches Internierungslager*. Worms 1977, S. 332 ff. leider nicht erwähnt. — **85** Die Berliner Jugendbuchautorin Ruth Rewald arbeitete bis zum Herbst 1936 mit, bis sie durch zunehmende politische Tätigkeit für die KPD in Anspruch genommen wurde. 1937 ging sie nach Spanien. — **86** Die neuen Inhaber ließen sich im Handelsregister nicht nachweisen; das Unternehmen inserierte aber noch regelmäßig bis Mai 1939 in der Exilpresse (letztmals *PTZ* Jg. 4, Nr. 984 v. 1.5.1939, S. 4). Eine Verbindung zu der gleichnamigen Buchhandlung Biblion, die der emigrierte Berliner Buchhändler Walter Zadek 1934 in Tel Aviv gegründet hatte, ist nicht auszuschließen. Günzburg emigrierte 1940 nach Israel. — **87** 17, rue Meslay, Paris 3ᵉ. — **88** Vgl. dazu die knappen Bemerkungen bei Gerhard Leo: *Un Train pour Toulouse*. Paris 1989, S. 102–104. — **89** Die Adresse lautete ab 1. Januar 1938 58, rue Meslay, Paris 3ᵉ. Fortan inserierte Lifa in der Exilpresse als Leihbibliothek, während der Hinweis »Bücher-Zeitungen-Papeterie« nurmehr im Kleindruck erschien: Das Sortiment war also nicht mehr rentabel. — **90** 21, rue Cujas, Paris 6ᵉ. — **91** Vgl. den von Hélène Roussel aufgezeichneten Lebensbericht. In: Gilbert Badia u. a. (Hg.): *Exilés en France. Souvenirs d'antifascistes allemands émigrés (1933–1945)*. Paris 1982, S. 198 ff. — **92** 17, rue Vignon, Paris 8ᵉ. — **93** Geb. 10.2.1893 in Glogau, wo sein Vater Georg 1886 die Buch- und Musikhandlung in der Preussischen Str. 4 gründete. Vor der Buchhandlung in der Leipziger Straße 120 hatte Ostertag bereits ein eigenes Geschäft in der Kleiststraße 20 geführt. — **94** Geb. 13.5.1909 in Hamburg; Wittenborns Vater hatte dort 1871 die Buch- und Papierhandlung Wittenborn Söhne in der Grindelallee 6 gegründet. — **95** Mit dem KPF-Beitritt Pierre Navilles, der ab Juni 1926 Mitherausgeber der von Barbusse gegründeten Zeitschrift *Clarté* wurde, brach der Pariser Surrealisten-Kreis definitiv auseinander. Bemerkenswerterweise ging Naville 1928, als sich seine ehemaligen Freunde ihrerseits der KPF annäherten, bereits wieder auf Distanz zur Partei und wurde als Trotzkist ausgeschlossen. — **96** Jacques

Naville, geb. 7.2.1903, war seit 1928 Mitglied des Club du Moulin Vert, einer heterokliten Gruppe um Alexandre Marc, Denis de Rougemont, Gabriel Rey und das spätere Resistance-Mitglied Pierre Brossolette. Aus ihrem Kreis gingen 1930 die Gruppe und 1933 die gleichnamige Zeitschrift *Ordre Nouveau* hervor, die sich mit Daniel Rops, Robert Aron und Arnaud Dandieu der Action française annäherten und später in der Kollaboration endeten. — **97** Jacques Naville hatte insbesondere Kontakte zu Alexandre Marc, der bei Hachette arbeitete. Hervorgehoben sei auch die Übersetzungsarbeit aus dem Deutschen von Pierre Navilles Gattin Denise, die übrigens auch die trotzkistische Zeitschrift *Bulletin de l'Opposition* herausgab. Gedruckt wurde das Blatt in der Imprimerie S.N.I.E. (s. oben). — **98** Eröffnet 1915 in der Rue der l'Odéon. — **99** Vgl. auch die posthume Veröffentlichung von Claude Naville: *André Gide et le Communisme. Suivi d'études et fragments.* Préface Pierre Naville. Paris 1936. — **100** Die Buchhandlung war mit einem Firmenkapital von 40.000 Francs gestartet, das nach Wittenborns Weggang auf 26.000 Francs schrumpfte. Am 2. März 1936 wurde Francis Kellerton, geb. 30.5.1912 in Périgueux, neuer Teilhaber. Doch erst Klapholz, geb. 2.12.1904 in Krakau, konnte durch seinen Eintritt am 24. November 1936 das Kapital auf 61.000 Francs erhöhen. Bei der Sequestrierung des Unternehmens im Mai 1940 verfügten folgende Personen über Firmenanteile zu je 1.000 Francs: Ostertag (3 Anteile), Wittenborn (3), Arnold Naville (3) und Klapholz (53). — **101** Ostertag wurde in Souriouc (Cher) interniert und am 28. Oktober 1939 wieder freigelassen. Seine letzte Adresse war 11, rue de l'Inspecteur Alles, Paris 19^c. — **102** Der Schätzwert des Bücherlagers betrug im Februar 1943 noch 90.000 Francs, es umfasste aber nurmehr deutsche Klassiker und englische oder französische Literatur. Die Buchhandlung (Firmennamen, Restlager und Regale) wurde am 1. Oktober 1943 für 230.000 Francs an Joseph Marcillac verkauft. Das französische Judenkommissariat und Niedermeyer stritten sich um den Verkaufserlös; Niedermeyer wollte das Geld anstatt auf ein französisches Sperrkonto an die Winterhilfe abführen. Im August 1947 wurde die Buchhandlung handelsgerichtlich aufgelöst. — **103** Geb. 15.3.1907 in Frankfurt / Main. — **104** Ernst Strauss: *Staatsverwaltung und Selbstverwaltung im dezentralisierten Einheitsstaat. Ein Vorschlag zur Reichs- und Verwaltungsreform,* Inaugural-Diss. Bochum-Langendreer 1933. — **105** Archives de la Préfecture de Police (Paris), Allemagne. Rapports divers 1932–1947, BA 268, chemise 6. — **106** Strauss war mit seiner Mutter emigriert und wohnte im Herbst 1933 8, rue Lantiez (Paris 17^c), ab 1935 2, square Léon Guillot (Paris 15^c). Die Adresse von Helmut Klotz lautete 1933 5, cité Falguière (Paris 15^c), spätestens 1938 nach seiner Rückkehr aus Spanien wohnte er 4, square Léon Guillot. Unter der Hausnummer 6 lebte das Paar Fischer / Maslow. — **107** *die aktion* vom 19.10.1933 kündigte für den 21. Oktober einen Vortrag von »Rechtsanwalt Dr. Strauss« im Deutschen Klub (Vors. Kurt Lenz) an. — **108** Unternehmensgründung am 1. November 1935, die Höhe des Firmenkapitals ist im Handelsregister nicht präzisiert. — **109** Dokumente im Internationaal Instituut voor Sociale Geschiedenis, Amsterdam, Verlagsarchiv Allert de Lange (nachfolgend zitiert als IISG, AdL). — **110** Strauss an Allert de Lange, 6.7.1938; IISG, AdL, Akte 32, Bl. 220 f. — **111** Werbeanzeige im *NTB* Jg.7, H.14 v. 1.4.1939, S. 314. Auf derselben Seite die vergleichsweise bescheidene Annonce von Au Pont de l'Europe. — **112** Sie fand vom 14. bis 21. November 1936 in den Räumen der Société Géographique (184, bd. Saint-Germain, Paris 6^c) statt. — **113** In einem Schreiben an AdL vom 26.11.1936 schrieb sich Strauss sogar die Initiative der Ausstellung zu; IISG, AdL, Akte 22, Bl. 382. — **114** Strauss an AdL, 8.1.1937; IISG, AdL, Akte 25, Bl. 375. Die Büchermesse fand vom 19. bis 31. Dezember 1936 in der Galerie Billet-Worms, 30, rue La Boétie (Paris 8^c) statt. — **115** Ausstellungräume in der Salle de la Société d'Encouragement de l'industrie nationale 15, rue Gay-Lussac, Paris 5^c. — **116** Strauss an AdL, 15.4.1937; IISG, AdL, Akte 25, Bl. 398. — **117** Strauss sprach von »Beziehungen zwischen deutscher und französischer Kultur seit Voltaire: eine Übersicht über die wechselseitigen literarischen Einflüsse; Übersetzungen aus dem Französischen ins Deutsche und umgekehrt« (ebd.). — **118** Vgl. die Berichterstattung zur Ausstellung in der *PTZ*, u. a. in den Nummern 378, 380, 385 und 495 vom 25.6., 27.6., 2.7. und 21.10.1937. — **119** Strauss an AdL, 15.4.1937; IISG, AdL, Akte 25, Bl. 398: »Die seitens des Schutzverbandes deutscher Schriftsteller mit

Vorbereitung und Aufbau der Ausstellung beauftragten Herren haben einen Plan aufgestellt, der eine einmalige Ausgabe von ffrs. 18.000.– vorsieht. Von diesem Betrag sind ca. ffrs. 5.000.– durch Spenden englischer Schriftsteller und französischer Gönner gedeckt.« Eine genaue Aufstellung der erbetenen Finanzbeteiligung von Zeitschriften und Verlagen findet sich im Bundesarchiv Berlin, Bestand Pariser Tageszeitung, Akte 47, Bl. 413 ff. — **120** Spätestens, denn Horst Halfmann (»Bibliographien und Verlage der deutschsprachigen Exilliteratur«. In: *Beiträge zur Geschichte des Buchwesens*, Bd. 4, Leipzig 1969, S. 202) erwähnt den zu Neujahr 1935 im Michael Kacha-Verlag in Prag erschienenen *Almanach für das freie deutsche Buch*, der auf den Werbeanzeigen von 16 deutschsprachigen Verlagen basiert. Für sechs der 16 genannten Verlage war Strauss laut Firmenbriefkopf vom Februar 1936 Exklusivvertreter, für zwei weitere war er Kommissionär. Seine Beteiligung an dieser allerersten Bibliografie, die zudem bereits die Terminologie *freies deutsches Buch* einführt, halte ich für wahrscheinlich. Auch wenn nicht sicher ist, ob sich Strauss zeitweilig in Prag aufhielt, zeichnet sich eine Verbindungsachse für einen Transfer der Terminologie ab: Der Kacha-Verlag war für die Tschechoslowakei Auslieferer der Editions du Carrefour, und Strauss repräsentierte beide Verlage in Frankreich. — **121** Lediglich die Deutsche Bibliothek Leipzig durfte sie weiterhin für wissenschaftliche Zwecke intern bibliografieren; die Eintragungen konnten erst nach 1945 als Ergänzungsbände des Deutschen Bücherverzeichnisses publiziert werden. — **122** *Das Wort*, Jg. 1 (1936), H. 3 (September), S. 107–110. Auch der Ankündigungstext ist nicht in der üblichen Terminologie des *Worts* gehalten: »Literarische Ausbeute. Erstes Halbjahr 1936. Im folgenden geben wir ein Verzeichnis der Bücher in deutscher Sprache, die in der ersten Hälfte des Jahres 1936 ausserhalb des Reichs – abseits von der Reichskulturkammer – erschienen.« — **123** Strauss an AdL, 31.10.1936; IISG, AdL, Akte 22, Bl. 376. — **124** Strauss an AdL, 14.5.1937; IISG, AdL., Akte 25, Bl. 407 f. Vgl. darin auch die mit 13.000 (geplanten) Exemplaren hoch angesetzte Auflagenzahl (3.000 für den freien Verkauf, 10.000 für den Fachhandel). — **125** Erschienen bis März 1940 im Verlag Editions Nouvelles Internationales, dem Parteiverlag des ISK; gedruckt in der Imprimerie S.N.I.E. — **126** 1939 hatte Strauss zusammen mit O. Klepper, A. Siemsen, J. Deutsch, A. Schifrin und W. Münzenberg an den Diskussionsabenden der Freunde der sozialistischen Einheit teilgenommen (*Die Zukunft*, Jg. 2, Nr. 27 v. 7.7.1939, S. 11). Im selben Jahr übernahm er auch die Auslieferung von *Der kommende Weltkrieg. Aufgaben und Ziele des deutschen Sozialismus. Eine Diskussionsgrundlage*. Paris: Selbstverlag der Verf., 1939, d. h. einer Gemeinschaftspublikation deutscher und österreichischer Sozialisten (Neu Beginnen, SAP, Revolutionäre Sozialisten Österreichs). — **127** Redaktionelles Vorwort, *Das Buch*, Jg. 1, (1938), H. 1 (April). — **128** Von der Vierteljahreszeitschrift erschienen nur drei Nummern zwischen Sommer und Jahresende 1938.

Irene Nawrocka

Kooperationen im deutschsprachigen Exilverlagswesen

Im Jahr des nationalsozialistischen Machtantritts in Deutschland verließen zahlreiche Verleger das Land. Unter ihnen waren Fritz H. Landshoff, Walter Landauer, Wieland Herzfelde, Kurt Wolff und Willi Münzenberg. Später folgten Salman Schocken, Gottfried Bermann Fischer, Max Tau, Bruno Cassirer, die Verlegerfamilie Ullstein, Kurt Enoch sowie die Österreicher Paul Zsolnay, Frederick Ungar und Bela Horovitz, um nur einige wenige zu nennen. Im Herbst 1935 mussten jüdische Verleger ihre Firma in arischen Besitz übergeben oder liquidieren. Einigen gelang es, ihre Arbeit in der Emigration fortzusetzen, wenn oft auch in englischer Sprache. Eine deutschsprachige Verlagstätigkeit außerhalb Deutschlands bedeutete jedoch, nicht mehr auf die bestehenden Strukturen eines funktionierenden Buchhandels, Strukturen des Vertriebs, der Auslieferung und der Werbung zurückgreifen zu können. Es fehlte die Stabilität eines organisierten Marktes.

Eine Zusammenarbeit mit etablierten Verlagen im jeweiligen Exilland gehörte zur Überlebensstrategie und bot die Möglichkeit zu wirtschaftlicher, finanzieller, juristischer und organisatorischer Unterstützung.[1] Gemeinschaftsausgaben ermöglichten für die beteiligten Verlage eine Risikoverteilung, höhere Auflagen und somit einen billigeren Buchpreis. Denn die Bücher der Exilverlage waren oftmals wesentlich teurer als die reichsdeutscher Verleger, da der Buchexport von den deutschen Behörden subventioniert wurde. Zusätzlich lieferte man Buchbestände missliebiger Autoren ins Ausland, wo sie verramscht angeboten wurden. Für das längerfristige Bestehen eines Exilverlages war der Rückhalt durch einen bestehenden Verlag bedeutsam, wie im Falle von Querido, Allert de Lange, Bermann-Fischer und des Neuen Verlages in Stockholm, oder das Vorhandensein eines Geldgebers, wie beim Aurora Verlag[2].

Die Hauptproblematik für das Funktionieren des Exilverlagswesens lag vorwiegend
– im Aufbau neuer Vertriebsstrukturen,
– im Aufwand, der betrieben werden musste, um das Buch vom Verlag bis zum Leser zu bringen,
– bei der eingeschränkten Zielgruppe und dem von der Leseranzahl her begrenzten, aber geografisch ausgedehnten Absatzmarkt.

Bereits unmittelbar nach Hitlers Machtantritt wurden die Exilverlage Querido und Allert de Lange in Amsterdam gegründet.

Querido Verlag

Die Gründung des deutschsprachigen Querido Verlages durch Fritz H. Landshoff[3] und den holländischen Verleger Emanuel Querido erfolgte im Frühjahr 1933, nahezu zeitgleich wie die des Allert de Lange Verlages. Eine geschäftliche Verbindung hatte bereits zuvor zwischen dem Berliner Kiepenheuer Verlag, wo Landshoff tätig gewesen war, und Querido bestanden. Ehemalige Kiepenheuer-Autoren, die nicht mehr in Deutschland publizieren konnten, kamen zu Querido, wie zum Beispiel Lion Feuchtwanger, Arnold Zweig und Joseph Roth.

Der deutschsprachige Verlag wurde als Handelsgesellschaft gegründet, die zu gleichen Teilen Landshoff und der Querido Uitgeversmaatschappij gehörte. Im Juli 1933 erfolgte der Eintrag ins Amsterdamer Handelsregister. Die Direktion übernahmen Fritz H. Landshoff und Alice von Nahuys, die Verlagsdirektorin des niederländischen Stammhauses. Produktion, Vertrieb und Buchhaltung lagen in den Händen des Verlegers Emanuel Querido, das heißt, der deutschsprachige Verlag konnte zunächst auf die Logistik eines bestehenden Unternehmens zurückgreifen, was für den Bermann-Fischer Verlag und Allert de Lange mit gewissen Einschränkungen gleichfalls galt.

Den Verlegern der Stammhäuser musste bewusst gewesen sein, dass ihre deutschsprachigen Unternehmungen ein finanzielles Risiko in sich trugen, denn die Absatzchancen von deutschsprachiger Exilliteratur waren gering, und das Absatzgebiet wurde aufgrund von Hitlers Expansionspolitik immer kleiner.

Nach Aussage von Fritz H. Landshoff verzichtete Querido auf einen Verkauf seiner Bücher in Deutschland.[4] Das galt nicht für Allert de Lange und Bermann-Fischer. Landshoff engagierte sich für linksbürgerliche Literatur, während Allert de Lange ein politisch zurückhaltenderes Verlagsprogramm hatte. Der deutschsprachige Querido Verlag veröffentlichte bis 1940 insgesamt 109 Titel und zusätzlich 20 Bücher in verschiedenen Gemeinschaftsproduktionen.[5] Die durchschnittliche Auflage pro Titel betrug 3.000 Stück.

Allert de Lange Verlag

Während Querido als eigenständiger Verlag registriert wurde, war der Allert de Lange Verlag rechtlich gesehen eine deutschsprachige Abteilung des holländischen Stammhauses.[6] Die Gründung erfolgte auf Initiative von Hilda van Praag-Sanders[7] im Frühjahr 1933. Hermann Kesten übernahm die literarische Leitung der Abteilung, Walter Landauer[8] die geschäftliche. Zu den ersten Autoren des Verlages gehörten Bertolt Brecht, Alfred Polgar, Egon Erwin Kisch und Joseph Roth – sie alle waren Autoren, deren Bücher man am 10. Mai 1933 ins Feuer geworfen hatte. Zu den Bestsellerautoren bei Allert de Lange zählten Alfred Neumann, Adrienne Thomas und Gina Kaus. Wie auch bei Querido galt: unbekannte Autoren hatten nur wenig Chancen, verlegt zu werden.

Obwohl Querido und Allert de Lange ihren Sitz in Amsterdam hatten, standen sie nicht in direkter Konkurrenz zueinander. Klaus Mann, der bei Querido seine Zeitschrift *Die Sammlung* herausgab, bezeichnete in seiner Autobiografie *Der Wendepunkt* die Zusammenarbeit der zwei Exilverlage als »eine Art von freundschaftlicher Rivalität, wobei das Beiwort stärker zu akzentuieren ist als das Substantiv.«[9] Manche Autoren wie Joseph Roth oder Irmgard Keun veröffentlichten in beiden Verlagen. Bis zum Mai 1940, als der Einmarsch deutscher Truppen in den Niederlanden der deutschen Verlagsarbeit ein Ende setzte, erschienen bei Allert de Lange 91 Titel.[10]

Verkauf in Deutschland durch den E. P. Tal Verlag

Sehr bald nach der Gründung des Allert de Lange Verlages kam es zu einer ungewöhnlichen Zusammenarbeit mit dem Wiener E. P. Tal Verlag. Im Oktober 1933 traf Allert de Lange eine Vereinbarung mit dem E. P. Tal Verlag, der den kommissionsweisen Vertrieb ausgewählter deutschsprachiger Bücher im Deutschen Reich für drei Jahre übernahm.[11] Ernst Peter Tal hatte den gleichnamigen Verlag 1919 gegründet. Verlagsautoren waren zum Beispiel Agatha Christie, Claire Goll, Carl Seelig, Otto Weininger, Walt Whitman und Thornton Wilder. Nach 1933 kamen unter anderen Max Brod, Ferdinand Bruckner, Gina Kaus und Alfred Neumann dazu. Der E. P. Tal Verlag bot sich für dieses Vorhaben, Bücher aus der Produktion des holländischen Exilverlages nach Deutschland zu verkaufen, an, da er eine Zweigstelle in Leipzig besaß und dadurch als ausländischer Verleger seine Bücher in Deutschland vertreiben konnte.

Jene Bücher, die für einen Verkauf in Deutschland ausgewählt wurden, wiesen einige Merkmale auf, die die Originalausgaben nicht hatten. Die für den deutschen Buchmarkt bestimmten Titel waren somit nicht völlig identisch mit der Originalausgabe: Es fehlte das Verlagssignet des Allert de Lange Verlages, das man durch das des E. P. Tal Verlages ersetzte. Auch der Copyright-Nachweis wurde geändert: Statt Allert de Lange stand der Name des jeweiligen Autors im Impressum. Verfänglich erscheint die Nennung der holländischen Druckerei, die auch in den Ausgaben des E. P. Tal Verlages beibehalten wurde. In der E. P. Tal-Ausgabe von Otto Brods Roman *Die Berauschten* (1934) findet sich sogar eine Werbung für Alfred Neumanns *Neuer Caesar* und Gina Kaus' *Die Schwestern Kleh* mit einer Preisangabe in holländischen Gulden.[12]

Nachweislich hat der E. P. Tal Verlag folgende dreizehn Titel aus dem Programm von Allert de Lange übernommen:

Max Brod:	*Die Frau, die nicht enttäuscht* (1933)
	Heinrich Heine (1934)
	Novellen aus Böhmen (1935)
Otto Brod:	*Die Berauschten* (1934)
Vincenz Brun:	*Alkibiades* (1936)
Ferdinand Bruckner:	*Mussia. Erzählung eines frühen Lebens* (1935)[13]
Gina Kaus:	*Die Schwestern Kleh* (1933)
	Katharina die Große (1935)
Alfred Neumann:	*Neuer Caesar* (1934)
	Königin Christine von Schweden (1935)
Joseph Roth:	*Die Hundert Tage* (1935)[14]
Adrienne Thomas:	*Dreiviertel Neugier* (1934)
Christa Winsloe:	*Das Mädchen Manuela* (1933)

Großteils waren diese Autoren im Reich nicht mehr »erwünscht«. Manche Titel lehnte Tal auch ab, da das Risiko einer Beschlagnahme zu groß war. Georg Hermanns Roman *Ruths schwere Stunde* übernahm Tal nicht, da »Bemerkungen pazifistischen Inhalts oder Äußerungen über allgemeine deutsche Zustände«[15] einen Verkauf des Buches in Deutschland unmöglich machen würden. Laut einem Brief Landshoffs an Hermann Kesten verlangte Tal unter anderem die Streichung des Wortes »Nationalsozialist«, das durch »Kommunist« ersetzt werden sollte.[16] Tal lehnte außerdem Karl Tschuppiks *Maria Theresia* (1934), *Katrin! Die Welt brennt!* von Adrienne Thomas (1936) und René Schickeles *Liebe und Ärgernis des D. H. Lawrence* (1934) ab.[17] Hermann Kesten akzeptierte Tals Änderungsvorschläge für seinen Roman *Der Gerechte* nicht und verzichtete von sich aus auf einen Verkauf seines Buches in Deutschland.[18] Die letzten Titel, die E. P. Tal übernahm, waren Alfred Neumanns *Königin Christine von Schweden*, Max Brods *Novellen aus Böhmen*, Joseph Roths Roman *Die Hundert*

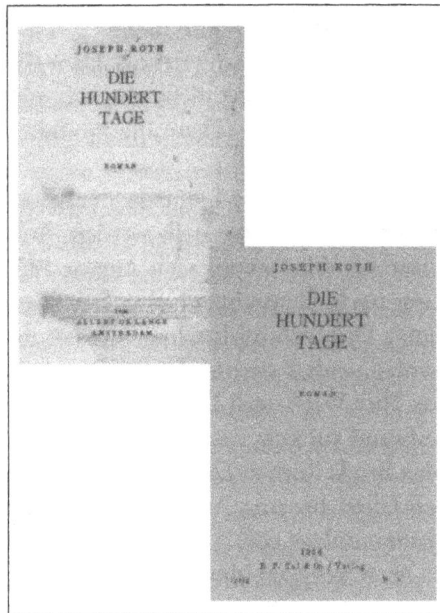

Abb. 1: Joseph Roths Roman in Ausgaben des Allert de Lange- und des E. P. Tal-Verlags

Tage und *Alkibiades* von Vincenz Brun (d. i. Hans Flesch-Brunningen).[19] Während Kerstin Schoor Absatzzahlen für *Königin Christine* und *Novellen aus Böhmen* nennt, ist ein Verkauf von Roths *Die Hundert Tage* und Bruns *Alkibiades* in Deutschland nicht belegbar.[20]

Der Querido Verlag scheint einen ähnlichen Versuch unternommen zu haben, auch wenn er einen Verkauf aus seinem Programm in Deutschland grundsätzlich ablehnte: »Starke Indizien sprechen dafür, daß 1934/35 camouflierte Ausgaben hergestellt wurden. Mindestens drei Titel – Wassermanns *Kerkhoven*-Roman, Bruno Franks *Cervantes* (beide 1934) und Vicki Baums *Großes Einmaleins* (1935) – haben bei identischem Satzspiegel und gleicher Seitenzahl das Imprint »Verlag Josef Kende Wien« erhalten. (…) Es sollte getestet werden, ob politisch unverfängliche oder wenigstens auf den ersten Blick so wirkende Querido-Bücher (denn Franks ›Cervantes‹ war ein eminent politischer Roman) unter einem unverdächtigen Signet quasi legal nach Deutschland eingeschmuggelt werden konnten.«[21]

Allert de Langes Vorgehen beim Verkauf der »getarnten« Bücher war Folgendes: Ernst Peter Tal bekam die Korrekturfahnen der für Deutschland bestimmten Werke, bearbeitete sie, fügte Streichungen und Änderungsvorschläge ein und schickte die Korrekturen an den Amsterdamer Verlag zurück. In Holland wurden dann getrennte Ausgaben sowohl mit der Verlagsangabe »E. P. Tal« als auch »Allert de Lange« hergestellt. Nach dem Druck wurden die Bücher direkt von Amsterdam aus nach Leipzig geschickt. Mit dem Signet des E. P. Tal Verlages versehen, gelangten sie in Deutschland zur Auslieferung. Dem Allert de Lange Verlag war ein »ungetarnter« Buchimport nicht möglich, ohne dabei das Risiko einer Beschlagnahme einzugehen. Denn die Produktion der Exilverlage war in Deutschland unerwünscht.

Doch bereits 1934 musste der Versand der Bücher vom Verlagssitz in Amsterdam aus eingestellt werden. Aufgrund des deutsch-österreichischen Clearing-Abkommens vom August 1934 benötigte Tal nun für jede Lieferung nach Deutschland eine Bewilligung der österreichischen Nationalbank. Dieser Ausfuhrschein musste den Büchern für den Zoll beigelegt werden, sodass sie nun kostspielig und zeitaufwändig von Amsterdam zuerst über Wien nach Leipzig geschickt wurden. Dennoch nahm man diesen Aufwand auf sich, denn der Absatz in Deutschland war nicht unbedeutend: Max Brods Roman *Die Frau, die nicht enttäuscht* wurde innerhalb eines halben Jahres bis zum August 1934 fast 2.000 mal verkauft und erzielte eine Gesamtauflage von 7.000 Stück.[22]

Dieser Vorgang blieb in Deutschland jedoch nicht unbemerkt. Schon im März 1934 hatte Allert de Lange über die »Eifersucht der deutschen Verleger auf die nunmehr im Ausland erscheinenden Bücher ihrer Autoren«[23] an den E. P. Tal Verlag geschrieben: »Wir können es doch gut verstehen dass,

wenn den deutschen Verlegern verboten wird bestimmte Bücher herauszubringen, jedoch ein Auslandsverleger diese Bücher doch in Deutschland
verkauft, eine grosse Unstimmigkeit entsteht und sie alles versuchen uns
hierhin zu widerstreben.« Deshalb solle man »die Bücher sehr ruhig verkaufen, keine große Reklame und Vorankündigungen machen und möglichst wenig Rezensionsexemplare versenden.«[24]

Vermutlich seit Anfang 1935, spätestens seit September dieses Jahres hatten die deutschen Behörden Kenntnis von den »getarnten« Büchern. Am
25. September 1935 teilte Albert Heß, der Geschäftsführer des Börsenvereins der Deutschen Buchhändler, dem Verein der österreichischen Buch-,
Kunst- und Musikalienhändler, dem österreichischen Pendant zum Börsenverein, mit, dass Tal seit Anfang 1935 »im dringenden Verdacht (…)
[stehe], Verlage zu fördern, die gegen Deutschland gerichtete hetzerische
Literatur herausbringen.«[25] E. P. Tal bekam auch die Konsequenzen dieser
Aufdeckung zu spüren. Denn seit Februar 1935 hatte er aufgrund seiner
Verbindung zu Exilverlagen Schwierigkeiten gehabt, Inserate im *Börsenblatt* zu schalten.[26]

Bereits im Februar 1934 war es am Leipziger Zoll zu einer ersten Beschlagnahme gekommen – es handelte sich um Brods Roman *Die Frau, die
nicht enttäuscht* –, die durch eine Intervention der tschechischen Gesandt-
schaft in Berlin wieder aufgehoben werden konnte.[27] Das finanzielle Risiko
einer Beschlagnahme hatte laut Vertrag der Allert de Lange Verlag zu tragen. Die Beschlagnahmungen wurden im *Börsenblatt* veröffentlicht. Jeder
Buchhändler machte sich durch den Verkauf eines solchen Titels strafbar
und riskierte dabei, seine Gewerbeerlaubnis zu verlieren.[28] Als im März
1936 neuerlich eine Lieferung beschlagnahmt wurde – es betraf Alfred
Neumanns *Königin Christine von Schweden* –, verstand Ernst Peter Tal das
als ein Vorgehen, das »prinzipiell gegen die Gemeinschaftsarbeit der beiden
Verlage gerichtet« war, »da man irgendeinen Grund für diese Beschlagnahme kaum erkennen konnte.«[29] Im selben Monat wurden Max Brods *Novellen aus Böhmen* bei Tals Berliner Auslieferung Varia beschlagnahmt. Das
Buch war zwar in Deutschland nicht verboten worden, aber Brods gesam-
tes Werk galt als »unerwünscht«. »Wir wurden darüber belehrt, dass man
zur Zeit hier auf dem Standpunkt steht, dass unerwünscht und verboten
das Gleiche wäre«, zitierte Tal die Firma Varia in einem Brief an Landauer.[30] Schließlich sah man ein, dass »das ganze Geschäft (…) unrettbar verloren« war.[31] Im Frühsommer 1936 stellte Allert de Lange schließlich den
Verkauf seiner Verlagstitel nach Deutschland ein. Danach war es Ernst Peter Tal auch wieder möglich, Neuerscheinungen seines Verlages im *Börsenblatt* zu inserieren.

Nach Tals Tod im November 1936 führte seine Witwe Lucy Tal den Verlag weiter. Im März 1938 floh sie nach Paris, da sie sich aufgrund der Zu-

sammenarbeit mit Allert de Lange in Wien nicht mehr sicher fühlte.[32] Nach ihrer Emigration wurde ihr der Verlag entzogen. Ihr ehemaliger Mitarbeiter und Verlagsteilhaber Alfred Ibach übernahm ihn zum Kaufpreis von 0 Reichsmark.[33] Die Verlegerin erhielt somit für ihre Verlagsanteile keinerlei Entschädigung. 1939 erfolgte die Umbenennung in Alfred Ibach Verlag. Lucy Tal emigrierte wenig später nach London, von wo aus sie sich um eine Zusammenarbeit mit Gottfried Bermann Fischer und Benjamin Huebsch von der New Yorker Viking Press bemühte. Ihrem Plan, deutschsprachige Bücher in den USA zu vertreiben, kamen jedoch die drei Exilverlage Allert de Lange, Querido und Bermann-Fischer zuvor.

Bermann-Fischer Verlag

Anfang 1936 nahm Gottfried Bermann Fischer seine Verlagstätigkeit in Wien auf, nachdem die ursprünglich geplante Niederlassung in der Schweiz von den dortigen Behörden nicht genehmigt worden war. Zum Zeitpunkt seiner Auswanderung hatte Gottfried Bermann Fischer mit dem englischen Verlag Heinemann über eine Kooperation verhandelt. Sie kam allerdings nicht zustande, da Heinemann zwar den Bermann-Fischer Verlag in der Schweiz, nicht aber in Wien unterstützen wollte. Heinemann ging später eine Zusammenarbeit mit einem emigrierten österreichischen Verleger, Paul Zsolnay, ein.[34] Sie kam Anfang 1940 zustande und war die einzige, die nach dem Krieg fortgeführt wurde. Heinemann & Zsolnay hatten zum Ziel, sich auf das Nachkriegsdeutschland vorzubereiten. Das Programm sah vor, überwiegend englische, französische und amerikanische Autoren in deutscher Sprache herauszubringen und die Produktion zunächst hauptsächlich in der Schweiz abzusetzen. Nach der Besetzung Frankreichs musste der Verlag allerdings vorübergehend seine Arbeit einstellen, da keine Bücher in die Schweiz geschickt werden konnten und somit das wichtigste Abnehmerland für den Verlag wegfiel.

Bermann Fischers Verlag in Wien basierte auf den in Deutschland »unerwünschten« Autoren des Berliner S. Fischer Verlages, deren Rechte er in Absprache mit dem Propagandaministerium mitnehmen konnte.[35] Das Hauptabsatzgebiet blieb jedoch weiterhin Deutschland. Der Verlag wurde im Juli 1936 in das Adressbuch des Deutschen Buchhandels und in die Mitgliederliste des Börsenvereins der Deutschen Buchhändler aufgenommen[36] und konnte ab August 1936 auch Inserate im *Börsenblatt für den Deutschen Buchhandel* schalten.[37] Zwei Jahre später wurde der Eintrag im Adressbuch gestrichen.[38]

Im Gegensatz zu Querido und Allert de Lange, für die der Vertrieb in Deutschland seit 1933 keine oder nur bedingt eine Rolle spielte, wurde mit

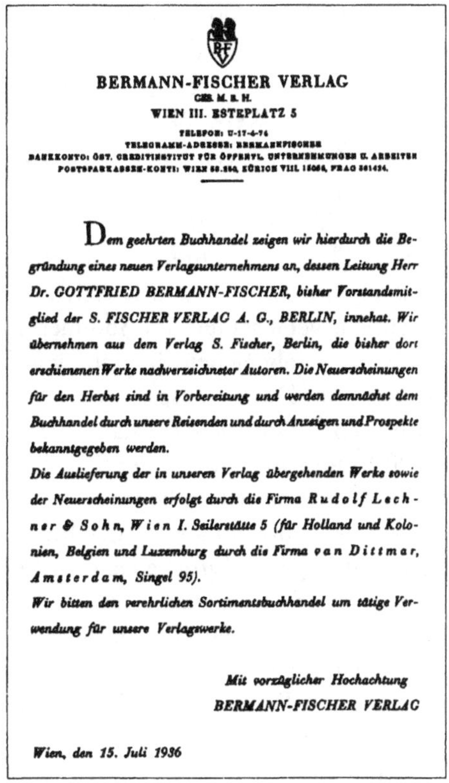

BERMANN-FISCHER VERLAG
GES. M. B. H.
WIEN III. ESTEPLATZ 5
TELEFON: U-17-4-74
TELEGRAMM-ADRESSE: BERMANNFISCHER
BANKKONTO: ÖST. CREDITINSTITUT FÜR ÖFFENTL. UNTERNEHMUNGEN U. ARBEITEN
POSTSPARKASSEN-KONTI: WIEN 58.280, ZÜRICH VIII 15066, PRAG 501434.

Dem geehrten Buchhandel zeigen wir hierdurch die Begründung eines neuen Verlagsunternehmens an, dessen Leitung Herr Dr. GOTTFRIED BERMANN-FISCHER, bisher Vorstandsmitglied der S. FISCHER VERLAG A. G., BERLIN, innehat. Wir übernehmen aus dem Verlag S. Fischer, Berlin, die bisher dort erschienenen Werke nachverzeichneter Autoren. Die Neuerscheinungen für den Herbst sind in Vorbereitung und werden demnächst dem Buchhandel durch unsere Reisenden und durch Anzeigen und Prospekte bekanntgegeben werden.

Die Auslieferung der in unseren Verlag übergehenden Werke sowie der Neuerscheinungen erfolgt durch die Firma Rudolf Lechner & Sohn, Wien I. Seilerstätte 5 (für Holland und Kolonien, Belgien und Luxemburg durch die Firma van Dittmar, Amsterdam, Singel 95).

Wir bitten den verehrlichen Sortimentsbuchhandel um tätige Verwendung für unsere Verlagswerke.

Mit vorzüglicher Hochachtung
BERMANN-FISCHER VERLAG

Wien, den 15. Juli 1936

Abb. 2: Gottfried Bermann Fischer gibt die Gründung seines Verlages in Wien bekannt

dem »Anschluss« Österreichs im März 1938 ein deutlicher Bruch in der Geschichte des Bermann-Fischer Verlages eingeleitet. Das Deutsche Reich fiel als Absatzmarkt weg und damit ging dem Verlag eine wesentliche Existenzgrundlage verloren. Wenige Jahre nach der Auswanderung wurde damit die Trennung von Deutschland endgültig vollzogen.

Für den Bermann-Fischer Verlag kam jedoch alsbald eine positive Wendung, als sich der schwedische Verlag Bonnier spontan entschloss, den deutschsprachigen Verlag finanziell zu unterstützen. Gottfried Bermann verlegte daher seinen Sitz von Wien nach Stockholm, wo er das Unternehmen ein zweites Mal nach der Auswanderung aus Deutschland wieder aufbaute. Das schwedische Verlagshaus Bonnier übernahm 51 Prozent der Geschäftsanteile und ermöglichte mit einem Startkapital die Weiterarbeit des deutschsprachigen Exilverlages. Bermann Fischer brachte seine Verlagsrechte in die Neugründung ein. Das Wiener Buchlager hoffte man noch in Verhandlungen mit den NS-Behörden frei zu bekommen und nahm es als Aktiva in die Firmenbilanz auf. Dieser Posten musste allerdings in der Folge gestrichen werden, da das Lager nicht freigegeben, sondern in Deutschland verramscht wurde.[39]

Den Autoren vermittelte die Zusammenarbeit mit Bonnier Zuversicht in eine weitere Verlagsarbeit. Franz Werfel beispielsweise, der bereits mit Walter Landauer von Allert de Lange weitgehende Vertragsverhandlungen geführt hatte, entschied sich kurzfristig, nicht Autor des holländischen Verlages zu werden, sondern sich vertraglich an Bermann-Fischer zu binden.[40] Stefan Zweig entschloss sich, einen gemeinschaftlichen Vertrag mit Allert de Lange und Bermann-Fischer abzuschließen. 1938 erschienen *Jeremias* und *Ungeduld des Herzens* als Gemeinschaftsausgaben von Allert de Lange, Amsterdam, und Bermann-Fischer, Stockholm.[41] Diese ungewöhnliche

Rechteaufteilung führte dazu, dass nach dem Mai 1940, als Allert de Lange seine Tätigkeit einstellen musste, die Rechte am Werk Stefan Zweigs an Bermann-Fischer übergingen.[42] Der Erscheinungsort der Erstausgabe von Zweigs letztem Werk, der *Schachnovelle,* war allerdings nicht Stockholm, sondern Buenos Aires.[43] Erst danach folgte eine Ausgabe im Bermann-Fischer Verlag.

Die Stockholmer Verlagsarbeit konnte bereits vier Monate nach Bermann Fischers Flucht aus Österreich durch eine weitere Kooperation in Angriff genommen werden: Bruno Dressler, der Leiter der Büchergilde Gutenberg in Zürich, veranstaltete im Sommer 1938 einen Lizenzdruck von *Marie Curie,* der erfolgreichen Biografie von Eve Curie, der Tochter der Nobelpreisträgerin. Die Erstausgabe war 1937 im Bermann-Fischer Verlag, Wien, erschienen.[44] Gottfried Bermann Fischer vereinbarte einen Mitdruck von 4.000 Exemplaren, sodass der Stockholmer Verlag bereits im Juli 1938 die ersten Bücher ausliefern konnte.

Bonnier stellte anfangs zusätzlich zu der finanziellen Unterstützung auch seine eigenen Druckereien zur Verfügung. Teilweise konnte der Bermann-Fischer Verlag auch Bonniers Auslieferungssystem nutzen, vor allem für Skandinavien. Für die restlichen Absatzländer bot sich eine andere Möglichkeit. Um außerhalb Deutschlands existieren zu können, beschlossen Bermann-Fischer, Allert de Lange und Querido eine Zusammenarbeit, die unter anderem einen gemeinsamen Vertrieb vorsah. Noch im Jahr 1938 gründete man die Zentralauslieferung, deren Sitz in Amsterdam lag. Sie wurde bis zur Invasion der deutschen Truppen in Holland im Mai 1940 das Substitut für das deutsche System der Auslieferung und des Zwischenhandels. Von Amsterdam aus erfolgte der Versand in die Abnehmerländer Holland, Schweiz, Österreich, Tschechoslowakei; weiterhin Ungarn, Rumänien, Palästina, Polen, Skandinavien, Frankreich, Italien und Großbritannien. Die anfallenden Zoll- und Clearingformalitäten[45] erledigte Walter Landauer, der die Leitung der Zentralauslieferung übernommen hatte.

Man diskutierte auch eine Zusammenarbeit mit niederländischen Verlagen, wie zum Beispiel mit dem katholischen Verlag De Gemeenschap[46], die im kleinen Rahmen auch zustande kam. Eine Beteiligung des Elsevier Verlags lehnte man ab, da Walter Landauer nicht glaubte, »dass für uns eine Zusammenarbeit nützlich ist.«[47] Für eine Kooperation mit dem Verlag De Gemeenschap sprach hingegen ein gewisser Schutz: »Bei etwaigen Angriffen, die ja jederzeit möglich wären, ist es sehr gut, wenn noch ein katholischer Verlag, der über sehr gute Beziehungen verfügt, interessiert ist.«[48] Mit Angriffen waren Verbalattacken aus Deutschland gemeint, wo man sich über die Arbeit der Exilverlage sehr wohl informierte. Dass die Zusammenarbeit der drei Verlage in Deutschland argwöhnisch beobachtet wurde, davon zeugt ein Artikel von Will Vesper mit der Überschrift »Judas ›deutsche‹ Buchpolitik im Ausland«:

»Die Juden und Emigranten, die ja leider in der Bearbeitung der öffentlichen Meinung der Welt einstweilen noch viele Trümpfe in der Hand haben, sind uns leider auch an Fixigkeit meistens um eine Nasenlänge über. So kündet soeben die ›Gemeinschaftsproduktion Berman-Fischer (!)-Verlag, Stockholm, Albert (!) de Lange-Querido-Verlag, Amsterdam‹ eine Sammlung ›Das Forum deutscher Dichter‹ an (...). Die als arische Feigenblätter mißbrauchten Bändchen ›Erzählungen deutscher Romantiker‹ und ›Briefe deutscher Musiker‹ sind wenigstens durch Juden, Zucker und Epstein, zusammengemanscht. Nein, das ist kein ›Forum‹, das ist eine ›Synagoge‹!
Dennoch ist die stolze Behauptung der ›Gemeinschaftsproduktion‹, daß diese Bändchen ›sich schnell in der ganzen Welt verbreiten‹ würden, ernst zu nehmen.«[49]

Die Forum-Reihe, auf die sich Vesper hier bezieht, war ein weiteres gemeinsames Unternehmen der drei Exilverlage, in dem von November 1938 bis November 1939 achtzehn billige Neudrucke deutschsprachiger Bücher, unter anderem von Lion Feuchtwanger, Hugo von Hofmannsthal, Heinrich Mann, Joseph Roth, Arthur Schnitzler und Franz Werfel, erschienen. Außerdem beschlossen Allert de Lange, Querido und Bermann-Fischer gemeinsame Schritte, um den Absatz ihrer Verlagsproduktion bis nach Amerika auszudehnen und den amerikanischen Markt für deutschsprachige Bücher zu gewinnen. Dies geschah in Form einer Zusammenarbeit mit der Alliance Book Corporation.

Heinrich Günther Koppell (später nannte er sich Henry G. Koppell), der Gründer des deutschsprachigen Verlages Alliance Book Corporation, war bis 1932 Teilhaber der Deutschen Buchgemeinschaft in Berlin gewesen. Die Alliance Book Corporation (ABC) arbeitete eng mit dem amerikanischen Verlag Longmans, Green & Co. zusammen. Im August 1938 übernahm die ABC den exklusiven Vertrieb der deutschsprachigen Bücher von Querido, Allert de Lange und Bermann-Fischer für die USA und Kanada. Das Abkommen enthielt für die ABC auch die Verpflichtung, eine festgelegte Anzahl Forum-Bücher in fester Rechnung zu beziehen. Ausgewählte Bände aus der Produktion der Exilverlage plante man mit dem Imprint der Alliance Book Corporation zu versehen und zeitgleich mit den europäischen Originalausgaben in den USA herauszugeben. Im selben Jahr wurde der deutsche Buchklub Alliance Book Club gegründet, dessen Grundstock die Bücher aus den europäischen Exilverlagen bildeten. Als Bonus erhielten die Mitglieder des Buchklubs einen Band aus der Forum-Reihe. Koppell hatte sich zusätzlich eine vierwöchige Option auf die englischsprachigen Rechte neuer Verlagstitel ausbedungen. Dafür kam

Abb. 3: Die Forum-Bücher, ein Gemeinschaftsunternehmen der Verlage Allert de
Lange, Querido und Bermann Fischer

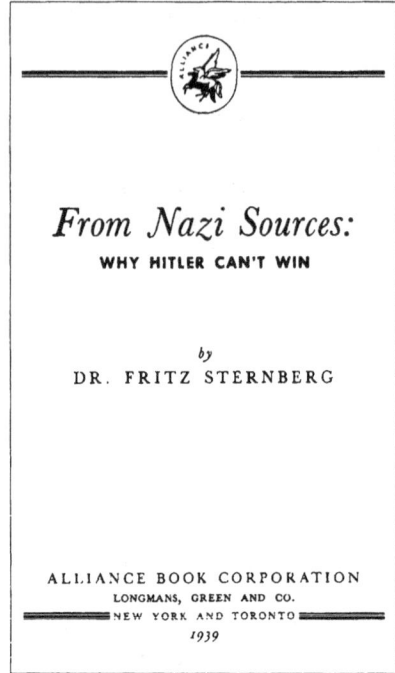

Abb. 4: Die Alliance Book Corporation
übernahm auch den US-Vertrieb für
Bücher europäischer Exilverlage

letztlich jedoch nur ein einziger Titel in Frage, Emil Ludwigs *Quartett,* da
die bekannten Autoren vertraglich bereits an andere amerikanische Verlage
gebunden waren.

Die deutschsprachigen Bücher wurden in den USA intensiv beworben. In
einem Katalog, den Koppell im November 1938 in deutscher und englischer Sprache herausgab, nahm man neben elf Büchern aus dem Programm
der drei Verlage auch zwei Titel des Schweizer Oprecht-Verlages auf, um
Konkurrenz unter deutschsprachigen Verlagen auf einem ohnedies begrenzten Absatzmarkt zu vermeiden. Doch der Vertrieb gestaltete sich sehr
schwierig. Dazu kam, dass deutschsprachige Bücher nach dem Novemberpogrom in Deutschland boykottiert wurden, wovon nicht nur Bücher aus
reichsdeutschen Verlagen, sondern auch die der Exilverlage betroffen waren. Der Erfolg, deutschsprachige Bücher in den USA zu vertreiben, blieb
also aus. Als die Weiterarbeit der Exilverlage durch den Kriegsausbruch in
Frage gestellt wurde, ließ man das Abkommen mit Koppell mit Jahresende
auslaufen. Die Alliance Book Corporation stellte das Programm deutschsprachiger Titel im Sommer 1940 gänzlich ein und gab in der Folge nur
mehr englischsprachige Bücher heraus.[50]

Welchen Einfluss hatten nun die Verlage Bonnier, Querido und Allert de Lange auf das deutschsprachige Verlagsprogramm? Gerard de Lange machte der deutschen Abteilung die Vorgabe, keine kommunistischen Autoren ins Programm aufzunehmen, und lehnte Ernst Toller und Erich Kästner ab. Emanuel Querido gab keine Richtlinien vor. Die unsichere wirtschaftliche Lage und die finanzielle Abhängigkeit von den Stammhäusern legten allerdings eine Linie innerhalb des Verlagsprogramms fest: Man setzte entschieden deutlicher auf bekannte Autoren, die sich bereits durchgesetzt hatten, als auf unbekannte. Auf den langfristigen Aufbau eines Autors musste verzichtet werden. Queridos deutschsprachiges Verlagsprogramm weist demnach auch nur ein Erstlingswerk auf: 1936 erschien *Ein Mensch fällt aus Deutschland* von Konrad Merz. Romane, politische Essays, Biografien und Autobiografien überwogen im Verlagsprogramm. Lyrik, Dramen und Novellen wurden kaum verlegt.

Zwischen dem Bermann-Fischer Verlag und dem schwedischen Geschäftspartner Bonnier bestand bis 1948 eine enge Verbindung. Ivar Philipson, der als Anwalt für Bonnier tätig war, überprüfte die Buchhaltung und Finanzen des deutschsprachigen Verlages und berichtete regelmäßig über das Verlagsprogramm und den Absatz des Bermann-Fischer Verlages an Bonnier. Teilweise wurden die Bücher des Bermann-Fischer Verlages in Bonniers eigenen Druckereien hergestellt. Die Verlegerfamilie Bonnier übernahm die Verantwortung für Entscheidungen, mit denen der deutschsprachige Verlag konfrontiert war, zum Beispiel ob aufgrund der Kriegslage riskante Bestellungen ausgeführt werden sollten. Auch den Lohn der Verlagsmitarbeiter setzte Bonnier fest. Ein direkter Einfluss Bonniers auf das Programm des Bermann-Fischer Verlages lässt sich bis 1943 nicht nachweisen. Danach allerdings reagierte die schwedische Verlegerfamilie auf die jahrelange Abwesenheit Gottfried Bermann Fischers, der 1940 aus Schweden ausgewiesen worden und mit seiner Familie in die USA emigriert war. Bonniers setzten einen schwedischen Mitarbeiter ein, der in Absprache mit ihnen, allerdings ohne Kenntnis von Gottfried Bermann Fischer, Verlagsrechte skandinavischer Autoren für den deutschsprachigen Verlag ankaufte. Bis 1948 erschienen allerdings nur neun Übersetzungen skandinavischer Autoren, wie zum Beispiel Eyvind Johnson, Vilhelm Moberg und Pär Lagerkvist. Ein Großteil der geplanten Titel wurde jedoch nicht mehr veröffentlicht, nachdem Bonnier seine Anteile am Bermann-Fischer Verlag verkauft hatte.[51]

Pär Lagerkvist, der nachmalige schwedische Nobelpreisträger des Jahres 1951, zählte zu den Autoren des Stockholmer Bonnier Verlages. In Deutschland stand sein Name auf der Indexliste. Er hatte 1935 in Klaus Manns Zeitschrift *Die Sammlung*, die bei Querido erschien, einen Abschnitt aus seiner Erzählung *Der Henker* in der Übersetzung von Verner Arpe veröffentlicht.[52] Lagerkvist schloss unter Bonniers Einfluss im März 1944 einen Vertrag mit

dem Bermann-Fischer Verlag. Er beinhaltete die Verwertung der deutschsprachigen Rechte an der Erzählung *Der Henker* und *Gast bei der Wirklichkeit*. Ein Jahr darauf einigte man sich vertraglich auch über die Erzählung
Der Zwerg. Das Abkommen enthielt für den Verlag die Verpflichtung, das
Buch spätestens zwei Jahre nach einem Friedensabschluss mit Deutschland
herauszugeben, wodurch der Autor an den Verlag gebunden war.[53] Denn
während *Der Henker* und *Der Zwerg* 1946 in einem Band bei Bermann-
Fischer erschienen, wurde der autobiografische Roman *Gast bei der Wirklichkeit* zwar von Verner Arpe übersetzt, aber nicht veröffentlicht.[54]
   Der Verkauf des Erzählbandes ging schlecht. Bis Anfang 1950 wurden
von einer Auflage von 3.000 Exemplaren lediglich 555 Stück abgesetzt. Als
Lagerkvist sich aus dem Vertrag lösen wollte, trat der ehemalige Geschäftspartner Bonnier als Vermittler ein. S. Fischer gab die Rechte am unveröf-
fentlichten *Gast bei der Wirklichkeit* 1951 frei, im Jahr der Nobelpreisver-
gabe an Lagerkvist; die Rechte an dem Erzählband mit *Der Henker / Der
Zwerg* erst 1964, nachdem die Auflage vergriffen war und der Verlag keine
Neuauflage in Aussicht nahm.
   Nicht Gottfried Bermann Fischer hielt Mitte der 1940er Jahre die Verbindung zu den skandinavischen Autoren, sondern diese lief bis zum Ver-
tragsabschluss über Bonnier, beziehungsweise später über jenen schwedischen Mitarbeiter, den Bonnier in den Bermann-Fischer Verlag einsetzte.
Dies führte prompt zu einem Konflikt mit den langjährigen Mitarbeitern
Justinian Frisch und Walter Singer im Verlag, den Bermann Fischer teils
telegrafisch, teils brieflich von New York aus zu schlichten versuchte. Diese
Verlagspolitik unter dem Einfluss des schwedischen Geschäftspartners führte auch zu Spannungen mit langjährigen Autoren wie beispielsweise Carl
Zuckmayer, der wenig Verständnis dafür hatte, dass Verlagsrechte skandinavischer Autoren aufgekauft wurden, während die Herausgabe seiner Gesamtausgabe aus verschiedenen Gründen ins Stocken geriet.[55]
   Als Gottfried Bermann Fischer im Juni 1940 aufgrund antinationalsozia-
listischer Betätigung, die ihm als Ausländer in Schweden untersagt war,
ausgewiesen wurde, zog das von Seiten Bonniers die Überlegung einer Liquidierung des Bermann-Fischer Verlages mit sich. Dies hätte den Verlust
des finanziellen Einsatzes für das schwedische Verlagshaus und in der Folge
vermutlich den Verlust der Autorenrechte für Bermann Fischer bedeutet.
Der deutschsprachige Verlag in Stockholm hatte bislang Verluste geschrieben. Norwegen und Holland waren im April beziehungsweise Mai 1940
durch Hitlers Okkupationspolitik für den Verlag als wichtige Absatzländer
seiner Buchproduktion verloren gegangen. Auf Seiten Bonniers setzte man
auf eventuelle Möglichkeiten eines Absatzes in den USA – ein Grund, warum man sich zu einer Weiterarbeit entschloss. Denn Bermann Fischer hatte bereits kurz nach seiner Ankunft in New York mit Hilfe des amerikani-

schen Verlegers Alfred Harcourt eine umfangreiche Bestellung für deutsche Bücher aus dem Bermann-Fischer Verlag nach Stockholm aufgeben können. In der Folge unterstützte Bonnier auch die amerikanische Verlagsgründung von Bermann Fischer und Fritz Landshoff, die L. B. Fischer Publishing Corporation. Dieser Verlag brachte allerdings keine deutschsprachigen, sondern englischsprachige Titel heraus. In den USA gelang es nicht, einen finanzkräftigen Verlag zu finden, der bereit war, einen deutschsprachigen Exilverlag zu fördern. Thomas Mann hatte Bermann Fischer bereits im April 1938 abgeraten, den Versuch zu wagen, »in Ihrem Fall muß ich mit Bestimmtheit befürchten, daß die Schwierigkeiten sich bis zur Unausführbarkeit steigern würden. (…) Den großen deutschen Emigrationsverlag hier zu begründen, ist gewiß ein nahe liegender Gedanke, und ich weiß, daß mehrere amerikanische Verlage sich mit diesem Gedanken beschäftigen. (…) Ich habe mich aber überzeugen müssen, daß nur ein eingeführter amerikanischer Verlag, der über große Verbreitungsmöglichkeiten und Mittel verfügt, der richtige Unternehmer sein könnte, und selbstverständlich denke ich dabei in erster Linie an meinen Freund Alfred Knopf, (…) dem, wie ich weiß, solche Erwägungen heute keineswegs mehr fremd sind.«[56]

Eine Kooperation mit Knopf, Manns amerikanischem Verleger, kam nicht zustande. Bermann Fischer hatte schon im Frühjahr 1938 versucht, Benjamin Huebsch von der Viking Press für eine Zusammenarbeit zu gewinnen. Dieser lehnte jedoch angesichts der fehlenden Absatzmöglichkeiten ebenfalls ab. »Aber abgesehen von dem warnenden Beispiel des Alliance Buchklubs und dem gegenteiligen Rat amerikanischer Verleger fehlte für solch ein Experiment das Kapital; und einen amerikanischen Verleger, der sich wie Querido eine deutsche Abteilung angegliedert hätte, gab es nicht – weder Knopf noch Viking wären auf eine solche Idee gekommen. L. B. Fischer tat deshalb das Gegenteil: er etablierte sich als amerikanischer

Abb. 5: Gottfried Bermann Fischer und Fritz H. Landshoff gründen 1941 die L. B. Fischer Publishing Corporation

Verlag.«[57] Die L. B. Fischer Publishing Corporation veröffentlichte in den viereinhalb Jahren ihres Bestehens 64 Titel. Doch der Firma fehlte trotz der Beteiligung Bonniers das notwendige Kapital, und Anfang 1946 wurde sie an den amerikanischen Verlag A. A. Wyn verkauft.[58]

Querido-Autoren im Bermann-Fischer Verlag, Stockholm

Der Einmarsch deutscher Truppen in den Niederlanden hatte im Mai 1940 der deutschsprachigen Verlagsarbeit ein Ende bereitet. Im April 1941 kam von Gottfried Bermann Fischer der Vorschlag, Werke von Querido-Autoren im Bermann-Fischer Verlag herauszugeben. Bis 1945 stellte man acht Bücher von Querido-Autoren im Stockholmer Verlag her, unter anderen Erich Maria Remarques *Liebe deinen Nächsten,* Bruno Franks *Die Tochter,* F. C. Weiskopfs *Himmelfahrtskommando* und mehrere Titel der Erfolgsautorin Vicky Baum.

Bereits in den Jahren 1938/39 war es verstärkt zu Gemeinschaftsproduktionen gekommen. Der drohende Kriegsausbruch beschleunigte diesen Prozess weiter. 1939 veröffentlichten Querido und Allert de Lange gemeinsam den Roman *Die ewigen Gefühle* von Bernard von Brentano. 1939 erschien als Gemeinschaftsausgabe von Querido und Bermann-Fischer Alfred Döblins *Bürger und Soldaten 1918.* Hamish Hamilton, London, veranstaltete gemeinsam mit dem Bermann-Fischer Verlag, Stockholm, eine Ausgabe von Franz Werfels *Lied von Bernadette* (1943; Erstausgabe: Bermann-Fischer, 1941) und Stefan Zweigs *Welt von Gestern* (1945; Erstausgabe: Bermann-Fischer, 1942).

Rückkehr nach Deutschland

Gottfried Bermann Fischer bereitete sich bereits 1943/44 auf die Öffnung des deutschen Buchmarktes vor. Die Familie Bonnier beteiligte sich, indem sie auch in den amerikanischen Verlag L. B. Fischer Publishing Corporation investierte. Die Hoffnung auf eine schnelle Öffnung des deutschen Buchmarktes nach Kriegsende blieb vorerst jedoch unerfüllt. Die Konsequenz für Bonnier war eine jahrelange Investition ohne einen Gewinn, und schließlich verkauften sie ihre Anteile an den niederländischen Querido Verlag. So entstand 1948 durch Vermittlung von Fritz H. Landshoff der Bermann-Fischer/Querido Verlag in Amsterdam. Beide Verlage veröffentlichten die Werke ihrer Autoren unter dem jeweils eigenen Verlagsnamen.

Nach dem Krieg, im Jahr 1947, fand eine einmalige Zusammenarbeit zwischen dem Bermann-Fischer Verlag und dem Wiener Schönbrunn-Verlag statt. Dieser österreichische Verlag wurde 1946 gegründet, stand der kommunistischen Partei Österreichs nahe und startete 1947 sein Verlagsprogramm mit der Gemeinschaftsproduktion von Carl Zuckmayers *Des Teufels General*. Die Erstausgabe dieses Dramas war 1946 im Stockholmer Bermann-Fischer Verlag erschienen. Eine weitere Zusammenarbeit fand nicht mehr statt, denn Gottfried Bermann Fischer gründete in der Folge eine eigene Niederlassung seines Verlages in Wien zwecks Papierbeschaffung und Bücherexport nach Deutschland. Im Wiener Bermann-Fischer Verlag wurden Mitdrucke für den Amsterdamer Verlag und Lizenzdrucke für den Suhrkamp Verlag hergestellt.[59]

Der Neue Verlag in Stockholm

Noch während des Krieges kam es zu einer weiteren Verlagsgründung in Stockholm. Der Neue Verlag nahm 1944 auf Initiative von Max Tau seine Tätigkeit auf und war neben Heinemann & Zsolnay in London die einzige deutschsprachige Exilverlagsgründung in Europa während des Krieges. Tau leitete den Verlag bis 1946. Zum Zeitpunkt der Gründung zeichnete sich das Kriegsende bereits ab, und man erwartete sich eine baldige Öffnung des deutschen Buchmarktes. In Deutschland existiere ein enormer Lesehunger, so wurde angenommen, nachdem das Lesepublikum rund ein Jahrzehnt von der Literatur des Exils abgeschnitten gewesen war, und dementsprechende Absatzmöglichkeiten erhoffte man sich.

Max Tau, ehemaliger Mitarbeiter von Bruno Cassirer, war Ende 1938 von Deutschland nach Norwegen geflohen, wo er als Berater der norwegischen Verlage Gyldendal und Aschehoug tätig war. Ende 1942 gelang ihm die Flucht nach Schweden. Er fand Anfang 1943 eine Anstellung als Lektor beim Ljus-Verlag in Stockholm, der zum Esselte-Konzern gehörte. Dort setzte er sich für norwegische und deutsche Literatur ein. Unter Taus Einfluss fanden Übersetzungen aus dem Deutschen Eingang in das Verlagsprogramm, u. a. Lion Feuchtwangers *Simone* oder Alfred Neumanns *Es waren ihrer sechs*. Schließlich war der Esselte-Konzern bereit, auch deutschsprachige Bücher ins Programm aufzunehmen.

Der Neue Verlag war organisatorisch eine Unterabteilung des Ljus-Verlages, wobei Max Tau frei über das Programm entscheiden konnte. Als literarischen Berater gewann er Felix Guggenheim von der Pazifischen Presse in Los Angeles, der dem Verlag in den USA lebende deutschsprachige Autoren vermittelte. Das Programm des Verlages charakterisierte Tau folgendermaßen: »Er kennt keinen Unterschied zwischen Ost und West. Er will ein Sammelpunkt für neue Kultur sein und wird versuchen, den jungen und unbekannten Dichtern zum Echo zu verhelfen.«[60]

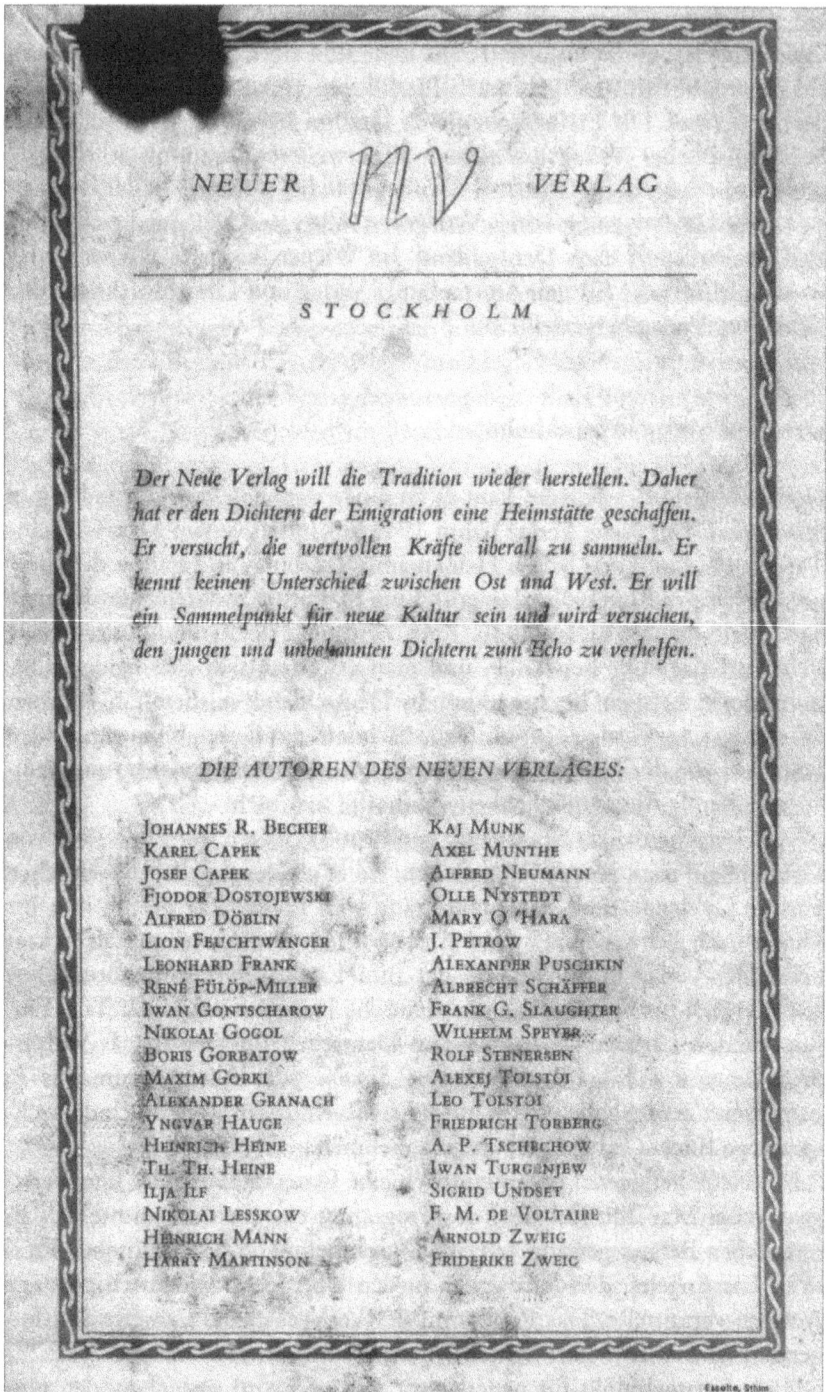

NEUER *NV* VERLAG

STOCKHOLM

Der Neue Verlag will die Tradition wieder herstellen. Daher hat er den Dichtern der Emigration eine Heimstätte geschaffen. Er versucht, die wertvollen Kräfte überall zu sammeln. Er kennt keinen Unterschied zwischen Ost und West. Er will ein Sammelpunkt für neue Kultur sein und wird versuchen, den jungen und unbekannten Dichtern zum Echo zu verhelfen.

DIE AUTOREN DES NEUEN VERLAGES:

JOHANNES R. BECHER	KAJ MUNK
KAREL CAPEK	AXEL MUNTHE
JOSEF CAPEK	ALFRED NEUMANN
FJODOR DOSTOJEWSKI	OLLE NYSTEDT
ALFRED DÖBLIN	MARY O'HARA
LION FEUCHTWANGER	J. PETROW
LEONHARD FRANK	ALEXANDER PUSCHKIN
RENÉ FÜLÖP-MILLER	ALBRECHT SCHÄFFER
IWAN GONTSCHAROW	FRANK G. SLAUGHTER
NIKOLAI GOGOL	WILHELM SPEYER
BORIS GORBATOW	ROLF STENERSEN
MAXIM GORKI	ALEXEJ TOLSTOI
ALEXANDER GRANACH	LEO TOLSTOI
YNGVAR HAUGE	FRIEDRICH TORBERG
HEINRICH HEINE	A. P. TSCHECHOW
TH. TH. HEINE	IWAN TURGENJEW
ILJA ILF	SIGRID UNDSET
NIKOLAI LESSKOW	F. M. DE VOLTAIRE
HEINRICH MANN	ARNOLD ZWEIG
HARRY MARTINSON	FRIDERIKE ZWEIG

Abb. 1: Der 1944 gegründete Neue Verlag kündigt seine deutschsprachige Produktion an

Letzterem wurde der Verlag nur begrenzt gerecht, denn junge und unbekannte Autoren waren kaum vertreten. Bereits bekannte Schriftsteller wie Alfred Neumann, Lion Feuchtwanger und Heinrich Mann dominierten das Verlagsprogramm, wobei es sich bei einigen Titeln um Neuauflagen handelte, die zuvor in anderen Verlagen erschienen waren. Der Schwerpunkt des Neuen Verlages lag bei deutschsprachiger Exilliteratur und Übersetzungen aus dem Russischen und dem Schwedischen. Eingang ins Verlagsprogramm fanden jene Titel, die zuvor im Ljus-Förlag in der schwedischen Übersetzung erschienen waren wie z. B. Th.[omas] Th.[eodor] Heine, *Ich warte auf ein Wunder* (schwedisch 1944, deutsch 1945). Alfred Neumann war gleich mit mehreren Titeln vertreten, und Lion Feuchtwangers *Simone* erschien 1944 gleichzeitig auf Deutsch und in der schwedischen Übersetzung. Als erster Titel des Neuen Verlages kam 1944 Johannes R. Bechers Gedichtsammlung *Deutschland ruft* heraus. Das war an sich schon ungewöhnlich, da Lyrik und Dramen im Allgemeinen am schwersten absetzbar waren.

Der Neue Verlag hatte ein links orientiertes Programm und produzierte 27 Titel[61], darunter den autobiografischen Roman des Schauspielers Alexander Granach *Da geht ein Mensch* (1945), Heinrich Manns Autobiografie *Ein Zeitalter wird besichtigt*[62] (1946), Arnold Zweigs *Das Beil von Wandsbek*[63] (1947) und Friderike Zweigs Erinnerungen *Stefan Zweig, wie ich ihn erlebte* (1947). Für März 1947 kündigte ein Verlagsprospekt noch das Erscheinen von sechs weiteren Titeln an:
Leonhard Frank: *Der Mensch ist gut*
René Fülöp-Miller: *Triumph über den Schmerz*
J. P. Hodin: *Edvard Munch. Der Genius des Nordens*
Harry Martinson: *Die Nesseln blühen*
Edison Marshall: *Das große Abenteuer*
Edison Marshall: *Benjamin Blake.*

Zur Herausgabe kam es dann nicht mehr. Lediglich Hodins Munch-Monografie erschien noch verspätet 1948 als einzige Publikation dieses Jahres. Zu diesem Zeitpunkt hatte Max Tau aufgrund persönlicher Konflikte den Verlag bereits wieder verlassen und war nach Norwegen zurückgekehrt.[64] Der Esselte-Konzern verkaufte in der Folge den Neuen Verlag an den Verlag der *Frankfurter Hefte*, die spätere Frankfurter Verlagsanstalt.[65] Bis 1950 erschienen noch Titel mit der Verlagsbezeichnung »Neuer Verlag Stockholm / Frankfurt am Main / Zürich«.

Taus Motiv, innerhalb des Esselte-Konzerns für eine deutschsprachige Verlagsabteilung einzutreten, könnte man als idealistisch bezeichnen. Er wollte den vertriebenen Autoren eine Publikationsmöglichkeit schaffen: »Nur die schon im Ausland Bekannten erreichten wieder ihre Gemeinde. Aus Amerika erfuhren wir, wie schlecht es vielen vertriebenen Autoren dort

ging. Es schien fast unglaublich, daß ein so bedeutender Dichter wie Heinrich Mann es wirklich schwer hatte. Daher erwuchs in mir der Wunsch, in
Stockholm eine Möglichkeit zu finden, diese Dichter zu sammeln und sie
in deutscher Sprache in Schweden herauszugeben, damit man später einmal
wieder, wenn man die Bücher nach Deutschland senden könnte, an die Tradition anknüpfen konnte.«[66]

Doch der Neue Verlag stand mit seiner Tätigkeit in Konkurrenz zum Bermann-Fischer Verlag. Bis zu diesem Zeitpunkt war das Stockholmer Unternehmen der einzige Verlag, der in größerem Umfang deutschsprachige
Bücher außerhalb Deutschlands herstellte. Sowohl der Ankauf zahlreicher
Autorenrechte für den Bermann-Fischer Verlag als auch das Abkommen
zwischen Fritz H. Landshoff und Gottfried Bermann Fischer, Werke von
Querido-Autoren im Bermann-Fischer Verlag herauszugeben, waren Reaktionen, um der Konkurrenz durch den Neuen Verlag entgegen zu treten.[67]
Die Autoren jedoch begrüßten Max Taus Initiative. Lion Feuchtwanger,
dessen Werke bei Querido erschienen waren, schrieb an Arnold Zweig über
diese neue Publikationsmöglichkeit: »Das ist insofern gut, als wir nicht
genötigt sind, die Bedingungen Queridos ohne weiteres anzunehmen.«[68]
Feuchtwanger schloss mit Tau einen Vertrag über seinen Roman *Simone* ab,
der 1944 erschien. Allerdings blieb er vorerst sein einziger Titel im Neuen
Verlag. Schon 1945 veröffentlichte Feuchtwanger seinen Roman *Der Tag
wird kommen* unter Vertrag mit Fritz Landshoff vom Querido Verlag im
Bermann-Fischer Verlag, Stockholm. Der letzte Titel, der mit dem Signet
des Neuen Verlages erschien, war vermutlich Lion Feuchtwangers *Goya oder
Der arge Weg der Erkenntnis*, der in Linköping (Schweden) bei der Östgötens
Boktryckeri hergestellt wurde und 1951 mit der Verlagsangabe »Neuer
Verlag / Frankfurt am Main« herauskam. Noch im selben Jahr veröffentlich-
te die Frankfurter Verlagsanstalt eine Neuauflage, wobei der Druck von
Johannes Weisbecker in Frankfurt am Main durchgeführt wurde.

Als der Neue Verlag von den Alliierten keine Einfuhrgenehmigung für
deutschsprachige Bücher nach Deutschland erhielt, konnte die Verlagsarbeit nicht mehr im geplanten Ausmaß weitergeführt werden. So unter-
blieb der Druck von Alfred Döblins *Berlin Alexanderplatz* und *November
1918*, für die der Verlag bereits eine Vorschusszahlung an den Autor geleistet hatte.[69]

Somit blieben diese Beteiligungen sowohl von Bonnier als auch von
Seiten des Esselte-Konzerns idealistische Unternehmungen. Kurzfristig
konnte man mit diesen kleinen Auflagen, die bei den Exilverlagen erschienen – in der Regel erreichte ein Titel eine Auflagenhöhe zwischen 2.000 bis
3.000 Stück –, keinen Gewinn erzielen. Längerfristig gedacht wartete man
jedoch auf die Öffnung des deutschen Buchmarktes, von der man sich viel
versprach. Nachdem diese aber nicht unmittelbar nach Kriegsende ver-

wirklicht wurde, sondern erst mit einer enormen Verzögerung, führte dies
sowohl im Fall von Gottfried Bermann Fischer als auch des Neuen Verlages
zur Beendigung der deutschsprachigen Verlagstätigkeit in Stockholm.

1 Es soll hier vorwiegend auf Kooperationen eingegangen werden, aus denen deutschsprachige Titel hervorgingen. — **2** Aurora, ein Genossenschaftsverlag von elf Autoren, wurde im
Jahr des Kriegsendes gegründet und finanziell durch den aus Wien stammenden Buchhändler Paul Mueller unterstützt. Mueller leitete seit 1941 die deutschsprachige Abteilung
der Buch- und Kunsthandlung Schoenhofs' Foreign Books in Cambridge und trat selber als
Verleger auf. Vgl. Ernst Fischer: »Die deutschsprachige Verlegeremigration in den USA nach
1933«. In: *Deutschsprachige Exilliteratur seit 1933*. Bd. 3: *USA*. Hg. von John M. Spalek,
Konrad Feilchenfeldt, Sandra H. Hawrylchak. Teil 3. Bern, München 2002, S. 274. —
3 Fritz H. Landshoff (1901–1988) trat 1927 als geschäftsführender Teilhaber in den Gustav
Kiepenheuer Verlag, Potsdam-Berlin, ein. 1933 emigrierte er nach Amsterdam. Während des
deutschen Angriffs auf die Niederlande im Mai 1940 hielt sich Landshoff in London auf. Er
wurde interniert und kam nach seiner Freilassung 1941 nach New York. Nach dem Krieg re-
aktivierte er den Querido Verlag in Amsterdam, der 1948 mit dem Bermann-Fischer Verlag
fusionierte. 1951 schied Landshoff nach der Übernahme des Bermann-Fischer/Querido
Verlages durch den S. Fischer Verlag, Frankfurt am Main, aus dem Verlag aus und übernahm die Leitung des Kiepenheuer & Witsch Verlages in Köln. 1953 trat er in den Kunst-
verlag Harry N. Abrams in New York ein, für den er bis 1985 tätig war. — **4** Fritz H. Landshoff: *Amsterdam, Keizersgracht 333. Querido Verlag. Erinnerungen eines Verlegers*. Mit Briefen
und Dokumenten. Berlin 2001, S. 79. — **5** Vgl. »Bibliographie Querido Verlag Amsterdam
1933–1950«. Bearbeitet von Friedrich Pfäfflin unter Mitarbeit von Franziska Sörgel. In:
Fritz H. Landshoff und der Querido Verlag 1933–1950. Bearbeitet von Hans-Albert Walter.
Marbacher Magazin 78 / 1997. — **6** Auch der Verlag A. W. Sijthoff's Uitgeversmaatschappij
in Leiden gründete eine deutschsprachige Abteilung, die Rudolf Kayser, der ehemalige Herausgeber der *Neuen Rundschau* im S. Fischer Verlag, übernahm. Diese deutschsprachige Abteilung widmete sich der wissenschaftlichen deutschsprachigen Literatur. — **7** Hilda van
Praag-Sanders war mit dem Schriftsteller Siegfried E. van Praag verheiratet. Sie schied noch
im selben Jahr aus dem Verlag aus. Ihr Nachfolger wurde Walter Landauer. — **8** Walter Landauer (1902–1944) war Lektor des Kiepenheuer Verlages und emigrierte 1933 nach
Holland. Nach der Besetzung der Niederlande verbarg er sich im Untergrund. Als er sich zur
Flucht in die Schweiz entschloss, wurde er aufgegriffen und starb 1944 im Konzentrations-
lager Bergen-Belsen. — **9** Klaus Mann: *Der Wendepunkt. Ein Lebensbericht*. Reinbek bei
Hamburg 1993, S. 310. — **10** Zur Verlagsbibliografie siehe Kerstin Schoor: *Verlagsarbeit im
Exil. Untersuchungen zur Geschichte der deutschen Abteilung des Amsterdamer Allert de Lange
Verlages 1933–1940*. Amsterdam, Atlanta 1992, S. 250–258. — **11** Ulrike Spring: *Verlagstätigkeit im niederländischen Exil 1933–1940*. Diplomarbeit an der Universität Wien 1994,
S. 68. Zur Zusammenarbeit zwischen Allert de Lange und E. P. Tal siehe auch Schoor: *Verlagsarbeit im Exil* (s. Anm. 10), S. 131–147; und Murray G. Hall: *Österreichische Verlagsgeschichte 1918–1938*. Bd. 2: *Belletristische Verlage der Ersten Republik*. Wien, Köln, Graz
1985, S. 421 f. — **12** Ein Exemplar dieser Ausgabe befindet sich in der Österreichischen Nationalbibliothek in Wien. — **13** Kerstin Schoor und Ulrike Spring gehen in ihren Arbeiten
davon aus, dass dieser Titel von Ernst Peter Tal abgelehnt worden ist. Im Wiener Literatur-
haus befindet sich jedoch ein Exemplar dieses Buches mit der Verlagsangabe E. P. Tal und

dem Vermerk »Copyright 1935 by Ferdinand Bruckner«. Für diesen Hinweis danke ich Ursula Seeber. — **14** Rainer-Joachim Siegel weist in seiner Joseph-Roth-Bibliografie (Morsum / Sylt 1995) eine Ausgabe der *Hundert Tage* nach, die die Verlagsangabe »Wien; Leipzig: E. P. Tal, 1936« aufweist und mit »Amsterdam: Allert de Lange, 1948« überklebt wurde. 1933 hatte Roth einem Angebot Gottfried Bermann Fischers an Fritz H. Landshoff, Bücher der emigrierten Autoren aus dem Querido-Programm bei S. Fischer in Berlin herauszugeben, die Zustimmung verweigert. (Vgl. Heinz Lunzer, Victoria Lunzer-Talos: *Joseph Roth. Leben und Werk in Bildern.* Köln 1994, S. 319). Ein derartiges Abkommen zwischen Landshoff und Bermann Fischer kam nicht zustande. — **15** Brief von Ernst Peter Tal an Allert de Lange vom 21. Februar 1934. Zit. n. Spring: *Verlagstätigkeit im niederländischen Exil 1933–1940* (s. Anm. 11), S. 69. — **16** »... Die Rede war ja nur davon, daß bei Georg Hermann genau die Korrekturen (›Kommunist‹ statt ›Nationalsozialist‹) verlangt wurden. Wenn Tal nicht nur Striche, sondern solche Änderungen verlangt, so ist er ...«. Zit. n. Joseph Roth: *Briefe 1911–1939.* Hg. von Hermann Kesten. Köln, Berlin 1970, S. 611. — **17** Schoor: *Verlagsarbeit im Exil* (s. Anm. 10), S. 134 ff. — **18** Ebd., S. 134. — **19** Schoor gibt als Erscheinungsdatum August / September 1935 (Neumann: *Königin Christine*), Oktober 1935 (Roth: *Die Hundert Tage*), Oktober / November 1935 (Brod: *Novellen aus Böhmen*) beziehungsweise März 1936 (Brun: *Alkibiades*) an. Ebd., S. 251 f. — **20** Siehe die Übersicht über den Verkauf in Deutschland bis Mai / Juni 1936, ebd., S. 145 f. — **21** *Fritz H. Landshoff und der Querido Verlag 1933–1950* (s. Anm. 5), S. 93 f. — **22** Die zweite Auflage, das 5.–8. Tausend der Gesamtauflage, wurde nicht in Holland gedruckt, sondern Anfang 1934 in Wien bei der Manzschen Buchdruckerei hergestellt. Laut Kerstin Schoor betrug der Absatz dieses Titels in Deutschland fast ein Drittel der verkauften Exemplare. Vgl. Schoor: *Verlagsarbeit im Exil* (s. Anm. 10), S. 137. — **23** Brief von Ernst Peter Tal an den Allert de Lange Verlag vom 14. März 1934, Internationaal Instituut voor Sociale Geschiedenis, Amsterdam (IISG) 69 / 62. Zit. n. Spring: *Verlagstätigkeit im niederländischen Exil 1933–1940* (s. Anm. 11), S. 73. — **24** Allert de Lange an E. P. Tal am 12. März 1934. IISG 69 / 60. Zit. n. Spring: *Verlagstätigkeit im niederländischen Exil 1933–1940* (s. Anm. 11), S. 73. — **25** Vgl. Hall: *Österreichische Verlagsgeschichte 1918–1938* (s. Anm. 11), S. 421. — **26** Außer mit Allert de Lange gab es auch eine Zusammenarbeit mit dem Verlag Julius Kittl's Nachf. in Mährisch Ostrau. Vgl. Hall: *Österreichische Verlagsgeschichte 1918–1938* (s. Anm. 11), S. 422. — **27** Vgl. Schoor: *Verlagsarbeit im Exil* (s. Anm. 10), S. 139. — **28** Tal informierte Landauer am 29. Februar 1936 darüber, »dass jede Beschlagnahme sofort im Börsenblatt veröffentlicht wird, gleichgültig welche Polizeidirektion die Beschlagnahme veranlasst hat und dass das durch die Beschlagnahme ausgesprochene Verbot des Vertriebes für ganz Deutschland gilt, schon deshalb weil vom Augenblick der Beschlagnahme an weder Volckmar noch Varia es wagen dürfen, die beschlagnahmten Werke weiter auszuliefern. Sie werden sonst straffällig.« IISG 67 / 353. — **29** Walter Landauer an Max Brod, 12. März 1936, IISG 17 / 159. Zit. n. Spring: *Verlagstätigkeit im niederländischen Exil 1933–1940* (s. Anm. 11), S. 76. Von Alfred Neumann kam der Hinweis, dass die Beschlagnahme möglicherweise durch die Deva, seinen früheren Verlag, ausgelöst worden sein könnte, die Neumanns Vertragskündigung abgewiesen und möglicherweise darauf hingewiesen hatte, dass die Rechte an *Königin Christine von Schweden* bei ihr lägen. IISG 67 / 363. — **30** E. P. Tal an Walter Landauer am 20. März 1936, IISG 67 / 368. — **31** E. P. Tal an Walter Landauer am 26. März 1936, IISG 67 / 374. — **32** Lucy Tal (1896–1995) emigrierte später nach New York, wo sie als Filmdramaturgin für Hollywood arbeitete. 1942 wurde sie die Leiterin des San Francisco Town Hall Forums. — **33** Alfred Ibach war laut Lucy Tals »Ansuchen um Genehmigung der Veräußerung« seit Anfang 1937 Teilhaber im Verlag mit einem Optionskaufrecht (Ansuchen um Genehmigung der Veräußerung vom 31. Mai 1938, unterzeichnet von Tals Rechtsanwalt Hugo Wolf. Österreichisches Staatsarchiv, AdR, BMF, VVSt, Ha 2392). Der ursprünglich zwischen Tal und Ibach vereinbarte Kaufpreis von 13.333 RM sollte in Monatsraten von rund 234.– RM bezahlt werden. Erst im Dezember 1938 genehmigte das Reichspropagandaministerium den Kaufvertrag, nachdem der Kaufpreis auf 4.500 RM herabgesetzt worden war. Nach einer Wirtschaftsprüfung im Juli 1939 wurde jedoch aufgrund einer Überschuldung des Verlages ein Kaufwert von Null festgestellt, wodurch sich der Kaufpreis auf diesen Wert reduzierte. Vgl. Hall: *Österreichische Verlagsgeschichte 1918–1938* (s. Anm. 11), Bd. 1: *Geschichte des österreichischen Verlagswesens*, S. 409–414. — **34** Paul Zsolnay (1895–1961) gründete 1923 seinen gleichnamigen Verlag in Wien und verlegte unter anderem Franz Werfel, Max Brod und Heinrich Mann. Er emigrierte 1938 nach London, wo er weiterhin für den Verlag, der ab März 1938 unter kommissarischer Leitung stand, tätig war. 1938 gründete er die Firma Continental Department und 1940 Heinemann & Zsolnay. Zur Geschichte des Verlages siehe Murray G. Hall: *Der Paul Zsolnay Verlag. Von der Gründung bis zur Rückkehr aus dem Exil.* Tübingen 1994. — **35** Es waren dies folgende Autoren: Peter Altenberg, Raoul Auernheimer, Richard Beer-Hofmann, Alice Berend, Siegmund Bing, Hans Chlumberg, Alfred Döblin, Arthur Eloesser, Martin Gumpert, Moritz Heimann, Friedrich Heydenau, Hugo von Hofmannsthal, Marta Karlweis, Harry Graf Kessler, Annette Kolb, Mechtilde Lichnowsky, Thomas Mann, André Maurois, Carl Rössler, René Schickele, Bernard Shaw, Richard Specht, Siegfried Trebitsch, Jakob Wassermann und Carl Zuckmayer. Vom Vertrieb innerhalb Deutschlands ausgeschlossen waren die Wassermann-Biografie von Siegmund Bing und Richard Spechts Schnitzler-Biografie, die Werke von Alfred Döblin, Harry Graf Kessler, René Schickele, Arthur Schnitzler, Siegfried Trebitsch und Jakob Wassermann. Vgl. *S. Fischer, Verlag. Von der Gründung bis zur Rückkehr aus dem Exil.* Bearbeitet von Friedrich Pfäfflin, Ingrid Kussmaul. Marbacher Katalog 40/1986, S. 471. — **36** In der Akte des Bermann-Fischer Verlages im Archiv des Börsenvereins befindet sich eine Aktennotiz vom 27. Juli 1936: »Die Firma Bermann-Fischer Verlag Ges.m.b.H., Wien, Esteplatz 5 wird mit Zustimmung des Vorstehers, mit dem ich am 15.7. darüber gesprochen habe, in das Adressbuch aufgenommen. Die Reichsschrifttumskammer ist darüber zu unterrichten, dass die Aufnahme vollzogen ist, weil die Übersiedlung des Bermann-Fischer Verlags mit ihrer Zustimmung nach Wien erfolgt ist.« Sächsisches Staatsarchiv Leipzig, Börsenverein der Deutschen Buchhändler zu Leipzig, F 698. — **37** Die Neuerscheinungen des Verlages wurden in Deutschland auch besprochen. Im Februar 1938 erging dann allerdings die Anweisung, auf Rezensionen von Titeln aus dem Bermann-Fischer Verlag zu verzichten: »In Buchbesprechungen finden sich von Zeit zu Zeit Bücher des Verlages Bermann-Fischer, Wien. (...) Es ist darauf hingewiesen, daß dieser Verlag ein Teil des Fischer-Verlages ist, der mit dem früheren Inhaber und seinen jüdischen Autoren nach Wien auswanderte. Die Presse soll sich mit den Erzeugnissen dieses rein jüdischen ausländischen Verlages nicht beschäftigen.« Rundschreiben Nr. 3 vom 2. Februar 1938 des Reichsverbandes der deutschen Zeitschriften-Verleger. Sächsisches Staatsarchiv Leipzig, Börsenverein der Deutschen Buchhändler zu Leipzig, F 698. — **38** Die Streichung erfolgte auf Veranlassung des kommissarischen Leiters des Bermann-Fischer Verlages, Theodor Hahn, durch ein Schreiben vom 19. August 1938: »Wir (...) bitten Sie, Folgendes zur Kenntnis zu nehmen: Unser Verlag steht zur Zeit unter kommissarischer Leitung und wird voraussichtlich binnen kurzem in die Hände eines neuen Besitzers übergehen. Die Eintragung aus dem Jahrgang 1938 des Adressbuches des deutschen Buchhandels ist daher zu streichen. Bezüglich einer neuen Eintragung werden wir Ihnen so bald wie möglich Bescheid zugehen lassen.« Sächsisches Staatsarchiv Leipzig, Börsenverein der Deutschen Buchhändler zu Leipzig, F 698. Gottfried Bermann Fischers Mitgliedschaft im Börsenverein der Deutschen Buchhändler zu Leipzig wurde per 31. Dezember 1938 gelöscht. — **39** Irene Nawrocka: »Verlagssitz: Wien, Stockholm, New York, Amsterdam. Der Bermann-Fischer Verlag im Exil (1933–1950). Ein Abschnitt aus der Geschichte des S. Fischer Verlages«. In: *Archiv für Geschichte des Buchwesens.* Bd. 53 (2000), S. 71–81. — **40** Ebd., S. 92 f. — **41** Die Erstausgabe von *Jeremias* war 1917 im Insel-Verlag erschienen. — **42** Vgl. Susanne Buchinger: *Stefan Zweig – Schriftsteller und literarischer Agent. Die Beziehungen zu seinen deutschsprachigen Verlegern (1901–1942).* Frankfurt/M. 1998, S. 331–336. — **43** Die Erstausgabe erschien Ende 1942 als Vorzugsausgabe im Verlag Pygmalión in 50 und bei Janos Peter Kramer in 250 nummerierten Exemplaren. — **44** Die Auflage dieses Buches in der Ausgabe des Bermann-Fischer Verlages erreichte 1938 das 41. Tausend. Gleichzeitig stellte der Knaur Verlag, Berlin, eine reichsdeutsche Ausgabe her, mit der dem Bermann-Fischer Verlag auch außerhalb Deutschlands Konkurrenz gemacht wurde. Vgl. zu diesem Rechtsstreit Gottfried Bermann Fischer: *Bedroht – bewahrt.* Frankfurt / M. 1986, S. 142, 148–153; Nawrocka: »Verlagssitz: Wien, Stockholm, New York, Amsterdam« (s. Anm. 39), S. 93–96. — **45** In den Clearing-Verträgen wurden Importe und Exporte in einem Austauschverhältnis geregelt, um unter anderem Devisentransfers zwischen zwei Staaten zu umgehen. — **46** Der Verlag De Gemeenschap in Bilthoven wurde 1925 gegründet und hatte ein literarisches Programm mit katholischer Prägung. Er verlegte ab 1936 deutschsprachige Titel von Joseph Roth, Franz Theodor Csokor und Gerth Schreiner. — **47** Brief von Walter Landauer an Gottfried Bermann Fischer, 7. Juni 1939, IISG 117/ 82. — **48** Walter Landauer an Gottfried Bermann Fischer, 29. November 1938, IISG 116/ 463. — **49** Will Vespers Artikel wurde in der *Berliner Börsenzeitung* Nr. 2 vom 2. Januar 1939 veröffentlicht. Die *Briefe deutscher Musiker.* Hg. von Alfred Einstein, erschienen im November 1938 als Forum-Band Nr. 5, *Die Erzählungen deutscher Romantiker.* Hg. von Wolf Zucker, als Band Nr. 12 im Februar 1939. — **50** Vgl. Nawrocka: »Verlagssitz: Wien, Stockholm, New York, Amsterdam« (s. Anm. 39), S. 115–120. — **51** Teilweise lag bereits die deutsche Übersetzung vor. Vgl. Irene Nawrocka: *Der S. Fischer Verlag – Von der Auswanderung aus Deutschland bis zur Rückkehr aus dem Exil.* Diplomarbeit an der Universität Wien 1994, S. 88 ff. — **52** *Die Sammlung.* H. 7 (1935), S. 353–369. Der Hamburger Regisseur Verner Arpe (1902–1979) war in Schweden als Übersetzer tätig und arbeitete bei einer Stockholmer Theateragentur. Bei Kriegsende regte er die Wiederaufnahme des Bühnenvertriebs im Bermann-Fischer Verlag, Stockholm, an und leitete diese Abteilung bis 1948. — **53** Vgl. Matthias Langheiter-Tutschek: *... böcker säljer sig inte själva ... Pär Lagerkvist und die deutschsprachigen Länder.* Dissertation an der Universität Wien 2001, S. 84 f. Lagerkvists Vertrag und sein Briefwechsel mit dem Bermann-Fischer Verlag werden in der Handschriftenabteilung der Kungliga Biblioteket, Stockholm, aufbewahrt. — **54** Erst 1952 erschien der Roman in der Übersetzung von Edzard Schaper im Züricher Verlag Die Arche. — **55** *Carl Zuckmayer – Gottfried Bermann Fischer: Briefwechsel. Mit den Briefen von Alice Herdan-Zuckmayer und Brigitte Bermann Fischer.* Hg. von Irene Nawrocka. Göttingen 2004. Bd. 2: *Kommentar,* S. 446. — **56** Thomas Mann an Gottfried Bermann Fischer am 8. April 1938. Zit. n. Thomas Mann: *Briefwechsel mit seinem Verleger Gottfried Bermann Fischer 1932–1955.* Frankfurt / M. 1975, S. 144. — **57** Wulf Koepke: »Exilautoren und ihre deutschen und amerikanischen Verleger in New York«. In: *Deutschsprachige Exilliteratur seit 1933.* Bd. 2: *New York.* Teil 2. Bearbeitet von John M. Spalek, Joseph Strelka. Bern 1989, S. 1423. — **58** Vgl. Nawrocka: »Verlagssitz: Wien, Stockholm, New York, Amsterdam« (s. Anm. 39), S. 152 ff. — **59** Der Wiener Verlag stellte beispielsweise drei Ausgaben von Carl Zuckmayers Drama *Barbara Blomberg* her: auf unterschiedlichem Papier wurden Exemplare für den Bermann-Fischer Verlag, Wien bzw. Amsterdam, und den Suhrkamp Verlag vorm. S. Fischer in Wien gedruckt. Vgl. *Carl Zuckmayer – Gottfried Bermann Fischer: Briefwechsel* (s. Anm. 55), S. 216. — **60** Max Tau: *Ein Flüchtling findet sein Land.* Hamburg 1964, S. 207. — **61** Aufgrund von Verlagsprospekten, die in der Kungliga Biblioteket in Stockholm aufbewahrt werden, ließ sich folgende Verlagsbibliografie ermitteln: Becher, Johannes R.: *Deutschland ruft. Gedichte.* 1944; Berggrav, Eivind: *Der Staat und der Mensch.* Autorisierte Übersetzung aus dem Norwegischen von Walter Lindenthal. 1946; Čapek, Karl: *Das Jahr des Gärtners.* Mit Zeichnungen von Josef Čapek. Berechtigte Übertragung aus dem Tschechischen von Julius Mader. 1946; Feuchtwanger, Lion: *Jud Süss.* 1950; Feuchtwanger, Lion: *Simone.* 1945; Gorbatov, Boris: *Die Unbeugsamen. Die Familie der Taras.* Autorisierte Übertragung aus dem Russischen. 1944; Gorki, Maxim: *Gesammelte Werke in Einzelausgaben.* Erster Bd.: *Meine Kindheit.* 1945; Granach, Alexander: *Da geht ein Mensch.* Autobiographischer Roman. 1945; Heine, Th.[omas] Th.[eodor]: *Ich warte auf Wunder.* Roman. 1945; Hirschberg, Max: *Die Weisheit Russlands. Meisterwerke der russischen Literatur. Die Bedeutung des russischen Geistes in der Kulturkrise der Gegenwart.* 1947; Hodin, J.[osef] P.[aul]: *Edvard Munch. Der Genius des Nordens.* 1948; Ilf, Ilja und Petrov, Evgenij: *Das Goldene Kalb.* Autorisierte Übersetzung aus dem Russischen von Enrico Italiener. 1946; Mann, Heinrich: *Ein Zeitalter wird besichtigt.* 1946; Munk, Kaj: *Dänische Predigten.* Vorwort von Olle Nystedt. 1945; Munthe, Axel: *Das Buch von San Michele.* 1945; Neumann, Alfred: *Es waren ihrer sechs.* Roman. 1945; Neumann, Alfred: Der Pakt. 1949; Neumann, Alfred: *Der Teufel*. 1946; Neumann, Alfred: *Neuer Caesar*. 1950 (= Gesammelte Werke); Neumann, Alfred: *Kaiserreich*. 1950 (= Gesammelte Werke); Neumann, Alfred: *Viele heissen Kain*. Erzählung. 1950; O'Hara, Mary: *Mein Freund Flicka*. Übertragen von Elsa Carlberg. 1946; Schaeffer, Albrecht: *Rudolf Erzerum oder des Lebens Einfachheit*. 1945; Steinitz, Wolfgang: *Russisches Lehrbuch*. 1945; Stenersen, Rolf: *Edvard Munch. Das Nahbild eines Genies*. Deutsche Fassung von Elsa Marti. 1950; Zweig, Arnold: *Das Beil von Wandsbek*. 1947; Zweig, Friderike: *Stefan Zweig, wie ich ihn erlebte*. 1947. Ein Verlagsprospekt aus dem Jahr 1950 nennt Wilhelm Speyer als Verlagsautor. *Das Glück der Andernachs* erschien jedoch nicht mehr im Neuen Verlag, sondern 1951 in der Frankfurter Verlagsanstalt (die Erstausgabe war 1947 im Züricher Verlag Micha herausgekommen). — **62** Heinrich Mann unterzeichnete den Vertrag mit dem Neuen Verlag bereits am 10. April 1944. *Ein Zeitalter wird besichtigt* erschien jedoch erst im März 1946 in einer Auflage von 3.500 Stück. Bis Ende 1948 konnte der Verlag lediglich 1.278 Exemplare absetzen. Bereits 1947 kündigte der Aufbau-Verlag in Berlin eine neue Ausgabe an, die noch im selben Jahr zwei Auflagen von insgesamt 40.000 Exemplaren erreichte, wovon bis Juni 1948 mehr als 24.000 Stück verkauft wurden. Vgl. Heinrich Mann: *Ein Zeitalter wird besichtigt*. Reinbek bei Hamburg 1976, S. 418 ff. — **63** Über die Vermittlung von Lion Feuchtwanger war im Mai 1944 ein Vertrag mit Ljus zustande gekommen. Nachdem sich erst die Fertigstellung des Manuskripts verzögert hatte, erhielt Zweig im April 1946 die Mitteilung des Verlags, dass der Druck wegen Papiermangels nicht ausgeführt werden könne. Aufgrund einer Anordnung der schwedischen Regierung hatte der Papierkonzern Esselte Papierlieferungen in das vom Krieg betroffene Ausland vorzunehmen, sodass der Druck erst im folgenden Jahr in Zürich durchgeführt wurde. Von einer Auflage von 3.000 Exemplaren waren 1952 noch 1.746 Bücher auf Lager. 1951 erschien im Kiepenheuer Verlag eine Lizenzausgabe des Ljus-Förlaget. Vgl. Arnold Zweig: *Das Beil von Wandsbek. Roman. 1938–1943*. Berlin 1996, S. 651 f. — **64** Tau hatte eine Auseinandersetzung mit dem geschäftsführenden Leiter des Ljus-Förlaget, Sven Bergh, die zur Auflösung seines Arbeitsverhältnisses führte. Sein Nachfolger Kurt Korfitzen nahm später wieder Verbindung mit Tau auf, unter dessen Einflussnahme schließlich auch nach seinem Ausscheiden im Frühjahr 1946 noch deutschsprachige Titel erschienen. Tau, der während des Krieges norwegischer Staatsbürger geworden war, zog 1946 wieder nach Norwegen. Siehe Elisabeth Krüger: »Max Tau als literarischer Leiter des Neuen Verlages«. In: »*Ein symbolisches Leben«. Beiträge anläßlich des 100. Geburtstages von Max Tau (1897–1976)*. Heidelberg 2000, S. 239 f. — **65** Die Frankfurter Verlagsanstalt war 1938 liquidiert worden und wurde 1951 ein zweites Mal gegründet. Ein Großteil des ersten Verlagsprogramms stellten Bestände des Neuen Verlages dar, die umgebunden wurden. — **66** Tau: *Ein Flüchtling findet sein Land* (s. Anm. 60), S. 207. **67** 1945 erschienen vier Titel von Querido-Autoren im Bermann-Fischer Verlag, Stockholm. Vgl. »Bibliographie Querido Verlag Amsterdam 1933–1950« (s. Anm. 5), S. 268. — **68** Lion Feuchtwanger an Arnold Zweig am 29. April 1944. Zit. n. *Lion Feuchtwanger – Arnold Zweig. Briefwechsel 1933–1958*. Bd. 1: *1933–1948*. Frankfurt / M. 1986, S. 297. — **69** Klaus Weissenberger: »Alfred Döblin«. In: *Deutschsprachige Exilliteratur seit 1933*. Hg. von John M. Spalek, Joseph Strelka. Bd. 1: *Kalifornien*, Teil 1. Bern, München 1976, S. 304 f.

Germaine Goetzinger

Malpaartes – ein unbekannter Exilverlag aus Luxemburg

I

»Verlag kommt von verlegen«, schreibt der Luxemburger Publizist Batty Weber in seinem *Abreißkalender* vom 22. Dezember 1937. »Ein Ding verlegen heißt, es mit oder ohne Absicht verstecken, verschummeln, beiseite schaffen, so daß es nur schwer wiederzufinden ist. Der Malpaartes-Verlag scheint es anders vorzuhaben.«[1]

Angesprochen wird in diesem Zitat der in den 1930er Jahren von Evy Friedrich gegründete Verlag[2], der den Namen von Renerts Refugium im Tal der Schlinder tragen soll. Renert ist der luxemburgische Gegenpart zum deutschen Reinecke Fuchs und ist 1872 von Michel Rodange[3] literaturfähig gemacht worden. Den Namen Malpaartes aber hat der begeisterte Wanderer und Ösling-Freund Evy Friedrich mit Bedacht und sicher nicht ohne Hintergedanken gewählt. Einerseits stellt er sich in die Tradition des seit dem Mittelalter vielfach variierten Reinecke-Fuchs-Stoffes und erweist damit auch Michel Rodanges *Renert* seine Reverenz, andererseits verbindet sich mit diesem Namen ein Programm.

Zum Zeitpunkt der Verlagsgründung ist Evy Friedrich, der Sohn eines wohlhabenden Stadtluxemburger Zahnarztes, ein junger Mann, der die vorgezeichneten Pfade einer Notablenkarriere hinter sich gelassen hat und nach Abbruch des von der Familie verlangten Jurastudiums und dem Besuch einer Journalistenschule, sich umso intensiver seinen eigentlichen Interessen widmet. Das ist zum einen der Film, zum anderen die Erprobung alternativer Lebensformen. Dazu gehört auch das Wandern im Ösling, dem luxemburgischen Teil der Arden-

Abb. 1: Signet des Malpaartes-Verlags. Entwurf Raymon Mehlen

nen. Der Drang nach körperlicher Betätigung außerhalb der Stadt, in der freien Natur abseits der bequemen und gut ausgestatteten Hotels der Touristenzentren, vereint ihn mit einer Reihe Gleichgesinnter, die es vorziehen, das Ösling zu Fuß zu durchstreifen oder auf den Flussläufen paddelnd zu erkunden. Ausreichende Verkehrsanbindungen, ein gut ausgeschildertes Netz von Wanderwegen, die Bereitstellung von geeigneten Campingplätzen und Jugendherbergen sollen es der jungen, sich vom bürgerlichen Elternhaus distanzierenden Generation ermöglichen, ein Leben zu führen, bei dem nicht Komfort und Luxus zählen, sondern unverfälschte Schönheit der Natur und Freiheit.[4] Für Evy Friedrich ist Malpaartes gleichbedeutend mit jenem Rückzugsgebiet, das abseits der städtischen Konventionsstrukturen einen Freiraum für das Ausleben größerer Individualität bietet und dem Lebensgefühl jener jugendlichen Protestbewegung entspricht, die sich zu Fuß und mit dem Rucksack auf den Weg ins Ösling gemacht hat. Als Verlagsprogramm setzt es ein Signal für Gegenöffentlichkeit. Hier sollen solche Texte Aufnahme finden, die in der herrschenden Verlagslandschaft kein Unterkommen gefunden hätten.

II

Dies gilt ganz sicher für Evy Friedrichs eigenes Werk *Introduction à l'art cinégraphique*[5] und seine zweibändige, kritische Feuilletonsammlung *Der Spiegel*[6]. Doch begnügt sich Evy Friedrich nicht damit, seinen Verlag als erweiterten Eigenverlag zu nutzen. Gemäß dem Grundsatz der Internationalität, der für Film und Literatur gleichermaßen zu gelten hat, öffnet er seinen Malpaartes-Verlag für die in den 1930er Jahren auf der Flucht vor dem Nationalsozialismus nach Luxemburg gekommenen Emigranten. Für ihn gibt es keinerlei Berührungsängste mit den aus Deutschland geflüchteten Intellektuellen, denen die freie Meinungsäußerung in ihrem Herkunftsland verwehrt ist. Vielmehr sieht er in den Zugewanderten einen Zuwachs an intellektuellem Potenzial, das zu einer Belebung und Professionalisierung des kulturellen Lebens in Luxemburg beitragen kann. Indem er ihnen sein Publikationsorgan zur Verfügung stellt und ihnen dadurch eine Artikulationsmöglichkeit bietet, kann auch er einen bescheidenen Beitrag zur Bekämpfung des Faschismus leisten.

Etwa 3.000 deutsche Flüchtlinge gibt es in den 1930er Jahren in Luxemburg, darunter viele Kunstschaffende.[7] Für die Mehrzahl ist Luxemburg lediglich eine Zwischenstation auf dem Weg nach Amerika, doch gibt es auch jene, die der Vorstellung anhängen, sich in diesem zur Neutralität verpflichteten Nachbarland eine neue Existenz aufbauen zu können. Dieser verwegenen Hoffnung verdankt zum Beispiel Die Komödie, ein Exiltheaterensemble mit Walter Eberhard als Direktor und Walter Jacob als Regisseur und Dramaturg, seine Existenz.[8] Als erstes und bislang einziges Berufsensemble versucht Die Komödie sowohl in der Stadt Luxemburg als auch auf allen größeren Bühnen des Landes die Luxemburger mit einem Repertoire von meist klassischen, manchmal aber auch leichteren Stücken für professionell dargebotenes Theater zu begeistern. »Als am Sonntag, den 7. Oktober 1934, zum ersten Mal auf dem Theaterplatz in Luxemburg eine Schauspielergesellschaft von damals etwa 10 Personen einen Autocar bestieg und hoffnungsfreudig nach Wasserbillig fuhr, da mochten die neugierigen Passanten, die der Zufall zum Augenzeugen dieser ›Premiere‹ machte, sich kaum bewußt sein, daß mit dieser Fahrt ein neues Luxemburger Theaterunternehmen aus der Taufe gehoben wurde«[9], schreibt Walter Jacob voll Stolz, als die erste Theatersaison nach 85 Vorstellungen abgeschlossen wird.

Sogar Echternacher Festspiele, die den Salzburger Festspielen in nichts nachstehen und sich zu einer jährlichen Tradition entwickeln sollen, werden ins Auge gefasst. Mit einem anspruchsvollen Programm, das neben Hugo von Hofmannsthals *Jedermann* u. a. Nikolaus Welters *Griselinde* und Goethes *Faust* umfasst, soll an die Festspielidee von Max Reinhardt angeknüpft werden. »Man mag Einzelnes an Reinhardt (…) kritisieren – der Geist, in dem die Salzburger Festspiele aufgebaut und trotz allen Nöten der Zeit durchgeführt wurden, ist vorbildlich, wie der Rahmen, in dem sich alljährlich die Salzburger Spiele bewegen. Mozart – der unvergängliche Meister des endenden Barocks als musikalischer Leitstern, das in moderne Worte und Formen gegossene Mysterienspiel, klassische Wort-Theaterkunst und volkstümliches Heimatspiel – zwischen diesen 4 Pfosten wird, wenn überhaupt, ein Festspielhaus heute gebaut werden müssen. Dieser Leitidee folgen auch die ersten ›Echternacher Festspiele‹: Mozart'sche Musik, Goethe'sche Dichtkunst, Mysterien- und Heimatspiel sollen das Fundament zum Aufbau einer neuen Festspiel-Tradition bilden«[10], heißt es hoffnungsvoll in dem ersten Festspielführer.

Unterstützung erhält das Ensemble der Komödie u. a. von Evy Friedrich, der sich mit Walter Jacob angefreundet hat und das Unternehmen aus nächster Nähe verfolgt.[11] Der Plan der Echternacher Festspiele verdiene unsere Anerkennung, schreibt er in der *Tribüne*, denn er gehe »von Emigrantenkreisen aus, von Menschen, die durch die Umstände gezwungen wurden, ihr Land zu verlassen und nun sich mit dem Leben schlagen müssen. Wir haben es als unsere Pflicht zu betrachten, diesen Emigranten zu helfen. Zumal kein Luxemburger Unternehmen dadurch geschädigt wird, im Gegenteil noch viele Luxemburger dadurch Arbeit bekommen. Echternach kann nur gewinnen dabei. Und der Geist, der von den meisten angekündeten Werken ausgeht, ist Geist, den wir anerkennen müssen, weil er aus dem Deutschland weht, das wir lieben, auch noch heute.«[12] Die

Proben zu *Jedermann* hält Evy Friedrich in einem kurzen Film und in einer in der Zeitschrift *A–Z*[13] veröffentlichten Bildreportage fest. Über das Wirken Walter Jacobs, der für ihn »e completten Theatermönsch«[14] personifiziert, schreibt er die anerkennenden Worte: »Ce que cet homme a réussi à faire, en une semaine de répétitions seulement, tient du miracle. Quiconque l'a vu aux prises avec les acteurs, les figurants, les accessoires, les microphones, les coulisses, doit l'admirer pour sa persévérance, sa volonté de créer.«[15]

III

In diese Anerkennung einbezogen und mit einem Vertrauensvorschuss bedacht wird auch Walter Jacobs Ehefrau Edith Roeder, der Evy Friedrich die Möglichkeit bietet, im Rahmen des Malpaartes-Verlagsprogramms das Kindertheaterstück *Prinz Übermut's Fahrt ins Märchenland*[16] herauszugeben. *Prinz Übermut's Fahrt ins Märchenland* ist ein Stück, das den Prozess des Erwachsenwerdens zum Thema hat. Im Mittelpunkt steht der junge Prinz Übermut, der die heile Welt von Wohlstand und Geborgenheit seines Vaters hinter sich lassen will, um das Leben mit seinen Schwierigkeiten kennen zu lernen und sich und der Welt zu beweisen, dass er zu großen Taten fähig ist. »Ich will was Richtiges werden: ein Mann, ein Held, ich will nicht eingesperrt sein in einem goldenen Käfig. Ich will Kämpfe bestehen und vom Leben lernen, damit ich einmal ein guter König sein kann«[17], vertraut er seinem Begleiter Schlotterbein an, der, wie es sein Name verrät, sich nicht eben durch Mut auszeichnet. Ganz besonders will er es aufnehmen mit dem Zauberer, dem Bruder seiner Mutter, der es nicht verwunden hat, dass seine Schwester einem jungen Prinzen gefolgt ist und jetzt die Prinzessin Langeweile in ein großes, sonnenundurchlässiges Schloss aus Eis und Schnee verbannt und mit der Gähnkrankheit geschlagen hat. Übermut und Schlotterbein dringen in des Zauberers Garten ein, und in Begleitung von Prinzessin Fizzi, die bei jeder Schwierigkeit in Tränen ausbricht, machen sie sich auf den Weg, der eine ganze Reihe von Hindernissen aufweist. Dank eines Hinweises der Wurzelgrete finden sie zum Eisschloss, das von zwei Eisbären bewacht wird. Mit einem Prankenhieb hauen sie dem Prinzen das Schwert aus der Hand und belehren ihn, »daß der Verstand ein gar wichtig Gut« sei, dass aber das, was er eben getan habe, zwar »mutig, aber gegen jeden Verstand«[18] sei. Im Schloss gelingt es dann Übermut gemeinsam mit Fizzi, »die gar nicht mehr heult, sondern ein mutiger Junge geworden ist«[19], sowie dem gesamten Küchenpersonal, Schnee und Eis wegzuschaufeln und damit zu verhindern, dass sie selber von der Gähnkrankheit in den Schlaf gerissen werden. Vor allem aber erreichen sie es, der Sonne Einlass zu verschaffen, die Schneemassen zum Schmelzen zu bringen und damit die Prinzessin zu erlösen, so dass einem Happyend nichts mehr im Wege steht.

Das Stück mit Musikeinlagen des Luxemburger Komponisten Louis Beicht lässt neben der rein märchenhaften auch eine politische Lektüre zu. Es ist einerseits ein erstaunlich modernes, auf die Interaktion von Schauspielern und Theaterpublikum aufbauendes Stück, das andererseits mit märchenhaften Elementen nicht spart. Ist der Prinz eindeutig die Hauptfigur der Märchenhandlung, so ist der wichtigste Protagonist auf der Bühne Schlotterbein. Einerseits übernimmt er die Rolle des außerhalb der eigentlichen Theaterhandlung stehenden Kommentators, der sich direkt an die Kinder wendet, ihren Rat einholt und sie in die Handlung einbezieht. Andererseits erweist er sich innerhalb der Bühnenhandlung als der clowneske, tollpatschige und feige Begleiter des Prinzen, der zum Schluss mit dem Titel des Grafen von Wagemut belohnt wird und Prinzessin Fizzi zur Frau erhält.

IV

Ein weiterer deutscher Emigrant ist mit gleich zwei Werken im Verlagsprogramm von Malpaartes vertreten, und zwar der Kabarettist und Satiriker Karl Schnog.[20] Als Jude und Sozialist, der 1927 die Gruppe revolutionärer Pazifisten in Berlin mitbegründet hat und sich als Autor antimilitaristischer und antifaschistischer Texte einen Namen gemacht hat, ist er nach dem Machtantritt Hitlers in Deutschland doppelt gefährdet, so dass er nach schweren Misshandlungen 1933 den Entschluss fasst, von einer Tournee, die ihn als Conférencier über Zürich nach Luxemburg ins Cabaret Rond-Point in der ehemaligen Champagnerfabrik *Mercier* geführt hat, nicht mehr nach Deutschland zurückzukehren und auch seine Frau Lucie und seine Tochter Hanna nach Luxemburg nachkommen zu lassen. Hier versucht er mit journalistischen Arbeiten seinen Lebensunterhalt zu verdienen. Neben der Mitarbeit an deutschen Exilzeitschriften und -zeitungen wie etwa dem *Pariser Tageblatt* oder der *Neuen Weltbühne* wird er in Luxemburg Mitarbeiter u. a. der *A–Z*, des *Escher Tageblatt*, der *Tribüne*, der Rundfunkzeitschrift *À l'écoute* und der *Cahiers luxembourgeois*. So entstammt beispielsweise die von 1937 bis 1940 wöchentlich im *Escher Tageblatt* erscheinende Rubrik *Welt Wochenschau* [21] seiner Feder. Unter dem Pseudonym *Charlie vom Thurm* kommentiert er hier jeden Samstag in ironisch-kritischen Versen das Weltgeschehen und macht aus seiner pazifistischen Gesinnung keinen Hehl.

Abb. 2: Karl Schnog. In: A–Z vom 11. Februar 1934

»Lieber als vom Mitrailleusenknattern
Spräche er von Duft und Vogelflattern,
Zeigte er selbst viel lieber Lust statt Streit.
Doch, er kann sich nicht die Stoffe suchen,
Muß den Wahnsinn halt als Wahnsinn buchen,
Denn er ist nur Spiegel dieser Zeit.

Und so muß er ungeschminkt verkünden
Wie – als Folge vieler alter Sünden –
Freiheit, Recht, Vernunft zusammenbricht.
Meint Ihr nur davon Bericht zu geben,
Möcht' er auf der schönen Erde leben?
Lieber – nicht!«[22]

Daneben betätigt er sich als Conférencier in den verschiedenen Variétés der
Hauptstadt wie im Walsheim und im Alfa. Als guter Conférencier weiß er,
dass es um der Publikumswirksamkeit willen darauf ankommt, die tages-
politische Aktualität in den Vortrag einfließen zu lassen. Während der Win-
termonate tritt er als Conférencier in der Schweiz auf und schreibt Texte für
die bekannten französischen Clowns Fratellini und andere Kabarettisten.

Mit Evy Friedrich verbindet ihn das gemeinsame Interesse am Film, und
so finden wir Karl Schnog schon 1934 unter den Mitarbeitern der von
Friedrich herausgegebenen Zeit-
schrift *Le film luxembourgeois*.
Unter dem Pseudonym Ernst
Huth rechnet er hier unter
anderem mit der deutschen
Filmproduktion ab, die vorgibt
»frei (…) von gehässiger Tendenz und politischer Program-
matik« zu sein und gleichzeitig
Filme produziert, die sich als
Beitrag im Kampf »gegen die
volksgefährdende Vererbung infolge ungehinderter Fortpflan-
zung (!!) Minderwertiger« verstehen.[23]

1934 erscheint von Karl
Schnog im Malpaartes-Verlag
der Gedichtband *Kinnhaken*.
Wie es der Untertitel aussagt,
handelt es sich um *Kampfge-*

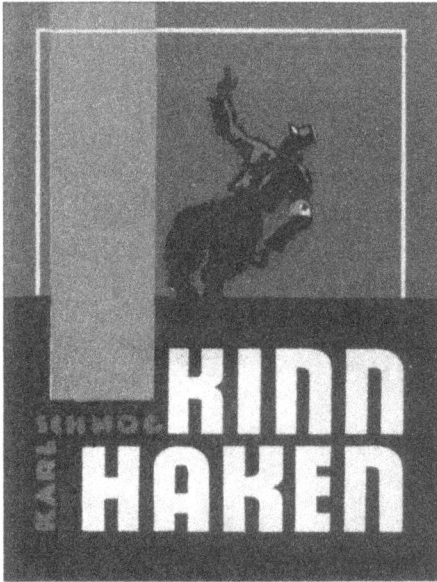

Abb. 3: Karl Schnogs ›Kampfgedichte‹ *Kinnhaken* (1934). Umschlagentwurf: Raymon Mehlen

dichte. Wem der Kampf angesagt wird, ergibt sich auf den ersten Blick aus dem von Raymon Mehlen gestalteten ausdrucksstarken Buchdeckel, der einen unter der Wucht eines Boxhiebes zurückweichenden SA-Mann darstellt. Anstelle eines Vorwortes lässt Schnog einen fiktiven »Arbeiter-Sportler« zu Wort kommen, dem er die programmatischen Verse in den Mund legt:

»Die Zeit des sanften Streichelns ist vorbei.
Den Ammen laß das Scherzen und den Müttern.
Jetzt gilt es Kampf. Und deine Faust sei Blei.
Du mußt den Gegner schlagen und erschüttern.

Schlag kräftig zu, der Feind hat dicke Haut.
Du mußt ihn niederhauen, nicht nur ritzen.
Ring frei und Gong! Es lebe der »Knock out«!
Bandagen fest! Die Schläge müssen sitzen.

Gib, was du hast, der Preis des Sieges lohnt.
Der darf nie wieder durch die Seile klettern!
Und schone nicht, auch du wirst nicht geschont.
Triff seine Schwäche, feg ihn von den Brettern!«[24]

Die Botschaft ist klar. Angesichts des immer deutlicher werdenden nationalsozialistischen Terrors und der Ineffizienz des bisherigen Widerstandes ist Gegenwehr angesagt, die ohne Rücksicht und ohne Kompromisse den Gegner so trifft, dass er kampfunfähig zurückbleibt.

In sechs Kapiteln zu je fünf Gedichten holt Schnog mit seiner eigenen Waffe, der Sprache, zu gut platzierten verbalen Kinnhaken aus. Zuerst entlarvt er »Sogenannte Persönlichkeiten«, Otto Meissner zum Beispiel, »die ärgste der Dienst- und Gesinnungshuren«[25], der als Staatssekretär des deutschen Reichspräsidenten sich rechtzeitig mit dem Wind drehend die Übergänge seit den Tagen Friedrich Eberts bis zu Hitler opportunistisch vollzogen hat, oder Hjalmar Schacht, den »Hjalmar-Mephisto der Geldwissenschaft«[26], der als Reichsbankpräsident und Wirtschaftsminister Hitler Kontakte zu Hochfinanz und Großindustrie vermittelte und gleichzeitig die Bürger mit Sperrmark und Scrips, d. h. mit nicht eintauschbarem Geld und wertlosen Zinsgutscheinen, um den Ertrag ihrer Sparguthaben brachte. In dem Kapitel »Lügen haben Krüppelbeine« rechnet er mit der Verlogenheit und der Hypokrisie eines Goebbels ab. »Jupp Joebbels« führe zwar den Spruch »Veredelte Demokratie« im Munde, doch heiße die brutale Wirklichkeit »Oranienburg – Papenburg – Dachauer Moor / Blut, Prügel und Dreck wie das Vieh.«[27] Ebenso fordere er provokativ die deutsche Presse auf, »Wahrheit, Buntheit, Einfall« an den Tag zu legen, doch wer diesem Appell auf den

Leim gehe, büße den Reinfall »Streng ›konzentriert‹«.[28] Das Kapitel
»Anlässe zu Festen, Feiern, Fahnen« soll die Endlichkeit und Vergeblichkeit
der Nazi-Festanlässe verdeutlichen. So kann der höchste Scheiterhaufen,
»eig'ner Schande Mal«[29], die Botschaft der Bücher nicht zerstören. Gegen
den Missbrauch von Goethes Namen zu Propagandazwecken legt Schnog
Goethe selber folgende, dem Sprachduktus des Vorbildes entsprechende
Verse in den Mund:

»Diese sadistischen
Neu-›pazifistischen‹
Grob-fetischistischen
Köpfe, so hohl,
Wählen mich kritischen,
Nie parasitischen,
Kosmopolitischen
Jetzt als Symbol?«!«[30]

Unvermittelt und schonungslos, manchmal ironisch oder sarkastisch prangert er die Machenschaften der eben an die Macht gekommenen Nationalsozialisten an. Er beschreibt die systematischen Diffamierungskampagnen
gegen die Juden und das brutale Zusammenschlagen von Regimegegnern.
Er klagt die Einschränkung der freien Meinungsäußerung und die Gleichschaltung der Presse an und warnt vor den Annexionsplänen des sich stark
und legitimiert fühlenden Deutschland. Immer wieder versucht er seine Leser wachzurütteln angesichts des sich in Deutschland abzeichnenden tota-
litären Staates, und nie gibt er die Hoffnung auf, dass sich die Deutschen
doch noch auflehnen werden gegen dieses menschenverachtende Regime.
»Nicht stumpf werden« lautet seine Botschaft an die Adresse derjenigen, die
wie er als Emigranten Aufnahme in einem freien Land gefunden haben.

»Und wenn dich Freunde und Asylrecht schützen,
Der Druck des Grauens langsam von dir weicht:
Du mußt die Freiheit für die Brüder nützen.
Sie leiden schwer, darum mach dirs nicht leicht.

Wir dürfen nicht erlahmen, nicht ermatten,
Weck' alle Kampflust, wecke alle Wut,
Denn hinterm Grenzpfahl stehn nicht schwache Schatten,
Nein, Fleisch von unserm Fleisch und unser Blut.«[31]

Kinnhaken ist politische Lyrik. Die Gedichte setzen auf den Angriff des nationalsozialistischen Gegners und berufen sich dabei auf die eigene sprach-

liche und intellektuelle Überlegenheit. Insofern erinnern sie eher an die Exilgedichte eines Alfred Kerr als beispielsweise an die im dänischen Exil entstandenen Texte Brechts. Während Brecht die schwierige Situation des Schriftstellers im Angesicht des Hitlerregimes reflektiert, setzt Schnog auf die Vermittlung politischer Informationen. Er stellt bloß, prangert an, verweist schon 1934 auf die KZs, von denen viele seiner Landsleute noch 1945 nichts gewusst haben wollen. So erhofft sich Schnog eine politische Wirkung, aber wie andere zeitgenössische Linksintellektuelle unterschätzt auch er das faschistische Phänomen, dem mit verbalen Anwürfen nicht beizukommen ist.

V

Das zweite Werk Schnogs, das den Titel *La Grande Compagnie de Colonisation – Dokumente eines grossen Planes*[32] trägt und 1937 unter dem Pseudonym Tom Palmer erscheint, sorgt schon bei seinem Erscheinen für ungläubiges Kopfschütteln. So stellt sich Batty Weber die Frage, mit welchem der mehreren berühmten Palmers der Autor verwandt sei und aus welchem Kopf denn »alle diese so zeitgemäß über der Zeit stehenden Gedanken« gewachsen seien. Ungeachtet der Frage nach der ungelösten Autorschaft fordert er seine Leser auf, dieses außergewöhnliche Buch zu lesen: »Ihr müßt das lesen. Wenn ihr auch nicht daran glaubt, ihr werdet staunen, daß in einem Hirn solch ein Bild wachsen konnte: nichts mehr und nichts weniger als das Bild einer Weltrevolution in Frieden und Eintracht und Zufriedenheit.«[33]

Die Diskussion um die Autorschaft der *Grande Compagnie de Colonisation* hält bis heute an. Jean Calmes[34], René Neuens[35] und neuerdings auch Denis Robert und Ernest Backes[36] ge-

Abb. 4: Schnogs Weltwirtschaftsutopie (1937). Umschlagentwurf: Raymon Mehlen

hen davon aus, dass sich der Industrielle Henry J. Leir, alias Heinrich Hans Leipziger hinter dem Pseudonym Tom Palmer verberge. Dem widerspricht Henri Wehenkel[37] entschieden und ordnet das Werk Karl Schnog zu. Evy Friedrich, der Verleger von *Malpaartes*, der es ja wohl wirklich wissen müsste, gibt einmal Karl Schnog als Autor an[38], ein anderes Mal zitiert er Henry J. Leir als den Mann, der »hinter diesem Buch und hinter diesen Zukunftsplänen stand.«[39] Damit sind wir der Wahrheit wohl ein ganzes Stückchen näher gekommen, denn im Luxemburger Literaturarchiv gibt es ein antiquarisch erworbenes Exemplar mit einer handschriftlichen Widmung Leirs von August 1967, in der er sich wohl als Henry Linger, die Schlüsselfigur des Romans zu erkennen gibt, aber keinerlei Autorschaft beansprucht.

Wenn man darüber hinaus – wie es Evy Friedrich Marc Hessel gegenüber bestätigt hat – weiß, dass Schnog und Leir in den 1930er Jahren in Luxemburg in demselben Haus »op der Hämmer Säit« gewohnt haben, so kann man von der Annahme ausgehen, dass Evy Friedrich den Tatbestand einer gewissermaßen doppelten Autorschaft richtig umschreibt, wenn er sagt, »Idee, Dokumentation und Aufbau stammen von Henry J. Leir, die Redaktion des Textes von Schnog, der damals im selben Haus wie Leir (...) wohnte.«[40] Was diese beiden grundverschiedenen Männer höchstwahrscheinlich verbunden hat, ist die gemeinsame Erfahrung des Exils als Juden auf der Flucht vor dem Nationalsozialismus. Auch mag Leirs starke Persönlichkeit Schnog beeindruckt haben, und so kann das Gespräch und der Austausch mit Leir als eine der Quellen des Romans angesehen werden. Die Tatsache aber, dass der linksintellektuelle Schriftsteller, der 1940 von Luxemburg aus in die KZs Dachau, Sachsenhausen und Buchenwald gebracht wird[41] und den es 1946 nach Ostberlin verschlägt, schneller vergessen worden ist als der Erzhändler, der 1939 nach den USA auswandert, dort ein großes Vermögen zusammenträgt und bis zu seinem Tode 1998 auch in Luxemburg in Wirtschaft und Kultur einflussreich bleibt, mag die Ursache sein, warum bis heute Leir mit dem Roman eher in Verbindung gebracht wird als Schnog.

Bei der *Grande Compagnie de Colonisation* handelt es sich nicht um einen traditionellen Roman. Die Als-Ob-Wirklichkeit des Romans entsteht durch die Montage fiktiver Wirtschaftsdokumente, Tagebuchaufzeichnungen und Presseausschnitte. Es gibt demnach keinen Erzähler. Auch wird nicht eine vergangene oder gegenwärtige Welt dargestellt, sondern eine zukünftige. Die Handlung beginnt nämlich ein Jahr nach der Veröffentlichung des Romans und dauert bis 1971. Dennoch handelt es sich auch nicht um einen Science-Fiction-Roman, da der Autor weder die Entwicklung von Technik noch von Wissenschaft antizipiert, sondern die wirtschaftliche Entwicklung Luxemburgs und Europas für die nächsten

Jahrzehnte im Medium der Fiktion einer multinationalen Kolonisierungs-
gesellschaft Luxemburger Rechts extrapoliert. Tom Palmers *La Grande
Compagnie de Colonisation* ist demnach eine Art pseudo-dokumentarischer
Weltwirtschafts-Fiction-Roman.

Auch eine traditionelle Romanhandlung gibt es nicht. Familienge-
schichten, persönliche Entwicklungen, Liebschaften und Freundschaften
spielen keine Rolle. Die Hauptakteure sind nämlich nicht Menschen, sondern Wirtschaftssubjekte: Firmen, Staaten, Zeitungen, bestenfalls Spe-
kulanten. Menschen spielen eine untergeordnete Rolle als die farblosen
Unterzeichner der fiktiven Dokumente. Fast muten sie einen als Mario-
netten einer gigantischen Weltwirtschaftsmaschinerie an. Die einzige Person, die im Ansatz mit persönlichen Konturen versehen wird, ist der Industrielle Henry Linger, aus dessen Tagebuchnotizen der Leser nach dem
Tode Lingers schließen kann, wer dieses weltumspannende Projekt ausge-
arbeitet hat.

Die eindeutige Heldin des Romans ist deshalb die Grande Compagnie
de Colonisation, eine luxemburgische Aktiengesellschaft, die von den Vertretern 18 europäischer Staaten am 2. Mai 1938 in der Amtsstube des No-
tars Pol Betzdorf in der Monterey Avenue 84 gegründet wird. Bezeichnenderweise ist Deutschland bei der Gründungsversammlung nicht dabei und
schließt sich der Gesellschaft erst zwei Jahre später an. Artikel II des Grün-
dungs-Statuts umreißt den Zweck der neuen Gesellschaft folgendermaßen:
»Die Kolonisation innerhalb und außerhalb Europas; die Errichtung von
Kraftwerken, Bahnen, Brücken und sonstigen industriellen Anlagen; die
Verwendung von Kriegsmaterial zu friedlichen Zwecken; die Förderung
von Ein- und Auswanderung, sowie alle Transaktionen, die dazu dienen,
durch Anwendung friedlicher Mittel den Industrien der beteiligten Länder
Aufträge zu beschaffen und den allgemeinen Lebensstandard in den un-
terentwickelten Ländern der Erde zu heben.«[42] In der anschließenden
Außerordentlichen General-Versammlung wird der erste Verwaltungsrat
ernannt. Ihm gehören die Unterzeichner des Gründungsstatuts an; für
Luxemburg ist das der Innen- und Handelsminister Hubert Hobscheidt.
Zum geschäftsführenden Generaldirektor wird Gaston Boissonas, Industrieller aus Dommeldingen, lies Arbed-Generaldirektor Gaston Bar-
banson, ernannt, zu Generalsekretären Oskar Scholthaus und Jaqueline
Gerner, zum Bücher-Revisor Nic Bohler, alle drei aus Luxemburg. Der
Sitz der Gesellschaft befindet sich Boulevard Royal 114/120. Knapp ein
Jahr später reichen die Räumlichkeiten am Boulevard Royal nicht mehr
aus, und der Grundstein für einen neuen Sitz, der nach Emil Mayrisch,
»einem großzügigen wirtschaftlichen Vertreter besten Luxemburger-
tums«[43] benannt werden soll, wird gegenüber dem Arbed Gebäude, im
Rousegärtchen gelegt.

Die verschiedenen Projekte der Kolonisierungsgesellschaft, die aus unterschiedlichen Perspektiven wie Zeitungsberichten, Telegrammen, Radiosendungen, Sitzungsberichten, Artikeln im hauseigenen Mitteilungsblatt, Berichten und Tagebuchaufzeichnungen geschildert werden, machen die eigentliche Handlung des Romans aus. Es sind Bewässerungs-, Elektrifizierungs-, Rohstoffgewinnungs- und Besiedlungsprojekte im alle fünf Kontinente umspannenden Wirtschaftsraum. So sollen z. B. Angola und Mozambique mit einem ausgedehnten Straßennetz versehen werden. In den chinesischen Provinzen Schen-si, Sze-tschwan und Sui-jüan wird der Bau von Kanälen und Eisenbahnen vorangetrieben, und an der Dreiländerecke Albanien-Jugoslawien-Griechenland soll eine Reihe industrieller Werke entstehen. Luxemburg bekommt einen Großflughafen, und unter dem Ärmelkanal ist man dabei, einen Tunnel Calais-Dover zu bauen. Dabei handelt die Gesellschaft keineswegs uneigennützig. Sie ist, wie es Boissonas anlässlich der Grundsteinlegung des Emil Mayrisch-Hauses unmissverständlich zu verstehen gibt »eine absolute Erwerbsgesellschaft!« Der erfolgreiche Abschluss der Pläne bedeute »nicht nur einen Verdienst für die beteiligten Staaten, sondern zwangsläufig auch für die Allgemeinheit!« Die Gesellschaft habe nie etwas anderes sein wollen. »Indem wir statutengemäß ›Kriegsmaterial für Friedenszwecke‹ zu verwenden suchen, wirken wir praktisch – wenn auch mit Gewinnabsichten! – (Heiterkeit) – mehr für den Frieden der Welt als vielleicht alle Reden, Kongresse und Weltverbesserungspläne zusammen.«[44] Als Gegenleistung für die geplanten Infrastrukturarbeiten sichert sich die Compagnie de Colonisation nämlich das Recht auf Ausbeutung der in den Entwicklungsländern vorhandenen Bodenschätze auf 25 bis 40 Jahre, sowie das Recht, in diesen Gebieten eine große Anzahl von Europäern anzusiedeln. Somit wird der Nationalkolonialismus des 19. Jahrhunderts transformiert und weiterentwickelt zu einem paradoxen Erwerbs- und Weltbefriedungsinstrument, das Züge aufweist von dem, was heute Globalisierung genannt wird.

Auf der zeitlichen Ebene sind vier Phasen zu unterscheiden. Der Roman beginnt mit den Gründerjahren 1938 bis 1942. 1943 erfolgt ein Rückschlag, bedingt durch Anschläge auf die Sahara-Bewässerungsprojekte durch die Tuareg, die sich in ihrer Religion und Eigenständigkeit bedroht fühlen. Ähnlich gelagerte Konflikte gibt es auch in Nord-Indien. Auch haben sich Neider gegen die Compagnie verschworen und versuchen, sie in Misskredit zu bringen. Die Gesellschaft beschließt mit großer Mehrheit auf einen bewaffneten Eingriff zu verzichten und dem Konflikt auf friedlichem Weg beizukommen. Es folgen von 1944 bis 1950 die Jahre der Konsolidierung und der Offensive, begünstigt durch die Hebung gewaltiger Bodenschätze. Das Buch endet mit dem endgültigen Durchbruch in den Jahren 1951 bis 1970, dem fiktiven Todesjahr von Henry Linger. Das von der

Compagnie angekurbelte staatskapitalistische Kolonisierungsprojekt hat sich als derartig erfolgreich erwiesen, dass mit der Rückführung der Siedler nach Europa begonnen werden kann.

Beim Erscheinen des Buches stellt der Luxemburger Publizist Frantz Clément die Frage, ob wir es hier mit einer Utopie zu tun haben. »Eine Utopie ja wohl, aber auch im Äußerlichen des Aufbaus eine moderne Utopie, gleichsam eine Utopie in scheinbarer Sachlichkeit, die leider auf verschiedene Mätzchen nicht zu verzichten weiß. (...). Da in jeder Utopie etwas Großmütiges und oft auch Großartiges liegt, hieße es vorbeischießen, wenn man dieses kuriose Buch nur als Ulk aufnehmen würde.«[45]

Den Text als Ulk abzutun verbietet sich auch für die Nachgeborenen. Zu vieles von dem, was in dem Text angeschnitten wird, wie Marshall-Plan, europäische Vereinigung und Weltbank ist Realität geworden, wenn auch nicht unter der Prämisse eines Staatskapitalismus. Die Vision einer weltweiten Internationalität, wie sie Schnog und Leir, zwei deutsche Juden auf der Flucht vor dem Nationalsozialismus, antizipieren, bedeutet den Verzicht auf jeglichen Nationalismus und stellt eine kontrafaktische und utopische Gegenlinie zu der geradewegs in den Zweiten Weltkrieg mündenden Versailler Vertrags-Logik dar. Dass das denkbar wird, hat mit der jüdischen Exilsituation zu tun, kann aber auch mitgeprägt worden sein von der wirtschaftlichen Situation der Exilheimat Luxemburg und dem unternehmerischen Handlungsspielraum, der sich hier auftut. Denn in der Periode zwischen den beiden Weltkriegen sucht die Stahlindustrie, die durch den Austritt Luxemburgs aus dem Zollverein in die Krise geraten ist, nach neuen Märkten und Möglichkeiten, die einen offeneren und freieren Handel von Erz, Kohle und Stahl erlauben. Auch Emil Mayrisch zieht sich kurz vor seinem Tode von der unmittelbaren Führung des Arbed-Konzerns in Luxemburg zurück und widmet sich intensiver den internationalen Wirtschaftsbeziehungen.[46] Sein Einsatz für das Rohstahlkartell und sein Versuch, mittels eines Comité franco-allemand d'information et de documentation Informations- und Wahrnehmungsdefizite zwischen Deutschland und Frankreich abzubauen, kann vor diesem Hintergrund gedeutet werden, genau wie die Gründung der brasilianischen Arbed-Tochter Belgo-Mineira (1921) und der Ankauf des Grundstücks in Terneuzen (1928), auf dem einmal die Sidmar entstehen wird. Zur Weltbedeutung des Erz-, Stahl- und Kohlehandels kommt hinzu, dass mit Carlo Hemmers Artikeln in der *Luxemburger Zeitung* das ökonomische und wirtschaftspolitische Denken in Luxemburg einen ersten Höhepunkt erreicht.

Dennoch ist der Ulkverdacht eines Frantz Clément nicht ganz von der Hand zu weisen. Hier wird nämlich recht lustvoll eine Gegenwelt zum Nationalen und damit auch zum Eng-Luxemburgischen entworfen. Diese Form von halbrealitätsbezogener, utopischer Spielerei mit Humor, leichter

Ironie und Distanzierung hat möglicherweise in den Gesprächen der Exilierten ihren festen Platz gehabt. Und so gibt die fast unmerkliche Integration dieser Verfahren in den pseudosachlichen Montageroman die Grundlage ab für die literarischen Qualitäten dieses auch heute noch durchaus lesenswerten Textes.

VI

Damit beschließt Malpaartes nach knapp vier Jahren seine Verlagstätigkeit. Die Kapitaldecke ist knapp, es gibt keinen richtigen Markt, und der Vertrieb gestaltet sich schwierig. Es fehlt wohl auch an einem Konzept zur Vermarktung, so dass die Malpaartes-Bücher heute nicht mal in den großen Bibliotheken des Landes vollständig erhalten sind. Malpaartes deswegen als misslungenes Experiment eines ambitiösen Kleinverlegers abzutun, scheint mir dennoch ungerechtfertigt. Malpaartes ist nämlich ein einzigartiges Beispiel dafür, wie unter schwierigen Bedingungen innovativen und oppositionellen Stimmen eine Möglichkeit zur Meinungsäußerung geschaffen wird. Indem Evy Friedrich deutschen Emigranten Malpaartes zur Verfügung stellt, zeigt er ein deutliches antifaschistisches Engagement, wie man es in dieser Form Ende der 1930er Jahre bei zahlreichen Regierungs-, Verwaltungs- und Wirtschaftsvertretern nicht findet. Malpaartes ist also nicht nur eine verlagsgeschichtliche Episode, die lediglich einen beschränkten Personenkreis betroffen hat. Dem der zu lesen versteht, ist Malpaartes auch ein Brennglas, in dem sich viele Facetten der gesellschaftlichen und kulturhistorischen Situation Luxemburgs in der Zwischenkriegszeit spiegeln.

1 Batty Weber: »Abreißkalender«. In: *Luxemburger Zeitung*, Jg.70 (1937) Nr.356, S.1. — 2 Vgl. Germaine Goetzinger: »Malpaartes – mehr als nur ein Stück Luxemburger Verlagsgeschichte«. In: *400 Joer Kolléisch. 4. Bd. Hommage à l'Athénée*. Luxembourg 2003, S.103–118. — 3 Michel Rodange: *Renert oder de Fuuß am Frack an a Ma'nsgréßt. Op en Neis fotografèert vun engem Letzebreger*. Letzeburg 1872. — 4 Evy Friedrich: »Wandern im Winter«. In: *Oesling. Ardenner Heimatblätter*, Jg.1 (1938) Nr.2, S.13. — 5 Evy Friedrich: *Introduction à l'art cinégraphique*. Luxembourg 1936. — 6 Evy Friedrich: *Der Spiegel*. 2 Bde. Luxembourg 1937. — 7 Vgl. Serge Hoffmann: »Exil in einem sehr kleinen Land. Luxemburg in den 30er und 40er Jahren«. In: *Galerie*, Jg.10 (1992) Nr.2, S.204–215. — 8 Vgl. Nicole Suhl: »Die ›Komödie‹ – ein Exiltheaterensemble in Luxemburg«. In: *Exil*. Jg.16 (1996) Nr.1, S.74–80. — 9 »Eine Spielzeit ›Komödie‹. Ein künstlerisch-ökonomischer Rückblick von Oberregisseur Walter Jacob«. In: *Luxemburger Zeitung*, Jg.68 (1935) Nr.112, S.3. — 10 Walter Jacob: »Festliches Theater. Einst und Jetzt«. In: *Echternacher Fest-*

spiele. Programmbuch und Festspielführer. Saison 1935. Luxembourg 1935. — **11** Vgl. Germaine Goetzinger, Gast Mannes, Frank Wilhelm: »Evy Friedrich und Walter Jacob« In: *Kontakte-Kontexte. Deutsch-luxemburgische Literaturbegegnungen.* Mersch 1999, S. 108–120. — **12** Evy Friedrich: »Festspiele Echternach«. In: *Die Tribüne,* Jg. 1 (1935) Nr. 7, S. 7. — **13** »Echternacher Festspiele. Vor und hinter den Kulissen von ›Jedermann‹«. In: *A–Z,* Jg. 2 (1935) Nr. 30, S. 16 f. — **14** Evy Friedrich: »Deitsch Emigranten zu Letzeburg«. In: *Rappel. Revue mensuelle de la L.P.P.D.,* Jg. 22 (1968) Nr. 2 u. 3, S. 79–82 u. 157–163, S. 160. — **15** Evy Friedrich: »Le festival d'Echternach. Jedermann.« In: *Le Luxembourg,* Jg. 1 (1935) Nr. 79, S. 3. — **16** Edith Roeder: *Prinz Übermuts Fahrt ins Märchenland: Ein Märchenspiel in 6 Bildern.* Musik von Louis Beicht. Luxembourg 1936; 1985 erschien als Nr. 6 der Extra-Serie der Actioun Lëtzebuergesch eine luxemburgische Übersetzung unter dem Titel: *Dem Prënz Muttwëll séng Rees an d'Mäercheland. E Mäerchespill vum Edith Roeder. Musek vum Louis Beicht, an d'Lëtzebuergesch iwwersat vum Robert Siuda.* Lëtzebuerg 1985. — **17** Ebd. S. 11. — **18** Ebd. S. 29. — **19** Ebd. S. 30. — **20** Vgl. Marc Hessel: »Ein deutscher Exilautor in Luxemburg. (Vor 25 Jahren starb Karl Schnog)«. In: *Les Cahiers luxembourgeois,* Jg. 36 (1989) Nr. 2, S. 27–34; Carlo Sowa: »Karl Schnog – ein deutscher Satiriker in Luxemburg«. In: *Galerie,* Jg. 7 (1989) Nr. 1, S. 109–122. — **21** 1939 gab die Luxemburger Genossenschaftsdruckerei Esch-Alzette die von Juli bis Dezember 1938 erschienenen Weltwochenschaugedichte heraus. Cf.: Charlie vom Thurm: *Welt-Wochenschau. Geschichte Berichte Gedichte.* Esch-Alzette 1939. — **22** »Weltwochenschau«. In: *Escher Tageblatt,* Jg. 21 (1938) Nr. 210, S. 3. — **23** Ernst Huth (= Karl Schnog): »Neudeutscher Filmpazifismus«. In: *Le film luxembourgeois. Luxemburger Filmzeitung,* Jg. 8 (1934) Nr. 2, S. 1–2. — **24** Karl Schnog: *Kinnhaken. Kampfgedichte 1933/34.* Luxembourg 1934, S. 3. — **25** Ebd. S. 5. — **26** Ebd. S. 6. — **27** Ebd. S. 10. — **28** Ebd. S. 11. — **29** Ebd. S. 18. — **30** Ebd. S. 17. — **31** Ebd. S. 24. — **32** Tom Palmer (= Karl Schnog): *La grande colonie de colonisation. Dokumente eines grossen Planes.* Luxemburg 1937. 1966 wurde das Werk nochmals aufgelegt. 1981 erschien eine englische Ausgabe unter dem Titel: *La Grande Compagnie de Colonisation. Documents of a new plan.* Worchester 1981. 1997 wurde die englische Ausgabe neu aufgelegt. — **33** Weber: »Abreißkalender« (s. Anm. 1), S. 1. — **34** Jean Calmes: »Révélations ratées. À propos de Révélations et de la mise en cause de Henry J. Leir«. In: *Letzebuerger Land,* Jg. 48 (2001) Nr. 19, S. 12. — **35** René Neuens: »Henry J. Leir wurde 80«. In: *Luxemburger Wort,* Jg. 133 (1980) Nr. 23, S. 6. — **36** Vgl. Denis Robert, Ernest Backes: *Révélations.* Paris 2001, S. 379 ff. — **37** Vgl. Henri Wehenkel: »Die Falschmünzer« Leserbriefe zu Bodens Friedens-Anthologie. In: *Zeitung vum Lëtzebuerger Vollek,* Jg. 43 (1988) Nr. 41, S. 11. — **38** Evy Friedrich: »Karl Schnog«. In: *Zeitung vum Lëtzebuerger Vollek,* Jg. 19 (1964) Nr. 197, S. 9. — **39** Evy Friedrich: »Henry J. Leir wurde 80 Jahre alt.« In: *Revue,* Jg. 35 (1980) Nr. 5, S. 44. — **40** Hessel: »Ein deutscher Exilautor in Luxemburg« (s. Anm. 20), S. 34. — **41** Vgl. Karl Schnog: *Unbekanntes KZ.* Luxemburg 1945; Germaine Goetzinger: »Der Zweite Weltkrieg in der deutschsprachigen, der lëtzebuergeschen und der frankophonen Literatur Luxemburgs«. In: *Erich Maria Remarque Jahrbuch,* Jg. 13 (2003) S. 8–41. — **42** Palmer: *La Grande Compagnie de Colonisation* (s. Anm. 32), S. 10. — **43** Ebd. S. 30. — **44** Ebd. — **45** Erasmus (= Frantz Clement): »Utopie« In: *Escher Tageblatt,* Jg. 21 (1938) Nr. 30, S. 5. — **46** Vgl. Gilbert Trausch: *L'ARBED dans la société luxembourgeoise.* Luxembourg 2000; Charles Barthel: »Emile Mayrisch et la question du contingent lorrain-luxembourgeois (1925)«. In: *Galerie,* Jg. 21 (2003) Nr. 2, S. 211–256.

Ernst Fischer

»Kunst an sich ›geht‹ hier nicht«
Deutsche Buchgestalter und Buchillustratoren im amerikanischen Exil

Fremdheitserfahrungen, die Konfrontation mit unvertrauten Traditions-
zusammenhängen, gesellschaftlichen Normen und Wertvorstellungen, cha-
rakterisieren die existenzielle Problematik des Exils. Dies gilt keineswegs
nur für die Exilanten, die sich nach 1933 in abgelegene, exotische Weltge-
genden gerettet hatten, sondern durchaus auch für die Ankömmlinge in der
»Neuen Welt«, den Vereinigten Staaten von Amerika. Gerade schöpferische
Menschen, sensible Künstler, mussten sich die Frage stellen, ob es ihnen gelingen werde, sich im »Land der unbegrenzten Möglichkeiten« wieder ein
Tätigkeitsfeld zu schaffen: Würden sie auf der Grundlage ihres Könnens
und der ästhetischen Vorstellungen, die sie aus Deutschland mitbrachten,
erfolgreich weiter arbeiten können? Oder würden sie im Land der Rekorde,
wo alles schneller, lauter, größer, greller war als im alten Europa, von vorne
beginnen und sich auf völlig andere Gegebenheiten einstellen müssen?

I

Im Amerikabild der Emigranten mischten sich Hoffnungen und Erwartungen mit Vorurteilen, positiven wie negativen. Vielfach waren sie Gefangene der Klischees, die sich in Deutschland vor 1933 herausgebildet hatten.
In der Weimarer Republik lief seit Mitte der 1920er Jahre eine angeregte
»Amerikanismus«-Debatte: Man registrierte und diskutierte in der deutschen Gesellschaft Symptome eines kulturellen Wandels, die man ausgelöst
sah von Einflüssen, die nach dem Ersten Weltkrieg aus den USA nach Europa bzw. Deutschland herüber geschwappt seien, mit der Filmkultur Hol-
lywoods oder dem Jazz ebenso wie in der Arbeitsorganisation, dem »Taylo-
rismus« und »Fordismus«, überhaupt im Rhythmus und im Tempo der
Zeit.[1] Sehr bald wurde der Begriff aufgeladen mit Attributen verschiedens-
ter Art: Amerikanismus, das sei das Ideal des Praktischen, rein Diesseitigen,
der stärkste Gegner der Romantik, der Mystik, aber auch des Intellektua-
lismus, er verkörpere – positiv formuliert – Energie, naive Lebendigkeit.
Aber auch Attribute wie »barbarisch« oder »unkultiviert« wurden in diesem
Diskurs immer wieder laut.[2] Mitte der 1920er Jahre beklagte ein späterer
prominenter Vertreter der literarischen Emigration, Stefan Zweig, im

Berliner Börsen-Courier im Rückblick auf seine Reisen in den zurückliegenden Jahren die »Monotonisierung der Welt«, die Nivellierung auf ein einheitliches kulturelles Niveau. Paris sei zu drei Vierteln amerikanisiert, und wie Amerika an der Diktatur der Mode den größten Anteil habe, so auch an der allgemeinen Tendenz zur Mechanisierung des Lebens: »Woher kommt diese furchtbare Welle, die uns alles Farbige, alles Eigenförmige aus dem Leben wegzuschwemmen droht? Jeder, der drüben gewesen ist, weiß es: von Amerika. Die Geschichtsschreiber der Zukunft werden auf dem nächsten Blatt nach dem großen europäischen Krieg einmal einzeichnen für unsere Zeit, dass in ihr die Eroberung Europas durch Amerika begonnen hat. Oder mehr noch, sie ist schon in vollem reißenden Zuge, und wir merken es nur nicht (alle Besiegten sind immer Zu-langsam-Denker!). (...) Noch schmeicheln wir uns Illusionen über philanthropische und wirtschaftliche Ziele Amerikas: in Wirklichkeit werden wir Kolonien ihres Lebens, ihrer Lebensführung, Knechte einer der europäischen im tiefsten fremden Idee, der maschinellen.«[3]

Eines der wichtigsten Felder dieser kulturkonservativen und kulturpessimistischen Amerikakritik war die amerikanische Buchkultur. An ihr wurde vor allem eines wahrgenommen: Die totale Kommerzialisierung, repräsentiert durch das Bestsellerwesen. Als 1927 die *Literarische Welt* – erstmals in Deutschland – nach amerikanischen und englischen Vorbildern eine Bestsellerliste einführte, protestierte nicht nur das *Börsenblatt für den Deutschen Buchhandel* gegen diese »weitere Verengung und Verflachung des geistigen Lebens.«[4] Auch Joseph Roth, wie sein Freund Stefan Zweig wahrlich ein Repräsentant des »alten Europa«, sah in den Bestsellerlisten den bedauernswerten Ausdruck des zunehmenden »Amerikanismus im Literaturbetrieb«: »Es gibt einen Zusammenhang zwischen der amerikanischen Literaturmode und den aktuellen Propagandasitten unserer Verleger. Den Prospekten mit den dutzendweis photographierten Dichtern, deren privates Angesicht doch nichts zu tun hat mit ihrem offiziellen, folgen die sogenannten Best-Sellerlisten, die statistischen Lobeshymnen auf den Rekord, die Losung, die ganz Amerika vereint, sowohl die Hundertprozentigen als auch die Oppositionellen. (...) Und in der ständigen deutschen Sucht, vom Ausland (das Falsche) zu lernen, die schon eine Art hysterischer Tugend geworden ist, nimmt man jene amerikanische Sitten an, die drüben wahrscheinlich aus Traditions- und Ratlosigkeit und Unerfahrenheit entstanden sind.«[5]

In der Tat ging in Deutschland damals eine enorme Faszination aus von diesem Amerika – oder vielmehr von dem Bild, das man sich davon machte; denn von den konkreten Verhältnissen in Wirtschaft und Gesellschaft hatte man nur wenig Kenntnis. Dies wurde den vielen Tausenden vom Nationalsozialismus Vertriebenen bewusst, die nach 1933 und in einer zweiten Welle nach Beginn des Zweiten Weltkriegs Zuflucht in den USA fanden; für die allermeisten von ihnen bedeutete dies die erste Begegnung mit diesem Land. Eines war bald klar: Wer bereit war, sich in die Gesellschaft zu integrieren und überzeugter »Amerikaner« zu werden, wurde mit offenen Armen aufgenommen. Wer sich den damit verbundenen Anpassungs- und Lernprozessen nicht unterziehen wollte, drohte in ein existenzielles Niemandsland zu fallen.

Einen repräsentativen Anschauungsfall für die ambivalente Gefühlslage der deutschen US-Immigranten liefert der Verleger Gottfried Bermann Fischer, der zuerst aus Wien, dann aus Stockholm flüchtend in die USA kam und dort Erfahrungen machte, die er später in seinen unter dem Titel *Bedroht – bewahrt* erschienenen Erinnerungen plastisch dokumentierte. Im Zuge seiner verlegerischen Neuetablierung mit der L. B. Fischer Corporation 1944 hatte er feststellen müssen, dass die aus Deutschland gewohnte »musterhafte Organisation eines über das ganze Land verbreiteten Sortimentsbuchhandels« in den USA nicht existierte, sondern dass es – abgesehen von vielen kleinen Buchverkaufsständen – nur ein paar hundert reguläre Buchhandlungen gab, die zum Teil auch noch Papierwaren verkauften. »Etwa sechzig Prozent des Gesamtverkaufs an Büchern war in den Händen von zwei oder drei Grossisten (...). Von der Gunst ihrer Einkäufer hing unser Schicksal ab.«[6] Seine daraus resultierende Bangigkeit schilderte Bermann Fischer sehr offen: »Den drei Verlagsvertretern, die die Buchhandlungen im ganzen Land besuchen sollten, saßen wir bei unserer ersten Begegnung verschüchtert gegenüber. Es schien eher so, als ob sie vorhätten, *uns* zu engagieren und nicht umgekehrt. Selten habe ich vor Menschen solche Angst gehabt, wie vor diesen drei smart Americans, die, mit den Hüten auf dem Hinterkopf und der Zigarre im Mund, in schwer verständlichem New Yorker Slang ihre Vorschläge und Forderungen von sich gaben.«[7]

Bemerkenswert ist, dass Bermann Fischer an dieser Stelle seiner Lebenserinnerungen trotzdem und ausdrücklich einem Urteil des deutschen Nationalökonomen Wilhelm Röpke entgegentrat, der in einem Artikel in der *Frankfurter Zeitung* aus der geringen Zahl der Buchhandlungen in Amerika kritische Schlüsse gezogen hatte. Röpke hatte es dort als eine Tatsache angesehen, »dass die ganze, außerordentlich beunruhigende und uns warnende Problematik der Vereinigten Staaten an diesem Pegel des Tiefstandes der Buchkultur abgelesen werden kann.« Der angebliche Tiefstand der Buchkultur als Gradmesser für die grundsätzliche »Problematik der Vereinigten Staaten« – diese Bewertung wollte Bermann Fischer in keiner Hinsicht gelten lassen und setzte zu einer Ehrenrettung an, indem er die »äußere Qualität« der amerikanischen Bücher lobend hervorhob; wenn Röpke darunter »Buchkultur« verstehe, so halte die Ausstattung der amerikanischen Bücher jedem Vergleich mit anderen Ländern stand.[8] In der Tat hatte die Buchgestaltung in den Vereinigten Staaten in den 1920er und 1930er

Jahren, noch vor Ankunft der deutschen Emigranten, einen beachtlich hohen Entwicklungsstand erreicht, wie im Bereich des Schutzumschlags, des »dust jacket«, gezeigt werden kann.

II

Die andersartigen Strukturen und Funktionsweisen des amerikanischen Buchmarktes und das bereits sehr entwickelte Bestsellerwesen wirkten sich auch auf die Praxis der Buchgestaltung aus. Den Büchern mussten ihre guten Absatzchancen gleichsam bereits von außen anzusehen sein, sonst erhielten sie von den Einkäufern der Grossisten erst gar nicht die Chance, sich auf dem Markt zu bewähren. Dazu kam noch ein anderer Umstand: Die Verlage mussten dem Handel nahezu alles mit Remissionsrecht liefern; schlimmstenfalls kam fast die gesamte unverkaufte Auflage wieder zurück an den Verlag. Die Zeitspanne für die Bewährung auf dem Markt war darüber hinaus sehr kurz. Die Neuerscheinungen hatten in den USA damals schon einen vergleichsweise kurzen Lebenszyklus und mussten gerade bei den kleineren Buchverkaufsstellen mit den Zeitschriften-Titelblättern konkurrieren, die ebenfalls die Aufmerksamkeit der Käufer zu erregen suchten. Unter diesen Umständen ist es nachvollziehbar, dass die Verleger dem Schutzumschlag in erster Linie eine klar absatzsteigernde Funktion abverlangten.

Mit Recht wird immer wieder hervorgehoben, wie entscheidend wichtig das Zeitschriftenwesen für die Entwicklung der amerikanischen Buchgestaltungs- und Illustrationskultur gewesen ist.[9] *Harper's Weekly* und *Scribner's Monthly* waren um 1900 in Auflagen von hunderttausenden, ja bis zu einer Million Exemplaren verbreitet und übten entsprechend großen Einfluss auf die ästhetischen Anschauungen des Publikums aus. Dabei handelt es sich nur um zwei der prominentesten Beispiele einer Zeitschriftenszene, die damals fast 6.000 Periodika umfasste. Die drei Jahrzehnte von 1890–1920 werden vielfach als die »goldenen Jahre der amerikanischen Illustration« bezeichnet, aber es waren goldene Jahre nicht der Buchillustration, sondern der Zeitschriftenillustration – freilich mit deutlichen Auswirkungen auf die Gestaltung von Büchern, namentlich auf die Gestaltung der »Book Jackets«.

Einzelne Illustratoren errangen damals enorme Berühmtheit, wie etwa Charles Dana Gibson, der mit Federzeichnungen im Stil des Art Nouveau für die Satirezeitschrift *Life*, für *Scribner's*, *Century* und *Harper's Bazaar* am Anfang des 20. Jahrhunderts rasch zu einem der beliebtesten Illustratoren der USA avancierte. Sein bevorzugtes Thema waren die amerikanischen Frauen des Establishments; er kreierte das weibliche Schönheitsideal der le-

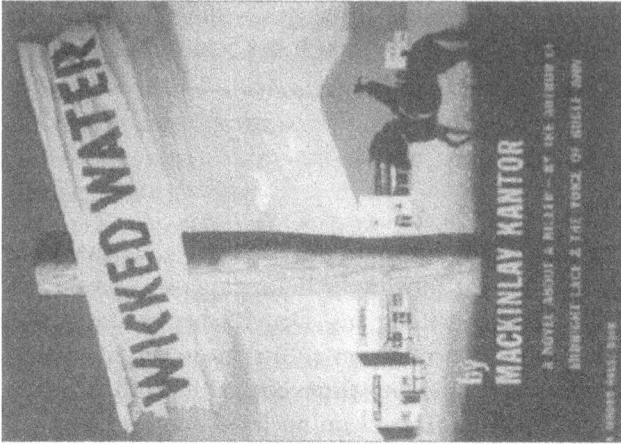

Abb. 3: E. McKnight Kauffer, Schutzumschlag zu M. Kantor: *Wicked Water* (1948)

Abb. 2: Fredric C. Madan, Schutzumschlag zu Edna Ferbers *Cimarron* (1930)

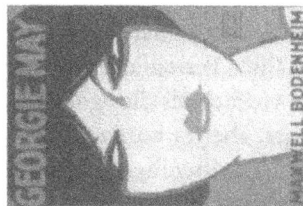

Abb. 1: Vier Schutzumschläge mit Frauenköpfen 1927–1930; links oben von Paul Wenck

Abb. 4: Anonymer Umschlagentwurf zu Charles G. Norris: *Hands* (1930)

gendär gewordenen »Gibson Girls«. An dieses vorgeprägte Erfolgsmuster haben sich auch bedeutende amerikanische Buchdesigner wie Paul Wenck angelehnt (Abb. 1, S. 104). Großen Einfluss hatten auch der Film bzw. das Filmplakat (Abb. 2, S. 104). Eine andere beliebte Linie des Umschlagdesigns ergab sich aus den Western-Motiven, wie sie der ebenfalls bedeutende Buchgestalter Edward McKnight Kauffer bis in die 1950er Jahre hinein verwendet hat (Abb. 3, S. 104); der amerikanische Mythos wurde auch von vielen seiner Kollegen immer wieder beschworen. Historische Romane wurden dem Publikum gelegentlich mit Stilelementen nahe gebracht, die in ihren Heroisierungstendenzen an die Ästhetik totalitärer Systeme erinnern (Abb. 4, S. 105).

Neben die auf den Massenmarkt abgestellten, entschieden plakativen Gestaltungskonzepte traten in den 1930er Jahren verschiedenste Formen modernistischen Buchdesigns, Experimente mit Schrift (Abb. 5, S. 107) ebenso wie zeichnerische Lösungen oder an lateinamerikanische Motivik angelehnte, exotistisch-ornamentale Entwürfe William Addison Dwiggins' (Abb. 6, S. 107), wie sie etwa in der von geschmackvoller Ausstattung geprägten Reihe der Borzoi Books des bedeutenden Verlegers Alfred A. Knopf gefunden werden können. Tatsächlich gewann die Ende der 1920er Jahre ins Leben gerufene Reihe beträchtliche Bedeutung für die Entwicklung des anspruchsvoll gestalteten Gebrauchsbuchs in den USA.[10] Dwiggins gehörte zu den wichtigsten Buchgestaltern der Zeit, wie Knopf insgesamt bestrebt war, für das Design seiner Borzoi Books die fähigsten Leute heranzuziehen. Es fehlte auch nicht an anderen Beispielen dafür, dass die Indienstnahme der »Book-Jacket«-Gestaltung für Zwecke der Absatzsteigerung künstlerische Wirkungen nicht unbedingt verhinderte. Wie in Deutschland übte von den verschiedenen Kunst-Ismen besonders der Konstruktivismus Einfluss auf die Arbeit der Buchdesigner aus (Abb. 7, S. 107). Charakteristisch waren auch die Bestrebungen, auf Schutzumschlägen das Motiv »Schnelligkeit« zu inszenieren (Abb. 8, S. 107). Der Mythos des modernen Amerika war, auch im Selbstverständnis der Amerikaner, ganz klar mit dem Mythos der Geschwindigkeit verbunden.

Solchen vergleichsweise ambitionierten Ansätzen stand als »Normalfall« die buchgestalterische Konfektionsarbeit gegenüber, deren Hauptkennzeichen eine unter Termindruck stehende Fließbandproduktion von Entwürfen und im Ergebnis zumeist die weitgehende Loslösung dieser Entwürfe vom Inhalt des Buches war. Die Buchdesigner arbeiteten in den USA damals überwiegend als »Freelancer« und mussten zum Bestreiten ihres Lebensunterhalts alle Aufträge annehmen, die ihnen angeboten wurden. Selbst ein in diesem Metier erfolgreicher Mann wie Paul Wenck hatte nur selten die Möglichkeit, sich gründlicher mit dem Inhalt der von ihm eingekleideten Bücher auseinander zu setzen, wie das »dust jacket« zu der amerikanischen Ausgabe von Arnold Zweigs *Sergeant-Grischa*-Roman von 1928 erkennen lässt (Abb. 9, S. 108). Diese Rahmenbedingungen gilt es mit zu bedenken, wenn man die Exilbiografie des bedeutendsten deutschen Buch- und Umschlaggestalters in der ersten Hälfte des 20. Jahrhunderts näher betrachtet, die US-Karriere Georg Salters.

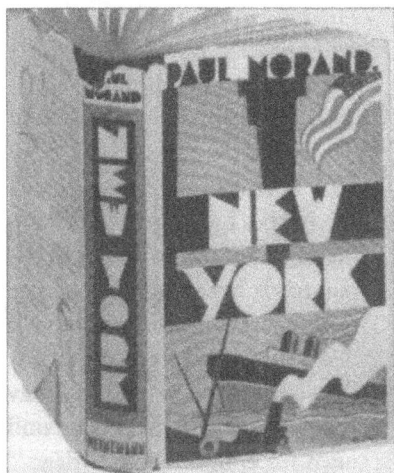

Abb. 5: Joquon Vaquero, Schutzumschlag zu Paul Morand: *New York* (1931)

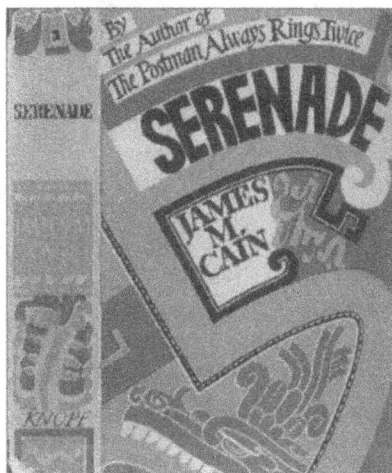

Abb. 6: William Addison Dwiggins, Schutzumschlag zu James M. Cain: *Serenade* (1937)

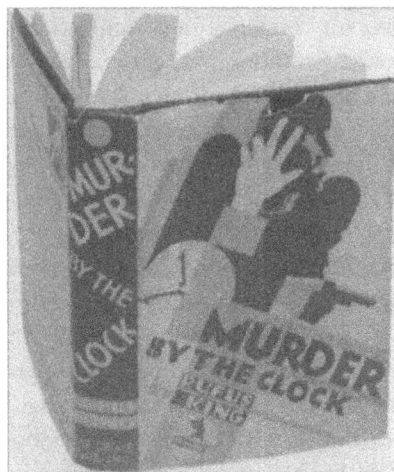

Abb. 7: E. McKnight Kauffer, Schutzumschlag zu Rufus King: *Murder by the Clock* (1929)

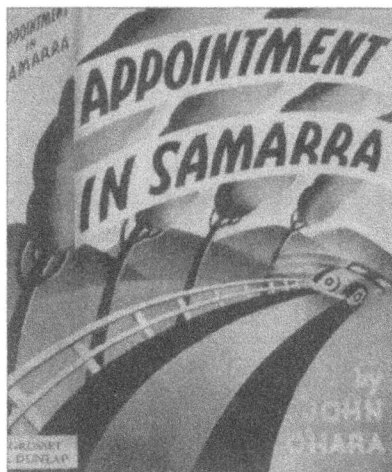

Abb. 8: Alfred Maurer, Schutzumschlag zu John O'Hara: *Appointment in Samarra* (1934)

Abb. 9: Paul Wenck, Schutzumschlag zu Arnold
Zweig: *The Case of Sergeant Grischa* (1928)

III

Als Georg Salter im November 1934 in New York ankam, konnte er bereits auf eine sehr erfolgreiche Laufbahn in Deutschland zurückblicken.[11] 1897 in Bremen geboren, war er anfänglich als Bühnenbildner am Theater tätig gewesen und hat in dieser Eigenschaft rund 100 Inszenierungen ausgestattet. Als Buchgestalter wurde er in den 1920er Jahren in Fachkreisen rasch bekannt durch einige Aufsehen erregende Arbeiten für den Verlag Die Schmiede; außerdem arbeitete er für Gustav Kiepenheuer, für S. Fischer und noch für einige andere Verlage.[12] Einige Arbeiten Salters legen den Gedanken nahe, dass er bestimmte Erfahrungen und Methoden als Theatermaler in die Umschlaggestaltung eingebracht haben könnte. So wird immer wieder die Tendenz zur »Inszenierung« von Büchern hervorgehoben: Plakative Wirkungen, starke Farbkontraste, ein Hang zum Sensationalistischen sind für Salters Umschläge durchaus charakteristisch. Allerdings: Salter hat auch Umschläge und Einbände entworfen, die konservativ, jedenfalls ganz praktisch, sogar bibliotheksgerecht gewesen sind. Er war in dieser Hinsicht ein Funktionalist und hat auf den Verwendungszusammenhang der einzelnen Teile eines Buches Bedacht genommen.

Die hauptsächliche Funktion des Schutzumschlages war für ihn nun eben die, auf das Buch aufmerksam zu machen. Das bekannteste Beispiel dafür stellt Salters Umschlag zu Alfred Döblins *Berlin Alexanderplatz* von 1929 dar, wo die werbende Bebilderung mit einer werbenden Beschriftung kombiniert ist. Aus dem Gestaltungskonzept geht hervor, dass der Künstler sich eingehend mit der Machart des Romantextes und mit dessen Konstruktionsprinzipien befasst hat. Geeignete Beispiele für solche individualisierenden Lösungen finden sich aber auch unter den Entwürfen, in denen sich Salter mit dem Thema Amerika, mit amerikanischen Autoren und Büchern über Amerika auseinander zu setzen hatte. Bei Dos Passos' *Der 42. Breitengrad* (erschienen 1930 bei S. Fischer) erzeugt schon die fast formatsprengende

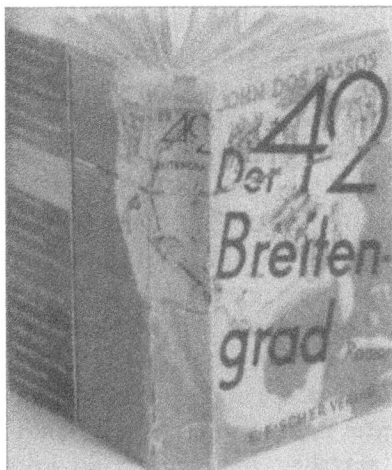

Abb. 10: Georg Salter, Schutzumschlag zu
John Dos Passos: Der 42. Breitengrad
(1930)

Abb. 11: Georg Salter, Schutzumschlag zu
Heinrich Hauser: *Feldwege nach Chicago*
(1931)

Abb. 12: Georg Salter, Schutzumschlag zu
Karl Silex: *John Bull zu Hause* (1930)

Abb. 13: Georg Salter, Schutzumschlag zu
Egon Erwin Kisch: *Paradies Amerika*
(1930)

Titelgröße die Anmutung einer »amerikanischen« Ästhetik; darüber hinaus ist auf der Landkarte des von einem Breitengradbalken überquerten Halb-Kontinents eine Vielzahl amerikaspezifischer Symbole und Attribute abgebildet, Autos und Wolkenkratzer ebenso wie Cowboys, Soldaten oder Boxer (Abb. 10, S. 109). Von demonstrativer Modernität ist die Verknüpfung von Nummerntafel und Schablonenschrift, für die Salter sich bei Heinrich Hausers *Feldwege nach Chicago* entschieden hat (Abb. 11, S. 109). Normalerweise arbeitete er nicht mit der Fotomontage-Technik (Abb. 12, S. 109), wie sie sein Kollege John Heartfield mit so großem Erfolg praktizierte.

Völlig Salter-typisch ist die Rot/Blau-Kombination, wie sie beim Umschlag zu Egon Erwin Kischs *Paradies Amerika* auftritt (Abb. 13, S. 109). Einmal mehr wird Amerika durch eine (schattierte) Schablonenschrift inszeniert. Sie ist nur ein Beispiel für das breite Repertoire von Salters Schriftlösungen, typografischen, gezeichneten, gemalten, mit denen er für jedes Buch ein eigenes Gestaltungskonzept suchte. Ebenso gehörte es zur Eigenart seiner Arbeitsweise, dass er gern von unterschiedlichen Techniken Gebrauch machte, von der Schreibfeder und vom Pinsel ebenso wie vom Reißbrett oder vom Setzkasten. Daraus erklärt sich auch, dass in seinem Œuvre laute und emotionalisierende Entwürfe neben feinfühlig nuancierten stehen. Zuweilen hat Salter weniger die Individualität des Buches, sondern die unterschiedlichen Zielgruppen der Verlage berücksichtigt, für die er tätig gewesen ist – übrigens durchgehend ohne feste Bindung an einen Verlag, also bereits im Sinne eines »Freelancers«.

Einen seiner berühmtesten Entwürfe lieferte er zur Neuauflage von Bernhard Kellermanns futuristischem Roman *Der Tunnel* von 1931 (Abb. 14, S. 111). Futuristisch (im Sinne Marinettis) ist hier vor allem die Dynamik, das rasende Tempo, mit dem der Zug durch den Tunnel bzw. durch das Bild fährt. Auch sonst weist manches darauf hin, dass Salter bereits in Deutschland ein Verständnis von der Aufgabe des Schutzumschlags entwickelt hat, das auch in den USA Anklang gefunden hätte. In der Tat fielen für ihn bereits in den 1920er Jahren beim Schutzumschlag künstlerische Gestaltungsaufgabe und kommerzielle Funktion zusammen; den wesentlichsten Effekt des Umschlages sah er in der »Herbeiführung des Kaufentschlusses«. Diese »heroische Lebensaufgabe des Schutzumschlags« (so soll Salter sich gegenüber Georg Kurt Schauer geäußert haben[13]) sah er als eine zeitlich begrenzte an, denn üblicherweise wurde damals der Umschlag, dessen Hauptaufgabe mit dem Kauf des Buches erfüllt und meist schon beendet war, spätestens nach der ersten Lektüre weggeworfen. Dass Salter mit seiner Auffassung vom Umschlag als dem wichtigsten Werbemittel für das Buch und als Verkaufshilfe für den Buchhändler keineswegs die uneingeschränkte Zustimmung seiner Fachkollegen gefunden hat, überrascht nicht; diesen erschienen seine Entwürfe vielfach als zu marktschreierisch.

Abb. 14: Georg Salter, Schutzumschlag zu Bernhard Kellermann: *Der Tunnel* (1931)

Nachdem Salter 1933/34 aus seiner Tätigkeit als Lehrer an der Abteilung für angewandte Graphik an der Höheren Graphischen Fachschule in Berlin hinaus gedrängt worden war, entschloss er sich zur Emigration in die USA.[14] Obwohl er bei seiner Ankunft Ende 1934 gerade zehn Worte Englisch gesprochen haben soll, gelang ihm mit Hilfe seines jüngeren Bruders Stefan, der bereits 1930 in die USA ausgewandert war, eine rasche Etablierung in New York. Stefan las für ihn die englischsprachigen Bücher, die er ausstatten sollte, und gab ihm zum Buchinhalt einen zusammenfassenden Bericht, der ausreichte, um ein titelbezogenes Design zu ermöglichen. Georg Salter (in den USA auch George Salter) war zunächst beim renommierten Buchherstellungsbetrieb Wolff angestellt; außerdem gestaltete er 1935/36 für die amerikanische Regierung sechs Propagandabücher der Foreign Policy Association.[15] Seit 1937 war er als Freelancer mit Buchausstattungen, Umschlagentwürfen und Illustrationen für deutsche Exilverlage wie die L.B. Fischer Corporation oder Alliance Book Corporation tätig, sehr bald jedoch auch für bekannte US-Verlage wie Random House oder Little Brown. Die engste Verbindung aber ergab sich mit Alfred A. Knopf, dem Inhaber des führenden Publikumsverlags jener Zeit, für dessen schon erwähntes Label Borzoi Books er eine Reihe von Titeln gestaltete. Salter dürfte insgesamt in den USA Umschläge für weitaus mehr als 300 mass market trade books entworfen haben;[16] Aussagen amerikanischer Verleger zufolge soll jedes Buch mit einem Salter-Schutzumschlag eine Verkaufsauflage von mehr als 20.000 Exemplaren erreicht haben.[17]

Aber nicht nur von den amerikanischen Verlagshäusern wurde der Immigrant mit offenen Armen aufgenommen, sondern auch vom Kollegenkreis. Als 1939, wenige Jahre nach seiner Ankunft, das buchgestalterische Werk des Emigranten in einer New Yorker Galerie präsentiert wurde, erschien aus diesem Anlass in *Publishers Weekly* ein Artikel von Sidney R. Jacobs, damals Hersteller beim Verlag Alfred A. Knopf. [18] Jacobs hob die Vielseitigkeit Salters hervor; als (bis dahin) wahrscheinlich beste seiner Arbeiten kennzeichnete Jacobs Ausstattung und Illustration zu Franz Kafkas *Der Prozess* (Abb. 15, S. 113). Salter hatte hier die Gesamtgestaltung übernommen, neben Umschlag, Einband und Typografie auch die Textillustrationen, die im Stil des Umschlags gehalten waren. Die einfühlsame Arbeit lässt sich als Versuch interpretieren, Spezifika und Traditionen der deutschen oder europäischen Buchgestaltung in den USA stärker zur Geltung zu bringen. Zu diesen Spezifika gehörten vor allem eine tiefer gehende Auseinandersetzung mit dem Buchinhalt sowie der Mut zu subtiler Bildwirkung: das Licht, die Lasierungstechnik, die nicht gezeichneten oder gemalten, sondern im Grunde ausgesparten Figuren, die den Angeklagten K. bedrängen – das war nun in der Tat das Gegenteil des »knalligen« Designs der 1920er Jahre. Ebenso verrät die von Knopf herausgebrachte und vom Book-of-the-Month Klub ausgewählte, daher in hoher Auflage erschienene Ausgabe von Thomas Manns *Faustus*-Roman eine intensive Befassung mit dem Text; das den Umschlag beherrschende, komplexe alchimistische Dingsymbol stellt eine intellektuelle Herausforderung für den Betrachter dar, wie sie auf dem amerikanischen Buchmarkt eher selten gewagt worden sein dürfte (Abb. 16, S. 113). Und als ein weiterer Beleg für diese Linie kann die tiefe Symbolik und zurückhaltende Optik des aus späterer Zeit stammenden Entwurfs zur amerikanischen Ausgabe des *Unauslöschlichen Siegels* von Elisabeth Langgässer herangezogen werden (Abb. 17, S. 113). Sicherlich war Salter gerade bei Werken der europäischen Literatur um eine ebenso europäische Präsentationsform bemüht. Aber auch bei amerikanischen Themen und Autoren war er bestrebt, eine Differenziertheit der Darstellung zu realisieren, die über den US-Standard hinausging. Im Umschlag zu John Dos Passos' *Manhattan Transfer* wird eine Szenerie in Manhattan nicht einfach abgebildet, sondern – wenn auch nur angedeutet – aus der besonderen Perspektive eines Fensterblicks gezeigt und damit auf subtile Weise subjektiviert (Abb. 18, S. 113).

Aus solchen Beispielen wird deutlich, dass Salter zwar seinen schon vor 1933 entwickelten Modernismus erfolgreich in seine Arbeit in den USA einbringen und dort auch weiter entwickeln konnte (z. B. im Rahmen der Airbrush-Technik, auf die er sich zeitweise spezialisiert hat), dass er sich aber auch ganz gezielt europäischer Tugenden erinnert hat. In dieses Bild passen übrigens noch andere Aktivitäten, etwa seine maßgebliche Rolle bei der 1947 erfolgten Gründung der Book Jacket Designer's Guild, die sich

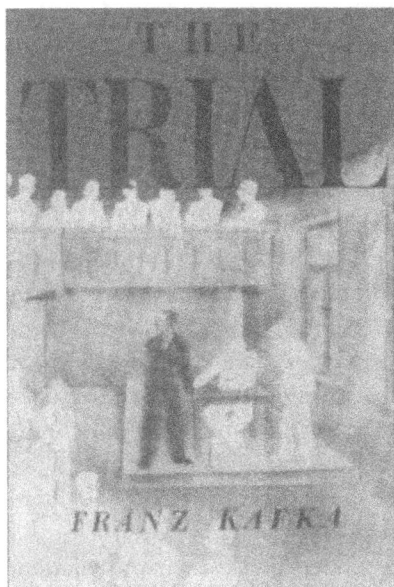

Abb. 15: Georg Salter, Schutzumschlag zu
Franz Kafka: *The Trial* (1937)

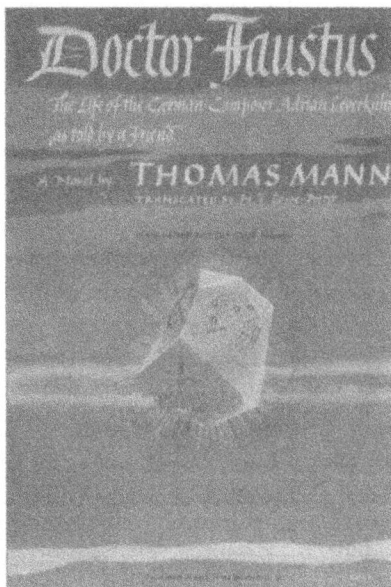

Abb. 16: Georg Salter, Schutzumschlag zu
Thomas Mann: *Doctor Faustus* (A. Knopf,
1948)

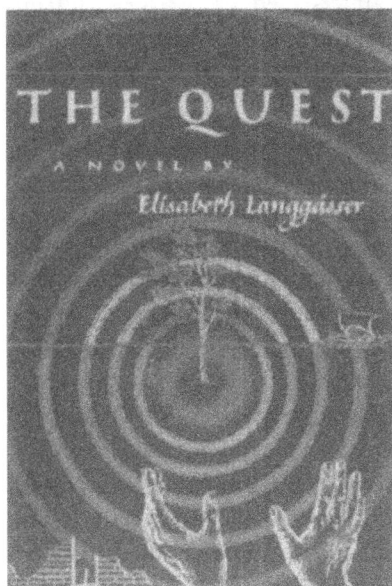

Abb. 17: Georg Salter, Schutzumschlag zu
Elisabeth Langgässer: *The Quest* (1953)

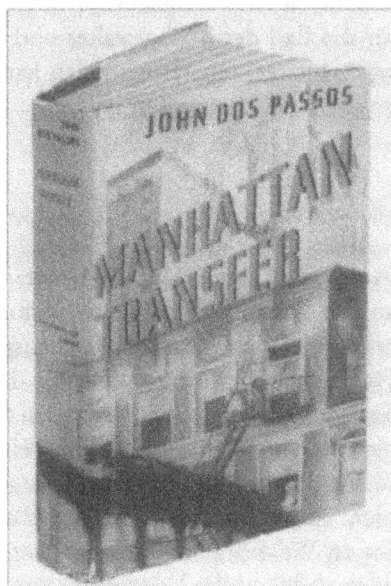

Abb. 18: Georg Salter, Schutzumschlag zu
John Dos Passos: *Manhattan Transfer*
(1946)

die Hebung der Design-Standards zur Aufgabe machte und für die er bezeichnenderweise einen »Code of Ethics« formulierte. Als Juror beim Wettbewerb der 50 schönsten Bücher hat Salter viele Jahre lang seine ästhetischen Maßstäbe propagiert, nachdem zuvor eine beträchtliche Zahl von
ihm gestalteter Bücher prämiert worden war.

Als 1964 Paul A. Bennett, wieder in *Publishers Weekly*, einen Artikel über
George Salter veröffentlichte, charakterisierte er diesen »top-flight book designer« als einen »commercial artist«, als einen, der zugleich »thinking pro-
fessional« und »graphic artist of distinction« sei.[19] Besonders hervorgehoben
wird in dem Artikel Salters engagierte Tätigkeit als Lehrer, vor allem an der
New Yorker Cooper Union Art School, wo er 30 Jahre lang jeweils einen
Tag in der Woche Buchillustration, Buchgestaltung, Kalligrafie und Typografie unterrichtet hat. Auf diese Weise habe er, so Bennett, die »Salter phi-
losophy of book design and typography« vermitteln und über seine Schüler
einen nicht unbeträchtlichen Einfluss auf die Weiterentwicklung des amerikanischen Buchdesigns gewinnen können.

Salter verkörperte ohne Zweifel eine besonders glückliche Konstellation;
er brachte beste Voraussetzungen mit, um seine Karriere in den Vereinigten
Staaten erfolgreich weiterführen zu können, neben dem Verständnis für
ökonomische Zusammenhänge auch technische Aufgeschlossenheit und
Neugierde gegenüber einer Buchkultur, die sich in entscheidenden Punkten von der aus Deutschland vertrauten unterschied. Dass seine Laufbahn
für das Exil der Buchgestalter und Buchkünstler in US-Amerika nicht als
repräsentativ angesehen werden kann, geht aus einem Blick auf die Gruppe der Buchillustratoren hervor.

IV

In den USA hatte sich, wie bereits erwähnt, der Illustrationsstil lange Zeit
an den Erfordernissen des explosionsartig vermehrten Zeitschriftenwesens
orientiert; auch waren die Buchausgaben der in den Blättern abgedruckten
Fortsetzungsromane zumeist mit den gleichen, von Pressezeichnern ange-
fertigten Illustrationen erschienen.[20] In die ausgehenden 1920er und beginnenden 1930er Jahre fiel nun eine Phase der Neuorientierung der amerikanischen Buchgestaltung; teils schon unter Einfluss der europäischen,
nicht zuletzt auch der deutschen Buchkultur, zu der sich bereits nach dem
Ersten Weltkrieg Beziehungen hergestellt hatten, bildete sich damals ein
neues, bibliophiles Verständnis von der Funktion der Buchillustration aus.
Wesentliche Impulse kamen von Elmer Adler und seinen 1922 gegründeten Pynson Printers; die von Elmer Adler 1928 gedruckte *Candide*-Aus-
gabe, illustriert von Rockwell Kent, gilt als »erster großer Markstein der

Abb. 19: Rockwell Kent, Illustrationen zu Melvilles *Moby Dick* (1930)

neueren amerikanischen Illustrationsgeschichte«.[21] Rockwell Kent wird heute als der bedeutendste amerikanische Buchillustrator der 1930er Jahre angesehen, als ein Künstlergenie. Wenn 1930 seine Arbeiten zu Melvilles *Moby Dick* in den Vereinigten Staaten als maßstabsetzende Leistung galten (Abb. 19), so handelte es sich allerdings um Maßstäbe, denen viele der zeitgleich in Deutschland tätigen Kollegen ohne weiteres genügten oder die sie oft deutlich übertrafen.

Im gleichen Jahr 1930 erschien in New York auch eine Ausgabe von Molières *Tartuffe*, mit Lithografien von Hugo Steiner-Prag, einem der herausragenden Exponenten der deutschen Buchkunstbewegung im ersten Drittel des 20. Jahrhunderts (Abb. 20, S. 116). Bemerkenswert an diesem Faktum ist vor allem der Erscheinungsort, der Limited Editions Club. Seit den ausgehenden 1920er Jahren ergaben sich ganz neue Perspektiven für das bibliophile Buch in den Vereinigten Staaten. Ein erste Markierung setzte die 1928 erfolgte Gründung der Peter Pauper Press von Edna und Peter Beilenson, vor allem aber der 1929 von George Macy errichtete Limited Editions Club, der der amerikanischen Buchkunst und Buchkultur ohne Zweifel die größten Impulse verliehen hat, zusammen mit seinem Ableger, der Heritage Press.[22] Beim Limited Editions Club handelte sich um eine Art bibliophile Buchgemeinschaft: Seine Luxusausgaben (meist 1.500 Exemplare) waren erhältlich nur für Klubmitglieder, die einen hohen Jahresbeitrag zahlten, während die Heritage Press für die zeitweise mehr als

Abb. 20: Hugo Steiner-Prag, Illustration zu Molières *Tartuffe* (1930)

10.000 Mitglieder des Heritage Clubs weniger aufwändige, preisgünstige Ausgaben herausbrachte, daneben auch Buchhandelsausgaben (meist ohne Originalgrafiken). Das Bemühen, den amerikanischen Buchliebhabern zeitgenössische internationale bzw. deutsche Buchillustration nahe zu bringen, stieß allerdings nicht immer auf die erhoffte Resonanz. Zu Steiner-Prags Tartuffe-Lithografien bemerkte George Macy im Rückblick 1959: »This is one of the ten finest books we have ever issued to our members, yet it is one of the ten last popular. O tempora, o mores.«[23]

Nach 1933 verstärkte sich der Transfer illustrationskünstlerischen Know-hows von Deutschland in die USA jedoch ganz gewaltig. Aus der im Lauf der Jahre beachtlich anwachsenden Gruppe der Immigranten seien einige herausragende Beispiele genannt, so etwa Fritz Eichenberg, der im Oktober 1933 als einer der ersten in New York angekommen war.[24] Der Meisterschüler Steiner-Prags sollte nachfolgend sehr schnell zu einem der produktivsten und meistbeachteten Illustrationskünstler in den USA werden. Nach anfänglichen Problemen konnte er durch nähere Bekanntschaft mit Beilenson und Macy die Integrationsprobleme der Anfangszeit überwinden und für den Limited Editions Club und die Heritage Press, aber auch für zahlreiche andere Verlage Illustrationsaufträge erfüllen. Aus seinen atmosphärisch dichten Gestaltungen ragen Dostojewskis *Crime and Punishment* (Abb. 21, S. 117) oder Edgar Allan Poes *Erzählungen* heraus, ebenso beachtenswert sind aber auch seine Illustrationen zu Tolstoi, Swift oder Goethe. Aufgrund seiner jahrzehntelangen Lehrtätigkeit an insgesamt fünf Schulen und Universitäten wurde er 1973 als »Outstanding Educator in America« ausgezeichnet. Jahrzehntelang betätigte er sich als inoffizieller Berater des Limited Editions Club, ja sogar als Berater der amerikanischen Regierung in Kulturangelegenheiten.

Fritz Kredel kam erst 1938 als ein bereits etablierter Künstler in die USA; er entstammte der Offenbacher Schule um Rudolf Koch, mit dem er viele

Abb. 21: Fritz Eichenberg, Illustration zu Dostojewsky: *Crime und Punishment* (1938)

Abb. 22: Fritz Kredel, Illustrationen zu *Aesop's Fables* (1947)

Abb. 23: Josef Scharl, Illustration zu *Grimm's Fairy Tales* (Pantheon Books, 1944)

Jahre lang zusammengearbeitet hatte.[25] Dabei konnte er an seine bereits seit 1930 bestehenden Beziehungen etwa zum Limited Editions Club anknüpfen, und so entstanden für diesen bibliophilen Buchklub sowie für die Heritage Press und die Pauper Press alsbald zahlreiche Illustrationsarbeiten, von denen jene zu Boccaccios *Dekamerone* und Voltaires *Candide*, zu Werken Charles Dickens' oder zu den Märchen Hans Christian Andersens Hervorhebung verdienen. Fritz Kredel gehörte außerdem zu den beliebtesten Kinder- und Jugendbuchkünstlern Amerikas (Abb. 22, S.117). Sein Gesamtœuvre wird auf annähernd 400 illustrierte oder (mit)gestaltete Bücher geschätzt, wobei drei Viertel davon in den USA erschienen sind.[26] Weitere Beispiele bedeutender immigrierter Buchillustratoren waren Josef Scharl und Richard Lindner. Scharl trug mit Illustrationen maßgeblich dazu bei, dass Kurt Wolffs Pantheon-Verlag mit einer amerikanischen Ausgabe der Grimm'schen Märchen einen wichtigen Absatzerfolg landen konnte (Abb. 23, S.117).[27] Für den vielseitig begabten Richard Lindner blieb die Buchillustration dagegen ein Durchgangsstadium; er wurde später einer der erfolgreichsten Pop-Art-Künstler Amerikas.[28] Wie unterschiedlich die E.T.A. Hoffmann-Atmosphäre interpretiert und ins Bild gesetzt werden kann, zeigt der direkte Vergleich mit Hugo Steiner-Prag (Abb. 24 und 25, S.119). Dieser war 1941 aus Schweden kommend über Finnland, die Sowjetunion und Japan nach New York gelangt und konnte als international bekannter Buchgestalter sofort eine Lehrtätigkeit an der Division of Graphic Arts der New York University aufnehmen. Für den Limited Editions Club vollbrachte er mit *The Tales of Hoffmann* 1943 noch einmal (er starb 1945) eine bemerkenswerte Illustrationsleistung (Abb. 25, S.119).

Genauere Betrachtung verdient das Exilschicksal des 1937 in die USA gelangten Holzschneiders Hans Alexander Müller. Müller, 1888 in Nordhausen zur Welt gekommen, hatte an der Leipziger Akademie für Graphische Künste und Buchgewerbe bei Walter Tiemann studiert und war dort seit 1923 als Leiter der Meisterklasse für Holzschnitt, seit 1924 als Professor tätig. Er hat sich mit unterschiedlichen graphischen Techniken (auch Linolschnitt, Radierung, Lithografie) auseinander gesetzt, die größte Meisterschaft hat er aber in Holzschnitt und Holzstich erreicht, auf die er sich, unter unbedingter Verfolgung des Prinzips der Materialgerechtigkeit, seit Mitte der 1920er Jahre konzentriert hatte (Abb. 26, S.120).

Nach dem Urteil von Freunden und Zeitgenossen repräsentierte Müller eine komplexe Persönlichkeit, »eher skeptisch als verbindlich«, reserviert, aber in einmal geknüpften Verbindungen bedingungslos loyal; sein Charakter sei von Ehrlichkeit, Sachlichkeit und absoluter Integrität gekennzeichnet gewesen, als Lehrer habe er streng und gerecht gehandelt, dabei »ohne Dünkel und jedwede Pose«.[29] Müller habe – so Hellmuth Weissenborn, sein nach England emigrierter Kollege – stets hohe Maßstäbe ange-

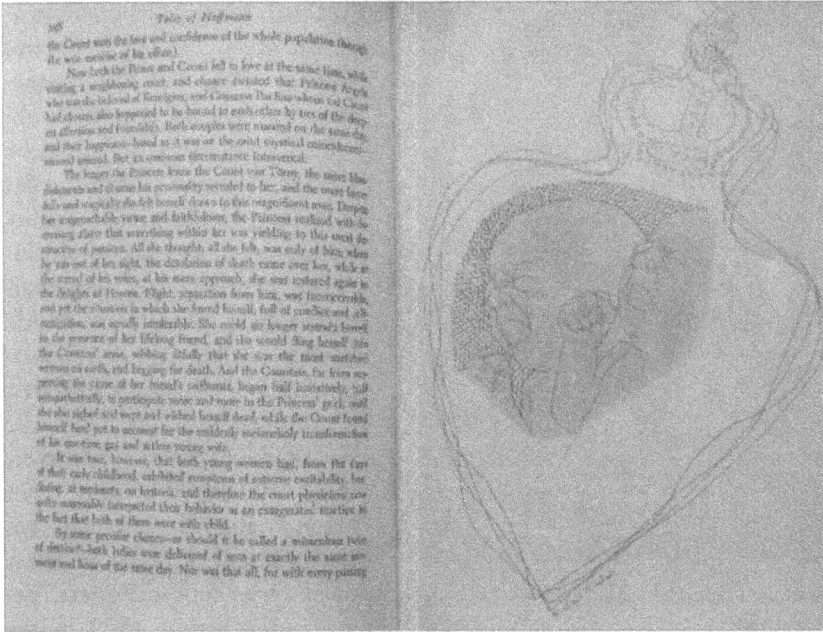

Abb. 24: Richard Lindner, Illustration zu *Tales of Hoffmann* (1946)

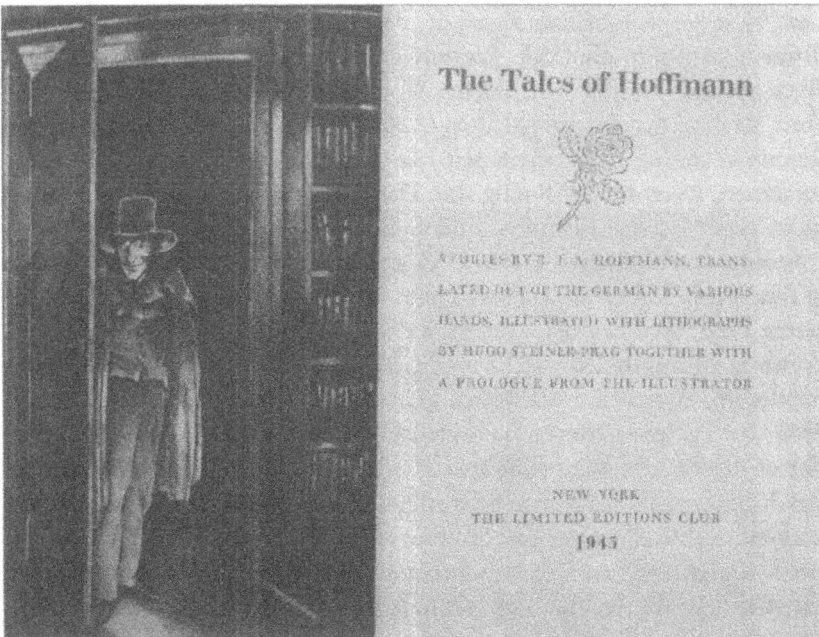

Abb. 25: Hugo Steiner-Prag, Illustrationen zu *The Tales of Hoffmann* (1943)

Abb. 26: Hans Alexander Müller, Selbstporträt (um 1950)

legt, sich selbst gegenüber ebenso wie gegenüber den Schülern; »dilettantische Verblüffungsmethoden« habe er ebenso verabscheut wie »sensationalistische Effekthascherei«.[30] Aufgrund der jüdischen Herkunft seiner Ehefrau, aber auch seiner oppositionellen Haltung dem Nationalsozialismus gegenüber wurde Müllers Stellung an der Akademie nach 1933 immer prekärer, bis ihm schließlich 1937 die Verlängerung seines Dienstvertrags verweigert wurde. Sein Freund Rudolf Littauer, ein Rechtsanwalt, inzwischen selbst nach New York emigriert, gewann den bereits 1929 in die USA ausgewanderten deutschen Buchwissenschaftler Hellmut Lehmann-Haupt dafür, eine Ausstellung mit Arbeiten Müllers zu veranstalten und den Künstler zur Eröffnung einzuladen.[31] Die Ausstellung kam zustande, im März 1937 kam Müller mit einem Touristenvisum in die USA, und erhielt später dort ein Dauervisum. Den Blick aus dem Fenster seiner ersten Wohnung in New York hat Müller auf einer Weihnachtskarte festgehalten (Abb. 27, S. 121). Seine Lehraktivitäten konnte er in den USA bereits seit Mai 1938 an der Columbia University fortsetzen, wo er bis 1958 tätig war. Daneben nahm er weitere Lehraufträge an verschiedenen Instituten und Colleges wahr.

Seine erste Publikation in den USA war ein schmales Bändchen *Woodcuts of New York. Pages from a Diary* (Abb. 28, S. 121), mit dem Müller seine ersten Eindrücke von der »Neuen Welt« künstlerisch aufarbeitete. Ein expressiver Realismus kennzeichnet seinen gemäßigt modernen Stil. 1939 trat Müller mit einem eindrucksvollen Lehrwerk *Woodcuts & Wood Engravings. How I make them* hervor, in welchem er sein handwerkliches Können demonstrierte und seine Arbeitsweise offen legte (Abb. 29, S. 121). Indem das Mappenwerk vor allem Beispielblätter aus seinem früheren Schaffen enthielt, repräsentierte es eine Summe seines bisherigen Schaffens bzw. seiner künstlerischen und technischen Grundsätze. Besonders eindrucksvoll dargestellt ist die Technik des Farbholzschnitts, dem Müller immer schon besonders plastische Wirkungen abzugewinnen wusste und den er in den USA zu noch größerer Perfektion trieb (Abb. 30, S. 122). Georg Macy be-

Abb. 29: Hans Alexander Müller: *Woodcuts and Wood-engravings. How I make them* (1939)

Abb. 28: Hans Alexander Müller: *Woodcuts of New York* (1938)

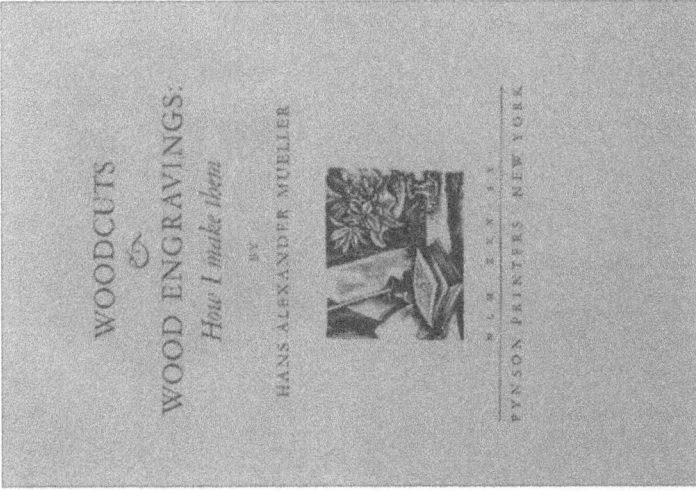

Abb. 27: Hans Alexander Müller: Weihnachtskarte, New York (1937)

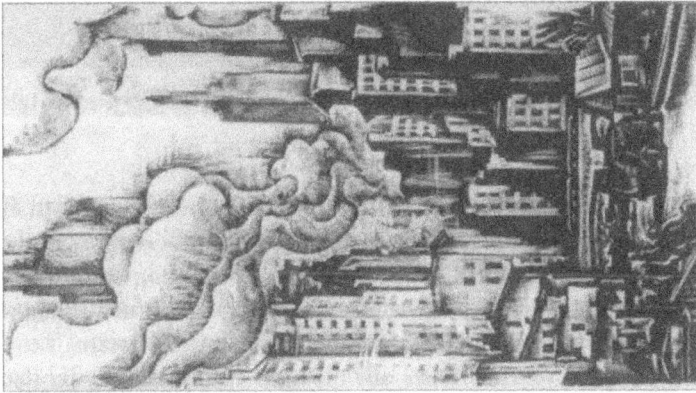

Abb. 30: Hans Alexander Müller, Illustrationen zu Cervantes' *Don Quixote* (1941; Buchgestaltung: Georg Salter)

merkte in der zum 25-jährigen Gründungsjubiläum erschienenen Bibliografie der Limited-Edition-Ausgaben hierzu: »No wood-engraver who ever
lived can evoke a series of blocks of wood the delighting combinations of
color which Hans Mueller evokes. His wood engravings for Kidnapped are
the most beautiful wood-engravings, in color, I have ever seen.«[32]
    In der Tat verkörperte Müller auf höchster Stufe das für die deutsche
Buchgrafik kennzeichnende Ineinandergreifen von technischer Fachkom-
petenz und künstlerischer Aussage als der entscheidenden Voraussetzung
für qualitativ hochwertige Buchillustration. Trotzdem erhielt er in den folgenden Jahren nur noch selten Aufträge. Dass er mit seinen Arbeiten den
gängigen Publikumsgeschmack nicht bedienen konnte, war ihm selbst
schmerzlich bewusst. 1950 schrieb er an einen Freund: »Ich habe hier in
13 Jahren 25 Bücher illustriert, teilweise nicht veröffentlicht wegen
schlechter Geschäftslage. Ich kann nicht sagen dass ich in irgendeiner Weise Fuss gefasst hätte, dazu habe ich zu lange als Europäer gelebt. Amerika
trifft also kein Vorwurf. Kunst an sich ›geht‹ hier nicht. Der Begriff ›gut‹ ist
eng verbunden mit Conjunktur und Geschäft. Bibliophilie ist selten. Für
meine eigene künstlerische Arbeit ist ganz wenig Bedarf.«[33] Müller ist 1962
auf seinem kleinen Landsitz in Connecticut gestorben.
    Das Spektrum an unterschiedlichen Erfahrungen komplettiert das Exem-
pel George Grosz, dessen Schicksal immer wieder als Beispiel für das Schei-

Abb. 31: George Grosz, Illustrationen zu
Ben Hecht: *1001 Afternoons in New York*
(1941)

Abb. 32: George Grosz, Illustrationen zu
Sidney S. Baron: *One Whirl* (1944)

tern im Exil beschrieben wird.[34] Im Unterschied zu Hans Alexander Müller,
der unbeirrt seinen Weg ging und Erfolglosigkeit dafür in Kauf nahm, wurde George Grosz das Opfer einer allzu weit gehenden künstlerischen An-
passungsbereitschaft. Diesen Fehler hat er in seinen Lebenserinnerungen
Ein kleines Ja und ein großes Nein (erschienen 1955) rückblickend selbst er-
kannt und eingestanden; im Kapitel »Wie ich ein amerikanischer Buchillustrator werden wollte« heißt es dazu: »Da ich mich ganz und gar assimilieren
wollte, drängte ich alles, was mir an mir selbst zu groszig war (…) zu teuto-
nisch schien, geziemend zurück. Das heißt (…) bewusste Abkehr von An-
archie, Nihilismus und jenes Anders sein-als-die anderen (…). Niemand zu
Leide, allen zur Freude – das wurde nun mein Wahlspruch (…). Die zweite Regel: (…) alles schön finden (…). Daraus folgte zwangsläufig meine Be-
wunderung der großen pragmatischen Normalität. Ja, ein Illustrator im typisch oberflächlich amerikanischen Sinn wäre ich gern geworden (…).«[35]
Tatsächlich wirken fast alle Arbeiten, die unter diesem Vorsatz entstanden
waren, unoriginell und lassen auf eine tief greifende Verunsicherung
schließen; mit dem Verlust seiner satirischen Schärfe hatte Grosz auch seine
individuelle künstlerische Handschrift verloren. Grosz war demgemäß mit
wenig Erfolg für *Esquire* und andere Zeitschriften tätig; auch seine Buchil-
lustrationen wie jene zu Ben Hechts *1001 Afternoons in New York* (Abb. 31)
oder Sidney S. Barons *One Whirl* (Abb. 32) fanden nur bedingt Anklang.

Vergleiche mit seinen Berliner Arbeiten lassen erkennen, dass Grosz jetzt die Angst vor dem schöpferischen Versagen im Nacken saß, eine Angst, die zur Flucht ins Detail führte; die Bilder erscheinen nunmehr überfüllt, nur noch in Bruchstücken blitzt die satirische Charakterisierungsbegabung auf, die Grosz in den 1920er Jahren zur Verfügung gestanden hat, um das Gesicht der herrschenden und auch der unterdrückten Klasse zu zeichnen. Grosz hat auf diese Weise in der Tat »keinen Platz im amerikanischen Kunstleben finden« können; dass er nach seiner Emigration bis zu seinem Tod, also 26 Jahre lang, »nichts Erwähnenswertes mehr« geschaffen habe, ist allerdings ein sehr hartes Urteil.[36] Immerhin zeigt der Fall Grosz in aller Deutlichkeit die Gefahren auf, die mit dem erzwungenen Wechsel in eine fremde gesellschaftliche Umgebung und in eine Welt, die neue, andersartige Anforderungen an den Künstler stellte, verbunden gewesen sind.

Drei Schicksale, drei unterschiedliche Erfahrungsmuster in der Fremde des amerikanischen Exils: die Rückwendung zu europäischen Wurzeln, ein Sich-Treu-Bleiben, und die problematische Überanpassung. In jedem Falle haben die emigrierten Buchkünstler in den USA Spuren hinterlassen. Auch wenn die Frage der Einwirkung der deutschen Emigranten auf diese amerikanische Buchkultur heute kontrovers diskutiert wird, weil sich diese Spuren inzwischen schon wieder zu verlieren scheinen, so wird gerade von Augenzeugen der Entwicklung die Rolle und Bedeutung der nach 1933 in die USA gelangten Buchgestalter doch gewürdigt. John Tebbel, der Verfasser der monumentalen, mehrbändigen *History of Book Publishing in the United States*, war es, der in dieser Emigration eine bemerkenswerte »infusion of new talent in [book] design and production« gesehen hat[37] – ein Befund, der auch vor kritischem Blick Bestand hat.

1 Vgl. zum Folgenden Anton Kaes (Hg.): *Weimarer Republik. Manifeste und Dokumente zur deutschen Literatur 1918–1933.* Stuttgart 1983, S. 265–286. — **2** Vgl. dazu Rudolf Kayser: »Amerikanismus«. In: *Vossische Zeitung* Nr. 458 v. 27.9.1925, zit. n. Kaes: *Weimarer Republik* (s. Anm. 1), S. 265–267. — **3** Stefan Zweig: »Die Monotonisierung der Welt«. In: *Berliner Börsen-Courier* Nr. 53 v. 1.2.1925, zit. n. Kaes: *Weimarer Republik* (s. Anm. 1), S. 270. — **4** Zit. n. ebd., S. 291. — **5** Joseph Roth: »Amerikanismus im Literaturbetrieb«. In: *Frankfurter Zeitung*, Literaturblatt Nr. 5 v. 29. Januar 1928, zit. n. Kaes: *Weimarer Republik* (s. Anm. 1), S. 292. Allerdings bemerkte Roth auch einen umgekehrten Trend: »Amerika europäisiert sich bewußt, mittels Kunstgewerbe und Eifer.« — **6** Gottfried Bermann Fischer: *Bedroht – bewahrt. Weg eines Verlegers.* Frankfurt/M. 1967, S. 234. — **7** Ebd., S. 232. — **8** Vgl. ebd., S. 234 f. — **9** Vgl. zum Folgenden Steven Heller, Seymour Chwast: *Jackets required. An illustrated history of American book jacket design, 1920–1950.* San Francisco 1995; ferner auch Ronald Salter: »Amerikanische Buchillustration im 20. Jahrhundert. Ein summarischer Überblick«. In: *Illustration 63*, Jg. 31, H. 2, 1994, S. 43–50, hier S. 43. — **10** Zum Verlag Alfred A. Knopf s. auch den Beitrag von Jörg Thunecke in diesem Band. — **11** Zu G. Salter vgl. Jürgen Holstein: *Georg Salter. Bucheinbände und Schutzumschläge aus Berliner Zeit 1922–1934.* Berlin (2003); Georg Kurt Schauer: »Georg Salter und die jüngste Phase des Schutzumschlags«. In: *Archiv für Geschichte des Buchwesens* 1 (1958), S. 608–615; ders.: »Der Schriftmann George Salter«. In: *Der Druckspiegel* 12 (1957), S. 516–525. — **12** Vgl. Wilhelm Haefs: »Ästhetische Aspekte des Gebrauchsbuchs in der Weimarer Republik«. In: *Leipziger Jahrbuch zur Buchgeschichte* 6 (1996), S. 353–382; bes. S. 362–370. — **13** Vgl. Schauer: »Georg Salter und die jüngste Phase des Schutzumschlags« (s. Anm. 11). — **14** Vgl. zum Folgenden *Buchgestaltung im Exil 1933–1950.* Eine Ausstellung des deutschen Exilarchivs 1933–1945 Der deutschen Bibliothek. Ausstellung und Begleitbuch: Ernst Fischer unter Mitwirkung von Brita Eckert und Mechthild Hahner. Wiesbaden 2003, Kap.: Zwischen politischer Propaganda und Kaufanreiz: Der Schutzumschlag, S. 100–112. — **15** Vgl. Claire Hoertz Badaracco: »George Salter's Book Jacket Designs, 1925–1940«. In: *Design Issues* 17 (2001), No. 3, S. 40–48. Vgl. S. 43: »When George Salter arrived in the US, propaganda design was easy to pick up: the language was plain, the purpose simple, and the genre something that pervaded public culture.« — **16** Nach anderen Angaben waren es sogar rund 1.000 Umschlagentwürfe im amerikanischen Exil; vgl. hierzu Anm. 2 im Beitrag von Jörg Thunecke in diesem Band. — **17** Vgl. Hoertz Badaracco: »George Salter's Book Jacket Designs« (s. Anm. 15), S. 47. — **18** Vgl. Sidney R. Jacobs: »George Salter. A profile«. In: *Publishers Weekly* v. 3.6.1939, S. 2053–2056. Der Artikel erschien in der Anlage »Bookmaking. News and Views for Those Interested in the Production of Better Books«. — **19** Paul A. Bennett: »A visit with George Salter – designer, calligrapher, illustrator and teacher«. In: *Publishers Weekly* v. 9.9.1964. — **20** Zum amerikanischen Buchwesen vgl. die Darstellungen von Ronald Salter: »Amerikanische Buchillustration im 20. Jahrhundert. Ein summarischer Überblick«. In: *Illustration 63*, Jg. 31, H. 2, 1994, S. 43–50; ders.: »Amerikanische Buchillustration. Historische und typologische Aspekte im Vergleich zur europäischen Tradition«. In: *Marginalien*, 154. Heft (2, 1999), S. 3–32. Vgl. ferner ders.: »Deutsche Emigranten in der amerikanischen Buchkunst«. In: *Marginalien*, 147. Heft, 1997, S. 6–24; hier S. 7 f.; *Buchgestaltung im Exil 1933–1950* (s. Anm. 14), Kap.: Handwerkliches Know-how und künstlerische Aussage: Deutsche und österreichische Buchillustratoren im Exil, S. 113–135. — **21** Salter: Deutsche Emigranten in der amerikanischen Buchkunst (s. Anm. 20), S. 8. — **22** Ebd., S. 9. — **23** *Quarto-Millenary. The First 250 Publications and the First 25 Years 1929–1954 of the Limited Editions Club.* A Critique. A Conspectus. A Bibliography. Indexes. New York 1959, (zu No. 16). — **24** Vgl. Ronald Salter: »Fritz Eichenberg. Zur Erinnerung an seinen hundertsten Geburtstag«. In: *Illustration 63*, Jg. 38, H. 3, 2001, S. 83–89; hier S. 87; vgl. auch Fritz Eichenberg: »Selbstporträt eines engagierten Illustrators«. In: *Illustration 63*, Jg. 6, H. 2, 1969, S. 34–39. — **25** Zu Kredel vgl. Mathilde Kredel Brown, Judith Kredel Brown (Hg.): *Fritz Kredel 1900–1973.* A comprehensive list of Kredel's work. With essays by Gay Walker, Hermann Zapf u. Ronald Salter. New Haven u. a. 2000. — **26** Vgl. Ronald Salter: »Der Illustrator Fritz Kredel. Zum hundertsten Geburtstag«. In: *Marginalien*, 158. Heft, (2, 2000), S. 3–27; hier S. 5. — **27** Zu Scharl vgl. Andrea Firmenich (Hg.): *Josef Scharl. Monographie und Werkverzeichnis.* Köln 1999. — **28** Zu Lindner vgl. u. a. Claudia Loyall: *Richard Lindner, ein Emigrant in New York. Zum Selbstverständnis des Künstlers 1950–1953.* Mit e. Anhang unveröffentlichter Korrespondenz an Hermann und Toni Kesten. Frankfurt / M. u. a. 1995; Rosamunde Neugebauer: »Avantgarde im Exil? Anmerkungen zum Schicksal der bildkünstlerischen Avantgarde Deutschlands nach 1933 und zum Exilwerk Richard Lindners«. In: *Exilforschung. Ein internationales Jahrbuch.* Bd. 16 (1998), S. 32–55. — **29** Vgl. *Hans Alexander Müller. Das buchkünstlerische Werk.* Hg. v. Uli Eichhorn und Ronald Salter. Rudolstadt 1997, S. 9. — **30** Ebd. Zu seinen Schülern gehörte übrigens Lynn Ward, der später einer der großen amerikanischen Buchillustratoren des 20. Jahrhunderts werden sollte; ein Beleg dafür, dass bereits vor 1933 in Sachen Buchkunst relativ enge Beziehungen zwischen Deutschland und Amerika bestanden haben. — **31** Lehmann-Haupt lehrte damals an der Columbia University und leitete das Rare Book

Department. Dem vertriebenen Buchkünstler aus Deutschland waren noch einige andere, bereits früher in die USA emigrierte Landsleute bei der Integration in das neue Umfeld behilflich, so der 1928 aus Wien eingewanderte Typograf und Drucker Ernst Reichl. — **32** *Quarto-Millenary. The First 250 Publications and the First 25 Years 1929–1954 of the Limited Editions Club* (s. Anm. 23), zu No. 107. — **33** Zit. n. *Hans Alexander Müller. Das buchkünstlerische Werk* (s. Anm. 29), S. 70. — **34** Vgl. Rosamunde Neugebauer: »Deutschsprachige Buchillustratoren im US-amerikanischen Exil«. In: *Deutschsprachige Exilliteratur seit 1933.* Bd. 3: USA. Hg. v. John M. Spalek, Konrad Feilchenfeldt u. Sandra Hawrylchak. Teil 4. Bern, München (im Erscheinen); Birgit Möckel: *George Grosz in Amerika. 1932–1959.* Frankfurt / M. u.a. 1997; M. Kay Flavell: *George Grosz. A Biography.* New Haven, London 1988. — **35** Zit. n. Ulrich von Kritter: »Deutsche Illustratoren in der Emigration«. In: *Literatur und Zeiterlebnis im Spiegel der Buchillustration.* Bücher aus der Sammlung v. Kritter. Bad Homburg 1989, S. 299. — **36** Ebd. — **37** John W. Tebbel: A *History of Book Publishing in the United States,* Bd. IV: *The great change,* 1940–1980. New York 1981, S. 453.

Jörg Thunecke

Deutschsprachige Exilveröffentlichungen in Übersetzungen beim New Yorker Knopf Verlag

I

Die Firma Alfred A. Knopf wurde 1915 in New York gegründet, anfänglich mit Büroräumen in Midtown Manhattan, auf der westlichen Seite der 42. Straße. Damals entstand auch schon das berühmte Firmensignet »Borzoi«, das auf eine Idee von Blanche Wolf (1894–1966), der späteren Ehefrau des Verlegers (1892–1984), zurückging.[1]

1915 erschienen lediglich zehn Bände; aber in den darauf folgenden Jahren expandierte das Unternehmen rasch: 1916 erschienen bereits 29 Bände, 1917 37 Bände, und 1918 ließ sich die junge Firma, mit dem jugendlichen und kultivierten Alfred Knopf als Präsidenten an der Spitze des Unternehmens, Blanche Knopf als Vizepräsidentin und dem Schatzmeister Samuel Knopf, Vater des Gründers, als Aktiengesellschaft registrieren. Auch in den nächsten Jahren expandierte die Firma weiter. 1921 bereiste das Ehepaar Knopf Europa, vor allem Deutschland, Dänemark, Schweden, Norwegen und Frankreich, auf der Suche nach Autoren; Reisen, die sich in den darauf folgenden Jahrzehnten wiederholen sollten und auch Asien und Lateinamerika einschlossen. Viele Knopf-Publikationen beruhten auf (Weiter-)Empfehlungen prominenter Knopf-Autoren, so z. B. von H. L. Mencken, seit 1923 Mit-Herausgeber des *American Mercury*, einer damals im Knopf Verlag erscheinenden Zeitschrift, der u. a. Thomas Manns Roman *Buddenbrooks* (1901) empfahl.

Ende der 1920er Jahre galt Alfred A. Knopf, Inc. als einer der innovativsten Verlage der Vereinigten Staaten, und das Impressum »Borzoi« war sowohl beim Lesepublikum als auch bei Autoren äußerst begehrt, da nicht nur der Inhalt der von Knopf publizierten Bücher hochkarätig war, sondern auch die Aufmachung höchsten Anforderungen genügte. Einige der bekanntesten amerikanischen Buch-Designer arbeiteten für den Verlag, so u. a. Elmer Adler, Claude Bragdon, Warren Chappell, W. A. Dwiggings, Frederic Goudy, Bruce Rogers, Rudolf Ruzicka und – nach der Emigration – George Salter.[2] Samuel Knopf starb 1932 und wurde 1934 durch William A. Koshland, einen langjährigen Mitarbeiter, ersetzt, der nach dem Zweiten Weltkrieg zum Präsidenten des Unternehmens aufstieg. 1939 bezog die Firma andere Räumlichkeiten in Midtown Manhattan, und die Adresse lautete nunmehr 501 Madison Avenue.

1942 fuhr Blanche Knopf nach Südamerika, um spanischsprachige Autoren für den Verlag anzuwerben, und direkt nach Kriegsende war sie eine der ersten, die das verwüstete Nachkriegseuropa bereiste und u. a. Autoren wie Camus und Sartre für den Knopf Verlag gewann. Alfred Knopf hatte nämlich damit begonnen, immer mehr Verlagsaufgaben zu delegieren und seiner Frau Blanche, einer der bedeutendsten amerikanischen Verlegerinnen des 20. Jahrhunderts, letztendlich die Kontrolle über das gesamte europäische Geschäft übertragen. 1954 fügte Pat Knopf (*1918), der Sohn des Firmengründers, der Verlagspalette das Imprint »Vintage Books« hinzu, um dann allerdings 1959 kurzfristig aus dem elterlichen Verlagsgeschäft auszuscheiden und eine eigene Firma (»Atheneum«) zu gründen.[3] Bald danach beschloss das Ehepaar Knopf, das Unternehmen an Random House zu verkaufen, einer der Gründe, weswegen sich heute der größere Teil des Knopf-Nachlasses im Harry Ransom Research Center an der University of Texas in Austin befindet und nur ein kleinerer Teil im Besitz der New York Public Library. Die Firma zog deshalb erneut um, zu ihrem heutigen Stammsitz auf der östlichen Seite der 50. Straße in Midtown Manhattan. Nachdem Alfred Knopf sich teilweise aus dem Geschäft zurückgezogen hatte (er war insgesamt 39 Jahre Verlagspräsident), wurde Blanche Knopf von 1957 bis zu ihrem Tode 1966 Präsidentin des Unternehmens; danach übernahm William Koshland diese Funktion. Alfred Knopf trat offiziell 1973 in den Ruhestand und starb im Jahre 1984. Lange vor dem Tode des Gründers zählte Alfred A. Knopf, Inc. jedoch bereits zu den angesehensten Verlagen der USA, und von zahlreichen Literatur-Nobelpreisträgern erschien dort jeweils zumindest ein Werk: Verner von Heidenstam (1916), Knut Hamsun (1920), Wladyslaw S. Reymont (1924), Sigrid Undset (1928), Thomas Mann (1929), Ivan A. Bunin (1933), Frans E. Sillanp (1939), Johannes Jensen (1944), T. S. Eliot (1948), Halldor K. Laxness (1955), Albert Camus (1957), Ivo Andric (1961), Giorgios Seferis (1963), Jean-Paul Sartre (1964), Mikhail Sholokhov (1965), Yasunari Kawabata (1968), Isaac Bashevis Singer (1978), Elias Canetti (1981), Gabriel Garcia Marquez (1982).

II

Grundlage für die Erforschung der Verlagsgeschichte von Knopf, und dazu gehört auch die dort veröffentlichte bzw. zur Veröffentlichung vorgeschlagene und abgelehnte Exilliteratur, ist ein kleiner Nachlass, der die 1930er und 1940er Jahre umfasst und den der Verleger bereits kurz nach Kriegsende der New York Public Library (NYPL) vermacht hatte[4], sowie ein er-

heblich größerer Nachlass, der jedoch größtenteils zeitlich erst nach Kriegsende einsetzt und sich im Harry Ransom Research Center an der University of Texas in Austin befindet[5]. Dabei scheinen die Unterlagen an der
NYPL, obwohl wesentlich geringer im Umfang, ziemlich komplett zu sein,
wohingegen die Sammlung in Austin vor der Übergabe einer Überprüfung
unterzogen wurde (insbesondere durch Pat Knopf), der offenbar viele
Dokumente zum Opfer gefallen sind. Man kann also verallgemeinernd
feststellen, dass die Materialien der Sammlung an der NYPL für das vorlie-
gende Thema – deutschsprachige Exilliteratur in englischer Übersetzung –
zahlenmäßig gering, dafür jedoch äußerst aussagekräftig sind und zudem
ziemlich komplett vorliegen, wohingegen die Dokumente in Austin viel
umfangreicher, dafür aber weit weniger bedeutend sind; denn nur einige
wichtige Unterlagen aus den 1930er und 1940er Jahren scheinen die Auto-
dafés von 1945 (Umzug) bzw. 1957 (Aussortierung vor Übergabe nach
Texas) überlebt zu haben, so dass der Forscher sich gezwungen sieht, dort
quasi Nadeln im Heuhaufen zu suchen.[6]

Der Verlag verwendete von einem frühen Zeitpunkt an ein ausgeklügeltes
Editoren-System, das der Nachwelt und insbesondere der Exilliteraturfor-
schung sehr zugute kommt, trotz der umfangreichen Vernichtungsaktionen
vor der Auslagerung nach Austin durch Pat Knopf, aber auch durch Alfred
Knopf selbst anlässlich einer letzten Durchsicht. Hierbei sind primär die
hausinternen »Laufzettel«, aber auch so genannte »rejection files« bzw. »rejection sheets« von erheblichem Interesse. In der Sammlung der NYPL existieren derartige Unterlagen lediglich bis Kriegsende, sind aber dafür relativ
zahlreich, wohingegen sich solche Dokumente in Austin zwar für den ganzen
Zeitraum 1933–1988 bzw. 1931–1983 nachweisen lassen, der Hauptteil allerdings die Jahre 1952–1966 bzw. 1948–1974 betrifft und nur relativ wenige Unterlagen enthält, die Relevantes zum vorliegenden Thema beitragen.

Eingehenden Manuskripten wurden hausintern so genannte »white
sheets« (d. h. die »Laufzettel«) beigefügt, die in beiden Nachlässen alphabetisch nach Autorennamen geordnet sind. Auf diesen wurde vermerkt, ob ein
Manuskript akzeptiert oder zurückgewiesen wurde; ferner die Art des Manuskripts (handschriftlich oder maschinengeschrieben), der Autorenname,
der Name des Antragstellers (oft eine europäische Agentur oder ein europäischer Verlag, seltener eine Einzelperson), Vertragseinzelheiten, eine Liste der »Leser« (meist hausinterne Lektoren und professionelle freie Mitarbeiter) sowie Hinweise dieser »Leser« auf die Qualität des Manuskripts und
die Verkaufschancen einer potenziellen Publikation. Diese Hinweise, meist
getippt, hin und wieder aber auch handschriftlich, sind häufig sehr ausführlich und erstrecken sich gelegentlich auf Extrablätter, die dem eigentlichen Formular angefügt wurden. In kontroversen Fällen schalteten sich
sogar Blanche und Alfred Knopf höchstpersönlich ein, so dass in einigen

wenigen Fällen gebündelt bis zu einem halben Dutzend »reader's reports« vorliegen.[7] Prinzipiell verliehen die professionellen »Leser« immer dann ihrem Zweifel Ausdruck, wenn sie den Text zwar gut fanden, sich aber nicht sicher waren, ob das Buch in den USA verkäuflich sei, ein Gesichtspunkt, der bei fast allen »reports« eine beträchtliche Rolle spielte, und sie schlugen in nicht wenigen Fällen vor, dass ein anderer Lektor ein Zweitgutachten abgeben möge. Die »rejection sheets« sind insbesondere auch deshalb so aufschlussreich, weil sie in einer nicht geringen Zahl die Gründe der Ablehnung des jeweiligen Textes durch den Knopf Verlag ausführlich dokumentieren, Texte, die teilweise bereits in europäischen Exilverlagen in Frankreich, Großbritannien, Holland, Schweden, der Schweiz und der UdSSR, gelegentlich auch in Mexiko erschienen waren, entweder auf Deutsch oder in englischer Übersetzung, und dann in nicht wenigen Fällen – etwa im Fall von Anna Seghers[8] – von anderen US-Verlagen übernommen wurden.

Abgesehen von den »rejection sheets« – und damit verbundenen »reader's reports« – hätte man eigentlich annehmen sollen, dass die sehr umfangreiche Korrespondenz des Knopf Verlages (im Nachlass in Austin) mit insgesamt ca. 52.000 Einzelpersonen bzw. Organisationen potenziell von großer Ergiebigkeit für die Einschätzung von Exilautoren und deren literarischem Schaffen in der Emigration sei. Allerdings existiert auch hier aufgrund des Umzugs des Verlages im Jahre 1945 und der späteren generellen Vernichtungsaktion von Dokumenten vor der Übergabe an das Harry Ransom Center 1957 ein Großteil der Korrespondenz aus den 1920er, 1930er und frühen 1940er Jahren nicht mehr. Lediglich einige Briefe aus dem so genannten »golden age« des Verlages sind offenbar wegen ihres literarischen Wertes erhalten geblieben. Stichproben vor Ort in Austin haben allerdings ergeben, dass diese »correspondence files« nur in den wenigsten Fällen zusätzliche Informationen zum Thema Exilliteratur liefern. Das fünfteilige Findbuch weist ausdrücklich darauf hin[9], dass die Korrespondenz des Verlages im engeren Sinne mit ca. 35.000 Personen erst *nach* 1945 einsetzt, dann allerdings ziemlich komplett ist.[10] Lediglich zur Publikationsgeschichte literarischer Werke aus der *direkten* Nachkriegszeit (ca. 1945–1948) – so z. B. von Leo Katz, Josef Wechsberg und F. C. Weiskopf – trägt diese Korrespondenz etwas zur Erhellung bei und lässt ahnen, wie ergiebig die Quellen hätten sein können, wenn auch alle Briefe aus den 1930er und 1940er Jahren überliefert worden wären. Hausintern wurden alle Korrespondenzen beim Ein- und Ausgang mit Buchstaben gestempelt (so z. B. A für Alfred und B für Blanche); ferner verwendeten alle internen Mitarbeiter farbige Briefdurchschläge (blau bei Alfred Knopf, gelb bei Blanche Knopf, pink bei Pat Knopf, grün bei Vintage-Herausgeber Thomas Lowry, weiß bei allen anderen Lektoren und »Lesern«), so dass es heute relativ einfach ist, sie den jeweiligen Knopf-Korrespondenten zuzuordnen.

Seit den späten 1920er Jahren erschienen bei Knopf u. a. Veröffentlichungen – sowohl Belletristik als auch Sachbücher – folgender deutschsprachiger Autoren in Übersetzung: Max Beerbohm, Max Brod, Elias Canetti, Edwin Erich Dwinger, Arthur Eloesser, Bruno Frank, Sigmund Freud, Egon Friedell, Manfred Hausmann, Konrad Heiden, Erich Kästner, Franz Kafka, Leo Katz, Irmgard Keun, Egon Erwin Kisch, Siegfried Kracauer, Lilo Linke, Heinrich Mann, Klaus Mann, Thomas Mann, Ludwig Marcuse, Alfred Neumann, Robert Neumann, Otto Neurath, Theodor Plivier, Anna Reiner, Kurt Schuschnigg, Leopold Schwarzschild, Oswald Spengler, B. Traven, Fritz von Unruh, Joseph Wechsberg, F. C. Weiskopf und Theodor Wolff. Außerdem wurden über die Jahre – hier wird lediglich der Zeitraum 1920 bis 1950 berücksichtigt – die Werke vieler berühmter internationaler zeitgenössischer Autoren bei Knopf publiziert, so u. a. H. E. Bates, Ivan Bunin, Elizabeth Bowen, Raymond Chandler, Warwick Deeping, Walter de la Mare, Ilya Ehrenburg, E. M. Forster, Paul Gallico, André Gide, Knut Hamsun, A. E. Houseman, D. H. Lawrence, John Lehmann, Katherine Mansfield, H. L. Mencken, Frank O'Connor, Jules Romains, Eleanor Roosevelt, William Shirer, Mikhail Sholokhov, Isaac Bashevis Singer, Howard K. Smith, Sigrid Undset und Lord Vansittart.

Die Zahl der im Knopf Verlag erschienenen Übersetzungen deutschsprachiger belletristischer Exilliteratur im *weiteren* Sinne – d. h. Werke auch *ohne* spezifische Exilthematik – ist recht umfangreich und schließt z. B. fast das gesamte Œuvre Thomas Manns bis Kriegsende (und darüber hinaus) ein;[11] im *engeren* Sinne – d. h. bei Werken mit gezielten Exilproblemen jedweder Couleur – handelt es sich jedoch um eine relativ begrenzte Anzahl von Romanen, die zwar aufgrund von Platzmangel hier nicht einzeln vorgestellt werden können, jedoch zumindest namentlich erwähnt werden sollen (vgl. Liste I im Anhang), darunter Lilo Linke: *Tale Without End* (1934) und *Restless Days* (1935), Irmgard Keun: *After Midnight* (1938), Anna Reiner: *Five Destinies* (1939) und *The Coward Heart* (1941), Oscar Schisgall: *Swastika* (1939), F. C. Weiskopf: *The Firing Squad* (1944), *Twilight on the Danube* (1946) und *Children of their Time* (1948), Joseph Wechsberg: *Homecoming* (1946) sowie Leo Katz: *Seedtime* (1947). Genau eruiert werden konnten diese Einzelheiten aufgrund von detaillierten Angaben in *The Publishers' Trade List Annual* (New York, bis 1946 einbändig, ab 1947 zweibändig), die u. a. auch eine vollständige Liste aller im Knopf Verlag während des hier relevanten Zeitraumes 1933 bis 1950 publizierten Bücher enthält.[12] Hinsichtlich deutschsprachiger Literatur generell ab 1933 – d. h. »Sachliteratur« – in englischer Übersetzung bei Knopf sind erwähnenswert (vgl. Liste II im Anhang): Egon Erwin Kisch: *Changing Asia* (1935), Alfred Einstein: *A Short History of Music* (1936), Theodor Wolff: *The Eve of 1914* (1936), Siegfried Kracauer: *Orpheus in Paris* (1938), Kurt Schuschnigg: *My*

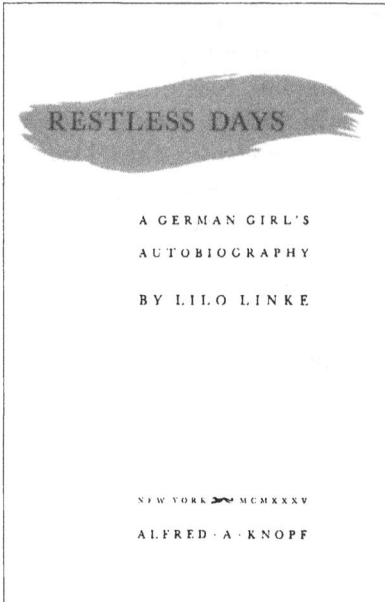

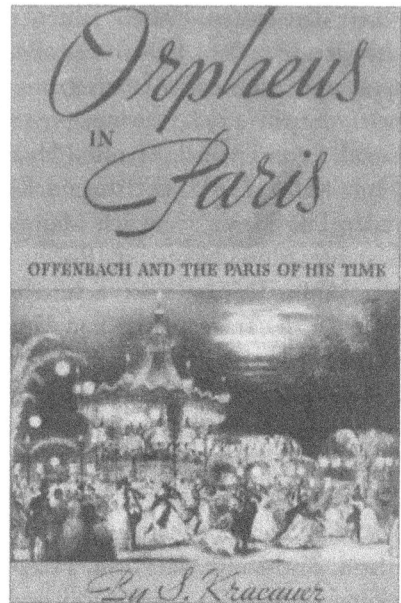

Abb. 1: Lilo Linkes autobiografische Aufzeichnungen (bis 1934 inkl.), erschienen
1935

Abb. 2: S. Kracauers *Orpheus in Paris* erschien 1938 in der Übersetzung von
Gwenda David u. Eric Mosbacher

Austria (1938), Sigmund Freud: *Moses and Monotheism* (1939), Otto
Neurath: *Modern Man in the Making* (1939), Peter Viereck: *Metapolitics.
From the Romantics to Hitler* (1940), Thomas Mann: *An Exchange of Letters*
(1937), *The Coming Victory of Democracy* (1938), *This Peace* (1939), *This
War* (1940), *Order of the Day* (1942) und *Listen, Germany* (1943), Leopold
Schwarzschild: *Primer of the Coming World* (1944), Elias Canetti: *The Tower
of Babel* (1947), Ludwig Marcuse: *Plato and Dionysius. A Double Biography*
(1947). Was belletristische Exilliteratur im engeren Sinne angeht (d. h. Romane) wären zusätzlich u. a. auch noch folgende deutschsprachige Autoren
und Werke ab 1933 zu erwähnen: Alfred Neumann: *The Mirror of Fools*
(1933), *Another Cesar* (1935) und *The Gaudy Empire* (1937), Robert Neumann: *The Queen's Doctor* (1936) und *Zaharoff* (1936), Heinrich Mann:
Young Henry of Navarra (1937) und *Henri Quatre King of France* (1939),
Thomas Mann: *Joseph and His Brothers* (1934), *Young Joseph* (1935), *Stories
of Three Decades* (1936), *Freud, Goethe, Wagner* (1937), *Joseph in Egypt*
(1938), *The Beloved Returns* (1940), *The Transposed Heads* (1941), *Order of
the Day* (1942), *Joseph the Provider* (1944), *The Tables of the Law* (1945),
B. Traven: *The Deathship* (1934), *The Treasure of the Sierra Madre* (1935)
und *The Bridge in the Jungle* (1939).

III

Gleichwohl sind vom Standpunkt des Exilforschers aus diejenigen Autorinnen und Autoren mindestens ebenso interessant, deren Werke vom
Knopf Verlag aus den verschiedensten Gründen zurückgewiesen wurden,
obwohl sie großenteils in deutscher Sprache, und oft sogar in englischer
Übersetzung, in Europa bereits erschienen waren und später, zumindest
teilweise, bei anderen US-Verlagen veröffentlicht wurden (vgl. Liste III im
Anhang). Dieser Trend begann schon kurz vor 1933, als Hans Falladas *Kleiner Mann – was nun?* von A. Kluge mit den Worten abgelehnt wurde: »The
story is well done, moderately interesting, quite a typical picture of such
conditions in Germany. But unless extremely moving, I should say there
would be no market for another unemployment world«.[13] Diese Ablehnung
sollte sich als eine der eklatantesten Fehlentscheidungen des Knopf Verlages
überhaupt herausstellen, da das Buch ein »run-away«-Bestseller in den USA
werden sollte. Derselbe »reader« hatte bereits einige Monate früher keine
Absatzchancen in den USA für Falladas *Bauern, Bonzen und Bomben* gesehen: »[The book is] spoiled by the great length devoted to the rather commonplace small-town intrigues and political arguments. There is a good
deal of action, which is usually broken up and hampered by weighty details.
This book is a fairly good example of the author's purely realistic style of
writing, but not one that would sell or seem important enough to live
long.«[14] Irmgard Keuns Roman *Das kunstseidene Mädchen*, 1933 in London
als *The Artificial Silk Girl* erschienen, wurde aufgrund folgenden Urteils
von L. Kronenberger abgelehnt: »The book is, however, entirely episodic,
and also has a continental flavor which I think would limit its appeal. And
it seems to me in that semi-popular vein which, being neither highbrow nor
lowbrow, falls between two stools. A pretty good book but I feel rather
shaky about its prospects.«[15] Ein ähnliches Schicksal ereilte Hermynia Zur
Mühlens Werk *Das Riesenrad*, ebenfalls 1933 in London als *The Wheel of
Life* veröffentlicht, von dem u. a. hieß, es handele sich dabei um »[q]uite a
commonplace novel. [...] No struggle, no unusual characters, no plot, just
a plain story.«[16] Und auch Erika Manns Roman *Stoffel fliegt übers Meer*, eingereicht als *Stoffel Flies Across the Ocean* (eine englischsprachige Veröffentlichung lässt sich in diesem Falle nicht nachweisen), fand keine Berücksichtigung.[17] 1936 wurde Irmgard Keuns Roman *Das Mädchen mit dem die
Kinder nicht verkehren durften* – zuerst in Amsterdam bei Allert de Lange
veröffentlicht – zurückgewiesen[18], und 1938 lehnte William Koshland
ihren Roman *D-Zug Dritter Klasse*, im gleichen Jahr in Amsterdam bei
Querido erschienen, mit den Worten ab, es handele sich um »a competent
if undistinguished piece of fiction«[19], von der offenbar keine englische
Übersetzung bei einem anderen Verlag erschienen ist. Ähnlich erging es

Lilo Linke, von der immerhin zwei Werke bei Knopf erschienen, mit *Cancel all Vows*, 1938 in London publiziert, ein Roman, der von Bernard Smith mit den Worten abgekanzelt wurde, es handele sich um ein Buch »almost as futile as the German exiles she describes.«[20] Von Alfred Neumann wurde im Jahr 1938 eine Übersetzung von *Goldquelle*[21] abgewiesen – Rita Reid nannte das Werk »[a] story like a hundred others«[22] –, obwohl bereits *Another Cesar* und *The Gaudy Empire*[23] bei Knopf veröffentlicht worden waren. Oscar Schisgall, dessen erster Roman *Swastika* sich nur schlecht verkaufte, erlitt 1940 Schiffbruch mit einem weiteren Werk des Titels *Wings of Wrath* (weder auf Englisch noch auf Deutsch erschienen), das von W. V. McKee als »[a] better class pulp magazine« runtergemacht wurde.[24] Keine Gnade fand 1944 auch Anna Reiners Roman *Inward Bound*, der ebenfalls keinen anderen Verlag fand.[25] Immerhin war von ihr zuvor bereits *The Coward Heart* bei Knopf publiziert worden, und sie hatte zumindest auch die Genugtuung, dass ihr Roman *Manja*, der 1938 in Amsterdam bei Querido und 1939 in England unter dem Titel *The Wall* veröffentlicht worden war, von Knopf-Lektoren hoch gelobt wurde, so dass er noch im gleichen Jahr als *Five Destinies* erscheinen konnte. Paul Hoffman schrieb dazu im März 1939 in einem »reader's report«: »In substance the book is about anti-semitism, building up to a powerful und moving climax in the martyrdom of little Manja, the only girl among the five children. (...) The whole is so admirably and feelingly written that I, for one, hesitate to detract from a complete enjoyment of its moving and often beautiful story by defining only its outline. Whoever Anna Reiner is [!] she has certainly the story-telling talents, and my guess is that she might well be built up into the success of such a major writer as Hans Fallada. I heartily recommend *Manja* for publication under our imprint.«[26]

Soweit ein erster Eindruck von der beim Alfred A. Knopf, Inc. in den 1930er und frühen 1940er Jahren praktizierten Verlagspolitik im Hinblick auf die Exilantenliteratur. Im Anhang zu diesem Beitrag werden in größtmöglicher Vollständigkeit all diejenigen Werke – Manuskripte bzw. deutsche Originalausgaben oder englische Übersetzungen – deutschsprachiger Autorinnen und Autoren alphabetisch aufgelistet und soweit wie möglich bibliografisch erfasst, die zwischen 1933 und den ersten Nachkriegsjahren beim Knopf Verlag in New York eingereicht und zurückgewiesen wurden.[27] Eine detaillierte, über eine bloße Auflistung aller abgelehnten Werke hinausgehende Analyse der von den Knopf-»readers« verwandten Ablehnungskriterien ermöglicht es, Kategorien herauszuarbeiten, die den von den »readers« verwendeten Argumenten zugrunde lagen.

In erster Instanz wären da all jene Werke zu nennen, die laut den Knopf-»readers« der Rubrik »substanzlos« bzw. literarisch »wertlos« zuzurechnen sind, so etwa Egon Erwin Kischs *Prager Pitaval* (1934): »[his] ability to observe and report lends itself more suitably to actualities«[28]; Georg Hermanns *Rosenemil* (1936): »inconsequential reading«[29]; Ödon von Horvaths *Jugend ohne Gott* (1937): »There's nothing very new about this and I fail to detect the outstanding young talent«[30]; Else Lasker-Schülers *Das Hebräerland* (1937): »This book is the poetical description of a two months journey in Palestine – poetical in the worst sense of the word (...). It is a sort of declaration of love – unfortunately you are bored by the lady in love«[31]; Ernst Weiß' Roman *Der arme Verschwender* (1936), den R. Norden einstufte als verfasst »in the vein of Huxley and Julian Green, but it is not as good«[32]; Alfred Neumanns *Die Goldquelle* (1938): »A story like a hundred others«[33] und *The Friends of the People* (1941): »this book [is] practically unreadable. [It is] dull and torturous and pretentious«[34]; Irmgard Keuns *D-Zug Dritter Klasse* (1938): »a competent if undistinguished piece of fiction«[35]; Hilde Spiels *Flute and Drums* (1939): »a sentimental novel (...), all pretty sticky«[36]; sowie Heinrich Manns *Empfang bei der Welt* (1941)[37] bzw. *The Poor Shall Inherit* (1941), ein Werk, dass Paul Hoffman folgendermaßen kommentierte: »This is enough to make one weep. For whether Hollywood has tempted the venerable Heinrich to attempt to write worse than he can or whether the hectic couple of years have thrown him off balance or whether he's just reached his dotage, the old boy has turned out one of the most pathetically terrible yarns I have ever read even including Molnar at his worst«, und daraus schlussfolgerte, dass dieser Roman abzulehnen sei, »even if turning [Heinrich Mann] down means losing this author«.[38]

Einer weiteren Rubrik gehören all diejenigen Werke an, die zwar von den »readers« nicht unbedingt als literarisch wertlos, jedoch als »out-of-date«, d. h. als »überholt«, klassifiziert wurden, so etwa Anna Seghers' *Der Kopflohn* (1933): »out-of-date«[39]; Willi Bredels *The Ordeal* (1935): »If this were the first book on the subject [Bericht über das Leben in einem KZ; JT] it should be well worth considering as it is evidently first hand information. But the period covered in this book is that of the first years of the Nazi regime and everyone is aware of the life in the prisons of the time. So the book is somewhat passé«[40]; Leonhard Franks *Three in three million* (1935): »This little book has merits and had it been translated after its publication in 1932 it might conceivably have had a sales chance here. Now I consider it out of the question«[41]; Ernst Lothars *Romanze F-Dur* (1935): »a very pleasant Viennese novel, [but] outmoded«[42]; Joseph Roths *Beichte eines Mörders erzählt in einer Nacht* (1936): »This is another in that line of competent readable stories of the Austrian school (...) dealing with a crime of passion. (...) Pretty much out-of-date and not worth publishing for the sake of annexing Roth«;[43] sowie Ernst Sommers *Revolte der Heiligen* (1944): »an unusual book, [but] too late«.[44]

Eine andere Rubrik beinhaltet all jene Werke, die aufgrund von Übersetzungs- bzw. allgemeinen Sprachproblemen zurückgewiesen wurden, so etwa Alfred Döblins *Babylonische Wandrung oder Hochmut kommt vor dem Fall* (1934): »The book's extreme length encompasses often dull passages and the reader's interest often flags. (...) It would be difficult to reproduce the essential quality of Döblin's prose in English and the book is perhaps too European in flavor, yet I suspect despite its obvious drawbacks it might just click«[45]; Max Brods *Die Frau die nicht enttäuscht* (1933): »I therefore fail to see how this work contributes anything either as a solution or an aggravation to the German-Jewish problem of today; and apart from such considerations; I do not think the book of sufficient interest to warrant translation«[46]; Robert Grötzsch: *Wir suchen ein Land* (1935): »In a clumping elephantine prose a young German Jewish author depicts the tragedy and hope of the average émigré. (...) Excellent material for a charitable organization but certainly nothing we should sell«[47]; Erich Kästners *Drei Männer im Schnee* (1935): »The point-of-view and atmosphere are distinctly European and many of the jokes would be lost in translation«[48]; Egon Erwin Kischs *Geschichten aus sieben Ghettos* (1934): »In my opinion the main difficulty lies in the translation. (...) Also the sense of humor is quite European, and may not have general appeal to Americans. (...) I don't believe that it would stand alone«[49]; Annette Kolbs *Die Schaukel* (1935): »a beautiful book and a deep one [but] hardly be translatable«[50]; sowie Lilo Linkes *Down the Andes* (1942): »if her English were better«[51].

Als nächste – und wichtige – Rubrik ist diejenige zu nennen, in die alle jene Werke fielen, denen von dem jeweiligen »reader« nur sehr geringe Verkaufschancen eingeräumt wurden, so etwa im Falle des bereits erwähnten Romans von Irmgard Keun, *The Artificial Silk Girl* (1933): »The book is, however, entirely episodic, and also has a continental flavor which I think would limit its appeal. And it seems to me in that semi-popular vein which, being neither highbrow or lowbrow, falls between two stools. A pretty good book but I feel rather shaky about its prospects«[52]; Hans Carossas *Führung und Geleit* (1934): »Carossa's book has that quality of charm in the truest sense of the word. (...) The book is written with considerable taste and felicity and can be called distinguished. Yet I fear it is caviar to the general and from that point-of-view a likely publishing risk«[53]; Gina Kaus' *Catherine the Great* (1934): »it should be read in its entirety by Mr. Koshland. It should be read, however, strictly from a commercial viewpoint«[54]; Hermann Kestens *Der Gerechte* (1934): »The book has very doubtful sales possibilities and I would not advocate its publication«[55]; Walter Schönstedts *Auf der Flucht erschossen* (1934): »(...) quite definitely propaganda. The author has laid on the paint so thick that he makes his case a bit ridiculous and so antagonizes the readers whose sympathy he seeks to arouse. I fail to see any audience for this in America«[56]; Ernst Tollers *Seven Plays* (1936): »I have no idea how important Toller is! (...) But as a document of the German Republic I don't believe it would attract much attention at this time«[57]; Alfred Döblin: *Pardon wird nicht gegeben* (1935): »The writing is first class and as a novel it certainly falls into the category of significant novels from abroad. The theme is not new – the treatment in many respects is. The book does not strike me as of more than moderate sales possibilities. It should surely have a second reading.« Der zweite »reader«, Ludwig Lewisohn, machte jedoch keinen Hehl aus dem negativen Eindruck, den das Manuskript auf ihn gemacht hatte: »After [*Berlin Alexanderplatz*] I had hoped from him a book (...) of tremendous and impassioned significance. (...) The whole thing is swathed, muffled, cushioned. It is incomprehensible how Döblin after the catastrophe which struck him too could have written this perfectly conventional novel. The book has no chance in America«[58]. Genauso erging es Friedrich Wolfs *Professor Mamlock* (1935): »even if the play should be produced, one could hardly expect a sufficient sale of the book to justify publication«[59]; Theodor Plivier: *Das große Abenteuer* (1936): »an eminently readable story of adventure and contemporary revolution. The book has definite sales possibilities. [However] our experience with *The Death Ship* is evidence to the contrary [B. Travens Roman verkaufte sich entgegen allen Erwartungen sehr schlecht; JT]«[60]; Lilo Linkes *Cancel all Vows* (1937): »I cannot conceive of a market for such a book in the United States today. (...) In short, I believe that the book would be a flop, and I see no reason why we should publish such a book with our eyes wide open«[61]; Carl Zuckmayer: *Herr über Leben und Tod* (1939): »This ought to provide a good scenario for a film, but as a book it is certainly out«[62]; sowie Anna Reiners Roman *Inward Bound* (1944), den »reader« Jane Lawson als »spiritual novel« mit geringen Verkaufsaussichten abtat[63].

In eine weitere Rubrik können alle diejenigen Werke eingestuft werden, die bei Knopf ernsthaft in Erwägung gezogen (»seriously considered«), letztendlich aber doch abgelehnt wurden, wie etwa Max Brods *Abenteuer in Japan* (1938): »Distinctly above the émigré fiction. (...) Brod's previous record with us is not impressive [vgl. *Die Frau, die nicht enttäuscht* (1933); JT] and this book should be considered apart from that. I [d.h. William Koshland; JT] do not see it as a *must* book; but since our future foreign fiction commitments are not currently excessive it should be considered seriously«[64]; Ernst Weiß' Roman *Der Gefängnisarzt* (1935), den Thomas Mann Alfred Knopf empfohlen hatte und den Koshland folgendermaßen kommentierte: »The book certainly falls into that class of foreign literature which can well grace the Knopf list«, um dann jedoch unter dem Hinweis, dass er sich gelangweilt habe, hinzuzufügen: »Once again I must fly in the face of Thomas Mann's literary tastes or at least his predelictions for what is best in contemporary German fiction«[65]; Heinrich Manns *Es kommt der Tag* (1936): »This is a very difficult book. (...) This book is primarily addressed to Germans in exile. (...) I, however, strongly urge a second reading«[66]; Anna Seghers' *Die Gefährten* (1932): »complete sincerity (...) a burning conviction of purpose.«[67]

Schließlich wären noch all diejenigen Autoren zu nennen, deren Werk zwar vom Knopf Verlag abgewiesen wurde, der jeweilige »reader« jedoch genug literarisches Einfühlungsvermögen und Vorausschau besaß, um zu erkennen, dass es sich hier um ein großes Talent handelte, dessen weiteres Schaffen erhebliches Potenzial (»future prospects«) versprach, wie etwa im Fall von Hermann Kestens *Der Gerechte* (1934): »Kesten (...) should be closely watched«[68]; Bertolt Brechts *Dreigroschenoper* (1935): »The book is far too long and loses much of its sting as a result. The sales possibilities of the book are doubtful and therefore I vote against accepting it, but regretfully, as I think Brecht is an author who has it in him to do something really big«[69]; sowie Irmgard Keuns *Das Mädchen mit dem die Kinder nicht verkehren durften* (1936): »The book is written with more than usual charm. (...) In effect this is a juvenile for grown-ups and as such my attitude is thumbs down. (...) The book is, however, first rate of its kind and the writing is adjusted nicely to the theme. I look forward eagerly to the next work.[70]«

Illustrierend zu den genannten, in den 1930er bzw. 1940er Jahren abgelehnten Werken deutschsprachiger Autoren und Autorinnen beim Knopf Verlag sei hier exemplarisch zur Verhandlung über eine Veröffentlichung von Alfred Neumanns *Kaiserreich* ein ausführliches, persönliches Schreiben Alfred Knopfs an den Autor vom 17. September 1936 zitiert, das nicht nur symptomatisch für die Existenz der Schriftsteller im Exil in den Vereinigten Staaten ist, sondern generell die Haltung amerikanischer Verleger während dieses Zeitraums gegenüber der Exilliteratur widerspiegelt:

Dear Mr Neumann,
I appreciate your kind letter of September 1st and certainly do not wish to argue with you more than can possibly be helped. You must realize, however, that few people find it worthwhile to tell any author how they feel about his book, unless they admire it without reserve. Furthermore the United States of America is not the continent of Europe and what the European press says about any book, particularly any novel, really has no bearing whatever on our problem over here. Neither you nor I can live by good works alone and it would be a small satisfaction indeed after the success of *Another Cesar* to have *Kaiserreich* hailed your masterpiece if it didn't sell reasonably well too. It is to try to insure [sic] that the book will have every chance of selling well that I have written you at such length. After all, you can explain to me just what was the background of the creation of *Kaiserreich*, but you will not be able to explain it to your American readers and they will not care

if you could. Everything must be implicit in the book. They will either like it or they won't and I am very much worried that if the first part of the book remains as it is now many thousands of Americans would not even read far enough in the book to find out whether they liked it or not. From the last paragraph of your letter I think you do realize that this is the essence of our mutual problem.

I have, as you know, arranged with the Pauls to submit their translation in manuscript form to you this time, and I understand that they have already sent a substantial instalment.

Just one thing more. While *Kaiserreich* no doubt stands by itself apart from *Another Cesar* and was intended so to stand by you, the fact remains that it will be bought in the first instance over here almost exclusively by people who have read and liked *Another Cesar*. That audience is our primary market, the group at which we must aim all our first efforts. If we succeed in reaching it, we can go on in effect to enlarge your audience. But it would be useless to try to sell *Kaiserreich* over here to begin with without regard to *Another Cesar*.

With kindest regards to you and your wife and hoping you are now quite well again, I am

Yours sincerely

Alfred A. Knopf

Anhand dieses Schreibens lässt sich nachvollziehen, was Wulf Koepke bereits vor einiger Zeit sehr treffend auf den Punkt gebracht hat: »Einem ausländischen Autor, zumal einem Einwanderer, wurde die erste Chance ziemlich mühelos gegeben, die zweite schon seltener und die dritte oft gar nicht.«[71]

Handelte es sich bei den oben genannten Autorinnen und Autoren meist um (damals noch) relativ unbekannte Schriftsteller, deren jeweilige Ablehnungen – und die Begründungen dafür – mit etwas Mühe nachvollziehbar ist, so stößt die Zurückweisung der Werke einiger damals bereits etablierter und prominenter Autoren jedoch auf Unverständnis. Etwas ausführlicher soll dazu auf eklatante Fehleinschätzungen von Werken Anna Seghers', Klaus Manns, Robert Neumanns, Friedrich Torbergs und Arnold Zweigs eingegangen werden.

Obwohl Anna Seghers frühe Werke *Die Gefährten* (1932), *Der Kopflohn* (1933), *Der Weg durch den Februar* (1935) und *Die Rettung* (1937) recht positiv beurteilt wurden – »reviewer« Rita Reid stufte *Kopflohn* z. B. ein als »a good book and one worth-while publishing, with the firm conviction that its author will one day produce a great book«, und William Koshland gestand *Gefährten* »complete sincerity and a burning conviction of purpose« zu[72] –, wurden sie vom Knopf Verlag abgelehnt, so dass die Autorin zu Little, Brown & Co (Boston) abwanderte, wo dann alle ihre großen literarischen Erfolge in Übersetzung veröffentlicht wurden, *The Seventh Cross* (1942)[73] und *Transit* (1944)[74], während bei Knopf kein einziges ihrer Werke erschien!

Klaus Mann machte ähnliche Erfahrungen mit Knopf: Bereits zu einem sehr frühen Zeitpunkt wurde z. B. seine autobiografische Studie *Kind dieser Zeit* (1932) mit der Begründung abgelehnt, dieses Werk sei »devoid of original thought«[75]. Nicht wesentlich besser erging es ihm mit *Symphonie Pathétique* (1935)[76] und der englischen Übersetzung dieses Romans *Pathetic Symphony* (1937), nachdem William Koshland bereits 1936 seinen Schlüsselroman *Mephisto* (1936) als »pot-boiler« abgestempelt hatte und ein weiterer Knopf-Lektor »no intrinsic literary merit« darin finden konnte.[77] Allerdings erschien 1936 unter dem Titel *Journey into Freedom* (1936) bei Knopf wenigstens eine Übersetzung seines autobiographischen Romans *Flucht in den Norden* (1934).

Katastrophal fiel das (Fehl-)Urteil über Robert Neumanns *An den Wassern von Babylon* (1945) aus, ein Roman, der Knopf 1939 aus London unter dem Titel *By the Waters of Babylon* angeboten worden war (vgl. dazu Robert Nathans mittelmäßigen Roman *Road of Ages* [1935]). Der Knopf-Lektor William Koshland sah darin lediglich »melodramatic qualities« und bezeichnete Neumanns Meisterwerk als »sensational« und »cheap«[78]. Ein anderer Knopf-»reader« (Paul Hoffman) verglich den Roman abwertend mit Werken von Isaac Bashevis Singer, unterstellte Neumann »lack [of] sincerity«, stempelte das Werk als »contrived« ab[79] und verstieg sich sogar dazu, von einer »tour de force« zu sprechen, mit dem Resultat, dass das Buch bald darauf bei Simon & Schuster, der New Yorker Konkurrenz, erschien[80] und spätere Versuche des Knopf Verlages, in der Nachkriegszeit die Rechte an dem Roman zu erwerben, fehlschlugen.[81]

Ähnlich prekär ist aus der Rückschau die Zurückweisung von Friedrich Torbergs Kurzgeschichte *Mein ist die Rache* (1945)[82] – R. Picks Kommentar dazu lautete: »Usual ponderous performance«[83] –, die bereits 1943 bei der kleinen Pazifischen Presse in Los Angeles erschienen war[84] und heute zu den Kleinoden deutschsprachiger Novellenkunst zählt[85]. Gleiches gilt letztendlich auch für Soma Morgensterns Romane *Der Sohn des verlorenen Sohnes* (1940) und *In my Father's Pastures* (1947)[86] sowie Arnold Zweigs Roman *Das Beil von Wandsbek* (1943), von dem »reader« Marianne Hauser meinte, »[It] would mostly interest Germans«.[87]

Auf der positiven Seite zu verbuchen, da interessant und ziemlich gut dokumentiert, sind hingegen die Umstände einiger Knopf-Publikationen aus der direkten Nachkriegszeit, so z. B. F. C. Weiskopfs *The Firing Squad* (1944), *Twilight on the Danube* (1946) und *Children of their Time* (1948), Joseph Wechsbergs *Homecoming* (1946) sowie Leo Katz' *Seedtime* (1947). Im Falle von Wechsbergs *Homecoming* etwa existiert in Austin eine längere Korrespondenz des Autors mit Blanche und Alfred Knopf, die sich vom Januar bis Juli 1946 erstreckte. Blanche schrieb Wechsberg z. B. am 28. Januar 1946: »I want to tell you now how delighted I am with *H*., which is a superb picture and done as no one else could do it. It is very moving, and I am thoroughly delighted with it, and very glad indeed that we are going to have the opportunity of publishing it.« Worauf der Autor am 2. Februar 1946 entgegnete: »It was very kind of you to say all those extremely nice things about *H.* (...) This little book has already surprised me in many ways – I never thought that people in this country would like this subject – and now I am beginning to wonder whether I'll not have another surprise after *H.* has been published.«

Zu Weiskopfs *Children of their Time* (*Kinder unserer Zeit*) wiederum gibt es eine ausführliche Korrespondenz zwischen dem Autor und verschiedenen Verlagslektoren und Übersetzern, die sich vom Sommer 1947 bis Sommer 1948 erstreckte und sehr gut die Übersetzungsprobleme von Exilwerken dokumentiert. Ferner ist die Korrespondenz von Vertretern des Knopf Verlags mit Weiskopf auch insofern von großem Interesse, weil Letzterer dem Verlag wiederholt Nachkriegswerke anderer Schriftsteller – insbesondere auch tschechischer – vermittelte, wofür ein besonders gutes Beispiel die Empfehlung von Leo Katz' Roman *Die Saat* ist[88], der dann auch in englischer Übersetzung (*Seedtime*) bei Knopf erschien[89], jedoch offenbar nie auf Deutsch veröffentlicht wurde.

IV

Zusammenfassend kann aus den genannten Details, die auch eine knappe Evaluierung der hier nicht im Einzelnen vorgestellten Exilromane beinhalten, folgendes Fazit gezogen werden: Der New Yorker Knopf Verlag hat zwar für die deutschsprachige Exilliteratur eine wichtige, aber nicht *die* überragende Rolle gespielt, welche z. B. europäische Verlage wie Querido und Allert de Lange in Holland, Oprecht in der Schweiz, Editions du Carrefour in Frankreich, Allen & Unwin, Eyre & Spottiswoode, Victor Gollancz, Hamish Hamilton, Hutchinson, Jonathan Cape, Frederick Muller und Secker & Warburg in Großbritannien sowie Bermann-Fischer in Stockholm eingenommen haben. Knopf war, um eine Formulierung Koepkes zu benutzen, nur ein einheimischer Verleger von Exilliteratur in englischer Übersetzung und nicht etwa ein Exilverlag bzw. ein Verleger im Exil[90]; weder Knopf noch Huebsch haben z. B. je die Idee erwogen, ihrem Verlag eine deutsche Abteilung anzugliedern. Auch war Alfred A. Knopf, Inc. bei weitem *nicht* der einzige US-Verlag, der sich deutschsprachiger Exilliteratur in Übersetzung (oder sogar im Original) annahm – Koepke hat darüber bereits vor einiger Zeit ausführlich berichtet[91] –, man denke nur an Doubleday, Doran & Co, Farrar & Rinehart, Simon & Schuster und insbesondere an die Viking Press.

Mit Ausnahme von Thomas Mann[92] hat sich der Knopf Verlag eigentlich in allen Fällen bei der Evaluierung der ihm zur Veröffentlichung angebotenen Manuskripte von handfesten wirtschaftlichen Gesichtspunkten leiten lassen[93], was bedeutete, dass Bücher und fast immer Romane, von denen man glaubte, dass sie sich nicht besonders gut verkaufen würden – die zahlreichen Knopf-Lektoren hatten ganz offensichtlich Anweisungen, hierauf gezielt zu achten –, abgelehnt wurden bzw. bei geringem Verkaufserfolg keine weiteren Publikationen des betreffenden Autors zustande kamen. Koepke hat diesen Aspekten in seinem Aufsatz über New Yorker Verlage von Exilliteratur ein ganzes Kapitel gewidmet (»Die besonderen Bedingungen des amerikanischen Buchmarktes«).[94] Dabei sind insbesondere folgende Gesichtspunkte hervorzuheben: 1. Die wirtschaftlichen Rahmenbedingungen in den Jahren während und nach der Weltwirtschaftskrise waren für das Buchgeschäft alles andere als günstig. 2. Bei der einheimischen amerikanischen Leserschaft gab es kein primäres Interesse an Themen mit europäischem Hintergrund. 3. Bei den New Yorker Verlagen war generell mangelnde Risikobereitschaft festzustellen. 4. Nur einige wenige Star-Autoren wie Feuchtwanger, Thomas Mann und Werfel konnten gut vom Verkauf ihrer Bücher leben, bei allen anderen lag das Einkommen nahe dem Existenzminimum, und die Höhe der Vorschüsse lässt Rückschlüsse auf das geringe Ansehen des jeweiligen Schriftstellers zu. 5. Auffallend ist, dass vielen – wenn nicht den meisten! – Knopf-Lektoren, allen voran dem späteren Präsidenten des Unternehmens, William Koshland, der literarische Spürsinn fehlte, echte Meisterwerke unter der Masse der eingereichten Texte auszumachen. Teilweise war es erschreckend, mit welchen ästhetischen Vorurteilen diese vom Verlag bestellten und bezahlten »readers« an literarische Werke aus einem ganz anderen Kulturkreis – und unter gänzlich anderen politischen Bedingungen entstanden – herangingen! Nur gelegentlich wurde der wahre literarische »Wert« eines dieser deutschsprachigen Exilwerke voll gewürdigt, zu denken ist etwa an Anna Reiners *Manja* (= *Five Destinies*), die Fehlurteile überwogen jedoch bei weitem, wobei als signifikanteste Beispiele die genannten Ablehnungen von Robert Neumanns *By the Waters of Babylon* und Friedrich Torbergs *Mein ist die Rache* gelten dürften. Abgesehen von den Werken Heinrich und Thomas Manns war andererseits die literarische Qualität, sowohl inhaltlich als auch ästhetisch, der bei Knopf in den späten 1930er und frühen 1940er Jahren veröffentlichten Romane deutschsprachiger Autoren generell eher gering. Von den genannten Exilwerken im engeren Sinne, d. h. Lilo Linke: *Tale Without End* (1934) und *Restless Day* (1935), Irmgard Keun: *After Midnight* (1938), Anna Reiner: *Five Destinies* (1939) und *The Coward Heart* (1941), Oscar Schisgall: *Swastika* (1939), F. C. Weiskopf: *The Firing Squad* (1944), *Twilight on the Danube* (1946) und *Children of their Time* (1948), Joseph Wechsberg: *Home-*

coming (1946) sowie Leo Katz: *Seedtime* (1947), können von den *vor* Kriegsende veröffentlichten Romanen eigentlich nur zwei – *After Midnight* und *Five Destinies* – als literarisch anspruchsvoll bezeichnet werden, wohingegen es sich bei Werken wie *The Coward Heart* und *Swastika* um reine Trivialliteratur mit Exilthematik handelte.[95] Ben Huebsch hatte für Viking auf jeden Fall eine sicherere Hand und hielt ein höheres Niveau.[96] Bei Knopf dagegen war ein Querschnitt von Trivialem bis Thomas Mann bestimmend.

Zwar hatte Knopf den Ruf eines Verlages von hoher Literatur, im Falle der deutschsprachigen Exilliteratur trifft dies jedoch nur begrenzt zu, denn er suchte weniger nach »Meisterwerken«, sondern nach Romanen, die kommerziellen Erfolg versprachen. So repräsentiert Knopf das für die USA typische marktorientierte Verlagswesen, »das wenig Sinn für literarischen Rang und vergangene Verdienste hatte und ganz allein nach den Verkaufschancen der Bücher urteilte.« Und mit diesem Verlagswesen ist – wie Koepke betonte – so gut wie jeder Autor früher oder später in Konflikt geraten.[97]

Dem New Yorker Knopf Verlag kommt somit im Bereich der deutschen Exilliteratur im englischsprachigen Ausland keine überragende Rolle zu, ein Ergebnis, das sicher hätte anders ausfallen können, wenn bei der relativ geringen Zahl der angebotenen Texte wirtschaftliche Gesichtspunkte weniger im Vordergrund gestanden hätten und das Lektorat insgesamt *besser* qualifiziert gewesen wäre.[98]

I Bibliografie deutschsprachiger belletristischer Werke in englischer Übersetzung beim Alfred A. Knopf Verlag, New York (seit 1933):[99]

Leo Katz: *Seedtime* (1947)
 Jiddisch 1949 in Israel unter dem Titel: *Zrie-Tzait* (Meksike: Farlag IKUF) erschienen; eine deutsche Ausgabe von *Die Saat* hat es nicht gegeben
Irmgard Keun: *After Midnight* (1938)
 engl. *After Midnight* (London: Secker & Warburg 1938); dt. *Nach Mitternacht* (Amsterdam: Querido 1937)
Lilo Linke: *Tale Without End* (1934)
 engl. *Tale Without End* (London: Constable 1934)
Lilo Linke: *Restless Flags* (1935)
 engl. *Restless Days* (London: Constable 1935)
Heinrich Mann: *Young Henry of Navarre* (1937)
 engl. *King Wren – The Youth of Henri IV* (London: Secker & Warburg 1937); dt. *Die Jugend des Königs Henri Quatre* (Amsterdam: Querido 1935)
Heinrich Mann: *Henry, King of France* (1939)[100]
 engl. zweiteilig als *Henri, King of France* (London: Secker & Warburg 1938) und *The Last Days of Henri Quatre, King of France* (London: Secker & Warburg 1939); dt. *Die Vollendung des Königs Henri Quatre* (Amsterdam: Querido 1938)

Thomas Mann: *Joseph and His Brothers* (1934)
wahrscheinlich handelte es sich hierbei um den ersten Teil von Thomas Manns vierteiligem Roman *Joseph und seine Brüder* mit dem Titel: *Die Geschichten Jakobs* (Berlin: S. Fischer 1933); engl. *The Tales of Jacob* (London: Secker 1934)

Thomas Mann: *Young Joseph* (1935)
engl. *Young Joseph* (London: Secker 1935); dt. *Der junge Joseph* (Berlin: S. Fischer 1934)

Thomas Mann: *Stories of Three Decades* (1936)

Thomas Mann: *Freud, Goethe, Wagner* (1937)

Thomas Mann: *Joseph in Egypt* (1938)
engl. *Joseph in Egypt* (London: Secker & Warburg 1938); dt. *Joseph in Ägypten* (Wien: Bermann-Fischer 1936)

Thomas Mann: *The Beloved Returns* (1940)
engl. *The Beloved Returns* (London: Secker & Warburg 1940); dt. *Lotte in Weimar* (Stockholm: Bermann-Fischer 1939)

Thomas Mann: *The Transposed Heads* (1941)
engl. *The Transposed Heads* (London: Secker & Warburg 1941); dt. *Die vertauschten Köpfe* (Stockholm: Bermann-Fischer 1940)

Thomas Mann: *Joseph the Provider* (1944)
engl. *Joseph the Provider* (London: Secker & Warburg 1945); dt. *Joseph der Ernährer* (Stockholm: Bermann-Fischer 1943)

Thomas Mann: *The Tables of the Law* (1945)
engl. *The Tables of the Law* (London: Secker & Warburg 1947); dt. *Das Gesetz* (Los Angeles: Pazifische Presse 1943 bzw. Stockholm: Bermann-Fischer 1944)

Thomas Mann: *Doctor Faustus. The Life of the German Composer Adrian Leverkühn as told by a Friend* (1948)
dt. *Doktor Faustus. Das Leben des deutschen Tonsetzers Adrian Leverkühn, erzählt von einem Freunde* (Stockholm: Bermann-Fischer 1947)

Alfred Neumann: *The Mirror of Fools* (1933)[101]
engl. *The Mirror of Fools* (London: Jarrolds 1934); dt. *Narrenspiegel* (Berlin: Propyläen-Verlag 1932)

Alfred Neumann: *Another Cesar* (1935)
engl *The New Cesar* (London: Hutchinson 1934); dt. *Neuer Cäsar* (Amsterdam: Allert de Lange 1934)

Alfred Neumann: *The Gaudy Empire* (1937)
engl. *Man of December* (London: Hutchinson 1937); dt. *Kaiserreich* (Amsterdam: Allert de Lange 1936)

Robert Neumann: *The Queen's Doctor* (1936)
engl. *The Queen's Doctor* (London: Victor Gollancz 1936); dt. *Struensee* (Amsterdam: Querido 1935)

Robert Neumann: *Zaharoff* (1936)[102]
engl. *Zaharoff the Armament King* (London: Allen & Unwin 1936); dt. *Sir Basil Zaharoff. König der Waffen* (Zürich: Bibliothek zeitgenössischer Werke 1934)

Anna Reiner: *Five Destinies* (1939)
vgl. dazu Anna Reiner (alias Anna Gmeyner bzw. Anna Murdoch): *The Wall* (London: Secker & Warburg 1939); dt. *Maja. Ein Roman um fünf Kinder* (Amsterdam: Querido 1938)

Anna Reiner: *The Coward Heart* (1941)
engl. *Café du Dôme* (London: Hamish Hamilton 1941)

Oscar Schisgall: *Swastika* (1939)
engl. *Swastika* (London: Jarrolds 1940)

B. Traven: *The Deathship* (1934)
dt. *Das Totenschiff* (Berlin: Büchergilde Gutenberg 1926)

B. Traven: *The Treasure of the Sierra Madre* (1935)
dt. *Der Schatz der Sierra Madre* (Berlin: Büchergilde Gutenberg 1927)

B. Traven: *The Bridge in the Jungle* (1939)[103]
   dt. *Die Brücke im Dschungel* (Berlin: Büchergilde Gutenberg 1929)
Joseph Wechsberg: *Homecoming* (1946)
   engl. *Homecoming* (London: Joseph 1947)
F. C. Weiskopf: *The Firing Squad* (1944)
   engl. *The Firing Squad* (London: Hutchinson 1944); dt. *Himmelfahrtskommando* (Stockholm: Bermann-Fischer 1945)
F. C. Weiskopf: *Twilight on the Danube* (1946)
   dt. *Abschied vom Frieden* (Berlin: Dietz 1950)
F. C. Weiskopf: *Children of their Time* (1948)
   dt. *Kinder ihrer Zeit* (Berlin: Dietz 1951), später auch unter dem Titel *Inmitten des Stroms* (Berlin: Dietz 1955); Weiskopfs erste Roman-Übersetzung erschien hingegen nicht bei Knopf; vgl. dazu F. C. Weiskopf: *Dawn Breaks* (New York: Duell, Sloan & Pearce 1942)

II Bibliografie deutschsprachiger Sachliteratur in englischer Übersetzung beim Alfred A. Knopf Verlag, New York (seit 1933):

Elias Canetti: *The Tower of Babel* (1947)
   engl. *Auto da fé* (London: Jonathan Cape 1946); dt. *Die Blendung* (Wien: Reichner 1936); allerdings war dieses Werk 1936 von Koshland kommentarlos abgelehnt worden (vgl. Box 8)
Alfred Einstein: *A Short History of Music* (1936)
   engl. *A Short History of Music* (London: Cassell 1936); dt. *Geschichte der Musik* (Leipzig: Teubner [1]1918)
Sigmund Freud: *Moses and Monotheism* (1939)
   engl. *Moses and Monotheism* (London: Hogarth 1939); dt. *Der Mann Moses und die monotheistische Religion* (Amsterdam: Allert de Lange 1939)
Egon Erwin Kisch: *Changing Asia* (1935)
   dt. *Asien gründlich verändert* (Moskau: Verlagsgenossenschaft Ausländischer Arbeiter in der UdSSR 1933)
Erich Koch-Weser: *Hitler and beyond. A German Testament* (1945)
   keine dt. Veröffentlichung
Siegfried Kracauer: *Orpheus in Paris* (1938)
   dt. *Jacques Offenbach und das Paris seiner Zeit* (Amsterdam: Allert de Lange 1937)
Klaus Mann: *Journey into Freedom*
   engl. *Journey into Freedom* (London: Victor Gollancz: 1936); dt. *Flucht in den Norden* (Amsterdam: Querido 1934)
Thomas Mann: *An Exchange of Letters* (1937)
   engl. *An Exchange of Letters* (London: o.V. 1937)
Thomas Mann: *The Coming Victory of Democracy* (1938)
Thomas Mann: *This Peace* (1939)
Thomas Mann: *This War* (1940)
   engl. *This War* (London: Secker & Warburg 1940)
Thomas Mann: *Order of the Day* (1942)
   Thomas Mann: *Listen, Germany* (1943)
Ludwig Marcuse: *Plato and Dionysius. A Double Biography* (1947)
   dt. *Plato und Dionys: Der Philosoph und der Diktator* (Berlin: Blanvalet 1950)
Otto Neurath: *Modern Man in the Making* (1939)
Kurt Schuschnigg: *My Austria* (1938)
   engl. *Farewell Austria* (London: Cassell 1938); dt. *Dreimal Österreich* (Wien: Hegner 1937)
Leopold Schwarzschild: *Primer of the Coming World* (1944)
   engl. *Primer of the coming world* (London: Hamish Hamilton 1944)

Peter Viereck: *Metapolitics. From the Romantics to Hitler* (1940)
Theodor Wolff: *The Eve of 1914* (1936)
engl. *Eve of 1914* (London: Victor Gollancz 1935); dt. *Das Vorspiel* (München: Verlag f.
Kulturpolitik 1924)

III Bibliografie vom Alfred A. Knopf Verlag abgelehnter deutschsprachiger Werke (seit 1932):[104]

Raoul Auernheimer: *Wien: Biographie einer Stadt* (1939)
   dt. *Wien: Bild und Schicksal* (Wien: Lorenz 1938). (Box 37)
Werner Bergengruen: *Der Großtyrann und das Gericht* (1938)
   dt. *Der Großtyrann und das Gericht* (Hamburg: Hanseatischer Verlagsanstalt 1935). (Box 39)
Werner Bergengruen: *Am Himmel wie auf Erden* (1947)
   Dt. *Am Himmel wie auf Erden* (Hamburg: Hanseatische Verlagsanstalt 1940). (Box 39)
Ernst Bloch: *Erbschaft dieser Zeit* (1936)
   dt. *Erbschaft dieser Zeit* (Zürich: Oprecht 1935); engl. (*Heritage of our Time*) offenbar erst 1990 in Kalifornien.
Bertolt Brecht: *Die Dreigroschenoper* (1935)
   dt. *Dreigroschenroman* (Moskau: Verlagsgenossenschaft ausländischer Arbeiter in der UdSSR 1935); Box 7
Willi Bredel: *The Ordeal* (1935)
   offenbar nicht in englischer Übersetzung erschienen; Box 7
Marte Brill: *The Crucible* (1941)
   dt. erst kürzlich als *Der Schmelztiegel* (Frankfurt a. M.: Büchergilde Gutenberg 2003); Box 40
Max Brod: *Die Frau, die nicht enttäuscht* (1934)
   dt. *Die Frau [,] die nicht enttäuscht* (Amsterdam: Allert de Lange 1933 bzw. Leipzig, Wien: 1933); Box 7
Max Brod: *Abenteuer in Japan* (1938)
   dt. *Abenteuer in Japan* (Amsterdam: Allert de Lange 1938); Box 7
Hans Carossa: *Führung und Geleit: Ein Lebensgedenkbuch* (1934)
   dt. *Führung und Geleit: Ein Lebensgedenkbuch* (Leipzig: Insel 1933); Box 8
Hans Carossa: *Geheimnis des reifen Lebens* (1937)
   dt. *Geheimnis des reifen Lebens* (Leipzig: Insel-Verlag 1936); eine engl. Übersetzung hat es offenbar nicht gegeben
Heinrich Coudenhove-Kalergi: *Das Wesen des Antisemitismus* (1934)
   dt. *Das Wesen des Antisemitismus* (Leipzig: Der-Neue-Geist-Verlag 1923); Box 9
Franz Theodor Csokor: *Als Zivilist* (1940)
   dt. *Als Zivilist im polnischen Krieg* (Amsterdam: Allert de Lange 1940); Box 43
Alfred Döblin: *Babylonische Wandrung oder Hochmut kommt vor dem Fall* (1934)
   dt. *Babylonische Wandrung oder Hochmut kommt vor dem Fall* (Amsterdam: Querido 1934); Box 11
Alfred Döblin: *Pardon wird nicht gegeben* (1935)
   engl. *Men Without Mercy* (London: Victor Gollancz 1937); dt. *Pardon wird nicht gegeben* (Amsterdam: Querido 1935); Box 11
Alfred Döblin: *Land ohne Tod* (1937)
   dt. *Land ohne Tod* (Amsterdam: Querido 1937); (Box 44); *Land ohne Tod* und *Der blaue Tiger* sind die ersten beiden Bände von Döblins *Amazonas*-Trilogie. Der Obertitel sollte offenbar ursprünglich *Das Land ohne Tod* sein. Die erste Ausgabe nach dem Krieg erschien in drei Bänden mit dem Obertitel *Amazonas* (Baden-Baden: Keppler 1947 / 48); Titel des dritten Bandes war *Der neue Urwald* (= der letzte Teil des vorigen zweiten Bandes *Der blaue Tiger*). Später gab Walter Muschg *Amazonas* im Rahmen der »Ausgewählten Werke

in Einzelausgaben« heraus   (Olten / Freiburg i. Br.: Walter 1963), ließ jedoch den dritten Teil einfach als irrelevant und ästhetisch missglückt weg. Inzwischen gibt es jedoch im Walter-Verlag (1988) eine komplette Ausgabe

Alfred Döblin: *Der blaue Tiger* (1938)

   dt. *Der blaue Tiger* (Amsterdam: Querido 1938); Box 44

Alfred Döblin: *Der unsterbliche Mensch* (1947)

   dt. *Der unsterbliche Mensch* (Freiburg i.Br.: Alber 1946); Box 44

Kasimir Edschmid: *Erika* (1939)

   dt. *Erika. Roman einer Leidenschaft* (Berlin: Zsolnay 1938); Box 45

Kasimir Edschmid: *Das gute Recht* (1947)

   dt. *Das gute Recht* (München: Desch 1946); Box 45

Hans Fallada: *Kleiner Mann, was nun?* (1932)

   engl. *Little man, what now?* (New York: Simon and Schuster 1933); dt. *Kleiner Mann, was nun?* (Berlin: Rowohlt 1932); Box 12

Hans Fallada: *Bauern, Bonzen und Bomben* (1932)

   dt. *Bauern, Bonzen und Bomben* (Berlin: Rowohlt 1931); eine Übersetzung ins Englische hat es offenbar nicht gegeben; Box 12);

Gertrud von le Fort: *Papst aus dem Ghetto* (1932)

   dt. *Der Papst aus dem Ghetto* (München: Ehrenwirth 1930); Box 32

Heinrich Fraenkel: *The Other Germans* (1943)

   engl. *The Other Germans* (London: Lindsay Drummond 1942); Box 46

Bruno Frank: *Storm in a Waterglass* (1931)

   dt. *Sturm im Wasserglas – Komödie* (München: Drei Masken Verlag 1930); Box 13

Bruno Frank: *Cervantes* (1934)

   engl. *A Man Called Cervantes* (London: Cassell 1934 bzw. New York: Viking 1935); dt. *Cervantes* (Amsterdam: Querido 1934); Box 13

Leonhard Frank: *In the last Coach* (1935)

   engl. *In the last coach* (London: John Lane 1934); dt. *Im letzten Wagen* (Berlin: Rowohlt 1925); Box 13

Leonhard Frank: *Three of three millions* (1935)

   engl. *Three of three million* (London: John Lane 1936); dt. *Von drei Millionen drei* (Berlin: S. Fischer 1932); s. ferner: *Das Ochsenfurter Männerquartett* & *Von drei Millionen drei* (Amsterdam: Querido 1936); Box 13

Leonhard Frank: *Mathilde* (1944)

   dt. *Mathilde* (Los Angeles: Pazifische Presse 1943; Amsterdam: Querido 1948); Box 46

Oskar Maria Graf: *Unruhe um einen Friedfertigen* (1945)

   dt. *Unruhe um einen Friedfertigen* (New York: Aurora 1947); eine englischen Übersetzung hat es nicht gegeben; Box 47

Robert Grötzsch: *Wir suchen ein Land* (1935)

   dt. *Wir suchen ein Land* (Bratislava: Prager 1936); Box 45

Martin Gumpert: *Der Geburtstag* (1946)

   dt. *Der Geburtstag* (Amsterdam: Querido: 1948); Box 48

Hans Habe: *Tödlicher Frieden* (1939)

   dieses Buch konnte weder auf Deutsch noch auf Englisch eruiert werden; Box 48

Sebastian Haffner: *Jekyll and Hyde* (1940)

   engl. *Jekyll and Hyde* (London: Secker & Warburg 1940); dt. 1996 als Rückübersetzung unter dem Titel *Jekyll und Hyde* veröffentlicht (Berlin: Verlag 1900 [1996]); Box 48

Sebastian Haffner: *Offensive against Germany* (1941)

   engl. *Offensive against Germany* (London: o.V. 1941); Box 48

Konrad Heiden: *Ein Mann gegen Europa* (1937)

   dt. *Ein Mann gegen Europa* (Zürich: Europa Verlag 1937); engl. *One Man against Europe* (Harmondsworth: Penguin 1939); Box 16

Konrad Heiden: *Europäisches Schicksal* (1938)

   dt. *Europäisches Schicksal* (Amsterdam: Querido 1937); Box 49

Georg Hermann: *Rosenemil* (1936)

dt. *Rosenemil* (Amsterdam: Allert de Lange 1935); Box 16

Ödon von Horvath: *Jugend ohne Gott* (1937)

engl. *Youth without God* etc. (London: Methuen 1938); dt. *Jugend ohne Gott* (Amsterdam: Allert de Lange 1938); Box 32

Erich Kästner: *Drei Männer im Schnee* (1935)

engl. *Three men in the snow* (London: Jonathan Cape 1935); dt. *Drei Männer im Schnee* (Zürich: Atrium 1931); Box 18

Erich Kästner: *Der kleine Grenzverkehr oder Georg und die Zwischenfälle* (1939)

dt. *Der kleine Grenzverkehr oder Georg und die Zwischenfälle* (Basel: Atrium 1939); Box 51

Leo Katz: *Brennende Dörfer* (1942)

dt. erst kürzlich als Leo Katz: *Brennende Dörfer* (Wien: Verlag f. Gesellschaftskritik 1993); Box 51

Leo Katz: *Totenjäger* (1945)

dt. *Totenjäger* (Mexico City: El Libro Libre 1944; später auch jiddische Ausgabe); Box 51

Gina Kaus: *Catherine the Great* (1934)

engl. *Catherine the Great* (London: Cassell 1934 bzw. New York: Viking 1935); dt. *Katharina die Große* (Amsterdam: Allert de Lange 1935); Box 18

Gina Kaus: *Der Teufel nebenan* (1939)

dt. *Der Teufel nebenan* (Amsterdam: Allert de Lange 1940); Box 51

Hermann Kesten: *Der Gerechte* (1934)

dt. *Der Gerechte* (Amsterdam: Allert de Lange 1934); Box 19

Hermann Kesten: *Happy Man!* (1935)

engl. *Happy Man!* (London: John Lane 1935 bzw. New York: Wyn 1947); dt. *Glückliche Menschen* (Berlin: Kiepenheuer 1931); Box 19

Hermann Kesten: *Ferdinand und Isabella* (1937)

dt. *Ferdinand und Isabella* (Amsterdam: Allert de Lange 1936); Box 19

Hermann Kesten: *Spanish Fire* (1937)

engl. *Spanish Fire* (London: Hutchinson 1937); Box 19

Irmgard Keun: *The Artificial Silk Girl* (1933)

engl. *The Artificial Silk Girl* (London: Chatto & Windus 1933); dt. *Das kunstseidene Mädchen* (Berlin: Universitas 1932); Box 19

Irmgard Keun: *Das Mädchen mit dem die Kinder nicht verkehren durften* (1936)

dt. *Das Mädchen mit dem die Kinder nicht verkehren durften* (Amsterdam: Allert de Lange 1936); eine englische Übersetzung hat es offenbar nicht gegeben; Box 19

Irmgard Keun: *D-Zug Dritter Klasse* (1938)

dt. *D-Zug Dritter Klasse* (Amsterdam: Querido 1938); eine englische Übersetzung hat es offenbar nicht gegeben; Box 19

Egon Erwin Kisch: *Prager Pitaval* (1934)

dt. *Prager Pitaval* (Berlin: Reiss 1931); eine englische Übersetzung hat es offenbar nicht gegeben; Box 20

Egon Erwin Kisch: *Geschichten aus dem Ghetto* (1934)

engl. *Tales from seven ghettos* (London: Anscombe 1948); dt. *Geschichten aus sieben Ghettos* (Amsterdam: Allert de Lange 1934); Box 20

Egon Erwin Kisch: *Eintritt verboten* (1935)

dt. *Eintritt verboten* (Paris: Editions du Carrefour 1934 bzw. Zürich/Prag: Universum Bücherei 1934); eine englische Übersetzung hat es offenbar nicht gegeben; Box 20

Wolfgang Koeppen: *Eine unglückliche Liebe* (1935)

dt. *Eine unglückliche Liebe* (Berlin: Cassirer 1934); Box 20

Wolfgang Koeppen: *Die Mauer schwankt* (1935)

dt. *Die Mauer schwankt* (Berlin: Cassirer 1935); engl. *A sad affair* erst (New York: Norton 2003); Box 20

Annette Kolb: *Die Schaukel* (1935)

dt. *Die Schaukel* (Berlin: S. Fischer 1934); eine englische Übersetzung hat es offenbar nicht gegeben; Box 51

Siegfried Kracauer: *History of the German Cinema* (1944)

engl. *A psychological history of the German film* (London / New York: Dennis Dobson 1947); Box 51

Else Lasker-Schüler: *Das Hebräerland* (1937)

dt. *Das Hebräerland* (Zürich: Oprecht 1937); eine englische Übersetzung hat es offenbar nicht gegeben; Box 20

Alexander Lernet-Holenia: *Jo und der Herr der Pferde* (1935)

dt. *Jo und der Herr der Pferde* (Berlin: Kiepenheuer 1933); eine englische Übersetzung hat es offenbar nicht gegeben; Box 20

Alexander Lernet-Holenia: *Die Standarte* (1935)

dt. *Die Standarte* (Berlin: S. Fischer 1934); eine englische Übersetzung hat es offenbar nicht gegeben; Box 20

Lilo Linke: *Cancel all Vows* (1937)

engl. *Cancel all Vows* (London: Constable 1938); eine deutsche Fassung hat es offenbar nicht gegeben

Lilo Linke: *Down the Andes* (1942)

engl. *Andean Adventure* (London: Hutchinson 1945)

Hubertus Prinz zu Löwenstein: *Conquest of the Past* (1940)

engl. *Conquest of the Past* (London: Faber and Faber 1938 bzw. Boston: Houghton Mifflin 1938); eine deutsche Fassung hat es offenbar nicht gegeben Box 21

Ernst Lothar: *Romanze F-Dur* (1935)

dt. *Romanze F-Dur* (Wien: Zsolnay 1935); eine englische Fassung hat es offenbar nicht gegeben; Box 21

Erika Mann: *Stoffel Flies Across the Ocean* (1934)

dt. *Stoffel fliegt übers Meer* (Stuttgart: Levy & Müller 1932); eine englische Übersetzung hat es offenbar nicht gegeben; Box 22

Heinrich Mann: *Hate* (1934)

dt. *Der Haß – Deutsche Zeitgeschichte* (Amsterdam: Querido 1933); Box 22

Heinrich Mann: *Es kommt der Tag* (1936)

dt. *Es kommt der Tag* (Zürich: Europa Verlag 1936; Box 22

Heinrich Mann: *Minerva* (1937)

dt. *Minerva* (= Bd. 2 von *Die Göttinnen. Die drei Romane der Herzogin von Assy* [Berlin: Lange 1903]); Box 22

Heinrich Mann: *Empfang bei der Welt* (1941)

dt. *Empfang bei der Welt* (Berlin: Aufbau 1956); eine englische Übersetzung hat es offenbar nicht gegeben; Box 54

Klaus Mann: *Kind dieser Zeit* (1942)

dt. *Kind dieser Zeit* (Berlin: Transmere 1932); Box 22

Klaus Mann: *Symphonie Pathétique* (1935)

dt. *Symphonie Pathétique* (Amsterdam: Querido 1935); Box 22

Klaus Mann: *Mephisto* (1936)

dt. *Mephisto* (Amsterdam: Querido 1936); eine Übersetzung erschien erst nach dem Kriege (New York: Random House 1977); Box 22

Klaus Mann: *Pathetic Symphony* (1937)

engl. *Pathetic Symphony* (London: Victor Gollancz 1935); dt. s. o. Box 22

Konrad Merz: *Ein Mensch fällt aus Deutschland* (1936)

dt. *Ein Mensch fällt aus Deutschland* (Amsterdam: Querido 1936); eine englische Übersetzung hat es offenbar nicht gegeben; Box 23

Ferenc Molnar: *Der musizierende Engel* (1934)

dt. *Der musizierende Engel* (Berlin/Wien/Leipzig: Zsolnay 1933); engl. *Angel making music* (London: Nicholson & Watson 1934 bzw. New York: Smith & Haas 1935); Box 23

Soma Morgenstern: *Der Sohn des verlorenen Sohns* (1940)
dt. *Der Sohn des verlorenen Sohnes* (Berlin: Reiss 1935); engl. *The Son of the Lost Son* (Philadelphia: The Jewish Publication Society of America 1946); Box 56
Soma Morgenstern: *In my father's pastures* (1943)
engl. *In my Father's Pastures* (Philadelphia: The Jewish Publication Society of America 1947); dt. unter dem Titel *In einer anderen Zeit* erst in jüngster Zeit (Lüneburg: Klampen 1995); Box 56
Hermynia Zur Mühlen: *The Wheel of Life* (1933)
engl. *The Wheel of Life* (London: Arthur Barker 1933 bzw. New York Frederick A. Stockes 1933); dt. *Das Riesenrad* (Stuttgart: Engelhorns Nachf. 1932)
Alfred Neumann: *Kleine Helden* (1935)
dt. *Kleine Helden* (Paris: Europäischer Merkur 1934); eine englische Übersetzung hat es offenbar nicht gegeben; Box 24
Alfred Neumann: *The Life of Christina of Sweden* (1935)
engl. *The Life of Christina of Sweden* (London: Hutchinson 1934); dt. *Königin Christine von Schweden* (Amsterdam: Allert de Lange 1936); Box 24
Alfred Neumann: *Goldquelle* (1938)
dt. *Goldquelle* (Amsterdam: Allert de Lange 1936); eine englische Übersetzung hat es offenbar nicht gegeben; Box 24
Alfred Neumann: *Die Volksfreunde* (1939)
engl. *The Friends of the People* (London: Hutchinson 1940 bzw. New York: Macmillan 1942); eine deutsche Ausgabe von *Die Volksfreunde* ist offenbar nie erschienen; Box 56
Alfred Neumann: *The Friends of the People* (1941)
engl. *The Friends of the People* (London: Hutchinson 1940 bzw. New York: Macmillan 1942); eine deutsche Ausgabe ist offenbar nie erschienen; Box 56
Robert Neumann: *By the Waters of Babylon* (1939)
engl. *By the Waters of Babylon* (London: Dent 1939 bzw. New York: Simon & Schuster 1940); dt. *An den Wassern von Babylon* (Oxford: East and West Library 1945 bzw. München: Desch 1954); Box 56
Robert Neumann: *Scene in Passing* (1942)
engl. *Scene in Passing* (London: Dent 1942); eine deutsche Ausgabe ist offenbar nie erschienen; Box 56
Karl Otten: *Torquemadas Schatten* (1939)
dt. *Torquemadas Schatten* (Stockholm: Berman-Fischer 1938); eine englische Übersetzung hat es offenbar nicht gegeben; Box 25
Theodor Plivier: *Revolt on the Pampa* (1936)
engl. *Revolt on the Pampa* (London: Michael Joseph 1937; Box 26
Theodor Plivier: *Das große Abenteuer* (1936)
dt. *Das große Abenteuer* Amsterdam: Allert de Lange 1936); eine englische Übersetzung hat es offenbar nicht gegeben; Box 26
Theodor Plivier: *Stalingrad* (1945)
dt. *Stalingrad* (Berlin: Aufbau 1945); Box 58
Gustav Regler: *Im Kreuzfeuer* (1934)
dt. *Im Kreuzfeuer. Ein Saarroman* (Paris: Editions du Carrefour 1934 bzw. Moskau: Verlagsgenossenschaft ausländischer Arbeiter in der UdSSR 1934); Box 58
Gustav Regler: *The great Example* (1938)
engl. *The Great Crusade* (New York: Longmans, Green 1940); dt. *Das große Beispiel. Roman aus dem spanischen Bürgerkrieg* (Frankfurt a.M.: Büchergilde Gutenberg 1976); Box 58
Gustav Regler: *Through Day and Night* (1941)
eine frühe Fassung von Gustav Reglers posthum veröffentlichtem Roman *Juanita* (Frankfurt a.M.: Büchergilde Gutenberg 1986); Box 58
Gustav Regler: *I would do it again* (1947)
Titel des Einleitungskapitels von Gustav Reglers autobiographischem Roman: *Das Ohr des Malchus* (Köln / Berlin: Kiepenheuer & Witsch 1958); Box 58

Gustav Regler: *Vulkanisches Land* (1947)
dt. *Vulkanisches Land. Ein Buch von vielen Festen und mehr Widersprüchen* (Saarbrücken: Saar-Verlag 1947); Box 58
Joseph Roth: *Beichte eines Mörders* (1936)
dt. *Beichte eines Mörders erzählt in einer Nacht* (Amsterdam: Allert de Lange 1936); engl. *Confession of a Murderer* (London: Hale 1938); Box 27
Anna Reiner: *Inward Bound* (1936)
offenbar weder auf Deutsch noch auf Englisch erschienen; Box 59
Felix Salten: *Florian, das Pferd des Kaisers* (1934)
dt. *Florian, das Pferd des Kaisers* (Berlin: Zsolnay 1933); engl. *Florian, an emperor's horse* (London: Jonathan Cape 1934); Box 28
Oscar Schisgall: *Wings of Wrath* (1940)
offenbar weder auf Deutsch noch auf Englisch erschienen; Box 60
Ernst Schnabel: *Nachtwind* (1946)
dt. *Nachtwind* (Hamburg: Govert 1942 bzw. Leipzig: Tauschnitz 1942); Box 60
Walter Schönstedt: *Auf der Flucht erschossen* (1934)
dt. *Auf der Flucht erschossen* (Paris: Editions du Carrefour 1934 bzw. Moskau: Verlagsgenossenschaft ausländischer Arbeiter in der UdSSR 1934); engl. *Shot while escaping* (London: Wishart 1934); Box 29
Leopold Schwarzschild: *Disillusionment* (1941)
engl. *End to Illusion* (London: Allen Lane 1934); dt. *Das Ende der Illusion* (Amsterdam: Querido 1933); Box 29
Anna Seghers: *Der Kopflohn* (1934)
dt. *Der Kopflohn* (Amsterdam: Querido 1933); dieses Werk Anna Seghers' erschien erst 1962 in Übersetzung als *The Price on His Head* bei Seven Seas Publishers in Berlin 1962 (= *Two Novelettas. Revolt of the Fishermen of Santa Barbara & The Price on His Head*); Box 60
Anna Seghers: *Der Weg durch den Februar* (1935)
dt. *Der Weg durch den Februar* (Paris: Editions du Carrefour 1935 bzw. Verlagsgenossenschaft Ausländischer Arbeiter in d. UdSSR 1935); Box 60
Anna Seghers: *Die Gefährten* (1936)
dt. *Die Gefährten* (Berlin: Kiepenheuer 1932); Box 60
Anna Seghers: *Die Rettung* (1937)
dt. *Die Rettung* (Amsterdam: Querido 1937); Box 60
Ernst Sommer: *Revolte der Heiligen* (1944)
dt. *Revolte der Heiligen* (Mexico City: El Libro Libre 1944); Box 61
Wilhelm Speyer: *Der Hof der schönen Mädchen* (1935)
dt. *Der Hof der schönen Mädchen* (Amsterdam: Querido 1935); engl. *The court of fair maidens* (London: Victor Gollancz 1936); Box 30
Hilde Spiel: *Flute and Drums* (1939)
engl. *Flute and Drums* (London: Jonathan Cape 1940); dt. *Flöte und Trommeln* (Wien: Wiener Verlag 1949 bzw. Hamburg: Krüger Verlag 1949); Box 61
Frank Thiess: *Der Weg zu Isabelle* (1935)
dt. *Der Weg zu Isabelle* (Berlin: Zsolnay 1934); eine Übersetzung ins Englische ist offenbar nicht erschienen; Box 31
Ernst Toller: *Seven Plays* (1934)
engl. *Seven Plays* (London: John Lane 1935 bzw. New York: Liverlight Publication 1936) Box 31
Friedrich Torberg: *Mein ist die Rache* (1940)
dt. *Mein ist die Rache* (Los Angeles: Pazifische Presse 1943); Box 63
Ernst Weiß: *Der Gefängnisarzt* (1935)
dt. *Der Gefängnisarzt oder die Vaterlosen* (Leipzig / Mährisch-Ostrau Kittl 1934); Box 33
Ernst Weiß: *Der arme Verschwender* (1936)
dt. *Der arme Verschwender* (Amsterdam: Querido 1936); Box 33

Friedrich Wolf: *Professor Mamlock* (1935)
  dt. *Professor Mamlock* (Zürich: Oprecht 1935); engl. *Professor Mamlock, a play* (New York: Universum Publication 1935); Box 34
Carl Zuckmayer: *Herr über Leben und Tod* (1939)
  dt. *Herr über Leben und Tod* (Stockholm: Bermann-Fischer 1938); Box 66
Arnold Zweig: *The Axe of Wandsbek* (1943)
engl. *The Axe of Wandsbek* (New York: Viking 1947 bzw. London: Hutchinson 1948); dt. *Das Beil von Wandsbek* (Stockholm: Neuer Verlag 1947; eine Übersetzung ins Jiddische war bereits 1943 unter dem Titel *Ha Kardom chel Wandsbek* erschienen Haifa: Sifriat Poalim]); Box 66

1 Vgl. dazu *Portrait of a Publisher 1915–1965*, 2 Bde., mit einer Einleitung v. Paul A. Bennett. Tl. 1: *Reminiscences and Reflections by Alfred A. Knopf*, Tl. 2: *Alfred A. Knopf and the Borzoi Imprint: Recollections and Appreciations*. New York 1965; s. ferner die Sonderausgabe von *The Library Chronicle of the University of Texas at Austin* 26 (1995), 1/2, hg. v. Dave Oliphant, deren 272 Seiten ganz dem Knopf Verlag gewidmet sind; Cathy Henderson (Hg.): *Alfred A. Knopf. »Those Damned Reminiscences«: Further Selections from the Memories of Alfred A. Knopf*. Austin 1965; John Tebbel: *Between Covers: The Rise and Transformation of Book Publishing in America*. New York 1987, bes. Kpt. 10: »A New Generation«, S. 228 ff. — **2** Vgl. dazu Thomas Hansens Beitrag »Covering Exile Literature: The Book Design of George Salter« auf einer Tagung der amerikanischen Exil-Gesellschaft in Lawrence, KS im September 2003 (»The Alchemy of Exile: Creative Response to Expulsion from Nazi-Dominated Europe«), dem zu entnehmen war, dass Salter ca. 1.700 Umschläge entwarf, davon 1.000 im amerikanischen Exil, wo er für fast alle großen englischsprachigen Verlage arbeitete, u.a. Knopf, Simon & Schuster und Viking. — **3** Vgl. dazu Tebbel: *Between Covers* (s. Anm. 1), S. 374–375. — **4** Vgl. dazu The New York Public Library. Humanities and Social Sciences Library. Manuscripts and Archives Division. Alfred A. Knopf, Inc. Records, 1914–1961 (Knopf-Nachlass, bearbeitet von Valerie Wingfield, Juni 1999); vgl. dazu Anm. 9. — **5** Beide Nachlässe sind voll erschlossen und katalogisiert, wobei allerdings bei der Auswertung erschwerend war, dass sowohl in Austin als auch New York für die Inhalte der zahlreichen Boxen – obwohl alphabetisch geordnet – keine detaillierte Aufschlüsselung existiert, so dass jede Box einzeln manuell bearbeitet werden musste. — **6** Allerdings sind einige Briefwechsel – so z. B. der zwischen Knopf und Thomas Mann – ausgesondert worden. Vgl. dazu die folgenden Beiträge von Jeffrey B. Berlin: »On the Making of the *Magic Mountain*: The Unpublished Correspondence of Thomas Mann, Alfred A. Knopf, and H. T. Lowe-Porter«. In: *Seminar*, Jg. 28 (1992), S. 283–320; [in Zusammenarbeit mit Julius M. Herz]: »›Ein Lese- und Bilderbuch von Menschen‹: Unpublished Letters of Thomas Mann, Alfred A. Knopf, and H. T. Lowe-Porter, 1929–1934, with Special Reference to the *Joseph Novels*«. In: *Seminar*, Jg. 30 (1994), S. 221–275; »›Ihr Gedanke dieser Äußerung in Amerika noch eine etwas weitere Publizität zu verschaffen, ist mir sehr sympathisch.‹ Thomas Mann's Unpublished Correspondence from 5 January 1936 to 3 May 1936 with Alfred A. Knopf, and H. T. Lowe-Porter«. In: *Euphorion*, Jg. 95 (2001), S. 197–210. — **7** Vgl. dazu den Fall von Klaus Manns Roman *Symphonie Pathétique* (1935) bzw. der englischen Übersetzung *Pathetic Symphony* (1937), wo nicht weniger als sechs Knopf-Mitarbeiter involviert waren (C. Abbott, R. Hellman, A. Knopf, B. Knopf, W. Koshland u. B. Smith) und sogar Ben Huebsch (von Viking Press) sich einschaltete, der Alfred Knopf in einem Schreiben vom 29. November 1935 empfahl: »You are well advised to reject Mann's book. The book is quite without imagination, and it has not even the saving quality of good craftmanship«

(Box 22). — **8** Vgl. dazu S. 139. — **9** *The Alfred Knopf Records Finding Aid*, 5 Bde. (Austin: Harry Ransom Humanities Research Center); vgl. auch die folgende Website: http://ww.hrc. utexas.edu/research/fa/knopf.html (Juni 2004). — **10** Vgl. dazu allerdings Anm. 6. Meine Tätigkeit am Harry Ransom Humanities Research Center in Austin erstreckte sich weniger auf die dortige Korrespondenz des Knopf Verlages als auf die Akten zu den Exilautoren und deren Werken; folglich bleibt es zukünftigen Forschern vorbehalten zu ermitteln, ob sich evtl. an Hand von noch nicht ausgewerteten Briefwechseln des Verlegers und seiner Mitarbeiter mit Exilautoren ein differenzierteres Bild vom Knopf Verlag ergeben könnte. — **11** Vgl. dazu die Bibliografie im Anhang dieses Beitrags; nach Kriegsende erschienen weitere Übersetzungen von Thomas Manns Werken bei Knopf, so u. a.: *Doctor Faustus* (1948) *The Holy Sinner* (1951) und *Confessions of Felix Krull, Confidence Man* (1955). — **12** *A Complete List of Borzoi Books*. Published by Alfred A. Knopf, 730 5th Ave, New York, später 501 Madison Ave, New York. — **13** A. Kluges »reader's report« vom 11.8.1932 (Box 12). — **14** A. Kluges »reader's report« vom 18.5.1932 (Box 12). — **15** L. Kronenbergers »reader's report« vom 11.12.1933 (Box 19). — **16** A. Kluges »reader's report« vom 19.10.1931 (Box 24). — **17** C. Abbotts »reader's report« vom 22.12.1934 (Box 22). — **18** William Koshlands »reader's report« vom 20.7.1936 (Box 19). — **19** William Koshlands »reader's report« vom 22.3.1938 (Box 19). — **20** Bernard Smith' »reader's report« vom 9.12.1937 (Box 27). — **21** Rita Reids »reader's report« vom 21.8.1938 (Box 24). — **22** Vgl. dazu auch die Verhandlungen mit Knopf über *The Pact* im Jahre 1948 und insbesondere Charlton G. Powers äußerst positiven »reader's report« vom 28.5.1948 (Alfred Neumann: *Pakt* [Stockholm: Neuer Verlag 1949]). — **23** Hinsichtlich der Publikation einer möglichen Übersetzung dieses Romans im Knopf Verlag vgl. einen langen, persönlichen Brief des Verlegers vom 17.9.1936 an den Autor (HRC, Knopf Nachlass, Box 693.8). — **24** W. V. McKees »reader's report« vom 28.2.1944 (Box 60). — **25** In Jane Lawsons »reader's report« vom Oktober 1944 wurde dieser Roman als »spiritual novel« abgetan (Box 59). — **26** Paul Hoffmanns »reader's report« vom 5.3.1939 (Box 24). — **27** Das Datum des Eingangsjahres ist jeweils in Klammer vermerkt. Zahlreiche weitere Eingaben *vor 1933* fanden hier *keine* Berücksichtigung. Es handelte sich, nebenbei bemerkt, bei dieser Zusammenstellung nicht ausschließlich um Werke »äußerer«, sondern gelegentlich auch um solche »innerer« Emigranten. Das gleiche Schicksal (= Ablehnung) traf übrigens auch einige prominente englischsprachige Autoren; so wurden z. B. in den 1930er Jahren u. a. John Lehmanns Romane *Evil was Abroad* (London: The Cresset Press 1938) bzw. *Down River* (London: The Cresset Press 1942) zurückgewiesen sowie die folgenden Werke von Christopher Isherwood: *The Memorial* (London: Hogarth 1932) u. *Lions and Shadows* (London: Hogarth 1938); vgl. dazu etwa die seitenlangen Berichte von P. Hoffman und C. Abbott zu *Evil was Abroad* (Box 20) bzw. zu Isherwood (Box 17). Das krasseste Fehlurteil war jedoch die Ablehnung von George Orwells *Animal Farm* (1945) durch »reader« Jane Lawson zu Beginn des »Kalten Krieges«, die am 25. September 1945 schrieb: »Stupid and pointless fable in which the animals take over a farm and own it, and their society takes about the course of the Soviet Union.« (Box 53). — **28** William Koshlands »reader's report« vom 2.5.1934 (Box 20). — **29** William Koshlands »reader's report« vom 20.3.1936 (Box 16). — **30** William Koshlands »reader's report« vom 3.11.1937 (Box 32). — **31** F. Dobos »reader's report« vom 17.5.1937 (Box 20) — **32** R. Nordens »reader's report« vom 29.7.1935 (Box 33). — **33** Rita Reids »reader's report« vom 21.2.1938 (Box 24). — **34** Bernard Smith'« »reader's report« vom 5.2.1941 (Box 56). — **35** William Koshlands »reader's report« vom 22.3.1938 (Box 19). — **36** Paul Hoffmans »reader's report« vom 24.2.1939 (Box 61). — **37** Hierbei scheint es sich um eine sehr frühe Fassung dieses Werkes zu handeln, die im Dezember 1941 über Langhoff eingereicht wurde; eine Übersetzung ins Englische hat es offenbar nicht gegeben (Box 54). — **38** Paul Hoffmans »reader's report« vom 19.6.1941 (Box 54). — **39** Rita Reids »reader's report« vom 23.5.1934 (Box 60). — **40** C. Abbotts »reader's report« vom 24.9.1935 (Box 7). — **41** William Koshlands »reader's report« vom 22.8.1935 (Box 13). — **42** William Koshlands »reader's report« vom 19.11.1935 (Box 21). — **43** William Koshlands »reader's report« vom 19.6.1936 (Box 28). — **44** Paul Hoffmans »reader's report«

vom 15.9.1944 (Box 61). — **45** William Koshlands »reader's report« vom 5.11.1934 (Box 11). — **46** William Koshlands »reader's report« vom 25.1.1934 (Box 7). — **47** William Koshlands »reader's report« vom 18.12.1935 (Box 15) — **48** William Koshlands »reader's report« vom 27.12.1935; R. Nordens Kommentar vom 31.12.1935 lautete: »Other books by Kaestner, such as *Emil and the Detectives* [...], much better than this one, had a great success in Germany, but not over here. Therefore I am doubtful whether Kaestner's brand of dry humor will appeal to an American audience.« (Box 18) — **49** R. Nordens »reader's report« vom 21.12.1934 (Box 20). — **50** William Koshlands »reader's report« vom 1.3.1935 (Box 51). — **51** Harold Strauss' »reader's report« vom 10.9.1942 (Box 53). — **52** L. Kronenbergers »reader's report« vom 19.12.1933 (Box 39); vgl. dazu auch C. Abbotts Kommentar vom 27.11.1933: »Two light and shallow novels [bei dem anderen Buch handelte es sich um *Gilgi* (1931)] of no more than temporary value.« (Box 19). — **53** William Koshlands »reader's report« vom 18.6.1934 (Box 8). — **54** Bernard Smith' »reader's report« vom 10.7.1934 (Box 18). — **55** William Koshlands »reader's report« vom 2.10.1934 (Box 19). — **56** William Koshlands »reader's report« vom 1.3.1935 (Box 29). — **57** C. Abbotts »reader's report« vom 21.1.1936 (Box 31). — **58** William Koshlands »reader's report« vom 29.7.1935 (Box 11). — **59** R. Nordens »reader's report« vom 29.7.1935 (Box 34) — **60** William Koshlands »reader's report« vom 12.11.1935 (Box 26). — **61** Bernard Smith' »reader's report« vom 22.12.1937 (Box 21). — **62** Paul Hoffmans »reader's report« vom 28.6.1939 (Box 66). — **63** Jane Lawsons »reader's report« vom Oktober 1944 (Box 59). — **64** William Koshlands »reader's report« vom 15.4.1938 (Box 7). — **65** R. Nordens »reader's report« vom 18.1.1935 (Box 33). — **66** William Koshlands »reader's report« vom 28.7.1936 (Box 22). — **67** William Koshlands »reader's report« vom 2.8.1936 (Box 60); B. Smith' Empfehlung an Alfred Knopf vom 23.5.1936 lautete: »I therefore urge you to consider seriously Mr. Koshland's summary just published in *Sammlung*.« (Box 60) Zu Anna Seghers vgl. S. 139. — **68** William Koshlands »reader's report« vom 2.10.1934 (Box 19). — **69** William Koshlands »reader's report« vom 8.1.1935 (Box 7). — **70** William Koshlands »reader's report« vom 22.7.1936 (Box 19). — **71** Wulf Koepke: »Exilautoren und ihre deutschen und amerikanischen Verleger in New York«. In: John M. Spalek / Joseph Strelka (Hg.): *Deutschsprachige Exilliteratur seit 1933* Bd. 2: *New York* Tl. 2. Bern 1989, S. 1409–1445, hier S. 1413. — **72** Rita Reids »reader's report« vom 23.5.1934 (Box 60) sowie Koshlands Ausführungen (vgl. Anm. 67). — **73** Anna Seghers: *The Seventh Cross* (Boston: Little, Brown & Co 1942); der Titel der deutschen Erstausgabe lautete: *Das siebte Kreuz* (Mexico City: El Libro Libre 1943). — **74** Anna Seghers: *Transit* (Boston: Little, Brown & Co 1944), eine deutsche Ausgabe erschien erst 1948 bei Weller in Konstanz; von den von Anna Seghers im Exil geschriebenen Romanen erschien ansonsten nur noch eine Übersetzung von *Die Toten bleiben jung* als *The Dead Stay Young* (London: Eyre & Spottiswoode 1950 bzw. Boston: Little, Brown & Co 1950). — **75** A. Kluges »reader's report« vom 3.6.1932 (Box 22). — **76** Vgl. dazu die »reader's reports« von W. A. Koshland, Rhoda Hellman, Ben Huebsch u. Samuel Putnam (Koshland schrieb zu z. B.: »the whole spirit of the book is false« [Box 22]). — **77** Klaus Mann: *Mephisto* (Amsterdam: Querido 1936); eine Übersetzung erschien erst nach dem Kriege (New York: Random House 1977). Vgl. dazu William Koshlands »reader's report« vom 6.10.1936; Otto Schinnerers »reader's report« vom 6.10.1936 (Box 22). — **78** William Koshlands »reader's report« vom 21.11.1939 (Box 56). — **79** Paul Hoffmans »reader's report« vom 21.11.1939 (Box 56). — **80** Robert Neumann: *By the Waters of Babylon* (New York: Simon & Schuster 1940); auch ein weiteres Werk Robert Neumanns: *Scene in Passing* wurde von Knopf abgelehnt und erschien 1942 bei J. M. Dent in London (dazu Harold Strauss' »reader's report« vom 24.8.1942 [Box 56]). — **81** In einem Schreiben des Kurt Desch Verlages (München) an den Knopf Verlag vom 27.11.1954 hieß es: »Sehr geehrte Herren! Wir danken für Ihre freundliche Anfrage, müssen Ihnen aber mitteilen, dass die amerikanischen Rechte an *An den Wassern von Babylon* von Robert Neumann schon verkauft sind. Mit freundlicher Empfehlung, Verlagsleitung«. — **82** »[too] ponderous« (Box 63). — **83** Box 63. — **84** Roland Jaeger: *New Weimar on the Pacific. The Pazifische Presse and German Exile Publishing in Los Angeles 1942–1948.* Los Angeles 2000, S. 12. — **85** Jörg

Thunecke: »»Man *wird* nicht Jude, man *ist* es«: Zur Funktion der jüdischen Moral in Friedrich Torbergs Novelle *Mein ist die Rache*«. In: *Modern Austrian Literature*, Jg. 27 (1994), 3 / 4, S. 19–36. — **86** Dieser Roman, obwohl abgelehnt, wurde von einem Knopf-»reader« zumindest als »a very fine work« gelobt (Box 56). — **87** Box 66. — **88** Weiskopfs Schreiben an Bernhard Smith vom 20. Mai 1946. — **89** Vgl. dazu die bibliografischen Angaben im Anhang dieses Beitrags. — **90** Vgl. dazu die Tätigkeit von Verlagen wie L. B. Fischer, Kurt Wolff, Storm Publishers, Frederick Ungar, Schocken u. Aurora. Von diesen Verlagen hat L. B. Fischer (New York), trotz Langhoff und Bermann Fischer, kaum eine Rolle gespielt; das Gleiche gilt – außer Broch – für Kurt Wolff. Führend war ohne Zweifel Ben Huebsch' Viking Verlag (wo Stefan Zweig, Arnold Zweig, Feuchtwanger, Werfel, Joseph Roth, Bruno Frank u. a. erschienen); Doubleday, Doran & Co. war viel kommerzieller, brachte aber u. a. Vicki Baum, Ernst Lothar und Heinrich Eduard Jacob; kurzzeitig war auch die Alliance Book Corp., später Longmans, Green sehr aktiv; andere Verlage, wie z. B. Beispiel Simon & Schuster, brachten gelegentlich etwas (Seghers); Knopf war dazu vergleichsweise ziemlich exklusiv. — **91** Koepke: »Exilautoren und ihre deutschen und amerikanischen Verleger« (s. Anm. 71), S. 1409–1445, hier S. 1424–1438. — **92** Ebd., S. 1414: »Alfred Knopf druckte zwar manches von seinem Prestigeautor Thomas Mann »for the record«; aber das war, wie so vieles bei Thomas Mann, eine Ausnahme.« — **93** Ebd.: »Typisch war vielmehr, ein erstes Buch zu versuchen, wenn man den Autor schätzte, und wenn das erste Buch nicht gerade ein Verlustgeschäft war, ein zweites; bei dem dritten Buch mussten jedoch begründete Erwartungen eines Profits bestehen.« — **94** Ebd., S. 1412–1415. — **95** Vgl. dazu allerdings Andrea Hammels Ausführungen in »The Kaleidoscope of Elsewhereness: Feminist Reading of Women's Exile Writing« anlässlich der Exil-Konferenz »Exile and Otherness« in Columbus, OH vom 30. April bis 2. Mai 2004. **96** Zwischen Ben Huebsch (Viking) und Alfred Knopf hat es offenbar einen regelmäßigen und lebhaften professionellen Austausch gegeben; außer einem einzigen in Anm. 7 zitierten Schreiben ist es mir allerdings nicht gelungen, dies im Detail zu belegen. — **97** Koepke: »Exilautoren und ihre deutschen und amerikanischen Verleger« (s. Anm. 71), S. 1439. — **98** Man hat in diesem Bereich weitgehend auf die Mitarbeit deutschsprachiger Exilanten verzichtet, was sicher ein großer Fehler war! Die verwendeten »reader« waren oft unsicher in ihrem Urteil und bei der Auswahl weniger vom literarischen Niveau bestimmt. — **99** Publikationsdaten folgen jeweils in Klammern. Vollständigkeit der folgenden Listen wurde angestrebt, kann aber, besonders bei den abgelehnten Titeln, nicht garantiert werden. — **100** Vgl. dazu die Korrespondenz zwischen Heinrich Mann und Querido (Amsterdam) in der Person von Fritz Landshoff (Schreiben vom 3. Juni 1938), zwischen Blanche Knopf und Landshoff (Schreiben vom 11. Juni 1938) sowie zwischen Blanche Knopf und dem Autor (Schreiben vom 28. April, 10. Mai, 20. Mai, 23. Juni u. 7. Juli 1938), hinsichtlich Verzögerungen bei der Fertigstellung des deutschen Originals und entsprechenden Auswirkungen auf die Übersetzung und Publikation bei Knopf. — **101** Dieser Veröffentlichung war ein Briefwechsel Neumanns mit Alfred Knopf vorausgegangen, in dem Letzterer am 13. Januar 1933 u. a. schrieb: »(…) conditions generally are very bad in the book industry at this time and it is impossible to tell anything about what a book will do until some weeks after its publication.« Übersetzungen von *Der Teufel* (1926) = *The Devil* (1928), *Rebellen* (1928) = *Rebels* (1929), *Guerra* (1929) = *Guerra* (1930) und *Der Held* (1930) = *The Hero* (1931) waren dieser Veröffentlichung vorausgegangen. — **102** Vgl. dazu ein Schreiben Alfred Knopfs an Neumann vom 3. November 1935. — **103** Bei den Veröffentlichungen B. Travens im Knopf Verlag handelt es sich allerdings nicht so sehr um wortgetreue Übersetzungen, sondern um überarbeitete Versionen seiner in den 1920er Jahren publizierten Romane; ferner erschien nach Kriegsende bei Knopf eine Übersetzung von *Die Rebellion der Gehenkten* (Zürich / Prag: Büchergilde Gutenberg 1936) unter dem Titel: *The Rebellion of the Hanged* (New York: Knopf 1952); vgl. dazu Edward N. Treverton: »The B. Traven German First Editions: A Preliminary Survey of the States and Issues«. In: Jörg Thunecke (Hg.): *B. Traven the Writer/ Der Schriftsteller B. Traven*. Nottingham 2003, S. 575. — **104** Ablehnungsjahr folgt jeweils in Klammern.

Olivia C. Díaz Pérez

Der Exilverlag El Libro Libre in Mexiko

I Der Druckort Mexiko

»Dass wir den Jahrestag der Bücherverbrennung feiern, das allein zeigt, dass das verbotene Buch in dem Scheiterhaufen des 10. Mai statt zu Asche zu werden, geglüht und gehärtet wurde zu einer handfesten Waffe im Kampf gegen Hitler (…) Der Druckort Mexiko, der seinen Büchern vorgedruckt ist, wird auch, wenn die Schriftsteller selbst ihr Asylland verlassen haben, den künftigen Zeiten das Land angeben, in dem sie frei atmen konnten.«[1] Mit diesen Worten erinnerte Anna Seghers im Mai 1943 anlässlich des zehnten Jahrestages der Bücherverbrennung in Deutschland an den ersten Jahrestag der Verlagsgründung des Exilverlags El Libro Libre (ELL) in Mexiko.

Mit der Expansion des Nationalsozialismus und Faschismus in Europa wurde Ende der 1930er Jahre dank der solidarischen Politik der Regierung des Präsidenten Lázaro Cárdenas (1934–1940) vielen europäischen Intellektuellen Asyl in Mexiko gewährt, insbesondere den spanischen Republikanern, die während und nach der republikanischen Niederlage im Spanischen Bürgerkrieg (1936–1939) ins Exil gehen mussten. Die Zahl der spanischen Emigranten in Mexiko bewegte sich zwischen 20.000 und 25.000,[2] die Emigration aus den anderen europäischen Ländern belief sich auf knapp 3.000 Flüchtlinge. Im Vergleich zu anderen lateinamerikanischen Ländern wie Argentinien, Chile oder Brasilien bildete sich in Mexiko eine eher kleine Gruppe deutschsprachiger Emigranten heraus, die sich jedoch durch ihren hohen Anteil an politisch exponierten, d. h. vor allem linken bzw. kommunistischen Flüchtlingen heraushob. Obwohl sie sich ursprünglich gerne in den USA niedergelassen hätten – was ihnen aus politischen Gründen verwehrt wurde –, fanden sie in Mexiko die günstigsten politischen und kulturellen Gegebenheiten für die Herausbildung eines Exilzentrums der KPD im Westen. Unter den Vertretern der kommunistischen Exilgruppe in Mexiko fanden sich prominente Schriftsteller und Journalisten wie Anna Seghers, Egon Erwin Kisch, Ludwig Renn, Leo Katz, Alexander Abusch und Paul Merker. Zur Gruppe gehörte auch der in Frankreich und in Mexiko als »persona non grata« bekannte Journalist Otto Katz, alias André Simone, der aufgrund seiner Beziehungen zu namhaften Vertretern der mexikanischen Politik eine entscheidende Rolle bei der Entstehung des Verlages El Libro Libre spielte.[3]

Die deutschsprachige Emigration in Mexiko entwickelte sich zu einer erstaunlich aktiven Gruppierung, deren Basis im Frühjahr 1938 in der ersten von Deutschen gegründeten Exilorganisation in Mexiko zu finden ist: der Liga Pro-Cultura Alemana (LPC). Als eine überparteiliche Organisation wurde sie von dem Fotografen Heinrich Gutmann gegründet, der 1933 als erster deutscher Exilant nach Mexiko gekommen war.[4] Gutmann gelang es sehr schnell, sich an die linksintellektuellen Künstlerkreise Mexikos anzuschließen, insbesondere an die »Liga der revolutionären Schriftsteller und Künstler« (LEAR).[5] Mit Leopoldo Méndez als Präsidenten und Luis Arenal als Generalsekretär wurde diese künstlerische Vereinigung zur Plattform der von Cárdenas geförderten Gewerkschaften und Verbände, von denen die LEAR zahlreiche Aufträge erhielt. Eine entscheidende Zäsur erlebte die LEAR, als einige ihrer Mitglieder im Mai 1937 nach Spanien gingen und dort am Schriftstellerkongress in Valencia teilnahmen. Dies bedeutete einerseits ein abruptes Ende des Künstlerkollektivs, andererseits aber bot der Kongress auch eine Gelegenheit für die erste Begegnung zwischen mexikanischen Intellektuellen und künftigen Vertretern des deutschen Exilzentrums in Mexiko.[6] Auf Initiative von Leopoldo Méndez versammelte sich 1938 eine aus der LEAR hervorgegangene Künstlergruppe und gründete die Werkstatt für volkstümliche Graphik (Taller de Gráfica Popular – TGP –), an die sich Jahre später zwei deutschsprachige Exilanten, Georg Stibi und der Schweizer Architekt Hannes Meyer, anschlossen.

Wenn die Liga Pro Cultura Alemana auch ein relativ kleiner Verein mit einer geringen Zahl von Mitgliedern war, so verfügte sie doch über sehr gute Verbindungen, nicht nur zu diesem Künstlerkreis, sondern auch zu wichtigen Regierungsinstanzen Mexikos. Als die LPC im März 1938 offiziell gegründet wurde, bekam sie sogar die Schirmherrschaft eines »comité protector«, zu dem 21 angesehene Mexikaner aus dem LEAR-Kreis, aus Gewerkschaften und Mitglieder der regierenden Partei (PRM) gehörten. Eine Schlüsselfigur für die Liga wurde der Vorsitzende des Gewerkschaftsverbandes (CTM), Vicente Lombardo Toledano. So gelang es Gutmann, als er 1938 und 1939 zwei Vortragszyklen (»Der Faschismus« und »Der Nazismus«) organisierte, bedeutende Vertreter des politischen und kulturellen Lebens Mexikos als Redner zu gewinnen.[7] Für diese Reihe von Konferenzen engagierte die LPC die Werkstatt für volkstümliche Graphik (TGP), die unter Mitarbeit von Leopoldo Méndez, Luis Arenal, Antonio Pujol, Isidoro Ocampo, Ignacio Aguirre u. a. zwei Plakatserien entwarf, die in einer Auflage von insgesamt 32.000 Exemplaren gedruckt wurden. Viele dieser Plakate wurden später für das von ELL veröffentlichte Buch *El Libro Negro del Terror Nazi en Europa*[8] (Das Schwarzbuch über den Nazi-Terror in Europa) verwendet.

Mit dem Angriff Hitler-Deutschlands auf die Sowjetunion intensivierten sich die politischen Aktivitäten der deutschsprachigen Emigranten, die zur

Mobilisierung der Öffentlichkeit gegen Nazi-Deutschland beitragen wollten. In Mexiko gelang es bereits im November 1941, die Zeitschrift *Freies
Deutschland* zu gründen, eines der wichtigsten Periodika des deutschen
Exils, das in der Kriegszeit eine außergewöhnliche Stellung einnahm.[9] In
der westlichen Hemisphäre wurde keine journalistische Exilpublikation von
vergleichbarem Rang gegründet. Zu den Beiträgern zählten neben den Mitgliedern der Herausgebergruppe und bedeutenden Exilanten im mexikanischen Exil – unter ihnen der Kunstkritiker Paul Westheim – hauptsächlich
Vertreter des deutschen Exils in den USA wie Lion Feuchtwanger, Heinrich
Mann, Oskar Maria Graf, Ferdinand Bruckner und Ernst Bloch. Der regelmäßigen Herausgabe der Zeitschrift folgte Anfang 1942 die Gründung
der Bewegung Freies Deutschland. Auseinandersetzungen zwischen den
Mitgliedern der LPC anlässlich des deutsch-sowjetischen Abkommens vom
August 1939 hatten die Auflösung der Liga verursacht, was schließlich zur
Gründung der Bewegung Freies Deutschland führte, welche wiederum in
Mexiko schnell die dominierende Position im Exilspektrum einnahm und
Anhänger auch in einigen Ländern Lateinamerikas fand.[10] Eine andere At-
traktion für die deutschsprachigen Exilierten war das Kulturprogramm des
Ende 1941 gegründeten Heinrich-Heine-Klubs.[11] Die vom August 1943
bis zum Frühjahr 1952 14täglich erscheinende Zeitung *Die Demokratische
Post* war »das bedeutende politische Erbe«, das die KPD-Gruppe im Nach-
krieg in Mexiko hinterlassen hat.

Bevor der bekannteste Exilverlag der Vereinigten Staaten, der Aurora-Ver-
lag, Anfang 1945 in New York entstand, existierte auf dem amerikanischen
Kontinent kein deutscher Exilverlag, der sich mit der Leistung des Verlages
El Libro Libre messen konnte.[12] Alfred Döblin beschreibt 1942 mit Be-
wunderung und gleichzeitig mit einem gewissen Unbehagen die von den
kommunistischen Intellektuellen der deutschsprachigen Emigration in Mexiko gegründeten Publikationsorgane in deutscher Sprache: »Nun, das ist
klein und wenig, aber es ist etwas. (…) Diese armen Schlucker bringen
nicht nur eine deutschsprachige Zeitschrift heraus (eine Schmach für uns
andere, dass wir uns von den Marxisten beschämen lassen in Initiative), sie
machten auch einen *deutsch*sprachigen Verlag, jawohl, und Sie finden in der
Nummer die Titel der ersten vier erschienenen Bücher, auf Subskription gedruckt, von Kisch, Anna Seghers, Feuchtwanger, Heinr(ich) Mann.«[13] Es
war tatsächlich ein großes Verdienst der deutschen kommunistischen Exilgruppe in Mexiko, diesen Verlag ins Leben gerufen zu haben. Sowohl die
kulturelle als auch die politische Lage Mexikos erwiesen sich als äußerst
günstig für dieses Unternehmen.

Trotz des Mangels an Verlagsvermögen sowie der großen Schwierigkeiten,
die die Druckarbeiten bereiteten, erreichte der Verlag in einem Zeitraum
von vier Jahren die Veröffentlichung von 21 Büchern in deutscher und fünf

in spanischer Sprache. Höhepunkt in der Wahrnehmung des Verlages durch die mexikanische Öffentlichkeit war das Treffen einer Delegation des Verlages im Juli 1942 – kurz nach dem Erscheinen des ersten Buches – mit dem Präsidenten Mexikos, Manuel Ávila Camacho. In seiner Residenz Los Pinos empfing Ávila Camacho die Schriftsteller Anna Seghers, Ludwig Renn, Egon Erwin Kisch und Bodo Uhse, die ihm Kischs *Marktplatz der Sensationen* überreichten. Die Audienz wurde von André Simone über Vicente Lombardo Toledano vermittelt und erwies sich als äußerst fruchtbar für den Verlag. Für das vierte Buch des Verlages, die Anthologie *El Libro Negro del Terror Nazi en Europa* (*Das Schwarzbuch über den Nazi-Terror in Europa*), übernahm Ávila Camacho die Schirmherrschaft und stellte außerdem die Staatsdruckerei zur Verfügung.[14]

Das ursprüngliche Anliegen des Verlages war die Aufklärung über die Verbrechen des Nationalsozialismus auf dem lateinamerikanischen Kontinent. Auf die Frage, warum El Libro Libre »neben den literarischen verhältnismäßig viele politisch orientierte Bücher herausgebracht hat«, antwortete Paul Mayer im Jahre 1946, es sei ein »Hauptziel des Verlages ja gerade die politische Aufklärung für die schlecht oder gar nicht Informierten« gewesen.[15]

Die gesamte Entwicklung des Verlages kann hauptsächlich anhand der Zeitschrift *Freies Deutschland* sowie der Zeitung *Demokratische Post* verfolgt und dargestellt werden. In diesen Publikationsorganen wurden die Bücher von El Libro Libre angekündigt, beworben und schließlich rezensiert. Eine thematische Brücke zwischen dem Verlag und der Zeitschrift *Freies Deutschland* wurde darüber hinaus gebaut, indem Vorabdrucke einiger Passagen aus den später vom Verlag herausgegebenen Büchern in der Zeitschrift veröffentlicht wurden. Aus dem Roman *Das siebte Kreuz* von Anna Seghers waren vor der Veröffentlichung im Januar 1943 zwei Auszüge bereits vorab veröffentlicht worden.[16] Viele der »Entdeckungs«-Reportagen, die von Egon Erwin Kisch bei El Libro Libre im Januar 1945 unter dem Titel *Entdeckungen in Mexiko* herausgegeben wurden, waren zuvor bereits in der Zeitschrift *Freies Deutschland* publiziert worden. Somit erwies sich El Libro Libre als ein Parallel-Verlag dieser Publikationsorgane, deren Herausgeber zugleich »an die im Vorkrieg gescheiterten Volksfrontbemühungen in einer Weise an(knüpften), die den veränderten und weltpolitischen und exilpolitischen Bedingungen angepasst war.«[17]

Da das Archiv des Verlages auf dem Weg nach Deutschland verloren ging[18], kann ein großer Teil dieser kurzen Geschichte des deutschen Exilverlagswesens nur mit Hilfe der Zeitschrift sowie durch Tagebücher, Briefwechsel und Forschungsarbeiten skizziert werden. Diesem Anliegen folgt auch dieser Beitrag, in welchem zunächst die Entstehungs- und Entwicklungsgeschichte des Verlages dargelegt und danach einzelne Bücher por-

trätiert werden sollen. Zum Schluss wird anhand der von El Libro Libre
veröffentlichten Anthologie *El Libro Negro del Terror Nazi en Europa* die besondere Lage der deutschsprachigen Emigration innerhalb des damaligen
kulturellen und politischen Lebens in Mexiko erläutert. Da die meisten
Bücher in deutscher Sprache veröffentlicht wurden, wurde die Produktion
des Verlages von der mexikanischen Öffentlichkeit bisher nur begrenzt zur
Kenntnis genommen, so dass lediglich die vom Verlag auf Spanisch veröffentlichten oder ins Spanische übersetzten Bücher die Aufmerksamkeit von
mexikanischen Zeitschriften oder Zeitungen erlangten.

II Ein Verlag wird gegründet: El Libro Libre – Editorial de literatura anti-Nazi en lengua alemana

Anlässlich des neunten Jahrestags der Bücherverbrennung in Deutschland
wurde am 10. Mai 1942 im Palacio de Bellas Artes in Mexiko Stadt zu einer
gemeinsamen Kundgebung des PEN-Zentrums Mexiko, des Heinrich-Heine-Klubs, der Bewegung Freies Deutschland und der Acción Republicana
Austriaca de México (ARAM) aufgerufen, bei der der Exilverlag El Libro Libre offiziell gegründet wurde. An
dieser Veranstaltung nahmen sowohl mexikanische als auch exilierte Intellektuelle und Schriftsteller teil, es wurden Reden von
Dr. Enrique González Martínez,
Emilio Abreu Gómez, Antonio
Castro Leal, Pablo Neruda, Ludwig Renn, Anna Seghers und
Bruno Frei gehalten. Nach mexi-
kanischem Recht durften Ausländer keinen Verlag gründen, so
dass als Lizenzträger des Verlags
wie auch der Zeitschrift *Freies
Deutschland* der ehemalige Rek-
tor der Nationaluniversität Antonio Castro Leal auftrat.[19] Zum
literarischen Beirat bzw. zur Verlagsleitung gehörten Bodo Uhse,
Egon Erwin Kisch, Anna Seghers, André Simone und Leo
Katz. Die Verwaltung des Verlages war auf eine geringe Zahl

Abb. 1: Einwerbung von Unterstützungsbeiträ-
gen für den Verlag durch »Bausteine«

von Mitarbeitern beschränkt: Walter Janka fungierte als Verlagsleiter und kümmerte sich von den Anfängen bis zur Auflösung des Verlages um die Geschäftsführung, die technische und organisatorische Arbeit. Seine Ausbildung als gelernter Buchdrucker erwies sich sogar als besonders geeignet für seine Arbeit im Verlag. [20] Der parteilose Dr. Paul Mayer, der von 1919 bis 1936 die Stelle als Cheflektor beim Rowohlt Verlag ausgeübt hatte, leitete das Lektorat des Verlages. Mayer, der bereits in der literarischen Szene der Weimarer Republik eine bedeutende Stellung eingenommen hatte, wurde zu einem wichtigen Literaturvermittler im Exil, insbesondere durch seine Lektoratstelle im Verlag El Libro Libre.[21] Als Angestellte fungierten Hans Marum und Magda Stern. Kießling zufolge wurde der Verlag von Marum, der die *Freie Jugend* Mexikos leitete und dann stellvertretender Chefredakteur der im August 1943 gegründeten Zeitung *Demokratische Post* wurde, nur im ersten Jahr unterstützt.[22] Für diese Zeitung spielte Marum eine wichtige Rolle als Interviewer, Übersetzer und Vermittler verschiedener Aspekte der mexikanischen Kultur. Von großem Vorteil für den Verlag erwies sich auch die Arbeit von Magda Stern, die als junges Mädchen Stenographie und Maschineschreiben gelernt hatte. In den 1920er Jahren arbeitete sie für die KPD als technische Mitarbeiterin, ab 1930 für Alexander Abusch und Albert Norden in der Redaktion der *Roten Fahne*. Während ihres Pariser Exils nahm sie auch an der Gestaltung des *Braunbuches über Reichstagsbrand und Hitler-Terror* teil. In Mexiko fungierte sie als Sekretärin des Verlags.[23]

Der Verlag El Libro Libre musste ohne Kapital gegründet werden. Seine Existenz sowie regelmäßige Veröffentlichungen hingen hauptsächlich von den Subskriptionen und von im Voraus gemachten Buchbestellungen der Leser ab. Die Anwerber von Büchern wurden bereits bei der Bestellung dazu aufgefordert, das Geld für die bestellten Exemplare zu überweisen, und die ersten beiden Bücher erschienen sogar nur dank der Subskriptionen. Weitere Beträge konnte man später durch Solidaritätsveranstaltungen zugunsten des Verlages bzw. mit politischen und literarischen Vorträgen erwerben.[24] Schon Anfang Juni 1942 geriet der Verlag in eine kritische finanzielle Lage. Das Manuskript des ersten Buches (*Marktplatz der Sensationen* von Egon Erwin Kisch) befand sich im Druck, ohne dass der Verlag über den von der Druckerei verlangten Vorschuss verfügte. André Simone schlug eine Anleihe aus dem jüdischen Freundeskreis der deutschsprachigen Emigration vor, mit dem Ziel, eine GmbH zu gründen, aber Paul Merker lehnte den Vorschlag ab.[25] Kießling argumentiert, dass keiner der Emigranten die Garantie für die GmbH hätte übernehmen können, so dass das mühsame Verfahren der Subskription sich als das einzige geeignete Mittel für die Finanzierung erwies. Zwei Monate nach Veröffentlichung der ersten zwei Bücher waren jedoch fast alle Exemplare verkauft, wodurch der Verlag seine Existenz sichern konnte.[26]

Weitere Hindernisse, mit denen die Arbeit des Verlages konfrontiert wurde, waren bereits von der Zeitschrift *Freies Deutschland* bekannt: Es gab in Mexiko keinen Maschinensetzer, der der deutschen Sprache mächtig gewesen wäre. So mussten alle Manuskripte, bevor sie in den Satz gegeben wurden, silbengeteilt werden, damit der Setzer fehlerlos trennen konnte. Die Korrekturen mussten deswegen mit größter Sorgfalt mehrmals gelesen werden. Aus finanziellen Gründen kamen die meisten Bücher nur broschiert oder in Pappeinbänden heraus.

Von Honoraren für die Autoren war zunächst keine Rede, denn die Erlöse aus dem Verkauf wurden verwendet, um neue Bücher herauszugeben. Die meisten Autoren begnügten sich mit der Publikation ihrer Bücher in deutscher Sprache, so dass sie ihre Manuskripte ohne Honorarforderungen zur Verfügung stellten. Walter Janka erwähnte jedoch Jahre später, dass der Verlag sich um die Herausgabe von Büchern von Bertolt Brecht bemühte, dieser aber »angemessene Honorare« verlangte, wozu der Verlag nicht in der Lage gewesen sei.

Am Anfang mussten sich die Mitarbeiter sogar »ehrenamtlich« betätigen. Viele von ihnen waren auf die finanzielle Hilfe des Joint Antifascist Refugee Committee angewiesen, das ihnen monatlich das Existenzminimum aus Spenden in den USA zur Verfügung stellte. Die Verbesserung der finanziellen Lage des Verlages schon nach einem Jahr ermöglichte jedoch »bescheidene Honorare«[27] (»Anerkennungshonorare«) für Mitarbeiter und Schriftsteller. Der Verlag leistete sich sogar Verlagsanzeigen in der Zeitschrift *Freies Deutschland* oder in der Zeitung *Die Demokratische Post*. Die Gewinne, die der Verlag bis zur Zeit seiner Auflösung angesammelt hatte, konnten schließlich sogar zur Finanzierung – wenn auch oft nur als Reisekostenzuschuss – von Rückreisen der Mitarbeiter des Verlages nach Deutschland verwendet werden.[28] Nach Angaben von Wolfgang Kießling und Walter Janka soll der Verlag am Ende zwischen 43.000[29] und 50.000[30] Peso Kapital gehabt haben.

Da die Zahl der potenziellen Käufer bzw. Leser in Mexiko wesentlich kleiner als zum Beispiel in Argentinien war, war es von Anfang an notwendig, für die Bücher im Ausland zu werben. Als eine der schwersten Aufgaben des Verlags erwies sich Janka zufolge gerade der Aufbau eines Vertriebsnetzes für den Verkauf und die Distribution der Bücher, für die Vertreter in »ganz Lateinamerika, USA, Kanada, Südafrika, China, Palästina und England«[31] gewonnen werden mussten. Die Bücher wurden dann an einzelne Personen oder an Buchhandlungen in Mexiko und ins Ausland geliefert.[32] Und obwohl die Auslandssendungen kriegsbedingt beeinträchtigt waren (bedroht durch den U-Boot-Krieg etc.), erreichten etwa 90 Prozent der Bestellungen ihre Kunden. Diese bezahlten dann die erhaltenen Sendungen meistens mit US-Dollar-Schecks. Allerdings waren

manche Kontrolleure in einigen lateinamerikanischen Ländern nicht imstande, die antifaschistische Literatur von anderer deutscher Literatur zu
unterscheiden, so dass Bücher von El Libro Libre in Paraguay als »staats-
gefährdend eingestuft«[33] wurden. In Mexiko Stadt waren die Bücher im
Verlag selbst und in der Buchhandlung Libreria Internacional erhältlich.[34]
In der Endphase des Krieges gewann der Verlag einen neuen Leserkreis:
deutsche Kriegsgefangene in den Lagern der westlichen Alliierten. In der
Zeitschrift *Freies Deutschland* vom August 1945 stellte zum Beispiel Walter
Janka eine Reihe von Karten und Briefen zur Verfügung, die er von dem
deutschen Kriegsgefangenen Kurt Lenge aus dem Lager Fort Devens
(U.S.A.) bekommen hatte. Kurt Lenge, den Janka vermutlich aus der
Vorkriegszeit kannte, weist auf den Empfang von Büchern von El Libro
Libre und ihre anscheinend enthusiastische Rezeption seitens der »jungen
Kameraden« hin.[35]

Die meisten Autoren des Verlages lebten im mexikanischen Exil: Egon
Erwin Kisch, Anna Seghers, Bodo Uhse, Ludwig Renn, Leo Katz, Theodor
Balk, André Simone, Paul Mayer, Paul Merker, Alexander Abusch. Vier
hielten sich in den USA auf – Heinrich Mann, Lion Feuchtwanger, F.C.
Weiskopf, Bruno Frank –, Theodor Plivier stellte sein Manuskript aus der
Sowjetunion zur Verfügung und Ernst Sommer aus England. Vicente Lombardo Toledano war der einzige mexikanische Autor, der im Verlag veröffentlichte. Er verfasste darüber hinaus das Nachwort zum Buch *El Libro Negro del Terror Nazi en Europa* und das Vorwort zu Paul Merkers in Spanisch
erschienenem Buch *La Caída de la república alemana. El camino de Hitler
al poder.*

Im Folgenden werden, nach Erscheinungsdatum geordnet, die Bücher
des Verlags im Überblick vorgestellt:

1942
Juli   Egon Erwin Kisch: *Marktplatz der Sensationen*
Oktober   Lion Feuchtwanger: *Unholdes Frankreich.* Vorwort Ludwig
             Renn
November   Theodor Balk: *Führer durch Sowjet-Krieg und Frieden.* Nach-
             wort Paul Merker

1943
Januar   Anna Seghers: *Das siebte Kreuz: Roman aus Hitlerdeutschland*
Februar   Paul Merker: *Was wird aus Deutschland? Das Hitlerregime auf
             dem Weg zum Abgrund*
April   *El Libro Negro del Terror Nazi en Europa. Testimonios de escri-
             tores y artistas de 16 naciones* [Comité de red.: Antonio Castro
             Leal u. a.]. Selección de ill.: Hannes Meyer (Schwarzbuch

über den Naziterror in Europa. Zeugnisse von Schriftstellern und Künstlern aus 16 Nationen. Redaktionskomitee Antonio Castro Leal, u. a. Auswahl der Illustrationen von Hannes Meyer)

Mai   Bruno Frank: *Die Tochter*
Juli   Theodor Balk: *Das verlorene Manuskript*
              André Simone: *La Batalla de Rusia*. Trad. del inglés de Pedro Quintanilla (Die Schlacht um Russland, aus dem Englischen von Pedro Quintanilla)
November   Heinrich Mann: *Lidice*

1944
Januar   Bodo Uhse: *Leutnant Bertram*
              Leo Katz: *Totenjäger*
Mai   *El ejército Alemán – tal como es. Diarios de oficiales y soldados alemanes*. Introducción de Bodo Uhse (Die deutsche Armee – wie sie wirklich ist. Tagebücher deutscher Offiziere und Soldaten. Einführung von Bodo Uhse)
              Paul Merker: *Deutschland – Sein oder Nichtsein?* 1. Bd.: *Von Weimar zu Hitler*
August   Vicente Lombardo Toledano: *Johann Wolfgang von Goethe* Übersetzt von Bodo Uhse
September   Franz C. Weiskopf: *Vor einem neuen Tag*
Oktober   Paul Mayer: *Exil* (Gedichte)
              Paul Merker: *La Caída de la república alemana. El camino de Hitler al poder* (Der Untergang der deutschen Republik. Hitlers Weg zur Macht. Vorwort Vicente Lombardo Toledano. Übersetzung Manuel Adújar)
November   Ludwig Renn: *Adel im Untergang*
              Deutsche, wohin? Protokoll der Gründungsversammlung des Nationalkomitees Freies Deutschland und des Deutschen Offiziersbundes
Dezember   Ernst Sommer: *Revolte der Heiligen*
              André Simone: *Vicente Lombardo Toledano. Un Hombre de América.*

1945
Januar   Egon Erwin Kisch: *Entdeckungen in Mexiko*
Juni   Paul Merker: *Deutschland – Sein oder Nichtsein?* 2. Bd.: *Das 3. Reich und sein Ende*

Dezember   Alexander Abusch: *Der Irrweg einer Nation. Ein Beitrag zum Verständnis deutscher Geschichte*

1946
März   Theodor Plivier: *Stalingrad.*

Der Verlag El Libro Libre stellte sich im Allgemeinen als eine »Arbeits- und Gesinnungsgemeinschaft« dar, die ein »Bollwerk des Antifaschismus und gleichzeitig eine kulturelle Institution« sein wollte. [36] Rückblickend behauptete Bodo Uhse, »in einer sechswöchigen Diskussion mit Thesen und Antithesen (...) eine ganze Theorie des zeitgenössischen Romans« entwickelt zu haben. Obwohl er jedoch hinzufügt, »duldsamer und kritischer gegen uns selbst« geworden zu sein, bietet der 1990 von Günter Caspar herausgegebene Briefwechsel zwischen Bodo Uhse und Franz Carl Weiskopf einen anderen und gleichzeitig anschaulichen Blick auf die Entwicklung des Verlages. Der Prager Schriftsteller und Journalist Weiskopf spielte von New York aus und in Zusammenarbeit mit der »American League of Writers« eine wichtige Rolle für die kommunistischen Schriftsteller in Mexiko. [37] Er wurde auch in literarischen Fragen, insbesondere von Seghers und Kisch konsultiert. Wieland Herzfelde, der seinerseits erst gegen Ende des Krieges den Aurora Verlag gründete, fungierte zusammen mit Weiskopf nicht nur als Berater von El Libro Libre, sondern kümmerte sich auch darum, Exilanten als Subskribenten für den Verlag zu gewinnen. Weiskopf soll sich bereits im November 1945 für seine 1948 veröffentlichte Übersicht über die deutschsprachige Literatur im Exil[38] der Hilfe von Uhse bedient haben. So bat Weiskopf ihn darum, einen Fragebogen bezüglich des Verlagswesens in Mexiko und Lateinamerika zu beantworten, wobei er ausdrücklich »auch alle Angaben über andere getarnte Schriften von Schriftstellern (also nicht Propagandabroschüren schlechthin)«[39] erhalten wollte.[40]

Eine Besonderheit der Bücher von El Libro Libre bestand auch darin, dass viele von ihnen vor ihrer Herausgabe auf Deutsch bereits in anderen Sprachen erschienen waren, ein sehr gewöhnliches Arbeitsproblem der Schriftsteller im Exil. Wenn ihnen auch die Veröffentlichung ihrer Bücher große Freude bereitete, zumal diese oft nicht nur finanzielle Sicherheit gab, sondern auch eine größere Leserschaft bedeutete, sahen viele von ihnen in den Übersetzungen einen großen Verlust, einen »quälenden, unnatürlichen Zustand«[41] für die Erstveröffentlichung ihrer Bücher.[42]

Die Gründung des Verlages El Libro Libre erweist sich schließlich innerhalb des Organisationswesens der gesamten deutschsprachigen Emigration, die sich berufen sah, für das »andere«, bessere Deutschland zu sprechen, als gutes Beispiel einer erfolgreichen Selbsthilfe, die – trotz aller Konflikte – die Kollektiverfahrung der Exilsituation zu bewältigen half.

III El Libro Libre und seine Bücher

Die meisten Bücher des Verlages El Libro Libre setzten sich mit der Entwicklung Europas auseinander bzw. mit der Darstellung des Leidens in Europa unter der Herrschaft des Nationalsozialismus. Die Themen Antisemitismus und Vernichtung der Juden gewannen demzufolge einen besonderen Platz in seinem Programm. Zum Ende des Krieges intensivierte der Verlag die Veröffentlichung von politischen Büchern sowie Abhandlungen zum Verständnis deutscher Geschichte.

Das einzige Buch mit mexikanischer Thematik war *Entdeckungen in Mexiko* von Egon Erwin Kisch. Als eine der populärsten Schriftstellerpersönlichkeiten der deutschsprachigen Emigration in Mexiko durfte er sogar zwei Bücher bei El Libro Libre veröffentlichen. Mit seinem ersten Manuskript, *Marktplatz der Sensationen*, das ein Jahr zuvor, Ende 1941, in englischer Übersetzung unter dem Titel *Sensation Fair* veröffentlicht worden war, eröffnete der Verlag Mitte 1942 seine Produktion. In dieser Reportagensammlung bzw. Autobiografie, die dem Verlag von Anfang an großen Erfolg brachte, fasste Kisch seine »Erinnerungen an dreißig Jahre journalistischer Tätigkeit«[43] zusammen. Bereits nach drei Monaten waren 2.000 Exemplare vergriffen, eine spanische Übersetzung erschien 1946 in Buenos Aires. Die Ausgabe von El Libro Libre enthielt 21 Reportagen, sieben weitere wurden 1947 bei der Neuveröffentlichung bei Globus in Österreich hinzugefügt.

Abb. 2: Schutzumschlag von Leopoldo Méndez für Anna Seghers' *Das siebte Kreuz*

Jedes vom Exilverlag El Libro Libre veröffentlichte Buch hat eine besondere Entstehungsgeschichte, die sich oft als abenteuerlich erweist. Der im Januar 1943 veröffentlichte Roman *Das siebte Kreuz. Roman aus Hitlerdeutschland* von Anna Seghers gehört zu den bemerkenswertesten Publikationen der Exilliteratur, insbesondere wenn man die unterschiedlichen Wege zur Verbreitung des Romans durch Übersetzungen, als Fortsetzungsroman in Zeitungen, als Comic Strip sowie als Film in Betracht zieht. Bevor El Libro Libre die erste deutsche Ausgabe veröffentlichte, war der Roman bereits im Oktober 1942 vom Bostoner Verlag Little, Brown & Company mit großem Erfolg in den USA herausgebracht worden. Prestige und Anerkennung brachte dem Roman im gleichen Jahr seine Nominierung als »Book-of-the-Month«, die später zu seiner Verfilmung führte. Noch vor dem erfolgreichen Film wurde *Das siebte Kreuz* als Comic-Strip-Version im *New Yorker Daily Mirror* sowie in weiteren 34 amerikanischen Tageszeitungen veröffentlicht. Walter Janka weist darauf hin, dass die erste deutschsprachige Veröffentlichung des Romans dem Verlag El Libro Libre einen großen Erfolg verschaffte.[44] Noch Ende 1943 erschien der Roman auf Spanisch beim mexikanischen Verlag El Nuevo Mundo in der Übersetzung des auch im mexikanischen Exil lebenden spanischen Kommunisten Wenceslao Roces. Im März 1945 kam der Film in die mexikanischen Kinos. Sowohl der Roman als auch seine Verfilmung verschafften Anna Seghers einen angesehenen Platz in der mexikanischen Öffentlichkeit, insbesondere in den intellektuellen Kreisen Mexikos.[45]

Wie *Das siebte Kreuz* von Anna Seghers reflektierte auch die Thematik der meisten anderen Bücher die zeithistorische Situation. Der Roman *Unholdes Frankreich* von Lion Feuchtwanger stellt das erniedrigende Leben der Flüchtlinge in den Lagern Südfrankreichs dar. Die Veröffentlichung dieses ein Jahr zuvor auf Englisch bei Viking Press als *The Devil in France* erschienenen Romans warf die Frage auf, »wie es geschehen konnte, dass der französische Staat nicht nur militärisch, sondern in allen seinen Bereichen gegenüber dem deutschen Imperialismus versagte.«[46] Die DDR-Edition des Romans vom 1954 wurde Opfer der Zensur, in der BRD wurde der Roman lange Zeit ignoriert.[47]

Die Romane *Die Tochter* von Bruno Frank, *Revolte der Heiligen* von Ernst Sommer und die *Totenjäger* von Leo Katz befassen sich mit den Themen Antisemitismus und Vernichtung der Juden. Der zunächst 1942 als *One Fair Daughter* veröffentlichte Roman von Bruno Frank schildert am Beispiel des Schicksals einer Frau in Galizien die europäische Lage im Zeichen von Zerstörung und Rassenwahn. Im Roman *Totenjäger* stellt Katz die Lage der Juden in der Bukowina um die Jahre 1941/42 dar. Anlässlich dieses Buches plädierte Else Volk in der Zeitung *Austria Libre* gerade für diese Art von Literatur, die sich mit den Zeitereignissen befasste.[48] Der Roman *Revolte der Heiligen* von Ernst Sommer spielt in einem Arbeitslager in der Ukraine, in dem jüdische Arbeiter für die deutsche Armee arbeiten mussten. Im Roman werden ihre Versuche zur Organisierung eines Aufstands thematisiert, die sich schließlich als aussichtslos erwiesen. Sommers Buch gehört zu den ersten Büchern, die sich mit dem Thema der Ausrottung des Judentums auseinander setzten. Es wurde mit großem Enthusiasmus seitens der Kritik aufgenommen und in mehrere Sprachen übersetzt.

Ein Sonderfall im Verlag war der Roman *Lidice* von Heinrich Mann. Da Mann die Ereignisse im tschechoslowakischen Dorf als Satire gestaltete, kam es zu heftiger Kritik innerhalb des Verlages. Nach Walter Janka war dieser Roman das »problematischste Buch« des Verlages und Ludwig Renn meinte sogar, dass dieses Manuskript nie veröffentlicht werden dürfe. Bodo Uhse schrieb in einem Brief vom 10. September 1943 an Weiskopf: »Ich habe einen Teil von Heinrich Manns ›Lidice‹ gelesen, und ich bete zu Gott, dass es sich um den schwächsten handeln möge. Sollte das ganze Buch auf diesem Niveau sein, kann ich die Leser nur bedauern und sage einen gründlichen Reinfall voraus.«[49] Später hat der Autor selbst den Roman verschwiegen.

Das zweite Buch von Egon Erwin Kisch, das sich als sein letztes erweisen sollte, war *Entdeckungen in Mexiko*, eine Sammlung kulturgeschichtlicher Reportagen über das Gastland. Seine parallele Veröffentlichung 1945 bei Nuevo Mundo in der Übersetzung von Wenceslao Roces (*Descubrimientos en México*) brachte Kisch enthusiastisches Lob seitens der mexikanischen Presse ein und gehörte zu den großen Erfolgen von Kisch während der Exilzeit. Eine ebenfalls begeisterte Rezension von Heinrich Mann ist in *Freies Deutschland* zu finden: »Nach Mexiko ist er unabsichtlich verschlagen, um so bereitwilliger folgt er der Aufforderung des Schicksals und gibt es nicht billiger, als dass er Mexiko entdeckt. Wer hat es vor ihm gesehen? Niemand ganz, das steht zu vermuten. Niemand als seinen Auftrag, sein Reservat, ihm zugewiesen mit allen den dringlichen Angelegenheiten eines soeben noch unbekannten Landes. (...) Er hat einen prophetischen Sinn für das Gegenwärtige, das macht ihn zum Revolutionär und Dichter.«[50] Von *Entdeckungen in Mexiko* versuchte man eine Übersetzung ins Englische und deren Veröffentlichung bei Little, Brown & Company. Mit der Begründung, das Buch sei »too sophisticated for the average American reader«[51], kam dies jedoch nicht zustande. Zu der bedeutenden und sehr persönlichen Reportage Kischs gehört »Indiodorf unter dem Davidstern«, in dem er von einem indigenen mexikanischen Dorf jüdischen Glaubens berichtet. In einer Reportage über Pulquekonsum hat Kisch sogar den Mut gehabt, ganz unerwartet auf die Ermordung Trotzkis einzugehen – ein Tabuthema für die kommunistische Emigration in Mexiko.[52]

Das voraussichtliche Ende des Krieges brachte Beiträge über deutsche Geschichte, Bücher, die sich auf politisch-theoretischer Ebene mit den Zeitereignissen befassten. *Der Irrweg einer Nation* von Alexander Abusch wurde Mitte 1945 bei El Libro Libre veröffentlicht, seit 1946 beim Aufbau-Verlag in der DDR mehrmals aufgelegt, und galt als Pflichtlektüre in der Auseinandersetzung mit dem Nationalsozialismus. Abusch erklärte die deutsche Geschichte aus einer dialektisch-materialistischen Perspektive und sah den Nationalsozialismus hauptsächlich im Zusammenhang mit dem deutschen Monopolkapitalismus. Er lehnte demzufolge die These ab, die Entwicklung der deutschen Geschichte habe unvermeidlich zum Nationalsozialismus geführt. Nach einer Rezension von Paul Merker kam Abusch zu der Schlussfolgerung, »dass trotz aller ›historischen Belastung‹ vor 1933 in Deutschland die Arbeiterbewegung stark genug war, um durch einheitliches Handeln die Errichtung des Naziregimes zu verhindern, und dass die Unterlassung dieses Handelns zu der schweren politischen Mitverantwortung des deutschen Volkes an der Hitler-Diktatur und ihren furchtbaren Auswirkungen geführt hat.«[53]

Paul Merker selbst hatte im Mai 1944 und Juni 1945 sein zweibändiges Werk *Deutschland – Sein oder Nichtsein?* (1. Bd.: *Von Weimar zu Hitler,* 2. Bd.: *Das 3. Reich und sein Ende*) bei El Libro Libre veröffentlicht, in dem es auch um eine Darstellung von 100 Jahren deutscher Geschichte ging. Er lehnte sich dabei an Abuschs dialektisch-materialistische Theorie zur Erklärung des Nationalsozialismus an, sein Buch gehört jedoch zu den einzigen historischen Untersuchungen dieser Zeit seitens der kommunistischen Emigration, die sich intensiv auch mit der Rassenfrage des Nationalsozialismus beschäftigten. In einem Brief von Ende 1945 aus Kalifornien nahm Thomas Mann in bemerkenswerter Weise Stellung zu diesem Buch: »Das Werk hat mich Tage lang in seinem Bann gehalten. Es ist ein erschütterndes Dokument, die erste groß angelegte und historisch exakte Darstellung dieser fürchterlichsten und beschämendsten Episode der deutschen Geschichte.«[54] Im Gegensatz zu Abusch erhielt Merkers Buch nach seiner Rückkehr in die SBZ / DDR keine Neuauflage. Mit seiner Verhaftung Ende 1952 erwiesen sich seine Versuche zur Herausgabe seines umfangreichen Werkes erst recht als aussichtslos. Erst 1972 wurde es von einem Studenten-Verlag als Faksimile-Ausgabe ediert, die jedoch keine Resonanz erfuhr.[55]

Das letzte Buch des Verlags erschien im März 1946 und schloss sich thematisch an die zwei vorherigen Titel an: *Stalingrad* von Theodor Plivier. Aus der sowjetischen Emigration stellte er sein Typoskript zur Verfügung, das zwischen November 1943 und September 1944 in Fortsetzungen in der *Internationalen Literatur* erschienen war. Pliviers Buch, das in kurzer Zeit Millionenauflagen erreichte und in 20 Sprachen übersetzt wurde, war eine Anklage gegen den Krieg und befasste sich im Blick auf den Einzelnen mit der These der Schuldfrage. Als Emigrant in Moskau hatte Plivier Überlebende in einem Gefangenenlager interviewt und daraus die Grundlage für sein Buch gewonnen. Nach seiner Übersiedlung 1947 aus der sowjetischen Besatzungszone an den Bodensee wurde Plivier in der SBZ / DDR und auch in der BRD völlig ignoriert. *Stalingrad* erschien erst wieder 2001 bei Kiepenheuer & Witsch.

Nicht alle vom Verlag angekündigten oder geplanten Bücher sind tatsächlich erschienen. Interessante Publikationsvorschläge erhielt der Verlag vor allem von den Mitgliedern des literarischen Beirats, diese wurden jedoch aus verschiedenen Gründen abgelehnt. Egon Erwin Kisch zog zum Beispiel in Erwägung, den Roman *Der Virrey und die Aristokraten* von Karl Anton Postl, alias Charles Sealsfield, dem ersten deutschsprachigen Schriftsteller, der Mexiko besuchte und Mexiko als Stoff seiner Romane verwendete, herauszugeben.[56] Der Verlag wollte jedoch lediglich Bücher lebender Autoren veröffentlichen.

In diesem Zusammenhang ist auch der Roman *Transit* von Anna Seghers als ein Sonderfall zu erwähnen. Obwohl Anna Seghers zum literarischen Beirat von El Libro Libre gehörte, fand ihr Roman *Transit* bei diesem keine Unterstützung. Ein Grund dafür mag Kießling zufolge darin gelegen haben, dass *Das siebte Kreuz* gerade 1943 veröffentlicht worden war und dass man »anderen Autoren eine Veröffentlichungschance geben musste«.[57] Seghers Mitexilant Bodo Uhse behauptete andererseits in einem Brief vom 12. Dezember 1944 an F. C. Weiskopf, der Roman sei »gelinde gesagt, ein ziemlich enttäuschendes Buch«[58], und Weiskopf stimmt ihm erstaunlicherweise zu.[59] Walter Janka begründete viele Jahre später in einem 1989 gehaltenen Vortrag die Ablehnung des Romans mit der finanziellen Lage des Verlages, der einerseits nur *ein* Buch von jedem Schriftsteller veröffentlichen konnte und andererseits die Lizenz zur Veröffentlichung vom amerikanischen Verlag erwerben musste, die El Libro Libre sich jedoch nicht leisten konnte. Es gibt aber die These, diese Ablehnung sei auf die Auseinandersetzungen zwischen Anna Seghers und Paul Merker zurückzuführen.[60] Deutschsprachige Emigranten in Mexiko, die sich vom Kommunismus abgewandt hatten oder sich als anti-stalinistisch erklärten, hatten keine Möglichkeit, ihre Manuskripte bei El Libro Libre zu publizieren. Gustav Regler und das Ehepaar Rühle-Gerstel sind Beispiele dafür.[61]

IV El Libro Negro del Terror Nazi en Europa

Mit der Anthologie *El Libro Negro del Terror Nazi en Europa* gelang es dem Verlag einerseits, bedeutende Schriftsteller der deutschsprachigen Emigration zusammenzubringen und andererseits durch die Veröffentlichung in spanischer Sprache ihre Präsenz in der lateinamerikanischen Öffentlichkeit zu sichern. Die Publikation weist auch auf die guten Beziehungen hin, die die kommunistische deutschsprachige Emigration mit wichtigen Vertretern des politischen, kulturellen und intellektuellen Lebens in Mexiko pflegte.[62] Eine entscheidende Rolle bei der Herausgabe des Buches spielte die bereits erwähnte Werkstatt für grafische Volkskunst (TGP) sowie die Teilnahme des tschechischen Publizisten Otto Katz alias André Simone und des Juristen und Gewerkschaftsführers Vicente Lombardo Toledano.

In allen Tagebüchern und Berichten über das Exil betonen die Exilanten in Mexiko die große Unterstützung, die sie seitens der mexikanischen Regierung für all ihre Unternehmungen erhielten. Eine wichtige Rolle spielte dabei Vicente Lombardo Toledano, der sich wie André Simone als eine schwierige Persönlichkeit erwies. Von Lombardo Toledano wurde bei El Libro Libre ein 24-seitiger Essay über Goethe veröffentlicht, der von Walter Janka als eine »literarische Rarität«[63] bezeichnet wurde.

Obwohl eine Biografie von André Simone über Lombardo Toledano mit dem Titel *Vicente Lombardo Toledano. Un hombre de América* in *Freies Deutschland* (September 1944) angekündigt war und von Bodo Uhse solche Pläne wiederholt erwähnt werden, ist bisher kein Exemplar ausfindig gemacht worden.[64] André Simone hat für *Freies Deutschland* einen Aufsatz über Lombardo Toledano verfasst, in dem er sich auf die widersprüchliche Figur Toledanos bezieht: »Am Morgen wird Lombardo der giftigste Feind der Vereinigten Staaten genannt. Am Abend wird Vize-Präsident Henry A. Wallace den Führer des lateinamerikanischen Gewerkschaftsverbands als den größten Vorkämpfer der Politik des Guten Nachbarn bezeichnen. Heute wird er ein Mitglied der Regierung zum Volksfeind No. 1 erklären, am nächsten Tage wird er Mittagsrat des Präsidenten sein. Lombardo ist, wie einer seiner Landsleute sagte, der bestgehasste und höchstverehrte Mann Mexikos.«[65]

Lombardo Toledano war tatsächlich einer der engsten Vertrauten des Präsidenten Cárdenas und hatte während seiner Regierungszeit die Arbeitergewerkschaft (Confederación de Trabajadores de México, CTM) gegründet. Seit einer Reise 1935 nach Moskau und der Teilnahme am VII. Kongress der Komintern zeigte er sich als Anhänger Stalins und Apologet der Sowjetunion.[66] In der mexikanischen linken Politik spielte er eine zwiespältige Rolle, denn Lombardo Toledano war eine Art Vermittler zwischen Arbeiterbewegung und Regierung, so dass er zu einer wichtigen Stütze für die Regierung Cárdenas wurde.[67] In diesem Zusammenhang nutzte Lombardo Toledano die Beziehung zu Cárdenas und seinem Nachfolger Manuel Ávila Camacho, um bei der Vergabe von Visa an europäische Flüchtlinge mitzubestimmen. Ohne Zweifel gehört er zu den mexikanischen Politikern, die die deutschsprachige kommunistische Emigration während der Exiljahre in Mexiko am meisten unterstützt haben. In der von ihm gegründeten Universidad Obrera (Volkshochschule) durften einige Emigranten (André Simone, Laszlo Radvanyi, Ludwig Renn u. a.) unterrichten. In der von ihm geleiteten Monatszeitschrift *El Futuro* und mit der staatlich geförderten Tageszeitung *El Popular* haben sich einige Emigranten einen Platz in der mexikanischen Öffentlichkeit verschafft. André Simone publizierte zwischen 1941 und 1946 mehr als 170 Kommentare, wie von Marcus Patka erwähnt wird, »mehr Artikel als andere Exilanten wie Simone Tèry und Margarita

Nelken sowie Abusch, Merker, Frei und Jungmann.«[68] André Simone konnte sich dann dank seiner Beziehung zu Lombardo Toledano, der ihn sogar zu seinem außenpolitischen Berater machte, an der Politik des Gastlandes beteiligen.[69] In diesem Zusammenhang fand dann die bereits erwähnte Audienz vom 24. Juli 1942 mit dem Präsidenten Manuel Ávila statt, die von André Simone über Vicente Lombardo Toledano vermittelt wurde und sich als äußerst fruchtbar für den Verlag erwies.

Der eigentliche Initiator und Chefredakteur des *Schwarzbuchs* war André Simone, der für diese Arbeit seine Stalin-Biographie unterbrach. Weiskopf äußerte sich in einem Brief an Bodo Uhse darüber: Simones Absicht, das *Schwarzbuch* herauszugeben, erscheine ihm als eine »Fata Morgana«.[70] Das Buch, das als Anklage der Nazi-Verbrecher in Europa konzipiert wurde und Beiträge von insgesamt 50 Autoren zusammenbrachte, erschien im April 1943 mit einer Auflage von 10.000 Exemplaren und unter dem Protektorat der Präsidenten aus Mexiko, Peru und der Tschechoslowakei, Manuel Ávila Camacho, Manuel Prado und Eduard Beneš. Das Buch konnte bei der Buchmesse von Mexiko-Stadt vom April 1943 angeboten werden, nach vier Wochen waren bereits 4.000 Exemplare verkauft und nach zwei Monaten die erste Auflage vergriffen, so dass eine zweite Auflage im September 1943 gedruckt werden musste. Die Einführung, die die Unterstützung seitens der mexikanischen Regierung sowie den gemeinsamen Kampf gegen den Nazismus betonte, wurde von Antonio Castro Leal verfasst.[71] Lombardo Toledano beschließt das Buch mit dem Beitrag *Totale Zerstörung der nazifaschistischen Regime*. Die Beiträge stammen von Autoren *aus* den USA wie Thomas Mann (*Der Nazismus*), Heinrich Mann (*Das europäische Unglück fiel in Deutschland*), Lion Feuchtwanger (*Hitler und die Juden*), Ernst Bloch (*Italien und die deutsche Verantwortung*), F.C. Weiskopf (*Hitler will die tschechische Kultur zerstören*), Ferdinand Bruckner (*Die heroischen Lehrer aus Norwegen*). Fast alle in Mexiko lebenden deutschsprachig-kommunistischen Schriftsteller und Journalisten nahmen mit ihren Beiträgen teil: Ludwig Renn (*Die Organisierung der Plünderung)*, Anna Seghers (*Ein Mensch wird Nazi*), Egon Erwin Kisch (*Verachtung und Barbarei in der Tschechoslowakei*), André Simone (*Adolf Hitler: Die Polizei sucht ihn*), Paul Merker (*Integration und Desintegration des Nazismus*), Bruno Frei (*Die österreichische Tragödie*), Paul Mayer (*Das Attentat gegen die deutsche Kultur*), Bodo Uhse (*Die drei Stufen Hitlers*), Walter Janka (*So hat die Rache angefangen)*, Lenka Reinerova (*Die Verwandlung des Soldaten Schwejk*), Jeanne Stern (*Was ist Frankreich passiert*), Theodor Balk (*Die balkanischen Berge*), Leo Katz (*Hitler in der Akropolis*), Alexander Abusch (*Der Angriff auf die Sowjetunion*). Andere europäische kommunistische Exilierte in Mexiko stellten ebenfalls ihre Texte zur Verfügung, z.B. die Italiener Mario Montagnana (*Die Erben Garibaldis*), Francisco Frola (*Mussolini, der Vorläufer Hitlers*), die

Spanier Antonio Mije (*Der Nazismus und Spanien*) und Antonio Velao (*Der erste Schützengraben*) und die Französin Simone Téry (*Gabriel Péri, ein Held Frankreichs*). Leon Weiss (*Die Ausrottung der Juden*), Dr. Leo Lambert (*Tragödie und Probleme der Flüchtlinge*), Alexej Tolstoi (*Was wir verteidigen*), Michael Scholochow (*Hass gegenüber dem Nazi*) u. v. a. schrieben für das *Schwarzbuch*. Ein Drittel der Autoren war Mitglied der KP, die pro-sowjetische Orientierung des Buches war markant. Bei den Beiträgen von russischen und ukrainischen Autoren könnte es sich sogar um Fälschungen gehandelt haben, da der Kontakt »zu den im Kriegsgebiet eingeschlossenen Autoren ziemlich unwahrscheinlich ist.«[72] Auffällig ist die Verbreitung des Buches in US-amerikanischen Organisationen. Der Coordinator of Inter-American Affairs, ein von Nelson Rockefeller gefördertes Propagandakomitee, kaufte 2.000 Exemplare für die Verbreitung in den südamerikanischen Ländern.[73] Man plante eine US-amerikanische Ausgabe vom *Schwarzbuch*, die jedoch höchstwahrscheinlich aus politischen Gründen nicht zustande kam. 1978 wurde das Buch von Fritz Pohle ins Deutsche übersetzt.[74]

Eine Schlüsselfigur bei der Gestaltung des Buches war auch der ehemalige Direktor des Bauhauses, der Schweizer Hannes Meyer, der im Auftrag von André Simone für Abbildungen und Buchdesign verantwortlich war. Hannes Meyer, der teilweise als Vermittler zwischen mexikanischen und deutschen Intellektuellen fungierte, besorgte die Bildauswahl für das *Schwarzbuch*. So gestaltete er das Buch mit 167 Dokumentar-Fotografien, 50 Grafiken und Zeichnungen der Werkstatt für grafische Volkskunst (TGP), wie auch mit Abbildungen von Grafiken anderer Künstler. Auch eine Reihe von Plakaten, die 1938 die Liga Pro-Cultura Alemana für den erwähnten Zyklus von Vorträgen der TGP in Auftrag gegeben worden waren, wurde für das *Schwarzbuch* verwendet. In *El Libro Negro del terror nazi en Europa* finden sich Zeichnungen, wie »Jude« von O'Higgins, »Vertreibung« und »Die Frau in der Nazigesellschaft« von Alfredo Zalce, die Linolschnitte »Folter« von Leopoldo Méndez und »Tod den faschistischen Verrätern« von Gabriel Fernández Ledesma oder die Lithografien »Zwangsarbeit für Juden« von O'Higgings oder »Nazismus« von De La Paz Pérez. In diesen Grafiken für das *Schwarzbuch* präsentieren sie »in einer erschütternden Weise die Vernichtung der Juden und die Angriffe auf die gesamte Zivilbevölkerung, das Leiden der Mütter und Kinder und auch Porträts der Helden des Widerstandskampfes.« In ihren Werken finde sich Pringnitz-Poda zufolge sogar der Einfluss von Goya, Daumier und Grosz. *Das Schwarzbuch* sowie die Plakatserie »El Faschismo« haben also dem TGP »einen Platz in der Kunstgeschichte Mexikos« gesichert.[75]

Im Jahr 2002 wurden in Mexiko einige Veranstaltungen aus Anlass des 100. Geburtstags von Leopoldo Méndez durchgeführt, in denen der Vorwurf erhoben wurde, dass sein Werk im Schatten seiner politischen Einstellung völlig vergessen worden sei, obwohl er 1949 aus der kommunistischen Partei austrat. Der TGP charakterisierte sich politisch durch seine pro-sowjetische Gesinnung und war bekannt für die Unterstützung des Malers David Alfaro Siqueiros, der an dem gescheiterten Attentat auf Trotzki beteiligt war. Leopoldo Méndez war der wichtigste Vertreter der Werkstatt für grafische Volkskunst (TGP), der nicht nur aktiv an der Herausgabe des *Schwarzbuchs* teilnahm, sondern auch den Buchumschlag für *Das Siebte Kreuz* entwarf. Den Umschlag der Zeitschrift *Freies Deutschland* vom November 1942 hat er ebenfalls gestaltet. Leopoldo Méndez wurde 1942 von dem Kunstkritiker Paul Westheim als einer »der ganz wenigen Künstler dieser Zeit« bezeichnet, »der sozialer und politischer Massenaufklärung *große* Form zu geben vermag.«[76]

Georg Stibi[77], einer der deutschsprachigen Emigranten, übernahm 1943 nach seiner Suspendierung aus der Parteigruppe in Mexiko die Geschäftsführung der Grafiker-Werkstatt und arbeitete sehr eng mit Mendez zusammen. Als Kommunist genoss Stibi allgemeine Anerkennung seitens der Mehrheit der Mitglieder des TGP. Darüber hinaus mag er organisatorisches Talent gezeigt haben, so dass »deutsche Parteiquerelen im mexikanischen Exil also dafür gesorgt (haben), dass eine mexikanische Künstlergruppe Impulse und Funktionsmöglichkeiten erhielt, ein wahrhaft paradoxer Sachverhalt«.[78] Bereits in Deutschland soll Anna Seghers Stibi dazu gedrängt haben, über Leopoldo Méndez zu schreiben, so dass er 1948 den Aufsatz *Soziale Grafik in Mexiko* für die *Bildende Kunst* schrieb. Es wurden in der DDR Ausstellungen über die Grafiker-Werkstatt TGP organisiert, aber als Leopoldo Méndez sich für einige Wochen in Europa aufhielt, wurde ihm die Einreise in die DDR verweigert.[79] Diese Zusammenarbeit veranlasste trotz des Boykotts gegen die westlichen Emigranten – die als »die Mexikaner« bezeichnet wurden – einige der deutschsprachigen Emigranten in der DDR, die mexikanische Grafik und Wandmalerei durch Publikationen oder Ausstellungen bekannt zu machen. Im Allgemeinen wird die deutschsprachige Emigration mit Lombardo Toledano und Leopoldo Méndez in Verbindung gebracht, aber insbesondere mit der Herausgabe des *Schwarzbuchs über den Nazi-Terror in Europa*, eine der bedeutenden Leistungen der kommunistischen Exilanten in Mexiko, die dadurch in der mexikanischen Öffentlichkeit bekannt wurden und die Zusammenarbeit mit einer der wichtigsten mexikanischen Künstlergruppen Mexikos ermöglichte.[80]

1 Anna Seghers: »Geglüht und gehärtet. Zum zehnten Jahrestag der Bücherverbrennung«. In: *Freies Deutschland* Jg. 2 (1943) Nr. 6 (Mai), S. 2. — **2** Die Zahlenangaben zur spanischen Emigration in Mexiko schwanken zwischen 15.000 und 40.000, dies unabhängig vom Zeitraum, der in Betracht gezogen wird. Vgl. Reiner Tosstorff: »Spanische Bürgerkriegsflüchtlinge nach 1939«. In: In: Claus-Dieter Krohn u. a. (Hg.): *Exile im 20. Jahrhundert.* München 2000 (= Jahrbuch Exilforschung 18), S. 87–111; José Antonio Matesanz: *Las raíces del exilio. México ante la guerra civil española, 1936–1939.* México, D.F. 1999; Katharina Niemeyer: »Die spanische Emigration nach Mexiko 1937–1945«. In: Martin Hielscher (Hg.): *Fluchtort Mexiko. Ein Asylland für die Literatur.* Hamburg, Zürich, 1992, S. 79–85; *El exilio español en México.* México, D.F. 1982; Fritz Pohle: *Das mexikanische Exil. Ein Beitrag zur Geschichte der politisch-kulturellen Emigration aus Deutschland (1937–1946).* Stuttgart. 1986, S. 5; Nach Argentinien gingen zum Beispiel ca. 31.000, nach Brasilien ca. 16.000 deutschsprachige Emigranten. Vgl. Patrick von zur Mühlen: *Fluchtziel Lateinamerika. Die deutsche Emigration 1933–1945: politische Aktivitäten und soziokulturelle Integration.* Bonn 1988, S. 45–49; Die Zahl der »deutschsprachigen, kommunistisch-stalinistischen Flüchtlinge« in Mexiko wird von Kießling auf ca. 100 geschätzt. Vgl. Wolfgang Kießling: *Alemania libre in Mexiko. Ein Beitrag zur Geschichte des antifaschistischen Exils 1941–1946.* Bd. 1 u. 2. Berlin (DDR) 1974, S. 17 u. 53; Pohle (S. 69) weist seinerseits darauf hin, dass Kießling die Zahl der KPD-Mitglieder in ganz Lateinamerika auf kaum 300 schätzt und dass er jedoch nicht erklärt, ob man dabei auch österreichische Mitglieder berücksichtigte. In: Pohle: *Das mexikanische Exil,* S. 69; Zum deutschen Exil in Mexiko vgl.: Marianne Oeste de Bopp: »Die Exilsituation in Mexiko«. In: Manfred Durzak (Hg.): *Die deutsche Exilliteratur 1933–1945.* Stuttgart 1973; Marcus G. Patka: *Zu nahe der Sonne. Deutsche Schriftsteller im Exil in Mexiko.* Berlin 1999. — **3** Vgl. Marcus G. Patka: »Die drei Leben des Otto Katz alias Rudolf Breda alias André Simone«. In den Höhen der Politik und den Tiefen des Boulevard. In: Anne Saint Sauveur-Henn (Hg.): *Zweimal verjagt. Die deutschsprachige Emigration und der Fluchtweg Frankreich-Lateinamerika 1933–1945.* Berlin 1998, S. 140–154. — **4** Pohle: *Das mexikanische Exil* (s. Anm. 2), S. 83–85. — **5** Diese Vereinigung, die sich 1933 als Nachfolger des in den 1920er Jahren durch die Wandmaler (Siqueiros, Rivera, Orozco) gegründeten »Syndikats der technischen Arbeiter, Künstler und Bildhauer« konstituierte, versammelte etwa 400 Künstler, die sich sehr enthusiastisch der Einheits- und Volksfrontpolitik der Regierung des Präsidenten Cárdenas anschlossen. Vgl. Helga Prignitz-Poda: »Die Werkstatt für Volkstümliche Grafik, TGP. Eine Einführung«. In: *Taller de Gráfica Popular. Plakate und Flugblätter zu Arbeiterbewegung und Gewerkschaften in Mexiko 1937–1986.* Sammlung des Ibero-Amerikanischen Instituts Preußischer Kulturbesitz. Berlin 2002, S. 6. — **6** Die mexikanische Schriftstellerin Elena Garro erzählt von ihrer ersten Begegnung mit Ludwig Renn, Anna Seghers, Gustav Regler u. a. auf dem Kongress in Valencia. Vgl. Elena Garro: *Memorias de España 1937.* México, D.F. 1992, S. 15. — **7** Lombardo Toledano eröffnete am 23. April 1938 die Vortragsreihe mit einem Vortrag über Goethe, Jesús Silva Herzog sprach über »Genesis und Krise des internationalen Faschismus«, Daniel Cosío Villegas über »Den japanischen Faschismus«. Vgl. Pohle: *Das mexikanische Exil* (s. Anm. 2), S. 94. — **8** *El Libro Negro del Terror Nazi en Europa.* Testimonios de escritores y artistas de 16 naciones. Patrocinado por el Señor Presidente de la República Mexicana, General de División Don Manuel Avila Camacho. Editorial »El Libro Libre« – México 1943. — **9** Vgl. Fritz Pohle: »›Freies Deutschland‹ und Zionismus. Exilkommunistische Bündnisbemühungen um die jüdische Emigration«. In: Achim Schrader, Karl Heinrich Rengstorf (Hg.): *Europäische Juden in Lateinamerika.* St. Ingbert 1989, S. 228. — **10** Die *Bewegung Freies Deutschland* hatte in Mexiko etwa 100 kommunistische Anhänger, ca. 400 Mitglieder. Unter ihnen fanden sich vor allem deutsch-jüdische Emigranten, die sich dank der beachtenswerten Auseinandersetzung innerhalb der deutschen kommunistischen Emigration über die deutsch-jüdische Frage der Bewegung annäherten. — **11** Anna Seghers übernahm das Präsidium des Klubs, der bis zum Frühjahr 1946 regelmäßig Veranstaltungen (Theateraufführungen, Filmveranstaltungen, Konzerte, literarische Abende und wissenschaftliche Vorträge) organisierte. — **12** 1940 hatte der Buchhändler James Friedmann den Verlag Cosmopolita in Argentinien gegründet und obwohl die Zahl der veröffentlichten Bücher die vom Verlag El Libro Libre fast erreichte, verstand sich der argentinische Verlag eher als ein Geschäftsunternehmen, das darüber hinaus nicht über Autoren von Rang verfügte (der bekannteste nach Argentinien emigrierte Schriftsteller Paul Zech veröffentlichte in einem anderen Verlag). Der Inhalt der bis 1946 herausgegebenen Bücher war außerdem breit gefächert (Märchenbücher von Grimm, Andersen etc., und für die Emigranten ein »Praktischer Führer durch das argentinische Recht in deutscher Sprache allgemeinverständlich erläutert«). vgl. Liselotte Maas: *Deutsche Exilpresse in Lateinamerika. Mit einer Einführung von Eberhard Lämmert.* Frankfurt / M. 1978, S. 53–54; Wolfgang Kießling: *Exil in Lateinamerika.* Leipzig 1980, S. 407–423. — **13** Alfred Döblin: Brief vom 22.7.42 an Arthur Rosin. In: Michael Winkler (Hg.): *Deutsche Literatur im Exil 1933–1945. Texte und Dokumente.* Stuttgart 1977, S. 390–393. — **14** Über den Empfang der deutschen Schriftsteller wurde am 25. Juli 1942 im Organ der mexikanischen Regierung *El Nacional* berichtet, die Nachricht wurde einen Monat später in der Zeitschrift *Freies Deutschland* veröffentlicht: »Herr Ludwig Renn, Kriegsroman-Schriftsteller, informierte den Herrn Präsidenten über die Gründung eines Verlages in Mexiko mit dem Namen Das Freie Buch (El Libro Libre), der sich die Aufgabe setzt, auf die in unserem Gebiet lebenden Deutschen einzuwirken und sie im Geiste der Loyalität für Mexiko zu erziehen, um damit im Kampfe gegen den Nazismus auf diesem Kontinent mitzuarbeiten, sowie Werke in spanischer Sprache herauszugeben«. In: *Freies Deutschland,* Jg. 1 (1942) Nr. 10 (15. August), S. 5. — **15** Paul Mayer: »Leistung des Verlages El Libro Libre«. In: *Freies Deutschland,* Jg. 5 (1946) Nr. 5 (Mai), S. 25. — **16** Vgl. Vgl. Anna Seghers: »Rheinland«. In: *Freies Deutschland,* Jg. 1 (1941) Nr. 2 (Dez.), S. 22–23; dies.: »Das Verhör«. In: *Freies Deutschland.* Jg. 1 (1942) Nr. 6 (April), S. 21–22. — **17** Als die Zeitschrift im November 1941 gegründet wurde, bemerkte in New York der *Aufbau*, die »Zeitschrift proklamiere den alten Volksfrontgedanken in neuer Form«. Zit. nach Pohle: »>Freies Deutschland< und Zionismus« (s. Anm. 9), S. 228. — **18** Ludwig Renn spricht von »sechs Tonnen Gepäck«, womit das gesamte Archiv der Bewegung *Freies Deutschland* und des Verlages gemeint ist und das nach Deutschland transportiert werden sollte. Das Schicksal solcher Unterlagen ist bis jetzt leider unbekannt. In: Ludwig Renn: *In Mexiko.* Berlin 1979, S. 46. — **19** Kießling: *Exil in Lateinamerika* (s. Anm. 12), S. 387. — **20** Als Mitglied der KPD war Walter Janka (1914–1994) von 1933 bis 1935 verhaftet. Später schloss er sich den Internationalen Brigaden im spanischen Bürgerkrieg (1936–1939) an und danach wurde er in *Le Vernet* interniert. 1941 gelang ihm zusammen mit Charlotte Janka die Flucht nach Mexiko, wo er an den Aktivitäten der kommunistischen Exilgruppe teilnahm, insbesondere durch die Arbeit im Verlag. 1947 ging er nach Ost-Berlin zurück, wo er von 1948–1950 die Stelle als Generaldirektor der DEFA übernahm. 1951 wurde er Leiter des Aufbau-Verlages, bis er Ende 1956 unter Anklage der konterrevolutionären Verschwörung gegen die Regierung Ulbricht verhaftet und zu fünf Jahren Zuchthaus verurteilt wurde. Ende Dezember 1960 entlassen, wurde er von der Regierung sogar geehrt, aber nie rehabilitiert. Das von ihm 1989 veröffentlichte Buch *Schwierigkeiten mit der Wahrheit*, in dem er diese Geschehnisse thematisierte, löste eine große Polemik aus. Vgl. Walter Janka: *Spuren eines Lebens.* Berlin 1991, S. 196. — **21** Der Lyriker Paul Mayer (1889–1970) verließ erst gegen 1938 Hitlerdeutschland und lebte seit 1939 in Mexiko. Mayer ging erst 1963 nach Europa zurück (nach Zürich), wo er starb. Vgl. Thomas B. Schumann: Paul Mayer – Lyriker und Literaturvermittler im mexikanischen Exil. In: *Mit der Ziehharmonika* 15 (1998) 1, S. 53–54. — **22** Wolfgang Kießling: *Brücken nach Mexiko. Traditionen einer Freundschaft.* Berlin (DDR) 1989, S. 338. — **23** In Mexiko half sie ebenfalls Anna Seghers bei ihrem Roman *Die Toten bleiben jung* mit ihrer Schreibtätigkeit. Vgl. Kießling, *Exil in Lateinamerika* (s. Anm. 12), S. 390 und Christiane Zehl Romero: *Anna Seghers: eine Biographie 1900–1947.* Berlin 2000, S. 392. — **24** Im Juni 1942 organisierte zum Beispiel Ralph Roedner im Namen des Exiled Writers Committee der League of American Writers im Hotel Reforma, wo vorwiegend Touristen aus den USA abstiegen, einen Anti-Nazi Literary Evening in englischer Sprache. An diesem nahmen Constancia de la Mora, Dr. Charles Obermeyer, Pablo Neruda und die Mitglieder der Verlagsführung (Anna Seghers, Ludwig Renn, Egon Erwin Kisch, u. a.) teil;

vgl. ebd., S.394. — **25** Patka: *Zu nahe der Sonne* (s. Anm.2), S.142. — **26** Für dies und das Folgende vgl. Kießling: *Exil in Lateinamerika* (s. Anm.12), S.396 ff. u. Janka: *Spuren eines Lebens* (s. Anm.20), S.195 ff. — **27** Bodo Uhse: *Gestalten und Probleme*. Berlin, 1950, S.50, Zit. nach ebd., S.394. — **28** Janka: *Spuren eines Lebens* (s. Anm.20), S.194. — **29** Wolfgang Kießling behauptet: »Herstellung und Vertrieb – Druckerei, Gehälter der Verlagsangestellten, Honorare, Übersetzungen, Steuern, Werbung, Miete, Verpackung, Porto, Telefon usw. – kosteten den Verlag El Libro Libre für die 26 Titel 242.000 Peso. Hinzu kamen etwa 5.000 Peso an uneinbringbaren Außenständen. Demgegenüber standen Einnahmen von rund 290.000 Peso. Der Überschuss diente zu einem großen Teil zur Unterstützung der Zeitschrift FD und der Demokratischen Post.« In: Kießling: *Alemania libre in Mexiko*, Bd.1 (s. Anm.2), S.242. — **30** Walter Janka erstellte die folgende Rechnung: »Für die Druckkosten waren über zweihundertfünfzigtausend Peso erforderlich. Dem standen dreihunderttausend Peso an Einnahmen gegenüber.« Janka: *Spuren eines Lebens* (s. Anm.20), S.194. — **31** Ebd., S.195. — **32** Ende 1943 sollen sich Auslieferungsstellen in den von Janka erwähnten Ländern etabliert haben. In ganz Lateinamerika mögen sich diese – Kießling zufolge – auch in Bolivien, Brasilien, Chile, Kuba, Ecuador, Honduras, Peru, El Salvador, Uruguay, Venezuela, Kolumbien, Guatemala, Haiti und Panama befunden haben. Vgl. Kießling: *Exil in Lateinamerika* (s. Anm.12), S.425. — **33** Ebd., S.424. — **34** Wolfgang Kießling weist auf eine Reihe von Buchhandlungen im Ausland hin, die Bücher von El Libro Libre verkauft haben, ebd., S.424–425. — **35** Kurt Lenge: Brief an Walter Janka. In: *Freies Deutschland*, Jg.4 (1945) Nr. 9 (August), S.18. — **36** Mayer: »Leistung des Verlages El Libro Libre« (s. Anm.15), S.25. — **37** Bodo Uhse: »Schriftsteller als Verleger«. In: Kießling: *Alemania Libre in Mexiko*. 1. Bd. (s. Anm.2), S.257; Pohle: *Das mexikanische Exil* (s. Anm.2), S.23. — **38** Vgl. F.C. Weiskopf: *Unter fremden Himmeln. Ein Abriss der deutschen Literatur im Exil 1933–1947*. Mit einem Anhang von Textproben aus Werken exilierter Schriftsteller. Berlin, Weimar 1981. — **39** Brief vom 1. November 1945 von Weiskopf an Uhse. In: Bodo Uhse, F.C. Weiskopf: *Briefwechsel 1942–1948*. Hg. v. Günter Caspar und Margit Stragies. Berlin, Weimar 1990, S.206. — **40** Trotz der von Weiskopf bekannten Differenzen innerhalb der deutsprachigen Emigration in Mexiko bestand er in einem späteren Brief darauf: »Eine Literaturgeschichte des Exils muss in der Bibliographie vollständig sein, deshalb brauche ich auch die Angaben über die zwei in Mexiko gedruckten Poesiebände von Regler: Titel, Verlagsjahr, Verlag. Bitte verschaff mir das.« Brief vom 4. Dezember 1945 von Weiskopf an Uhse. In: Ebd., S.216. — **41** Thomas Mann: »An den Verlag El Libro Libre«. In: *Freies Deutschland*, Jg.1 (1942), Nr. 11 (September), S.31. — **42** Ein Jahr vor Kriegsende brachte Lion Feuchtwanger diesen Vorgang in einem bekümmerten Ton zum Ausdruck: »Einige von uns haben es mit eigenem Erfolg versucht, in der fremden Sprache zu schreiben: wirklich geglückt ist es keinem. (…) Seltsam ist es, zu erfahren, wie die Wirkung unserer Werke nicht ausgeht von der Fassung in welcher wir sie schreiben, sondern von einer Übersetzung. Der Widerhall, den wir hören, ist nicht der Widerhall des eigenen Worts. Denn auch die beste Übersetzung bleibt ein Fremdes. Da haben wir den Satz, das Wort gefunden, die glückliche Wendung, die sich unserm Gedanken und Gefühl bis ins Letzte anschmiegte. Und nun ist da das übersetzte Wort, der übersetzte Satz. Er stimmt, es ist alles richtig, aber der Duft ist fort, das Leben ist fort.« In: Lion Feuchtwanger: »Arbeitsprobleme des Schriftstellers im Exil«. In: *Freies Deutschland*, Jg.3 (1944) Nr. 4 (März), S.27. — **43** Egon Erwin Kisch: *Der »Rasende Reporter« wieder unter uns*. In: *Gesammelte Werke in Einzelausgaben*, Bd.11. *Vermischte Prosa*. 2.Aufl., Berlin, Weimar 1993, S.530. — **44** Janka: *Spuren eines Lebens* (s. Anm.20), S.195. — **45** Der Wandmaler und enge Freund von Anna Seghers Xavier Guerrero wird ihr Jahre später schreiben: »Für mich ist Dein Aufenthalt in Mexiko eng mit dem ›Siebten Kreuz‹ verbunden. Die spanische Ausgabe war ohne Zweifel Dein Appell an das mexikanische Volk. Dein Buch zeigte uns das bessere Deutschland, die edelsten Beispiele seiner tiefen, kämpferischen Freiheitsliebe. Und es ist noch immer aktuell. Solange es Erben Hitlers gibt, große oder kleine, solange sollten wir es immer wieder lesen und denen zu lesen geben, die dieses Meisterwerk noch nicht kennen.«. In: Anna Seghers: *Briefe an ihrer Freunde*. Berlin 1960, S.49. — **46** Kießling: *Exil in Latein-*

amerika (s. Anm. 12), S. 436. — **47** Patka: *Zu nah der Sonne* (s. Anm. 2), S. 145. — **48** Else Volk behauptet: »Die olympische Ruhe Goethes passt nicht mehr für unsere Zeit. Wir suchen nicht mehr Heines Lyrik, sondern seine Klagen aus dem Exil. Romane mit kleinen persönlichen Problemen langweilen uns. Zit. nach: Kießling: *Exil in Lateinamerika* (s. Anm. 12), S. 454. — **49** Bodo Uhse in einem Brief vom 10. September 1943 an F. C. Weiskopf. In: Uhse, Weiskopf, *Briefwechsel 1942–1948* (s. Anm. 39), S. 80. — **50** Heinrich Mann: »Kisch, der Entdecker Mexikos«. In: *Freies Deutschland*, Jg. 4 (1945) Nr. 5 (April), S. 25 f. — **51** Markus G. Patka: *Egon Erwin Kisch. Stationen im Leben eines streitbaren Autors.* Wien, Köln, Weimar 1997, S. 358. — **52** An einer Stelle, wo es um die Risiken des Pulquekonsums geht, ist plötzlich der folgende Satz zu lesen: »Einer, der unter ein fahrendes Auto geriet, stöhnt in dem Bett, in dem vor kurzem Leo Trotzki starb.« In: Egon Erwin Kisch: *Marktplatz der Sensationen. Entdeckungen in Mexiko.* Berlin, Weimar 1967, S. 522. — **53** Paul Merker: »»Der Irrweg einer Nation‹. Ein deutsches Geschichtsbuch von Alexander Abusch«. In: Kießling: *Alemania Libre in Mexiko.* Bd. 2 (s. Anm. 2), S. 341. — **54** Thomas Mann: Ein Brief von Thomas Mann vom 14. November 1945. In: Ebd., S. 337. — **55** Patka: *Zu Nahe der Sonne* (s. Anm. 2), S. 153. — **56** In der Zeitung *Die Demokratische Post* erwähnt Kisch diese Möglichkeit: »Von Sealsfields Literatur ist das Kajütenbuch und noch häufiger eine daraus herausgeschälte Kurzgeschichte »Die Prärie von Hyacinto« bis in die neueste Zeit wiederholt aufgelegt worden, aber es gibt weit mehr in seinem fünfzehnbändigen Gesamtwerk, was es verdiente der Vergessenheit entrissen zu werden. Unverändert bleibt die freiheitliche Gesinnung seiner Romane, die statt einer Einzelperson den sozialen und politischen Gesamtkomplex der Epoche zum Helden haben (…). Wäre es nicht möglich, dass der Verlag, ›El Libro Libre‹ sich für eine Neuausgabe von Charles Sealsfield interessierte«? (Egon Erwin Kisch: »Charles Sealsfield«. In: *Demokratische Post*, Jg. 1, Nr. 8, 10. Dezember 1943, S. 3). — **57** Kießling: *Exil in Lateinamerika* (s. Anm. 12), S. 440. — **58** Uhse, Weiskopf: *Briefwechsel 1942–1948* (s. Anm. 39), S. 142. — **59** Auf die Bemerkung von Uhse antwortete Weiskopf »Ich stimme vollkommen mit Dir überein, dass ›Transit‹ enttäuschend ist. Ich konnte das Buch nicht einmal zu Ende lesen. All die besonderen Qualitäten des Stils von Anna Seghers – die Gabe, in Halbtönen zu zeichnen, die verschwimmenden Konturen, die Konzentration auf kleine Szenen novellistischer Charakters – werden hier zu Mängeln, weil die ausgleichenden Bestandteile fehlen, die ›The Seventh Cross‹ zu einem ungewöhnlichen Buch machten (Spannung, eine Handlung, die sich zur Unterteilung in zahlreiche Novellen eignet, eine bewegende und ansprechende Idee für das Ganze) (…) In ›Transit‹ ruft derselbe Mangel an Sichtbarkeit nichts als Eintönigkeit und Langeweile hervor.« In: Ebd., S. 147. — **60** Markus G. Patka: »Wildes Paradies mit Ablaufzeit. Struktur und Leistung deutschsprachiger Exilanten in México Ciudad«. In: Claus-Dieter Krohn u. a. (Hg.): *Metropolen des Exils.* München 2002 (= Jahrbuch Exilforschung 29), S. 235. — **61** Gustav Regler hatte sich nach einer polemischen Auseinandersetzung vom Kommunismus und von der deutschsprachigen Emigration in Mexiko distanziert. Otto Rühle und Alice Gerstel-Rühle waren ebenfalls isoliert. In einem Brief vom Januar 1941 bezieht sich Alice Gerstel-Rühle darauf und beklagt sich über ihren Jugendfreund Egon Erwin Kisch: »Da bin ich nun schon mitten in Mexiko und seinen Problemen, und denke mit einiger Bitterkeit daran, dass ich nach fast fünf Jahren intensiven Hierseins, mit völliger Beherrschung der Sprache und besten Beziehungen zu vielerlei Leuten, die repräsentativ für das Land sind, es mir immer noch nicht träumen lasse, imstand zu sein, ein Buch darüber zu schreiben (abgesehen davon, dass ich subjektiv keine Zeit und objektiv keine Chance dazu hätte), während unser Freund Kisch, vor sechs Wochen angekommen, wie ich höre bereits einen Teil seines Manuskriptes über Mexiko abgeschickt hat; und da er es schreiben musste, folglich kaum Zeit hatte, sich das Land anzusehen (…)«. Zit. in: Marta Markóva: »Wer war Alice Rühle-Gerstel?«. In: *Mit der Ziehharmonika*, Jg. 15 (1998) Nr. 1 (März), S. 39. — **62** Dieses Buch wurde schließlich zum »Ergebnis einer punktuellen politischen Kooperation mit der mexikanischen Regierung« und »einer der größten politischen Erfolge der KPD-Gruppe und ihr wirkungsvoller Beitrag zur Mobilisierung der Öffentlichkeit gegen Hitlerdeutschland«. Pohle: *Das mexikanische Exil* (s. Anm. 12), S. 276. — **63** Janka: *Spuren eines*

Lebens (s. Anm. 20), S. 196. — **64** Patka: »Die drei Leben des Otto Katz« (s. Anm. 3), S. 153. — **65** André Simone: »Vicente Lombardo Toledano. Un hombre de América«. In: *Freies Deutschland,* Jg. 3 (1944) Nr. 9 (August), S. 13. — **66** Die Kommunistische Partei Mexikos musste sich sogar auf Anforderung der Sowjetunion der Politik von Lombardo Toledano unterwerfen, was für die Partei eine schwere Niederlage bedeutete. Die Asylgewährung an Trotzki zeigte aber die Unabhängigkeit der mexikanischen Regierung gegenüber der prosowjetischen Politik von Lombardo Toledano, der zusammen mit der KPM zu den bedeutenden Gegnern innerhalb der mexikanischen Linken gegenüber der Asylgewährung an Trotzki zählte. Vgl. Olivia Gall: *Trotsky en Mexico y la vida política en el periodo de Cardenas 1937–1940.* México, D.F. 1991. — **67** Lombardo Toledano hatte in den 1920er Jahren bei Alfons Goldschmidt studiert, der damals auf Einladung vom Erziehungsminister José Vasconcelos nach Mexiko kam und an der Universität National unterrichtete. Ende des 1930er Jahren wieder in Mexiko, wo Goldschmidt 1940 starb, war dieser einer der ersten Bezugspunkte von Lombardo Toledano mit der deutschsprachigen Emigration. Ludwig Renn bezieht sich darauf und behauptet, Goldschmidt 1939 gleich nach seiner Ankunft und im Zusammenhang mit der Liga Pro Cultura Alemana in Mexiko getroffen zu haben und dass dieser ihn mit seinem früheren Studenten bekannt gemacht habe. Vgl. Renn: *In Mexiko* (s. Anm. 18), S. 25. — **68** Patka: »Die drei Leben des Otto Katz« (s. Anm. 3), S. 152, — **69** Es wird sogar die These aufgestellt, André Simone habe den mexikanischen Gewerkschaftsführer in außenpolitischen Angelegenheiten in sowjetischem Auftrag beraten. Vgl. Pohle: »›Freies Deutschland‹ und Zionismus« (s. Anm. 9), S. 238. — **70** Weiskopf an Bodo Uhse. Brief vom 25. April 1943. In: Uhse, Weiskopf: *Briefwechsel 1942–1948* (s. Anm. 39), S. 61. — **71** Antonio Castro Leal: »Introducción«. In: *El Libro Negro del Terror Nazi en Europa* (s. Anm. 8), S. 11–13. — **72** Patka: *Zu nah der Sonne* (s. Anm. 2), S. 143. — **73** Pohle: *Das mexikanische Exil* (s. Anm. 2), S. 277. — **74** Schwarzbuch über den Nazi-Terror in Europa. Übersetzung von Fritz Pohle. [Hamburger Arbeitsstelle für deutsche Exilliteratur]. Manuskriptfassg. in 2 Teilen. Hamburg, 1978. — **75** Helga Prignitz-Poda: »Der TGP im Krieg. Hannes Meyer und Georg Stibi als Geschäftsführer der La Estampa Mexicana«. In: *Taller de Gráfica Popular. Plakate und Flugblätter zu Arbeiterbewegung und Gewerkschaften in Mexiko 1937–1986,* S. 18. — **76** Zit. nach ebd., S. 95. — **77** Georg Stibi, der 1941 nach Mexiko gekommen war, beteiligte sich an den Aktivitäten der kommunistischen Exilierten, aber nach heftigen Auseinandersetzungen innerhalb der Gruppe schloss ihn Paul Merker aus der Partei aus und verlangte auch von den anderen, jeden Kontakt mit ihm abzubrechen. Anna Seghers und Egon Erwin Kisch gehörten zu denen, die die Freundschaft mit Stibi weiter pflegten und sich eher an die Gruppe um Hannes Meyer, Pablo Neruda und die Italiener Vittorio Vidali und Mario Montagnana annäherten und durch eine pro-sowjetische Einstellung charakterisiert waren. In der DDR wurde Stibi zunächst Chefredakteur der *Berliner Zeitung* und Stellvertretender Leiter des Amtes für Information der DDR-Regierung. Danach wurde er zum Redakteur einer Provinzzeitung degradiert. Immerhin gehörte er nicht zu den westlichen Emigranten, die wie Otto Katz/André Simone im Dezember 1952 im Kontext des Slánsky-Prozesses am Galgen landeten oder wie Paul Merker und Walter Janka zu mehreren Jahren Haft verurteilt wurden. Vgl. Renata von Hanffstengel, Cecilia Tercero Vasconcelos: *Begegnungen in der Grafik 1938–1948. Europäische Künstler in der Grafiker-Werkstatt TGP in Mexiko.* México, D.F. 1999, S. 31. — **78** Ebd., S. 35. — **79** Kießling: *Brücken nach Mexiko* (s. Anm. 22), S. 443 ff. — **80** Vgl. Ricardo Pérez Montfort: »Apuntes sobre el exilio alemán en México«. In: Pablo Yankelevich (Hg.): *México, país refugio. La experiencia de los exilios en el siglo XX.* México, D.F. 2002, S. 53.

Evelyn Adunka

Bücherraub in und aus Österreich während der NS-Zeit und die Restitutionen nach 1945

I

Von Simon Wiesenthal ist eine Geschichte überliefert, die er mehrfach mit dramatischen Einzelheiten und Zuspitzungen in Erinnerungen und Interviews wiederholt hat. Er erzählte darin, wie er mit einem inzwischen verstorbenen Freund in ein Schloss im Süden Österreichs fuhr, das angefüllt war mit geraubten jüdischen Gebetbüchern. Alle Versuche, auch mithilfe von Wiesenthal selbst, den Namen des Schlosses herauszufinden, scheiterten, aber diese Geschichte gab mir den ersten Anstoß, mich näher mit in der NS-Zeit geraubten Büchern in und aus Österreich zu befassen.[1]

Der größte Bestand geraubter Buchbestände in der NS-Zeit in Österreich befand sich in St. Andrä und in Tanzenberg in Kärnten. Dabei handelte es sich um die so genannte Zentralbibliothek der »Hohen Schule« (ZB), die 1942 wegen der beginnenden Bombardierungen in Deutschland aus Berlin evakuiert worden war. Der Gesamtbestand wurde auf 500–700.000 Bände geschätzt.[2] 1939 war diese »Hohe Schule« von Alfred Rosenberg, dem Beauftragten des Führers für die Überwachung der geistigen und weltanschaulichen Schulung und Erziehung der NSDAP, als überregionale nationalsozialistische Gegenuniversität oder NS-Parteihochschule konzipiert worden. Rosenberg definierte sie 1940 als »die oberste Stätte für nationalsozialistische Forschung, Lehre und Erziehung.«[3]

Leiter ihres Aufbaus war der 1968 verstorbene Philosoph, Nietzsche-Spezialist und Professor für politische Pädagogik an der Universität Berlin, Alfred Baeumler, der zugleich als Direktor des Bereichs Wissenschaft im Amt Rosenberg wirkte. Nach seiner Antrittsrede an der Berliner Universität im Mai 1933 hatte er die Studentenprozession zur Bücherverbrennung angeführt.[4] Einige Institute der »Hohen Schule« haben ihre Arbeit tatsächlich noch aufnehmen können, allerdings beeinträchtigt durch kriegsbedingte Einschränkungen. Aber das einzige Institut, das 1941 offiziell eröffnet wurde, war das »Institut zur Erforschung der Judenfrage« in Frankfurt am Main, geleitet von Wilhelm Grau und später von Klaus Schickert.[5]

Die ZB der »Hohen Schule« wurde 1939 in Berlin gegründet und von Walter Grothe geleitet. Grothe, 1895 in Oldenburg geboren, wurde 1922 in Frankfurt am Main promoviert und hatte von 1922 bis 1925 für die von der Familie Rothschild gestiftete Rothschild'sche Bibliothek in Frankfurt am Main gearbeitet. Von 1925 bis 1939 war er Leiter der Landesbibliothek in Kassel gewesen. Er war 1931 der NSDAP beigetreten, war SA-Oberscharführer sowie Schulungsleiter und Parteiredner der NSDAP. Ein nach 1945 von britischen Besatzungsoffizieren verfasster Bericht über seine Persönlichkeit nannte ihn einen hartnäckigen Nazi ohne Skrupel und Schuldgefühle.[6]

Im Oktober 1942 wurde die ZB wegen der beginnenden Bombardierungen in Berlin in das Grandhotel Annenheim in St. Andrä am Ossiachersee in Kärnten ausgelagert. Ebenfalls 1942 wurde das ehemalige Olivetanerkloster Tanzenberg in der Nähe von St. Veit an der Glan beschlagnahmt und vorerst als Depot für Dubletten benutzt. 1944 begann die Übersiedlung des Gesamtbestands von St. Andrä nach Tanzenberg. Das Grandhotel fand seit März 1945 Verwendung als Lazarett; Anfang der 1970er Jahre wurde es abgerissen.[7]

Während der Zeit in St. Andrä arbeitete die ZB zwar nicht öffentlich, aber auch nicht geheim. Das *Jahrbuch der deutschen Bibliotheken* von 1943 enthält einen Eintrag über die ZB, in dem von 400.000 Bänden, davon 50.000 bearbeitet, die Rede ist. Weiterhin heißt es dort: »Vorerst keine allgemeine Benutzung – im Aufbau.«[8] Ihr Bestand gliederte sich in zwei Teile. Der erste Teil, der Kernbestand der ZB, bestand aus 30 bis 40.000 Bänden, die legal angekauft oder erworben wurden. Darunter befanden sich Dubletten aus Beständen der Reichstauschstelle der deutschen Bibliotheken und der Buchleitstelle in Ratibor, Schenkungen aus der Privatbibliothek Alfred Rosenbergs, die Bibliotheken von Hugo Grothe sowie der Gelehrten Albert Wesselski, Max Kircheisen und Ulrich Stutz, die von deren Witwen verkauft worden waren, und schließlich Ankäufe in Paris und Amsterdam.[9] Der überwiegende Teil bestand jedoch aus Büchern und Bibliotheken, die vom 1940 gegründeten Einsatzstab Reichsleiter Rosenberg (ERR) im besetzten West- und Osteuropa geraubt worden waren. Die Mitarbeiter des ERR trugen Wehrmachtsuniformen und hatten das explizite Recht und die Aufgabe, Archive und Bibliotheken von Juden und Gegnern des Nationalsozialismus zu plündern.[10]

Grothe selbst gehörte vom Juli bis September 1940 neben Wilhelm Grau zum fünfzehnköpfigen Sonderstab ZB der »Hohen Schule« in Paris, der unter anderen die Bibliotheken der Ecole Rabbinique, der Alliance Israélite Universelle, des Comité France-Amérique und von Edouard de Rothschild raubte.[11] Für das Auffinden der gut versteckten Bibliothek Edouard de Rothschilds in Paris erhielt Grothe 1943 in St. Andrä von Kurt Wagner, Baeumlers Stellvertreter, eine militärische Auszeichnung. Wagner arbeitete nach 1945 für das Deutsche Rote Kreuz und lebte noch in den 1990er Jahren in Bonn.[12] Im Oktober und November 1940 war Grothe in

Brüssel und Amsterdam. In Brüssel war er persönlich am Raub der Bibliothek und des Archivs des Rechtsanwalts und späteren Generalsekretärs des World Jewish Congress Leon Kubowitzki beteiligt. 1942 reiste er nach Riga und im Februar 1945 nach Kopenhagen, worüber jedoch nichts Näheres bekannt ist.[13]

Neben Grothe arbeiteten in der ZB in Kärnten zwei weitere NS-Bibliothekare. Gottfried Ney, Jahrgang 1881, war in Tallin in Estland aufgewachsen und ein Mitglied des ERR in der Ukraine, in Weißrußland und in den Baltischen Staaten geworden. Von 1936 bis 1941 leitete er die Staatsbibliothek in Tallin. Für den ERR bereiste er Riga, Dorpat, Reval, Kauen, Wilna, Minsk, Kiew und Charkow.[14] In seinen erhalten gebliebenen Arbeitsberichten von 1942 ist nachzulesen, was er für die ZB aussuchte, darunter im September 1942 102 russische und polnische Werke aus der jüdischen Zentralbücherei in Kiew.[15] Über Ney hat sich im Gegensatz zu Grothe eine von den Briten im Dezember 1954 ausgestellte, aber von niemandem unterschriebene Bescheinigung erhalten, wonach »sein Benehmen politisch wie moralisch einwandfrei« sei und er »auf dem Gebiete der Denkmalpflege wie auch des Bibliotheks- und Archivwesens dem Lande nützlich sein« könne.[16] Der zweite Bibliothekar, Adolf Trende, Jahrgang 1892, hatte von 1927 bis 1934 als Bibliothekar der Preussischen Nationalbank und von 1934 bis 1944 als Bibliothekar der Deutschen Sparkasse Girobank gearbeitet. Er war studierter Volkswirt und Mitglied der Reichsschrifttumskammer. Von Anfang September bis Mitte November 1944 war er kommissarischer Leiter der Bibliothek des Instituts zur Erforschung der Judenfrage in Frankfurt am Main. Anschließend leitete er die Sonderabteilung »Informationsdienst« der ZB, die zur Aufgabe hatte, »die Leitung der ZB sowie der Hohen Schule und der Institute laufend über wichtige Vorkommnisse in der gelehrten Welt zu unterrichten.« Seine Tochter Marianne arbeitete nach 1945 an der Restitution der ZB mit.[17]

Im Mai 1945 flüchteten die Bibliothekare und die Angestellten der ZB, nicht ohne vorher zahlreiche Korrespondenzen und Akten der ZB zu vernichten.[18] In Hallein bei Salzburg wurden sie jedoch von den Alliierten festgenommen und nach Kärnten zurückgebracht. Dort verhört und unter Hausarrest gestellt, mussten sie schließlich bis 1948 im Auftrag der Briten die Restitutionsarbeiten durchführen. Danach wurden sie nach Deutschland repatriiert, wo sich ihre Spur verliert; nur von Grothe ist bekannt, dass er nach Kassel zurückging.[19]

Verantwortlich für die Restitution war der britische Major John Forrester Hayward von der Monuments, Fine Arts and Archives Division (MFA&A). Das Schicksal der geraubten Bibliotheken war ihm ein besonderes Anliegen; die Rückführung der geraubten Bestände wäre mit Sicherheit anders verlaufen, hätte nicht er damals diese Funktion innegehabt. Nach seiner

Rückkehr ins Zivilleben arbeitete Hayward für das Victoria und Albert Museum und für Sotheby's in London. Er publizierte später zahlreiche kunsthistorische Studien über Bucheinbände, Porzellan, Waffen, Silber- und Goldschmiedarbeiten und starb 1983 im Alter von 67 Jahren.[20]

Den umfangreichen britischen Restitutionsakten ist zu entnehmen, dass der größte Bestand an Büchern (157.000 und 60.000 Bände) an Frankreich restituiert wurde. Darunter befanden sich Bücher aus dem Besitz unter anderen von Benjamin Cremieux, André Maurois, Edmond Fleg, Julien Benda und Louise Weiss. Von der Familie Rothschild wurden die geraubten Bibliotheken von Edouard, Robert, Guy, James und Maurice de Rothschild restituiert. Weitere Werke stammten aus dem Besitz von Horace Finaly, Baron van Zylen de Nyevelt de Haar und von dem ehemaligen Berliner Bankier Hans (Jean) Fürstenberg.[21] Über die französischen Sammlungen gibt es bislang kaum Hinweise in der Literatur, auch nicht in den zahlreichen Arbeiten über die Familie Rothschild. Nur Louise Weiss beschrieb in ihren Erinnerungen die Beschlagnahme ihrer Bibliothek.[22] Auch ein monografischer Aufsatz über Jean Fürstenberg, dem Besitzer einer der bedeutendsten europäischen bibliophilen Sammlungen, enthält keine genaueren Angaben zu deren Geschichte.[23]

An die Sowjetunion wurden rund 64.000 Bände zurückgegeben. Sie stammten aus den Universitätsbibliotheken in Woronesch, Tartu, Riga, Leningrad und Novgorod, aus der Nationalbibliothek der Ukraine in Kiew, aus diversen Zarenpalästen sowie aus weiteren, auch jüdischen Bibliotheken und Institutionen in Kiew und in Riga.[24] In die Niederlande gingen rund 110.000 Bände, darunter Bestände des Internationalen Instituts für Sozialgeschichte in Amsterdam. Die anderen betroffenen Länder waren Belgien, Jugoslawien, Italien, Griechenland, Tschechoslowakei, Polen und auch die britischen Kanalinseln. Folgende von ihren Ländern mit der Restitution beauftragte Offiziere kamen nach Tanzenberg: Sidorow, Ushakov, Litowski, Nikolaev aus der Sowjetunion, de Villaret und Moye aus Frankreich, Graswinckel aus den Niederlanden, Baudouin aus Belgien, Drtina aus der Tschechoslowakei und Vassilopulos aus Griechenland.[25]

Im November 1945 organisierte Hayward in der Klagenfurter Burg eine Ausstellung der kostbarsten Inkunabeln und Manuskripte. Er hielt Vorträge über die Ausstellung, sprach über sie im Radio und publizierte einige Zeitungsartikel. In den Briefen an seine Familie äußerte er sich sehr enttäuscht darüber, dass die übrigen britischen Offiziere kaum Interesse an ihr zeigten.[26] Er begann auch die Publikation eines Kataloges vorzubereiten, zu der es allerdings nicht kam; mithilfe seiner Sekretärin Elisabeth von Patay hatte er bereits an einer Einleitung über die Buchbindekunst gearbeitet. Darin erwähnte er auch eine zweite Ausstellung im Januar 1946, zu der sich aber keine anderen Hinweise finden. 1946 veröffentlichte er in der britischen Zeitschrift *Apollo* einen Artikel über die Ausstellung, in dem er den Einsatzstab Reichsleiter Rosenberg als »official German looting agency« bezeichnete. Über die »Hohe Schule« schrieb er: »[It] was in effect to be a new and exclusively Party-organised and controlled University.«[27]

1965 publizierte Hayward im *Times Literary Supplement* eine Rezension des Buches von David Roxan and Ken Wanstall, *The Jackdaw of Linz. The Story of Hitler's Art Thefts*. Die Leser dürften etwas erstaunt darüber gewesen sein, dass der Rezensent ausführlich Entdeckungen britischer Offiziere beschrieb, die in dem besprochenen Buch überhaupt nicht vorkamen: »The books secured by the various units of the E.R.R. from Jewish and communist sources were sent to sorting centres in Germany and thence those considered to be suitable were dispatched either to Tanzenberg or to the separate Research Institutes attached to the Hohe Schule. The progress of the war, however, exceeded even the most optimistic expectations and books were sent back to Germany in numbers far larger than could be handled at the sorting centres. Finally, whole libraries were sent direct to Tanzenberg from the front, often without investigation of their contents. This explains the peculiar finds of the British officers who joined the original N.S.D.A.P. staff in the work of sorting and establishing the ownership of the books. These included large numbers of sixpenny Penguin books and a wide range of English polite fiction dating from the last quarter of the nineteenth century, the property of the British church in Riga.«[28] Bis 1948 wurde der überwiegende Teil der Bibliothek von Tanzenberg restituiert; nicht jedoch jene bereits erwähnten deutschen Gelehrtenbibliotheken, da die Bundesrepublik Deutschland erst nach dem Abschluss der Restitution gegründet wurde.

Grothe formulierte zwischen 1946 und 1955 in mehreren, heute z. T. im Archiv der Österreichischen Nationalbibliothek (ÖNB) aufbewahrten Briefen und Denkschriften gegenüber den britischen Besatzungsoffizieren und zuletzt dem Auswärtigen Amt der Bundesrepublik Deutschland seine Überlegungen zur künftigen Verwendung des Restbestandes. Die ZB könnte, wie er ausführte, als Grundstock eines neuen Bibliothekstyps, als eine »Mundan-Bibliothek« zur Erforschung des Weltbildes weiterbestehen. Unter diesen Schriftstücken war eine dreiseitige Denkschrift, in der Grothe darauf hinwies, dass es sich bei dem Restbestand einwandfrei um deutsches Eigentum in Österreich handelte. Ihr Sammelgebiet betraf die »Disziplinen einer Philosophischen Fakultät mit Grenzgebieten. (...) Schrifttum der anderen Seite ist ebenso vertreten und wurde bei der Katalogisierung nicht einmal sekretiert.« Ihre denkbare Zukunft beschrieb er darin als Bucharchiv und als Forschungs- und Studienbibliothek des Landes. Damit solle ein neuer Bibliothekstypus geschaffen werden, »mit dem Ziel einer Semesterbibliothek für Forschung und Studium.« Als ihren möglichen Standort beschrieb er Vorarlberg, da dieses österreichische Bundesland damals noch keine Landesbibliothek besaß. Im Januar 1948 nahm der Generaldirektor der ÖNB Josef Bick diesen Vorschlag auf – unter der Voraussetzung, dass Grothes Behauptung zutreffe, dass es sich um rechtmäßig angekaufte oder von der Reichstauschstelle der Deutschen Bibliotheken zugewiesene Bestände handelte. Er schrieb deswegen an den Landeshauptmann von Vorarlberg Ulrich Ilg, der jedoch kein großes Interesse zeigte und wegen der Eigentumsverhältnisse »Bedenken in Bezug auf die Nützlichkeit des notwendig gewordenen Aufwandes« zum Ausdruck brachte. Die Bücher verblieben vorerst in Kärnten und wurden 1948 Richard Fuchs, dem Direktor der Studienbibliothek Klagenfurt, als vorläufigem bevollmächtigtem Verwalter und Verwahrer namens der Landesregierung übergeben.[29]

Heute erinnert in Tanzenberg nichts mehr an die einstige Bibliothek der »Hohen Schule«. Die Kirchenführer der 1980er und 1990er Jahre erwähnten sie ebensowenig wie eine historische Übersicht im Eingangsbereich des Gebäudekomplexes, der sich wieder im Besitz der Diözese Gurk-Klagenfurt befindet. Nach der Publikation des Buches *Der Raub der Bücher* versprach jedoch der Bischof von Kärnten Alois Schwarz die Anbringung einer Gedenktafel. Diese ist für das Jahr 2005, nach dem Abschluss der derzeitigen Renovierung, geplant; der bereits festgelegte Text der Tafel wird das Gebäude als Schauplatz eines der größten Kulturverbrechen der Nationalsozialisten bezeichnen.

II

In Kärnten gab es in der NS-Zeit noch weitere Depots, meist in Schlössern und auf der Burg Hochosterwitz, in denen von Juden geraubte Bücher oder Hausrat gelagert worden waren. Sie stammten vor allem aus den im Hafen von Triest geplünderten »Lifts«, den Transportkisten mit Umzugsgut jüdischer Emigranten. Auch die Synagoge von Triest war als Lager für geraubte Bücher missbraucht worden. Der Direktor der Nationalbibliothek (NB) in Wien Paul Heigl besuchte 1944 zusammen mit dem Bibliothekar der NB Ernst Trenkler die Synagoge. Der Gauleiter Kärntens Friedrich Rainer plante bereits die Gründung eines eigenen Instituts zur Erforschung der Judenfrage mit Heigl als Direktor. Im März 1945 berichtete der Obereinsatzführer des ERR, Außenstelle Triest, namens Schrattenecker, dass der Leiter des Sonderkommandos Süden des ERR Dr. Maier um bestimmte Bücher und »charakteristische Judenphotos« aus den in der Synagoge von Triest lagernden Materialien ersucht hatte. Der Brief enthielt auch die Bemerkung: »Falls etwa Generaldirektor Dr. Heigl diese Judenphotos für sein geplantes Institut zur Judenforschung in Triest selbst haben möchte, wird gebeten, sie uns nur kurzfristig auszuleihen.«[30] Die meisten in Kärnten 1945 aufgefundenen Bücher und Gegenstände wurden im Klagenfurter Dorotheum verkauft oder von Seiten der britischen Besatzungsmacht Displaced Persons-(DP-)-Lagern zur Verfügung gestellt. Die genaue historische Erforschung dieser Depots in Kärnten steht noch aus.[31]

In Österreich war neben Kärnten auch Wien ein Schauplatz der größten kulturellen Raubzüge der Nazis. Vor der Shoah gehörte die Bibliothek der Wiener Israelitischen Kultusgemeinde (IKG) in einem Gebäude in der Ferdinandstraße 23 zu deren berühmtesten Institutionen. Die Bibliothek hatte eine besonders lange und traditionsreiche Geschichte.[32] Ihr Direktor war bis zu seinem Tod 1935 der bedeutende Gelehrte Bernhard Wachstein. Obwohl über die Jahre nicht wenige Artikel über die Bibliothek publiziert wurden, gibt es über den Umfang ihres Bestandes keine gesicherten Angaben. Vier verschiedene Quellen sprechen verwirrenderweise von 27.000, 33.800, 50.000 und 83.000 Bänden.[33] Ihr Katalog hat sich nur teilweise erhalten.[34]

Nach dem »Anschluss« im März 1938 wurde die Bibliothek der IKG geschlossen, aber die Mitarbeiter konnten weiter in ihr arbeiten. Am 19. Juli 1938 erzwang Adolf Eichmann von Josef Löwenherz, dem von den Nazis eingesetzten Leiter der IKG, eine Verzichtserklärung auf deren Bibliothek und Archiv und erklärte, dass diese nach Berlin transferiert würden. Das umfangreiche Archiv der IKG blieb jedoch in Wien; der größte Teil davon wurde dann in den 1950er Jahren als permanente Leihgabe an das Central Archive for the History of the Jewish People nach Israel geschickt.[35]

Moses Rath, der Nachfolger Bernhard Wachsteins, emigrierte bereits Ende März 1938 nach Palästina. Als Vertrauensmann für die Bibliothek wurde von den Nazis daraufhin der Rabbiner und Bibliograf Arthur Zacharias Schwarz – er publizierte die Bände *Die hebräischen Handschriften der Nationalbibliothek in Wien* und *Die hebräischen Handschriften in Österreich außerhalb der Nationalbibliothek in Wien* – eingesetzt. Schwarz wurde im November 1938 von der Gestapo schwer gefoltert und emigrierte im Februar 1939 nach Palästina, wo er kurz darauf an den Folgen der Folterungen starb.[36] Nachfolger von Schwarz wurde der Historiker und Archivar der IKG Leopold Moses, der von den Nazis im Februar 1939 beauftragt worden war, ein Verzeichnis der Bestände der Bibliothek anzufertigen. Moses wurde im Dezember 1943 deportiert und in Auschwitz ermordet. Seine Tochter Margarita konnte nach Palästina fliehen.[37]

Während des Novemberpogroms kam es zu dramatischen Szenen. Am 10. November 1938 wollten »Nazibanditen« – wie Moses Rath später schrieb – die Bibliothek der IKG verbrennen. Der Hausmeister informierte jedoch die Gestapo dahingehend, diese sei Staatsbesitz. Die Bibliothek wurde daraufhin versiegelt. 1939 wurde sie nach Berlin transportiert, wo sie zusammen mit vielen, aus anderen Orten geraubten Beständen in ein Gebäude des Reichssicherheitshauptamts (RSHA) in der Eisenacher Straße kam. Ernst Grumach, der unter den Nazis als jüdischer Zwangsarbeiter im RSHA arbeitete, erwähnt in einem nach 1945 geschriebenen Bericht die Bibliothek der IKG. Werner Schroeder konnte in neueren, noch nicht publizierten Forschungen feststellen, dass 30.000 Bände von der Bibliothek der IKG nach Berlin kamen.[38]

Die geraubten Archive einiger jüdischer und nichtjüdischer Institutionen, darunter der Union Österreichischer Juden und der Harand Bewegung, wurden in Berlin in einem Gebäude in der Emser Straße von einem so genannten »Österreich-Auswertungs-Kommando« (ÖAK) gesichtet. Einige, aber offensichtlich nicht alle Berichte des ÖAK konnten bislang gefunden werden. Leiter des ÖAK war Franz Adolf Six, als Leiter des Amtes VII (weltanschauliche Forschung und Auswertung) des RSHA. Six wurde 1948 zu 20 Jahren Haft verurteilt, aber bereits 1952 freigelassen und lebte bis zu seinem Tod 1975 als Industriekonsulent in Essen.[39]

1943 wurde das Gebäude in der Eisenacher Straße bombardiert, wobei zwei Drittel der Bücher, darunter auch Teile der Bibliothek der IKG, verbrannten. Die verbliebenen Bücher und Archive wurden in vier Schlösser in der Tschechoslowakei ausgelagert. 1945 wurden die Schlösser von den Sowjets ausgeraubt; die österreichischen Archivalien befinden sich bis heute im Sonderarchiv in Moskau. 1996 veröffentlichten zwei österreichische Historiker ein Inventar der Bestände, unter denen sich auch das Archiv der Vaterländischen Front befindet, aber bis heute hat Österreich keine Originale zurückbekommen.[40]

Die geraubten hebräischen und jiddischsprachigen Bände wurden 1943 von Berlin in das KZ Theresienstadt transferiert, wo Gefangene sie ordnen mussten. Nach der Befreiung kamen die Bücher nach Prag, wo sie vom Jüdischen Museum verwaltet wurden. Aus Prag wurden 158.000 Bände weiter verteilt, unter anderem nach Israel und in die DDR. Genaue Listen oder Berichte über den Prager Bestand gibt es trotz einiger neuerer und sehr wichtiger Forschungen bislang noch nicht, sie sind jedoch nach deren Abschluss zu erwarten.[41]

Die zweite große Wiener jüdische Bibliothek, jene der Israelitisch theologischen Lehranstalt (ITLA) in der Tempelgasse 3, umfasste nach mehreren, einander nicht widersprechenden Quellen 23.000 Bände und war im August 1938 nach Deutschland transportiert worden, wo sie aller Wahrscheinlichkeit nach das gleiche Schicksal wie die Bibliothek der IKG erlitt. Auch die Bibliothek des Hebräischen Pädagogiums, über deren Umfang es keine Angaben gibt, war 1938 nach Berlin transferiert worden.[42] Nach 1945 versuchten die Familien zweier Professoren der ITLA, Viktor Aptowitzer und Samuel Krauss, deren Bibliotheken ebenfalls nach Berlin ka-

men, erfolgreich vom deutschen Staat eine Entschädigung zu erlangen. Obwohl Stephan Krauss, der Sohn von Samuel Krauss, zum Teil genaue Listen
hatte und sich das Landgericht Berlin redlich um Aufklärung bemühte –
unter anderen durch die Einvernahme von Six – konnte kein einziger Band
wiedergefunden werden.[43]

III

Nach 1945 bemühte sich die IKG, im Besonderen ihr Bibliothekar Abraham Singer, um eine möglichst genaue Rekonstruktion des Verbleibs ihrer
geraubten Bestände. Singer, der aus Czernowitz stammte, wo er 1908 als
Student Sekretär der berühmten jiddischen Sprachkonferenz war, starb
1957 im Alter von 76 Jahren. Die freimütigen Berichte über seine Gespräche mit den sehr unwilligen österreichischen Beamten beinhalten aus
heutiger Sicht äußerst wichtige Informationen.[44] Die IKG erhielt nach
1945 folgende Teile der Bestände ihrer Bibliothek zurück: 5.000 hebräische
Bücher von der ÖNB, 48 Kisten mithilfe der Arbeiterkammer aus der
Tschechoslowakei und 150 Bücher von der jüdischen Gemeinde Düsseldorf, über deren Weg dorthin nichts bekannt ist. Zweieinhalb Autoladun-
gen kamen vom Wiener Zentralfriedhof, wo Bücher der IKG von deren
Mitarbeitern und von zumindest einer Privatperson (Isidor Löwy) auf dem
Dach der Zeremonienhalle versteckt worden waren.[45] Vom amerikanisch
verwalteten Offenbach Archival Depot (OAD), in dem 3.205.198 Bücher
und jüdische Kultgegenstände sortiert worden waren, wurden 51.305 Bände nach Österreich restituiert, darunter ein Teil der Bibliothek der Wiener
Arbeiterkammer. Die IKG erhielt vom OAD 48 Kisten und 517 Bände.
Darunter befanden sich neben Beständen aus ihrer eigenen Bibliothek auch
Bücher aus dem Besitz zahlreicher anderer Wiener jüdischer Institutionen,
die in den Berichten des OAD aufgelistet waren.[46]

Bücher und Judaica wurden in der NS-Zeit auch von Robert Bleichsteiner, damals Mitarbeiter und späterer Direktor des Völkerkundemuseums,
gerettet und nach 1945 an die IKG zurückgestellt. Singer schrieb über ihn:
»Der frühere Direktor dieses Museum, Herr Prof. Bleichsteiner, er ist
inzwischen gestorben, Ehre seinem Andenken!, hat an dem Schreckenstag,
10. Nov[ember] 1938, mit einigen seiner Angestellten, unter Lebensge-
fahr, mit einem Handwagerl verschiedene Gotteshäuser aufgesucht und
rettete was er retten konnte: Bücher, Kunstgegenstände etc. etc.«[47] 1994,
als die Bibliothek der IKG nach einigen gescheiterten Versuchen in den
1950er und 1960er Jahren als Bibliothek des Wiener Jüdischen Museums
wieder öffentlich zugänglich gemacht werden konnte, befanden sich in ihr
laut einer Presseaussendung ungefähr 30.000 Bände. Das *Handbuch der*

historischen Buchbestände Österreichs von 1995 gibt dagegen die Bestands-
größe mit 40.000 Bänden an.[48]

Die IKG wurde nach 1945 Treuhänderin weiterer umfangreicher Buchbestände, die nach der Shoah in Wien gefunden wurden. Unter ihnen
befand sich auch ein Teil der Privatbibliothek des Münchner Verlegers
Ludwig Feuchtwanger, des Bruders von Lion Feuchtwanger. Diese Teilbib-
liothek war über die SS Stiftung Ahnenerbe im Zusammenhang mit der
Tätigkeit von Professor Viktor Christian nach Wien gelangt. Christian war
Vorstand des Orientalischen Instituts, Dekan der Philosophischen Fakultät
der Universität Wien, Hauptsturmführer der SS und Abteilungsleiter für
den Vorderen Orient des Ahnenerbes. Er war sehr interessiert an Judaica
und ließ auch geraubte Bestände in beträchtlichem Umfang aus dem Bur-
genland nach Wien bringen.[49]

Die IKG erhielt auch jene Bücher zurück, die von dem damaligen Studenten der Orientalistik Kurt Schubert als Luftschutzwart aus dem Keller
jenes Gebäudes im Wiener zweiten Bezirk in der Tempelgasse, in dem sich
die ITLA befand, gerettet und mit Wissen von Viktor Christian in das Institut für Orientalistik gebracht worden waren. Insgesamt erhielt die IKG
vom Orientalischen Institut 44 Kisten. Kurt Schubert wurde 1966 der
erste Ordinarius des Instituts für Judaistik der Universität Wien und gründete in den 1970er Jahren das Österreichische Jüdische Museum in Eisen-
stadt.[50]

Ende der 1940er und in den 1950er Jahren schickte die IKG, wie erwähnt, Teile ihres Vorkriegsarchivs nach Israel, ebenso aber auch große Teile ihrer eigenen Bibliothek. Aus genauen Listen ist für die Sendungen der
1950er Jahre eine Zahl von 32.588 Bänden nachweisbar, über die früheren
Sendungen gibt es keine Zahlenangaben. Unter diesen Büchern befanden
sich auch jene, die von Kurt Schubert gerettet wurden, und der nach Wien
transferierte Teil der Bibliothek Ludwig Feuchtwangers. Dessen Witwe Er-
na Feuchtwanger versuchte in Korrespondenzen mit der IKG 1954/55 vergeblich, diese Bücher zurückzuerhalten.[51] Die Vorgangsweise der IKG stieß
damals, in einer Situation, in der das Überleben der Gemeinde psycholo-
gisch und materiell keineswegs gesichert war, auf keinen internen Widerstand und war auch dem Kultusvorstand vorgelegt worden. Sie geschah allerdings auf Drängen und mit massiver Hilfe von Shlomo Shunami, dem
Leiter der Abteilung »Ozroth ha Gola« (Schätze der Diaspora) der Jüdischen National- und Universitätsbibliothek (JNUL). Shunami wollte ursprünglich noch wesentlich mehr Bücher aus Wien haben und äußerte sich
deshalb in den 1970er Jahren sehr enttäuscht über die IKG.[52] Obwohl in
den Akten festgelegt worden war, dass die der JNUL übergebenen Bücher
keineswegs verkauft werden durften und durch ein Exlibris mit einem Hinweis auf die IKG Wien gekennzeichnet werden sollten, konnte ich in einem

Tel Aviver Antiquariat einen Band aus dem Jahr 1922 erwerben, der den Stempel der Bibliothek der IKG, das Exlibris der JNUL, den Stempel der Universitätsbibliothek Bar Ilan und den Vermerk, dass er nicht verkauft werden dürfe, enthält. Offenbar handelte es sich aber um eine Dublette, da ein Exemplar dieses Werks sich heute noch in der jetzigen Bibliothek des jüdischen Museums befindet.[53]

1950 wurde in der Neuen Burg der Wiener Hofburg die so genannte Büchersortierungsstelle eingerichtet. Ihr Leiter war Alois Jesinger, der nach 1945 suspendierte Direktor der Universitätsbibliothek Wien (UB) in der NS-Zeit. In der Büchersortierungsstelle wurden von Jesinger und vier Mitarbeitern 233.520 Bände sortiert. Diese Bücher kamen aus dem Dorotheum (70.909), aus der ÖNB (22.001), aus der so genannten Gestapobibliothek (5.267) und aus Tanzenberg (135.343).[54] Jesingers Abschlussbericht enthielt umfangreiche Vorbesitzerverzeichnisse, die bislang weder bei den beteiligten Institutionen noch im Österreichischen Staatsarchiv gefunden werden konnten. 166.501 Bände wurden nach Abschluss der Sortierung österreichischen Institutionen übergeben, die eine Erklärung unterzeichnen mussten, dass sie die Bände »bis zur Klärung der Eigentumsfrage bzw. endgültigen Zuweisung in treuhänderische Verwahrung« übernahmen. 147.542 Bände davon entfielen allein auf die UB Wien.[55]

Die verbliebenen Bestände der Büchersortierungsstelle wurden 1956 in einem zwischen der IKG, der JNUL und dem österreichischen Staat ausgehandelten, äußerst komplizierten Vergleich in einem Verhältnis 30 zu 70 beziehungsweise, was den Restbestand von Tanzenberg betraf, 40 zu 60 zwischen der UB Wien und der JNUL aufgeteilt. Genaue Listen gab es nicht und das Protokoll des Vergleiches enthält keine Bandzahlen. Die Bücher, die in der UB verblieben, erhielten den Stempel »Sammlung Tanzenberg«.[56] Die Annahme, dass alle Bände, die aus dem Bestand Tanzenberg in Wien verblieben, gestempelt worden waren, war aber offensichtlich ein Irrtum, zumindest was die aus Tanzenberg nicht nach Deutschland restituierte Bibliothek des tschechischen Volkskundlers und Märchenforschers Albert Wesselski betraf. Durch einen Hinweis auf die Bibliothekarin Elfriede Moser-Rath in dem Band *Wissenschaftlerinnen in und aus Österreich* und nachfolgenden Lokalaugenschein konnte eruiert werden, dass diese Bibliothek ungestempelt in die Bibliothek des Wiener Museums für Volkskunde gelangt war.[57] An die Bibliothek des Museums kam über Tanzenberg auch die Bibliothek des als Institut der »Hohen Schule« eingerichteten Instituts für deutsche Volkskunde im Stift Rein bei Graz.[58]

In einem Depot der ehemaligen Merkurbank in der Wiener Wollzeile wurde 1954 unter anderem ein umfangreicher Bestand aus der Bibliothek des Yiddishen Vissenschaftlichen Instituts (YIVO) in Wilna gefunden. Nach einem vom YIVO später publizierten Bericht und einem weiteren Indiz aus den vorhandenen Aktenmaterialien befanden sich diese Bücher vorher ebenfalls in Kärnten, obwohl die von den Briten erarbeitete, umfangreiche und genaue Dokumentation über Tanzenberg das YIVO nicht erwähnt. Die Möglichkeit, dass sich diese Bände nicht in Tanzenberg, sondern in einem anderen Schloss in Kärnten befunden haben, kann daher nicht ausgeschlossen werden. Der Bericht, den das YIVO später darüber publizierte, spricht nur von einem »old castle« in Kärnten. Unter den Beständen des YIVO in Wien befanden sich die Bibliothek von Alfred Landau sowie »published doctoral dissertations, academic programs and annual reports of various gymnasiums and similar publications.« Diese Bücher wurden 1954 an das YIVO in New York restituiert. Genaue Zahlenangaben finden sich in keinem der Dokumente oder Berichte.[59]

Erst nach Erscheinen von *Der Raub der Bücher* stieß ich auf den erwähnten, vom YIVO selbst publizierten Bericht, der sich offensichtlich auf Dokumente stützt, die bisher noch nicht gefunden werden konnten: »The story of these books is this: During the Nazi occupation of Europe the loot of many countries was gathered in an old castle in the Austrian province of Carinthia. Included in these spoils were some 25 000 books from various libraries and private collections, in large parts Jewish. When the Allied forces occupied Austria this treasure was brought to light. The Jewish community of Vienna sent a petition to the British occupation forces to restore these books to their rightful owners, as the American forces had done with the books (…) in Offenbach. The petition was rejected. Shortly thereafter the books were transferred to Vienna and stored in the building of the Museum für Völkerkunde. The director of the National Library in Vienna, together with a group of students, sorted the books, set aside those bearing stamps of ownership and compiled a catalogue. Mr. Singer, librarian and archivist of the Vienna Jewish community and an old friend of YIVO, attempted to contact the director in this matter. In the meantime the director was retired, and as a private citizen he refused to divulge any information concerning these books. Further efforts on the part of Mr. Singer disclosed the fact that a list of the books was available in the Vienna City Hall. He secured permission to examine this list and ascertained that a considerable number of books were from the Vilna Yivo Library. The Vienna Jewish Community apprised Yivo of this fact, and Yivo gave power of attorney to Dr. Weissenstein. Here a new series of trials and tribulations began. Dr. Weissenstein applied to the Ministry of Education for permission to remove the Yivo books from the warehouse. His application remained unanswered. Taking advantage of personal friendship, Mr. Singer and two other friends of Yivo succeeded in obtaining permission to enter the warehouse and to set aside the Yivo books. Now permission was needed from the Ministry of Finance to take the books abroad. Again serious obstacles arose and were at last overcome. The books were delivered in the Vienna office of the JDC for shipment to Yivo in New York. Two days later the JDC notified Yivo that the post office in Vienna refused to accept the books. However, energetic intervention on the part of Dr. Weissenstein with the postmaster finally secured the desired permission and the books were shipped to New York.« Es ist leider nicht bekannt, wer die beiden anderen Freunde des YIVO waren, die Singer in Wien behilflich waren.[60]

IV

Das Schicksal und die Vernichtungsgeschichte der zahlreichen kleineren jüdischen Bibliotheken in Wien kann heute kaum mehr rekonstruiert werden. Von den 4.600 Bänden der Volksbibliothek Zion ist bekannt, dass sie von Wienern auf die Straße geworfen und verbrannt worden waren. Dasselbe wurde von Rabbiner Hirsch Jacob Zimmels für die Bibliothek des Polnischen Tempels bezeugt.[61] In der von Shoshana Jensen im Auftrag der Österreichischen Historikerkommission eingerichteten und seit Anfang 2003 einsehbaren Datenbank Jüdischer Vereine, basierend auf den Akten des Stillhaltekommissars 1938 im Österreichischen Staatsarchiv, ist in einigen wenigen Fällen der Umfang der Bibliotheken kleinerer jüdischer Vereine nachzulesen: Jüdischer Angestelltenverband Emunah, 1.000 Bände; Akademischer Verein jüdischer Mediziner, 1.000 Bände; jüdisch-akademischer Technikerverband, 350 Bände; Fachverein jüdischer Hörer an der Hochschule für Welthandel, Zahl nicht angegeben, Bibliothek polizeilich unter Verschluss; Jüdisch-akademischer Juristenverein, 2.000 Bände. Die Bibliothek der Jugendgruppe der Agudas Jisroel besaß eine Bibliothek im Wert von mehreren tausend Reichsmark. Sie wurde nach dem Novemberpogrom von der Gestapo beschlagnahmt.[62] Dazu ist zu bemerken, dass es vor 1938 sicher sehr viel mehr Bibliotheken kleinerer jüdischer Vereine gegeben hat, über die auch in den Vereinsakten keine Informationen zu finden sind. Nicht zu vergessen sind auch die Bücher und Bibliotheken der 94 Wiener Tempel und Bethäuser. Restbestände dieser Bibliotheken befinden sich in der heutigen Bibliothek des Wiener Jüdischen Museums.

Im November 2003 restituierte die Jüdische Gemeinde Nürnberg 37 Bücher an die IKG. Sie hatten der Jüdischen Lese- und Redehalle in Wien gehört und kamen auf ungeklärten Wegen als Teil der geraubten Bibliothek des berüchtigten antisemitischen Agitators Julius Streicher nach Nürnberg. 1945 waren die Bücher der Jüdischen Gemeinde Nürnberg übergeben worden, die sie als Leihgabe der Stadtbibliothek zur Verfügung stellte. 1997 beauftragte die Stadtbibliothek Leibl Rosenberg mit der wissenschaftlichen Aufarbeitung der Sammlung. 2000 zeigte die Bibliothek die von ihm konzipierte Ausstellung »Spuren und Fragmente. Jüdische Bücher, Jüdische Schicksale in Nürnberg« und publizierte dazu einen sehr informativen Katalog.[63] Im November 2003 erhielt die IKG Teile eines Manuskriptes des *Sefer Jezira* aus dem 14. Jahrhundert zurück. Das Manuskript hatte ursprünglich der ITLA gehört, die 1926 wegen ihrer finanziellen Notlage ihre Sammlung der IKG verkaufen musste. Es wurde im New Yorker Auktionshaus Kestenbaum eingebracht, obwohl im Katalog die Provenienz IKG erwähnt worden war.[64]

Neue Entwicklungen gibt es inzwischen auch in der Wiener Stadt- und Landesbibliothek sowie in der ÖNB. 2002 erschien das Buch *Die Restitution von Kunst- und Kulturgegenständen im Bereich der Stadt Wien 1998 bis 2001*. Die Wiener Stadt- und Landesbibliothek berichtet darin von der Durchsicht der Erwerbungen der Bibliothek von 1938 bis 1946, mit der sie die Historikerin Maria Wirth beauftragt hatte. Gefunden wurden 17 bedenkliche Erwerbungen von sieben physischen Personen, einer arisierten Firma und der Vugesta (der Verwertungsstelle für jüdisches Umzugsgut der Geheimen Staatspolizei). Der Restitutionskommission der Stadt Wien wurden acht Fälle vorgelegt. Bei der Erwerbung Chic Parisien-Bachwitz AG (ein Konvolut von 45 Modezeitschriften) konnte die Restitution inzwischen abgeschlossen werden. Die Erwerbungen Dr. Siegfried Fuchs wurden an die Erben restituiert und anschließend von der Stadtbibliothek angekauft. Beim Nachlass Charles Weinberger kam es zu einer Verzichtserklärung der Erbin auf Restitution. Der Fall Josef Isidor Fleischner konnte wegen Uneinigkeit der Erben noch nicht abgeschlossen werden. Bei den Fällen Hugo Theodor Horwitz, Ludwig Friedrich und anonymer Besitz/Vugesta konnten noch keine Erben identifiziert werden. Beim Fall Dr. Richard Abeles gibt es noch keine Entscheidung der Kommission.[65]

Im April 2003 organisierte die Wiener Stadt- und Landesbibliothek die internationale Tagung »Raub und Restitution in Bibliotheken« mit Referenten aus Österreich, Deutschland, den Niederlanden, Belgien und Großbritannien. Die Protokolle der Tagung werden 2004 im Druck erscheinen. Im November 2003 präsentierte die Stadtbibliothek die Ausstellung »Johann Strauss ent-arisiert. Die Sammlung Strauss-Meyszner. Impulse für Forschung und Interpretation«, zu der auch ein kleiner Katalog vorgelegt wurde. Der Nachlass von Johann Strauß war 2001 von der Stadtbibliothek restituiert und zurückgekauft worden.[66]

Die NB wurde in der NS-Zeit von dem überzeugten Nationalsozialisten Paul Heigl geleitet. Heigl war zugleich SS-Obersturmbannführer, Kulturreferent der Gestapo und Mitglied des SD und des SS Gerichts. Er suchte die Konjunktur der Zeit zu nutzen und sicherte sich für seine Bibliothek geraubte Buchbestände in beträchtlichem Umfang. 1945 vernichtete er belastende Aktenmaterialien und beging Selbstmord. Bücher, Bibliotheken oder

Handschriften waren bis dahin entweder direkt in die NB eingeliefert oder aber brieflich von Heigl von der Gestapo erbeten worden. Dubletten wurden von Heigl dann als Tauschobjekte verwendet, so dass auch deswegen nach 1945 viele geraubte Bücher nicht mehr auffindbar oder die Beraubungen nicht mehr rekonstruierbar waren. Sowohl die NB als auch die UB Wien konnten sich außerdem in der 1938–1940 vom Reichspropagandaamt im ehemaligen Gebäude der Wiener Freimaurerloge Humanitas eingerichteten, vom Leipziger Bibliothekar Albert Paust geleiteten Bücherverwertungsstelle frei bedienen. In der Bücherverwertungsstelle wurden 644.000 Bände, geraubt von Bibliotheken, Verlagen und Privatpersonen, sortiert, makuliert oder weitergegeben.[67] Jene Bibliotheken oder Bestände, die 1945 noch großteils vorhanden waren oder geschlossen in die NB kamen, wurden von der ÖNB 1945 zurückgestellt. Die bedeutendsten Fälle waren: Stefan Auspitz, Marco Birnholz, Fritz Brukner, Viktor von Ephrussi, Rudolf Gutmann, Alfred Junck, Gottlieb Kaldeck, Moritz Kuffner, Oscar L. Ladner, Valentin Rosenfeld, Alphonse Rothschild, Heinrich Schnitzler und die Bücher des Psychoanalytischen Verlags. Bei den Familien Rothschild und Gutmann kam es allerdings im Zuge der Restitution, ausgehend von einer restriktiven Handhabung des in der Ersten Republik erlassenen Ausfuhrverbotsgesetzes, zu Schenkungen an die ÖNB, die aus heutiger Sicht als Abpressungen gewertet werden müssen.[68]

Mit der Restitution in der ÖNB beauftragt wurde nach 1945 Ernst Trenkler, der bereits im Zusammenhang mit seiner Dienstreise 1944 nach Triest zusammen mit Heigl erwähnt worden ist. Trenkler veröffentlichte 1973 eine Hausgeschichte der ÖNB, in der auch die NS-Zeit und sehr kursorisch einige Restitutionen beschrieben werden. Darin zitierte er, unter Angabe der entsprechenden Signaturen, Akten, die späteren Forschern nicht zugänglich waren.[69] In den 1990er Jahren und noch im Jahr 2000 leugnete die damals mit der Provenienzforschung beauftragte Mitarbeiterin der ÖNB die Existenz eines Archivs der ÖNB und gewährte einen nur sehr eingeschränkten Zugang zu den Aktenmaterialien. 1999–2001 restituierte die ÖNB jedoch folgende Objekte: Das so genannte Rothschildgebetbuch; den Nachlass Roda Roda; Bestände aus dem Vorbesitz von Hedwig und Hans Schwarz, Richard Weinstock, Moritz Kuffner und Gertrude Schüller.[70]

2002 beauftragte die damals neu berufene Generaldirektorin der ÖNB Johanna Rachinger die externe Historikerin Margot Werner mit der Erstellung eines alle Sammlungen der ÖNB umfassenden Provenienzberichts. Der Abschlussbericht im Umfang von mehr als 3.500 Seiten wurde im Dezember 2003 im Rahmen einer Pressekonferenz der Öffentlichkeit präsentiert. Er wurde nicht veröffentlicht, ist jedoch in der ÖNB zugänglich und wurde der von Ernst Bacher geleiteten, beim Bundesdenkmalamt angesiedelten Kommission für Provenienzforschung übermittelt. Der Bericht stufte 14.133 Bände der Druckschriftensammlung und 11.373 Signaturen unter den Sammlungsobjekten als bedenklich im Sinne des 1998 erlassenen Kunstrückgabegesetzes ein. Die letzten drei Ordner enthalten Personendossiers zu Einzelfällen. Zusammenfassend kann gesagt werden, dass im Zuge der Autopsien ab 2002 noch zahlreiche Bände mit eindeutigen Eigentumsnachweisen gefunden wurden. Allerdings handelt es sich pro betroffener Familie um jeweils nur sehr wenige Bände, beispielsweise bei Richard Beer-Hofmann um vier, bei Rabbiner Hartwig Carlebach um 19 und bei dem Rechtsanwalt und Historiker Franz Kobler um acht Bände. Der Verbleib der restlichen Bibliothek der drei genannten Personen ist nach wie vor ungeklärt. Viele offene Fragen konnten wegen der ungünstigen Quellenlage auch durch diesen umfangreichen Bericht nicht beantwortet werden. Umso größere Bedeutung kommt daher den Ergebnissen eines kürzlich angelaufenen Forschungsprojekts zur »Geschichte der Österreichischen Nationalbibliothek 1938–1945« zu, an dem der Wiener Germanist und Verlagshistoriker Murray G. Hall und Christina Köstner arbeiten.[71]

Was die UB Wien betrifft, so wurde dort im Gegensatz zu den beiden anderen großen Wiener Bibliotheken offiziell bisher mit keiner Provenienzforschung begonnen. Wie dringend aber eine Aufarbeitung der Bestandsgeschichte der UB Wien wäre, zeigt das Beispiel eines Bandes, der nicht nur den Stempel »Sammlung Tanzenberg«, sondern auch einen weiteren mit folgenden Worten enthält: »Unter Nr. 1790 der Zugangsliste der Bücherei der Staatspolizeistelle Wien eingetragen. Wien, den 2. Juli 1943.« Hier dürfte irrtümlicherweise bei der Aufteilung 1956 ein Band aus der so genannten Bibliothek der Gestapo mit dem Stempel »Sammlung Tanzenberg« gekennzeichnet worden sein.[72] Zu klären wäre auch, was mit den verschollenen Katalogen der Bibliothek von Tanzenberg geschah, die dem Abschlussbericht Alois Jesingers zufolge in den 1950er Jahren an die UB Wien gekommen waren und dort nicht mehr auffindbar sind. Dass die Kataloge von den britischen Offizieren an Richard Fuchs übergeben wurden, geht aus den Akten hervor.[73]

Von einigen wenigen Fortschritten in der einschlägigen Forschung kann abschließend aber doch noch berichtet werden. So hat der Historiker Stefan Lütgenau einen Bericht über das Wiener Dorotheum in der NS-Zeit angefertigt, in dem damals zahllose Bibliotheken verkauft worden waren. Der Bericht ist allerdings derzeit nicht zugänglich; es ist auch nicht geklärt, ob er jemals publiziert werden wird.[74]

Im Frühjahr 2003 veröffentlichte der Bibliothekar des Stiftes St. Florian Friedrich Buchmayr eine Monographie über den Theologen Johannes Hollnsteiner, ein in der Zeit des österreichischen Ständestaats einflussreicher Ideologe des Politischen Katholizismus und Freund Alma Mahler-

Werfels. In diesem Buch wurde erstmals die aus den geraubten Klosterbibliotheken St. Florian, Kremsmünster, Wilhering, Hohenfurth und Schlägl zusammengesetzte, von Hollnsteiner 1941 bis 1944 geleitete Bibliothek des Historischen Forschungsinstituts des Reichsgaus Oberdonau beschrieben. Der Gesamtbestand dieser Bibliothek, die von der bisherigen zeitgeschichtlichen Forschung völlig übersehen wurde, betrug über 5.400 Handschriften, über 3.000 Inkunabeln, über 10.000 Musikalien und über 500.000 Druckwerke.[75]

Im Herbst 2003 erschien die überaus eindrucksvolle, 1.440 Seiten umfassende Dokumentation der Wiener Kunsthistorikerin Sophie Lillie *Was einmal war. Handbuch der enteigneten Kunstsammlungen Wiens,* die 148 Sammlungen beschreibt. Obwohl Lillie Bibliotheken nur in Ausnahmefällen berücksichtigt, erwähnt sie unter anderem die Beschlagnahmungen der Bibliotheken folgender Familien: Ernst und Irma Benedikt (6.000 Bände, Dorotheum), Rudolf und Martha Bittmann (Auktionshaus Adolph Weinmüller), Victor und Alice Blum (Vugesta und Dorotheum), Hugo Friedmann (Dorotheum Klagenfurt), Oscar L. Ladner (Vugesta), Paul und Therese Regenstreif (Beschlagnahmung durch das Oberfinanzpräsidium Wien-Niederdonau), Siegfried und Antonia Trebitsch (Dorotheum).[76]

Zusammenfassend kann über die in Österreich betriebenen Forschungen zum NS-Bücherraub gesagt werden, dass sie auf einigen Gebieten in relativ kurzer Zeit zu wichtigen Erkenntnissen geführt haben. Darüber hinaus hatten die Resultate der Provenienzforschung im Fall von zwei großen Wiener Bibliotheken konkrete Restitutionsmaßnahmen zur Folge. Erschwert werden die Forschungen allerdings durch jahrzehntelange Versäumnisse in der Sicherung archivalischer Quellen. In einem Land, in dem bis vor kurzem nicht einmal ein Archivgesetz existierte, sind die Aktenverluste, gerade was die NS-Zeit und deren Nachgeschichte betrifft, besonders groß. Deutschland und Österreich bildeten im »Dritten Reich« eine Verwaltungseinheit und die Raubzüge der Nationalsozialisten erstreckten sich auf fast ganz Europa. Es ist daher nicht verwunderlich, dass die Forschungen über NS-Kulturraub in Österreich die Notwendigkeit einer Zusammenarbeit und eines Informationsaustausches mit der deutschen und der internationalen Forschung zeigen. Dies haben zuletzt auch die Diskussionen der im April 2003 von der Wiener Stadt- und Landesbibliothek organisierten internationalen Tagung deutlich gemacht. Als Fazit bleibt vorerst die Erkenntnis, dass die neuen Forschungsresultate weitere Fragen verursachen und neue Forschungsdesiderate sichtbar werden lassen.

1 Bei Wiesenthals Freund handelte es sich aller Wahrscheinlich um den Rabbiner und Politiker Hillel Seidman. Vgl. Evelyn Adunka: *Der Raub der Bücher. Plünderung in der NS-Zeit und Restitution nach 1945*. Wien 2002, S. 9–12; Simon Wiesenthal: *Ich jagte Eichmann. Tatsachenbericht*. Gütersloh 1961, S. 182; Simon Wiesenthal im Gespräch mit Guido Knopp. In: Karl B. Schnelting (Hg): *Jüdische Lebenswege*. Frankfurt/M. 1987, S. 100 f. — **2** Über die ZB in Tanzenberg vgl. Gabriela Stieber: »Die Bibliothek der ›Hohen Schule des Nationalsozialismus‹ in Tanzenberg«. In: *Carinthia* Nr. 185 (1995), S. 343–362; ferner die umfangreichen Akten im Public Record Office (PRO), London, sowie Adunka: *Der Raub der Bücher* (s. Anm. 1), S. 15–65. — **3** Vgl. Reinhard Bollmus: »Zum Projekt einer nationalsozialistischen Alternativ-Universität: Alfred Rosenbergs ›Hohe Schule‹«. In: Manfred Heinemann (Hg): *Erziehung und Schulung im Dritten Reich*. Stuttgart 1980, S. 125–152. — **4** Vgl. Gerhard Sauder (Hg): *Die Bücherverbrennung 10. Mai 1933*. Berlin, Wien 1985, S. 175; Werner Treß: *›Wider den undeutschen Geist!‹ Bücherverbrennung 1933*. Berlin 2003, S. 117 ff.; Winfried Joch: *Theorie einer politischen Pädagogik. Alfred Baeumlers Beitrag zur Pädagogik des Nationalsozialismus*. Bern, Frankfurt/M. 1971, S. 25. — **5** Raimund Baumgärtner: *Weltanschauungskampf im Dritten Reich. Die Auseinandersetzung der Kirchen mit Alfred Rosenberg*. Mainz 1977, S. 31. — **6** Adunka: *Der Raub der Bücher* (s. Anm. 1), S. 16 f. FO 1020/2793, PRO, Preliminary Report on Zentralbibliothek der Hohen Schule (NSDAP), S. 15. — **7** Vgl. Kleine Zeitung, 14.7.2002 (mit einer Fotografie des eindrucksvollen Gebäudes). — **8** *Jahrbuch der deutschen Bibliotheken 1943*, S. III; FO 1020/2795, PRO. — **9** Adunka: *Der Raub der Bücher* (s. Anm. 1), S. 38–42. — **10** Über den ERR vgl. Donald E. Collins, Herbert P. Rothfeder: »The Einsatzstab Reichsleiter Rosenberg and the Looting of Jewish and Masonic Libraries During World War II«. In: *Journal of Library History*, Vol. 18 (1983), Nr. 1, S. 20–36. Peter M. Manasse: *Verschleppte Archive und Bibliotheken. Die Tätigkeiten des Einsatzstabes Rosenberg während des Zweiten Weltkrieges*. St. Ingbert 1997. Über den »Sonderstab Musik« des ERR vgl: Willem de Vries: *Sonderstab Musik. Organisierte Plünderungen in Westeuropa 1940–1945*. Köln 1998. — **11** Anja Heuss: *Kunst- und Kulturgutraub. Eine vergleichende Studie zur Besatzungspolitik der Nationalsozialisten in Frankreich und der Sowjetunion*. Heidelberg 2000, S. 131. Vgl. auch Jean-Claude Kuperminc: »La Reconstruction de la Bibliothèque de l'Alliance Israélite Universelle. 1945–1955«. In: *Archives Juives* Vol. 34, (2001), Nr. 1, S. 98–111. — **12** FO 1020/2795, PRO; Information von Joachim M. Baumert, 2003. — **13** M 43/242, Yad Vashem; FO 1020/2795, FO 1020/2880, PRO. Gerard Aalders: *Geraubt! Die Enteignung jüdischen Besitzes im Zweiten Weltkrieg*. Köln 2000, S. 107. — **14** FO 1020/2795; FO 1028/2878, PRO. — **15** 051/ Osobi/51, Yad Vashem. Patricia Kennedy Grimsted: *Trophies of War and Empire. The Archival Heritage of Ukraine, World War II and the International Politics of Restitution*. Cambridge, Massachusetts 2001, S. 199. — **16** FO 1020/2880, PRO. — **17** FO 1020/2793, 2795, PRO. Berlin Document Center, Akte über Trende, Bundesarchiv Berlin. — **18** FO 1020/2795, PRO. — **19** FO 1020/2878, PRO. — **20** *The Antiquaries Journal* 1983, S. 543; *The Times*, 28.2.1983; Bruno Thomas in: *Alte und neue Kunst* H. 189 (1983), S. 61. — **21** Adunka: *Der Raub der Bücher* (s. Anm. 1), S. 36–38. — **22** Louise Weiss: *Mémoires d'une Européenne. La Résurrection du Chevalier. Juni 1940–Aout 1944*. Paris 1974, S. 301 f. — **23** Bernd H. Breslauer: »Fürstenberg oder ... über bibliophilen Ruhm«. In: *Imprimatur*, N. F. Jg. 11 (1983/84), S. 121–133 und ein Gespräch der Verf. mit Bernd H. Breslauer, New York 2002 (mit Dank an Ernst Fischer). — **24** Adunka: *Der Raub der Bücher* (s. Anm. 1), S. 42–44. — **25** Ebd., S. 45–48. — **26** *Kärntner Nachrichten*, 4.11.1945, 6.11.1945; — **27** *Apollo*, März 1946, S. 53–57, 70 (mit Dank an Antony Hayward); Manuskript aus dem Besitz von Elisabeth Patay. — **28** *Times Literary Supplement*, 4.2.1965 (mit Dank an Elisabeth von Patay). Entsprechend der Regeln der Zeitschrift war der Artikel nicht gezeichnet, aber auf einem privat archivierten Ausschnitt ist der Name des Autors ergänzt. — **29** Denkschrift von Walter Grothe, Mai 1947; Josef Bick an Ulrich Ilg, 26.7.1948; Ulrich Ilg an Josef Bick, 15.7.1948. Mappe Büchersortierungsstelle, Archiv der ÖNB, Wien. – Die Denkschrift und dazugehörige Korrespondenz waren mir bis 2002 nicht zugänglich. Im Übrigen veröffentlichte Grothe 1952 im traditionsreichen Klagenfurter Verlag Kleinmayr das Buch *Wiegendrucke in der Zeitenwende. Versuch der geistes- und bildungsgeschichtlichen Einordnung von Inkunabeln einer Interim-Sammlung,* in dem er den Ursprung und die Geschichte der Bücher in Tanzenberg mit keinem Wort erwähnte. — **30** Adunka: *Der Raub der Bücher* (s. Anm.1), S.66–70. 24.3.1945, Mappe Triest, Synagoge, Archiv der ÖNB. — **31** Vgl. auch Gabriele Anderl, Edith Blaschitz, Sabine Loitfellner: »Das Schicksal des in Triest liegen gebliebenen jüdischen Umzugsgutes«. In: *Arisierung von Mobilien.* (Bericht im Auftrag der Österreichischen Historikerkommission, im Druck). — **32** In meiner im Entstehen begriffenen Arbeit über die Geschichte der Wiener jüdischen Gemeinde von 1918 bis 1938 werde ich auf die Geschichte dieser Bibliothek zurückkommen. Vgl. auch Richard Hacken: »The Jewish Community Library in Vienna: From Dispersion and Destruction to Partial Restoration«. In: *Yearbook of the Leo Baeck Institute* XLVII (2002), S.151–172. — **33** Dabei handelt es sich um folgende Quellen (in der Reihenfolge der Zahlen im Text): Ernst Müller: »Die jüdische Gemeindebibliothek in Wien«. In: Jakob Krausz, Michael Winkler (Hg): *Jüdisches Leben in Österreich für das Jahr 5686 (1925–26),* S.36. Artikel über Bernhard Wachstein in der *Encyclopaedia Judaica,* Jerusalem, Bd. 16 (1972), Sp.237. Ernst Daniel Goldschmidt, zitiert in Itamar Levin: *The Last Chapter of the Holocaust? The Struggle over the Restitution of Jewish Property in Europe.* Jerusalem 1998, S.86f. *Bericht des Präsidiums der Israelitischen Kultusgemeinde Wien 1933–1936.* S.100. — **34** Im Zuge der Recherchen zu einem von einem Historikerteam der Anlaufstelle der IKG Wien für jüdische NS-Verfolgte in und aus Österreich erstellten Bericht über »Das Vermögen der Israelitischen Kultusgemeinde Wien und der jüdischen Organisationen 1938–1975« wurde ein Fragment des Katalogs, der Buchstabe »M«, im Central Archive for the History of the Jewish People gefunden. — **35** Doron Rabinovici: *Instanzen der Ohnmacht. Wien 1938–1945. Der Weg zum Judenrat.* Frankfurt/M. 2000, S.92. Herbert Rosenkranz: *Verfolgung und Selbstbehauptung. Die Juden in Österreich 1938–1945.* Wien 1978, S.207. — **36** Zu Moses Rath und Arthur Zacharias Schwarz vgl. Evelyn Adunka: *Exil in der Heimat. Über die Österreicher in Israel.* Innsbruck, Wien 2002, S.122–125, 183–186. — **37** Zu Moses vgl. Patricia Steines (Hg): *Leopold Moses, Spaziergänge. Studien und Skizzen zur Geschichte der Juden in Österreich.* Wien 1994, S.9–21. — **38** Werner Schroeder auf der internationalen Tagung, Raub und Restitution in Bibliotheken, Wien, 23.–24. April 2003. Zum Bericht von Moses Rath s. *Nachrichten der Hitachduth Olei Austria.* Februar 1945. Der Bericht von Grumach liegt in 205/1, Mikrofilmbestand über OMGUS und das OAD, Bundesarchiv Koblenz. — **39** R 58/991, R 58/911, R 58/982, Bundesarchiv Berlin. Lutz Hachmeister: *Der Gegnerforscher. Die Karriere des SS-Führers Franz Alfred Six.* München 1998, S.193f.; vgl. auch Jörg Rudolph: »›Sämtliche Sendungen sind zu richten an: …‹. Das RSHA-Amt VII ›Weltanschauliche Forschung und Auswertung‹ als Sammelstelle erbeuteter Archive und Bibliotheken.« In: Michael Wildt (Hg): *Nachrichtendienst, politische Elite und Mordeinheit. Der Sicherheitsdienst des Reichsführer SS.* Hamburg 2003, S.204–240. — **40** Patricia K. Grimsted: »Twice Plundered or Twice Saved: Russia's ›Trophy‹ Archives Amidst the Loot of the Reich Security Main Office (RSHA)«. In: *Holocaust and Genocide Studies,* Jg.15 (2001), Nr.2, Fall, S.202–205. Gerhard Jagschitz, Stefan Karner: *›Beuteakten aus Österreich‹. Der Österreichbestand im russischen ›Sonderarchiv‹ Moskau.* Graz 1996. Zur Rückkehr des Rothschild-Archivs aus Moskau vgl. Victor Gray: »The Return of the Austrian Rothschild Archives«. Vortrag, EA-JS Congress, Juli 2002. (Eine Publikation in *Art, Antiquity and Law* ist in Vorbereitung). — **41** Vgl. über die DDR Adunka: *Der Raub der Bücher* (s. Anm.1), S.84 und über Prag S.82–86 sowie Andrea Braunova: »Origins of the Book Collection of the Library of the Jewish Museum in Prague«. In: *Judaica Bohemiae* Vol.XXXVI (2001), S.160–172 und ihr Vortrag auf der in der Anmerkung 38 erwähnten Tagung. — **42** Moses Rath in *Nachrichten der Hitachduth Olei Austria.* Februar 1945; Hachmeister: *Der Gegnerforscher* (s. Anm.40), S.193f. — **43** Rückerstattungssache Samuel Krauss 54 WGA 5383/57 und Victor Aptowitzer 21 WGA 2570/57, Wiedergutmachungsämter von Berlin. — **44** Adunka: *Der Raub der Bücher* (s. Anm.1), S.149. — **45** Abraham Singer an die Amtsdirektion, 13.12.1951; Box 59, XXIX, B/d, Archiv der IKG. *Iskult Presse Nachrichten,* 26.7.1955. — **46** Leslie I. Poste: *The Development of U.S. Protection of Libraries and Archives in Europe during World*

War II. Dissertation, Chicago 1958, S. 392. Adunka: *Der Raub der Bücher* (s. Anm 1), S. 187. — **47** Abraham Singer, undatierter »Bericht des Bibliothekars der Israel[itischen] Kultusgemeinde, 3 S., Ordner A. Singer 1955, Archiv der IKG, noch nicht inventarisiert. — **48** *Presse News des Jüdischen Museums der Stadt Wien,* 24.11.1994. *Handbuch der historischen Buchbestände in Österreich,* Band 2, Hildesheim, Zürich, New York 1995, S. 106–109. 2004 wurde der Katalog der Bibliothek ins Internet gestellt (http://opac.bibvb.ac.at/jmw). — **49** Vgl. über das Ahnenerbe Michael Kater: *Das »Ahnenerbe« der SS 1935–1945. Ein Beitrag zur Kulturpolitik des Dritten Reiches.* Stuttgart 1974. Adunka: *Der Raub der Bücher* (s. Anm. 1), S. 157–159. Vgl. über Christian auch Mechthild Yvon auf der in Anm. 38 erwähnten Tagung. — **50** Abraham Singer an die Amtsdirektion, 13.12.1951; Box 59, XXIX, B/d, Archiv der IKG. *Renaissance,* Nr. 22, Mai 1949; *Jedioth Chadashoth,* 12.2.1971. — **51** Adunka: Der Raub der Bücher (s. Anm. 1), S. 158 f., und die Listen in Box 59, XXIX, B/d, Archiv der IKG. — **52** 6.1.1972, Nachlass Shlomo Shunami bei seiner Tochter Nurith Reichmann, Jerusalem. Adunka: *Der Raub der Bücher* (s. Anm. 1), S. 164–178. — **53** Dabei handelte es sich um das *Korrespondenzblatt des Vereins zur Gründung und Erhaltung einer Akademie für die Wissenschaft des Judentums,* Berlin, Oktober 1922. — **54** 79009/51, 02, Bundesministerium für Unterricht, Archiv der Republik, Österreichisches Staatsarchiv. — **55** Ebd. und Übernahmebestätigungen in Karton 493, Bundesministerium für Unterricht, Archiv der Republik, Österreichisches Staatsarchiv. Eines der (allerdings nicht näher bezeichneten) Vorbesitzerverzeichnisse hat sich inzwischen doch gefunden. (Bundesministerium für Finanzen, 183 156, 34/52, Archiv der Republik im Österreichischen Staatsarchiv. (Mit Dank an Murray G. Hall). Im Archiv der IKG haben sich weiters einige Abschriften der Verzeichnisse, die Abraham Singer anlegte, erhalten. — **56** Aktennotiz, 8.11.1955, Archiv der UB Wien. Zwei dieser Bücher im heutigen Bestand der UB habe ich selbst einsehen können. Ein Beispiel für ein gestempeltes Buch: Marek Scherlag: *In der Fremde. Neue Judenlieder.* Signatur: I 836 713. — **57** Ingrid Tomkowiak über Elfriede Moser-Rath. In: Brigitta Keintzel, Ilse Korotin (Hg), *Wissenschaftlerinnen in und aus Österreich.* Wien, Köln, Weimar 2002, S. 520. — **58** FO 1020/2880, PRO. — **59** Korrespondenz im Archiv der IKG, 1954/55, noch nicht inventarisiert. Adunka: *Der Raub der Bücher* (s. Anm. 1), S. 138–140. — **60** *News of the Yivo,* Nr. 65 (1957), S. 5. — **61** P 4, 1078, Karton 570, Stiko, Archiv der Republik, Österreichisches Staatsarchiv. Hirsch Jacob Zimmels: *The Echo of the Nazi Holocaust in Rabbinic Literature.* Ireland 1975, S. 200. — **62** Angelika Shoshana Duizend Jensen, Datenbank jüdischer Vereine im Auftrag der Österreichischen Historikerkommission (mit Dank an Eva Blimlinger). — **63** Die Restitution wurde vermittelt durch das Nürnberger Institut für NS-Forschung. Vgl. Jim G. Tobias, *Aufbau,* 4.9.2003; Information von Jim G. Tobias, Avshalom Hodik, IKG Wien und Sabine Frank, Bibliothek des Wiener jüdischen Museums, 2003. — **64** Bericht der Apa (Austrian Press Agency), veröffentlicht in http://derstandard.at, 19.11.2003. Marilyn Henry, *ART news,* February 2004, S. 48. — **65** *Die Restitution von Kunst- und Kulturgegenständen im Bereich der Stadt Wien 1998–2001.* Hg. vom Historischen Museum der Stadt Wien und der Wiener Stadt- und Landesbibliothek. Wien 2001, S. 64, 73. 4. Restitutionsbericht der Stadt Wien, 4.11.2003, S. 18–19. (www.stadtbibliothek.wien.at). — **66** *Johann Strauss ent-arisiert. Die Sammlung Strauss-Meyszner: Impulse für Forschung und Interpretation.* Hg. von der Wiener Stadt- und Landesbibliothek 2003. — **67** Vgl. Otto Seifert: *Die große Säuberung des Schrifttums. Der Börsenverein der Deutschen Buchhändler zu Leipzig 1933–1945.* Schkeuditz 2000, S. 159–193. Maria Kühn-Ludewig. In: *Displaced Books. Bücherrückgabe aus zweierlei Sicht.* Laurentius Sonderheft, Hannover 1999, S. 19–22. Über Bestände aus der Bücherverwertungsstelle in der Deutschen Bücherei arbeitet auch Grit Nitzsche und referierte an der in Anm. 38 erwähnten Tagung. — **68** Adunka: *Der Raub der Bücher* (s. Anm. 1), S. 90–116. — **69** Ernst Trenkler: »Die Nationalbibliothek (1923–1967)«. In: Josef Stummvoll (Hg): *Geschichte der Österreichischen Nationalbibliothek,* Teil 2. Wien 1973. — **70** Pressemappe zum Pressegespräch der ÖNB, 19.12.2003. — **71** Für die Zeit vom 9.12.2004 bis 31.1.2005 plant die ÖNB eine Ausstellung und einen Katalog über ihre NS-Vergangenheit. — **72** Dabei handelte es sich um die Signatur I 854 341, W. Gutmann: *Um die Welt zu*

Paneuropa. Reichenberg 1926. — **73** 79009/51, 02, Bundesministerium für Unterricht, Archiv der Republik, Österreichisches Staatsarchiv. FO 1020/2549, 5.4.1948; Übersetzung: FO 1020/2880, PRO. Gefunden wurden in der UB 2004 immerhin zwei Inventarbücher, die eindeutig aus Tanzenberg stammen (mit Dank an Ingrid Ramirer). — **74** Stefan Lütgenau auf dem österreichischen Zeitgeschichtetag in Salzburg, 28.9.–1.10.2003. — **75** Friedrich Buchmayr: *Der Priester in Almas Salon. Johannes Hollnsteiners Weg von der Elite des Ständestaates zum NS-Bibliothekar*. Weitra 2003, S. 236–251. — **76** Vgl. Sophie Lillie: *Was einmal war. Handbuch der enteigneten Kunstsammlungen Wiens*. Wien 2003, S. 18.

Joseph Suschitzky

»Libris (London) Ltd.«. Etwas vom Antiquariats-Buchhandel in England
Ein persönlicher Bericht aus den Jahren 1966 und 1971*

I 21 Jahre Libris (London) Ltd.

Ich kann es selbst kaum glauben, dass bereits 21 Jahre vergangen sind, seit ich den Mantel der Firma Libris (London) Ltd. kaufte und mit zwei Gummistempeln und um £25 ärmer das Büro meines Anwalts in Fleet Street verließ. Knapp vor Kriegsausbruch, am 20. August 1939, kamen mein Bruder und ich nach einem Jahr Konzentrationslager (Dachau und Buchenwald) völlig mittellos in London an. Das einzige Buch, das ich mitbringen konnte, war das englische Langenscheidt Taschenwörterbuch. Unsere geplante Weiterreise nach den U.S.A. wurde durch den Krieg unmöglich; arbeiten durften wir nicht, so widmeten wir unsere Zeit hauptsächlich der Erlernung der englischen Sprache. Im Juni 1940, nach dem Fall Frankreichs, verloren die Engländer den Kopf und internierten fast alle Refugees als »feindliche Ausländer«. Mein Bruder kam nach Australien und ich auf die Isle of Man. – Nachdem die Regierung ihren Irrtum eingesehen hatte, wurden wir wieder freigelassen und erhielten sogar auch eine Arbeitserlaubnis. Mein erstes Geld verdiente ich in einem großen Hotel, wo ich, von Kopf bis Fuß in Weiß gekleidet, »sweets« und »ice cream« an die Kellnerinnen ausgab. – Eines Tages führte mich mein Weg bei Foyle's in der Charing Cross Road vorüber, wo ich ein Plakat im Schaufenster sah: »Verkäufer und Packer gesucht«.

Die Stellung, die ich nach einem Interview von fünf Minuten mit Miss Christina Foyle bekam, war allerdings nicht ausgeschrieben gewesen: Manager of the Rare Books Department. Ich hatte ein sehr kleines Gehalt verlangt, am liebsten hätte ich noch dazugezahlt, um wieder Bücherluft atmen zu dürfen. Dass ich in der Emigration, in einem nicht deutsch sprechenden Land, meinen Beruf würde ausüben dürfen, hatte ich nicht zu hoffen gewagt. Nun stürzte ich mich in die Arbeit und lernte viel; ich hatte nicht verheimlicht, dass ich von englischen »Rare Books« nicht viel verstand. Die Abteilung führte ich so, als ob es mein eigenes Geschäft wäre. Während des Kriegs war es nicht schwer, Bücher zu verkaufen. Der Umsatz stieg von Woche zu Woche. Es kam dann oft vor, dass meine Verkaufskommission (threepence in the £) größer war als mein Gehalt. Trotz mehrerer ver-

lockender Angebote behielt ich meine Stellung bis Kriegsende, vor allem
weil ich Mr. William Foyle, zu dem man immer Zutritt hatte, schätzte
und ich mich mit ihm gut verstand. Als ich dann 1945 kündigte, bat man
mich zu bleiben und bot mir ein viel höheres Gehalt an. Ich erklärte
aber, dass es sich bei mir nicht um mehr Geld, sondern um meine Zukunft
handelte; ich wollte selbständig werden, und dafür zeigte man Verständnis.
Ich bekam ein Abschiedsgeschenk und ein Zeugnis, das sich sehen lassen
kann. Was mich aber viel mehr freute: Mr. W. Foyle betraute mich bis zu
seinem Lebensende mit den Auktionskäufen für seine schöne Privatbibliothek in Beeleigh Abbey, obwohl ich schon lange aufgehört hatte, Ange-
stellter seiner Firma zu sein.

Mit £ 80 erspartem Geld suchte ich nun einen von mir empfohlenen Anwalt auf, um mit ihm die Gründung meiner eigenen Firma zu besprechen.
Wir waren gerade dabei, uns zu überlegen, welchen Namen die neue Firma
tragen sollte, als er sich plötzlich erinnerte, dass 1944 ein Tscheche bei ihm
eine Firma gegründet hatte, damit seine Frau, die Romane schrieb, eine Pa-
pierquota bekäme. Die Firma, eine G.m.b.H., hieß Libris (London) Ltd.
und war aus der Schreibtischlade nie herausgekommen. Da mir der Name
nicht missfiel, kaufte ich sie, bekam zwei Gummistempel, die wir noch
heute benützen, und später eine eingerahmte Gründungsurkunde. So kompliziert es auf dem Kontinent ist, eine G.m.b.H. zu gründen, so einfach ist
dies in England.

Ich fand bald ein großes Zimmer in einem Wohnhaus in No. 50 Harben
Road, N.W.6. und begann fleißig einzukaufen. Allmählich füllten sich die
Regale. Kaum war ich ein paar Wochen selbständig, als mich ein Sammler
fragte, ob ich nicht seine englischen Pressendrucke für ihn verkaufen woll-
te. Mit Freuden sagte ich zu, und er vertraute mir seine Sammlung an:
Bücher im Werte von mehr als £ 6.000 Einkaufspreis. Ich machte einen
schönen Katalog, der nicht nur die Kelmscott-, Doves-, Eragny-, Golden
Cockerel-Press vollständig enthielt, sondern darüber hinaus noch viele auf
Pergament gedruckte Exemplare; auch die wunderschöne Ashendene Press
war mit ihren großen Büchern vertreten. Nach und nach verkauften wir fast
alles. Auf viele Nachbestellungen konnten wir auch noch 2 Kelmscott
Chaucer und 3 Doves Press Bibeln liefern.

Dann kam ein völlig unerwartetes Ereignis, das die Zukunft meiner Firma maßgeblich beeinflussen sollte. Ich erfuhr, dass die deutschen Kriegsge-
fangenenlager von Amerika nach England verlegt würden und die Kriegsgefangenen für einen Teil ihrer Löhnung Bücher kaufen dürften. Das war
natürlich ein großer Glücksfall. Als es dann wirklich dazu kam, schmolz
unser Lager bald zusammen. Der Verkauf erfolgte ausschließlich durch Listen. Da alles brieflich erledigt wurde, bekamen wir in all den Jahren nie einen Kriegsgefangenen zu Gesicht. Auch neue deutsche Bücher, die ein fin-

diger Importeur aus großen Prager Beständen eingeführt hatte, wurden bestellt. Von der Größe der Camps hatten wir allerdings gar keine Vorstellung. Einmal erhielten wir einen Auftrag mit uns astronomisch anmuten-
den Ziffern, die mir eine schlaflose Nacht bereiteten: 560 Langenscheidt
Wörterbücher, 380 Duden – und das ging so zwei Seiten lang weiter!
Natürlich waren wir uns darüber im Klaren, dass dieses Geschäft zeitlich
begrenzt war. Indessen galt es, das Eisen zu schmieden, so lange es heiß war!

Trotz eines zweiten großen Zimmers in der Harben Road wurde das
Raumproblem immer ärger. Nach langem Suchen fanden wir in der
Boundary Road, N.W. 8. ein ausgebombtes Haus mit einem Laden, dessen
Instandsetzung viel Geld kostete. Dann kam der Umzug; wir waren gerade
mit dem Einräumen der Bücher in die Regale beschäftigt, als ein altes Müt-
terchen den Kopf zur Türe hineinsteckte: »Was, eine Buchhandlung wollen
Sie hier aufmachen? Da muss ich Ihnen leider sagen, hier werden Sie kein
Geschäft machen. In dieser Gegend kaufen die Leute keine Bücher!« Nun
ja, wären wir auf die Nachbarschaft angewiesen gewesen, so hätten wir bald
zusperren müssen! Ich hatte das Haus auch nicht genommen, weil es einen
Laden hatte.

Die Boundary Road ist eine alte Straße, die Grenze zwischen St. John's
Wood und Hampstead. Als wir 1951 einzogen, war es dort noch recht ruhig;
nur ein paar Geschäfte, wo jeder jeden kannte, mit einem für uns sehr wich-
tigen, kleinen Postamt. Auch heute hat dieser Teil Londons glücklicherweise
seinen etwas dörflichen Charakter noch nicht ganz verloren. Wenn auch der
Verkehr sehr zugenommen hat, bei uns kann man noch immer parken. –
Nun hatten wir endlich Platz in unseren sieben Räumen, und durch den
Ankauf vieler Bibliotheken füllten sich bald die überall aufgestellten Regale.
Unser Haus liegt in der Nähe einer Schule und die ersten »Kunden« waren
Kinder, die um Briefmarken für ihre Sammlungen baten. Da wir den ganzen
Tag lang gestört wurden, legten wir ausschließlich Samstagvormittag für die
Briefmarkenverteilung fest. So herrscht an diesem Morgen auch jetzt noch –
je nach der Witterung – kleinerer oder größerer Betrieb.

Im Laufe der Jahre konnten wir interessante Bibliotheken und Nachlässe
erwerben. Um nur einige Namen zu nennen: Lazarus Goldschmidt, Sir
Alexander Korda, Prof. Max Alsberg, Benno Elkan, Dr. Alice Salomon,
Friedrich und Elisabeth Gundolf, Mechtilde Lichnowsky, Dr. Schönfeld
(Wien) u.a. Die vom bibliophilen Standpunkt schönste Bibliothek war
wohl die des Berliner Industriellen Leo Lewin, in dessen Haus Corinth,
Slevogt und Liebermann verkehrt hatten. Auch die Sammlung Robert
Wendriner konnte sich sehen lassen; er war jedenfalls der großzügigste Verkäufer, der mir je begegnet ist. Es dauerte gar nicht lange, bis er wieder zu
sammeln begann und jetzt hat er in München seine 3. Bibliothek aufgebaut. – Die Reste der sehr großen Gundolfschen Bibliothek waren in einem

Oxforder Lagerhaus auf dem Boden ausgebreitet. Wir versuchten flach auf der Erde liegend, bei elender Beleuchtung die Bücher auszusortieren. Der größte Teil musste eingestampft werden, da niemand in Oxford den Rest der Bücher abholen wollte. – Im Herbst 1965 konnten wir die bedeutende Referenz-Bibliothek des Antiquars Dr. Ernst Weil geschlossen an eine kanadische Universität verkaufen.

Was habe ich nicht alles erlebt während meiner Tätigkeit bei Foyle's und bei meinen verschiedenen Einkaufsreisen! Wenn man derartige Dinge in Romanen liest, glaubt man sie einfach nicht. Da kam z. B. eines Tages eine Dame zu Foyle's in unsere Abteilung, sie möchte gern ein bestimmtes Buch kaufen. Leider habe sie den Autor und den Titel vergessen, sie erinnere sich aber, dass das Buch einen gelben Einband hatte. Ein anderes Mal erschien bei uns eine sehr gut angezogene »Lady« von »the country« – alle wirklich eleganten Frauen wohnten während des Krieges auf dem Land – und bat uns, ihr ungefähr 250 Bücher zu verschaffen. Der Inhalt und die Größe wären ihr gleichgültig, jedoch müssten die Rücken der Bücher rot sein, damit sie zu den Vorhängen passten (to match the curtains). So ein Auftrag ist natürlich ein Festtag für jeden Buchhändler. Wir suchten im ganzen Geschäft alle roten Einzelbände und unvollständigen Reihen zusammen und konnten ihren Wunsch erfüllen. Zum Dank brachte sie mir bei ihrem nächsten Besuch ein Dutzend Eier mit, mitten im Krieg eine besonders willkommene Gabe. Die englischen Kunden sind sehr dankbar, wenn sie merken, dass man sich um sie bemüht; sie sind diesbezüglich nicht verwöhnt. Das hängt wohl auch mit der Struktur des englischen Buchhandels zusammen; hier kann jeder eine Buchhandlung aufmachen und als Buchhändler arbeiten – es werden keinerlei Qualifikationen verlangt. Es gibt auch keine richtigen Fachschulen; der Hauptunterschied zwischen den englischen und kontinentalen Buchhändlern liegt wohl darin, dass diese ihre Bildung mit in den Beruf bringen, während jene sie z. T. erst aus der Praxis gewinnen. Man darf natürlich nicht verallgemeinern, es gibt besonders in den Universitätsstädten vorbildlich geleitete Buchhandlungen.

Einmal fuhr ich in die Provinz, um eine mir angebotene Bibliothek zu besichtigen. Wie es manchmal vorkommt, wollte sich die Besitzerin von einigen separat stehenden Luxusausgaben aus sentimentalen Gründen nicht trennen. Ich war daher überrascht, als sie auf den besonders schön gebundenen Brandus'schen Koran wies und sagte: »Dieses Buch können Sie haben. Und wissen Sie, warum?« Ich verneinte. Da nahm sie den Band vom Regal, zog ihn aus dem Schuber und führte ihn in meine Nasenhöhe. Trotzdem kaufte ich ihn. Auf der Heimfahrt überlegte ich eine Katalogisierungsfrage: ist es fair, bei der Aufnahme dieses Buches den penetranten Bocksgeruch zu unterschlagen? Oder gibt es vielleicht auch Liebhaber für dieses Parfüm? Es kam aber gar nicht zum Katalogisieren; wir verkauften den Koran am nächsten Tage einem Kunden, der wahrscheinlich Schnupfen hatte. Mir tat es nicht leid, dass der schöne Ganzmaroquinband nun an anderem Orte stinken würde.

Eines Tages rief mich ein befreundeter englischer Buchhändler an, er habe ein paar Bücher aus Hitlers Bibliothek gekauft, ob ich sie wolle? Er verlangte dafür lächerlich wenig und zwei davon habe ich behalten. Eines hat eine seitenlange Widmung eines Obersturmbannführers: beide tragen Hitlers Exlibris. – Ich muss offen gestehen, dass mir dieser Kauf große Genugtuung bereitete.

Wenn ich an all die Bücher denke, die durch meine Hände gegangen sind während der vielen Jahre! Da war z. B. das »Monstrum« aus schwedischem Besitz, das nach langem Bitten in einer Oxforder Buchhandlung unter einem sehr schwer zugänglichen Riesentisch buchstäblich für mich ausgegraben wurde. Es wog so viel, dass ich es nur mit großer Mühe allein heben konnte und entpuppte sich, als ich die Kassette öffnete, als Melchior Lechters *Indische Reise*, eines von den drei auf Pergament gedruckten Exemplaren in einem außergewöhnlichen Metalleinband. Ich kaufte das schwere Ding zu einem hohen Preise, ohne Kollegenrabatt; als ich es in unser Geschäft brachte, meinten meine Leute, ich werde diesen »weißen Elefanten« nur schwer loswerden. Er war aber nur eine Woche bei uns – ich wünschte, ich hätte ihn heute. Die *Indische Reise* war aber keineswegs das schwerste Buch in meiner Praxis. Ich erinnere mich, dass wir aus der Goldschmidt'schen Bibliothek *Die Nibelungen* von J. Sattler illustriert, No. 1 von vier Exemplaren auf Pergament gedruckt, abzuschleppen hatten; auch die fast mannshohe *Wartburg* aus derselben Quelle machte uns Transportschwierigkeiten.

Persönlich hatte ich eigentlich nie große Ambitionen, außer als Buchhändler meinen Weg zu machen, der mir ja vorausbestimmt erschien. Noch in meiner Gymnasialzeit wurde ich in der Buchhandlung »Brüder Suschitzky« als Lehrling aufgenommen. Mein Vater und mein Onkel hatten die Firma in Wien im Jahre 1902 gegründet und ihr etwas später den An-

Abb. 1: Die Buchhandlung der Brüder Suschitzky in Wien diente auch als Stützpunkt zeittypischer Bewegungen

zengruber-Verlag angegliedert. Während meiner Studienzeit war ich dort als Gehilfe tätig und seit 1934 leitete ich das Unternehmen – die einzige Buchhandlung in einem großen Arbeiterbezirk. Nach meiner Inhaftierung im Jahre 1938 wurde das schuldenfreie Geschäft mit seinem Riesenlager von den Nazis »liquidiert«, ohne dass unsere Familie bis heute einen Groschen Kompensation bekommen hätte. – Als ich Österreich verlassen musste, hatte ich nicht mehr damit gerechnet, je wieder als Buchhändler arbeiten zu können. Dafür, dass es anders gekommen ist, bin ich dem Schicksal dankbar. Denn was kann es im Leben eines arbeitenden Menschen Schöneres geben als dass Hobby und Beruf eins sind. – Meine Eltern wurden in Frankreich Opfer der Nazis. Oft habe ich in den vergangenen Jahren ihrer gedacht: sie hätten es sich nicht träumen lassen, dass ihr Sohn einmal in London Bücher im eigenen Geschäft verkaufen würde. Immer habe ich es so geführt, dass mein Vater, wäre er am Leben, sich meiner nicht zu schämen brauchte.

Der Aufbau und die Führung meiner Firma wäre nicht möglich gewesen ohne die tatkräftige Hilfe meiner Mitarbeiter, denen ich an dieser Stelle meinen aufrichtigen Dank aussprechen möchte. Mein Bruder Willy, der in Australien interniert war, kam 1946 nach einer unfreiwilligen Reise um die Welt in die Firma. Er hat das große Lager und die Expedition übernommen. An Montagen und Donnerstagen ist er besonders stark beschäftigt, da macht er die Börsenblatt-Suchlisten (unser einziges Verlustgeschäft). Außerdem kümmert er sich darum, dass unsere Kunden, je nach der Tageszeit, mit Kaffee oder Tee versorgt werden. Er bewohnt den 2. Stock des Hauses, hat also nicht weit »ins Geschäft«. Frau Kamilla Weidmann hat schon seit der Harben Road unsere Buchhaltung gemacht; außerdem katalogisiert sie, schreibt die Listen und greift einfach überall zu. Ihr macht die Arbeit immer Spaß, besonders aber, wenn sie rasch vonstatten geht und viel zu tun ist; zum Glück ist dies meistens der Fall! Meine Sekretärin, Frau Hanna Cahn, kann sich nicht erinnern, wie viele Jahre sie schon bei uns ist. Sie macht mit mir am meisten mit, da ich leider nicht systematisch bin und unsere gemeinsame Arbeit dauernd unterbrochen wird. Auch muss sie mich oft zur »Ordnung« rufen. Mit einem Wort, sie hat es nicht leicht. Meine Freunde meinen, es spräche eigentlich für mich, dass meine Mitarbeiter es schon so lange bei mir (oder mit mir) aushielten. Frau Cahn ist eine methodische Arbeiterin, die sich bestimmt nicht über Arbeitsmangel beklagen kann. Zu ihren vielen anderen Qualitäten kommt noch dazu, dass sie eine ausgezeichnete Chauffeuse ist, der ich mich oft und gerne anvertraue. Wenn ich bedenke, dass beide Damen einen Haushalt führen und Familien zu betreuen haben, frage ich mich oft, wie sie das alles schaffen.

Während einiger Monate hatten wir auch einen »gelernten« Buchhändler bei uns: Herrn Günter Fuchs. Er katalogisierte leidenschaftlich, war körperlich sehr kräftig und hat tausende Bücher weggeworfen (was mir leider sehr schwer gelingt). Dass wir uns jetzt überall freier bewegen können, dass die Bücherhaufen vom Fußboden und von den Treppen verschwunden sind, ist sein Verdienst. Seit fast einem Jahr hilft uns eine junge Wienerin: Fräulein Lieselotte Sperl. Sie hat großes Interesse an Büchern, ist fleißig, gewissenhaft, äußerst hilfsbereit und lernt sehr rasch. Wenn sie sich weiter so entwickelt, werde ich noch meine Meinung über Wienerinnen revidieren müssen. Zum Schluss möchte ich noch zweier Mitarbeiterinnen gedenken, die leider nicht mehr leben. Fräulein Susanne Friedburg und Frau Ida Armstrong. Beide haben durch viele Jahre ihr Können und ihre Arbeitskraft in den Dienst von Libris Ltd. gestellt. Wir werden sie immer in treuem Gedenken bewahren.

Was haben wir erreicht in 21 Jahren fleißiger Arbeit? Nach den vielen einlaufenden, herzlich gehaltenen Briefen zu schließen, müssen wir wohl in der ganzen Welt eine große Zahl treuer Kunden gewonnen haben. In London, bei persönlichem Kontakt, sind viele auch unsere Freunde geworden. Unser Lager deutscher Bücher ist das größte in ganz England; es umfasst alle Wissensgebiete und ist fast ausschließlich aus Käufen im Lande aufgebaut. Wenn uns Kollegen aus dem Auslande besuchen, sind sie immer wieder erstaunt, was sie alles bei uns finden können. Unsere »Balance of payment« ist sehr gut; wir haben keine Schulden, nur Außenstände. Durch dauerndes Inserieren in den deutschsprachigen Buchhändler-Zeitschriften ist der Name unserer Firma im Ausland ziemlich bekannt geworden. Es wird wohl kaum einen Antiquar in Europa geben, der von uns im Laufe der Jahre nicht Angebote auf von ihm gesuchte Bücher bekommen hätte. Die in England gekauften deutschen Bücher exportieren wir in die ganze Welt; Hauptabsatzgebiete sind Deutschland, Schweiz, U.S.A. und Japan. Unsere Preise sind absichtlich niedrig gehalten; aus unseren vervielfältigten Listen, die relativ billig herzustellen sind – obwohl genug Arbeit drinsteckt – verkaufen wir im Durchschnitt 80 Prozent, was in unserem Beruf als ein ungewöhnlich hoher Prozentsatz anzusehen ist. Auf manche Nummern bekommen wir bis zu 20 Bestellungen; wie kann man da alle Kunden befriedigen? – Unser gedruckter Katalog *Ein kleiner Querschnitt durch ein großes Lager* ist praktisch ausverkauft. Außer hunderten brieflichen Bestellungen zählten wir 42 Telegramme und 25 Anrufe vom Kontinent. Die reinen Druckkosten betrugen £290. Wenn man bedenkt, dass wir alle Bücher auch leicht ohne Katalog hätten verkaufen können, kann man diese große Ausgabe wohl nur rechtfertigen, wenn man einen bedeutenden Teil der Kosten auf das Konto Werbung setzt.

Was sind die Aussichten unserer Firma für die Zukunft? Ich werde oft gefragt, ob die Einkaufsquellen für deutsche Bücher in England nicht bald versiegen werden. Die Antwort darauf ist nein. Man darf nicht vergessen, dass tausende deutscher Refugees, die seit 1933 nach England kamen, ihre z.T. wertvollen Bibliotheken mitbringen konnten; viele dieser Privatsammlungen werden früher oder später auf den Markt kommen. Natürlich ist es in den letzten Jahren für uns viel schwieriger geworden, wirklich gutes Material aufzutreiben. Das ist aber meiner Meinung nach nicht darauf zurückzuführen, dass es hier keine wertvollen Bücher gibt, sondern dass es den Besitzern wirtschaftlich gut geht und sie nicht verkaufen wollen. Überhaupt tritt das Geldmotiv als Verkaufsgrund immer mehr in den Hintergrund.

Was wünsche ich mir? Weiter harmonische Zusammenarbeit mit meinen Leuten; die Möglichkeit, gute Bibliotheken zu kaufen und die Wünsche unserer Kunden befriedigen zu können. (...) Die einzigen, manchmal etwas ärgerlich gehaltenen Briefe, die wir erhalten, kommen von enttäuschten Kunden, die bestellte Bücher nicht bekamen. Dazu möchte ich sagen: es liegt ja im Wesen des Antiquariatsbuchhandels, dass von seltenen Büchern in der Regel nur ein Exemplar vorhanden ist und Ersatzexemplare kaum aufzutreiben sind. Wir bemühen uns wirklich, Bestellungen gerecht aufzuteilen. Um nur ein Beispiel zu geben: auf unseren letzten Katalog bekamen wir eine Bestellung von einem sehr guten Kunden auf 16 Bücher im Werte von DM 4.800; wir lieferten ihm 5 Nummern für DM 1.700 und teilten die übrigen Bücher auf 4 andere Kunden auf, die sonst leer ausgegangen wären. Was wir getan haben, ist doch eigentlich unkaufmännisch und würde wohl in keiner andren Branche so gehandhabt werden. Stellen Sie sich doch bitte die Mehrarbeit vor: statt einer Faktura fünf, statt eines Paketes fünf usw. Es gäbe allerdings noch einen Weg, weniger Bestellungen zu erhalten, indem wir einfach unsere Preise wesentlich erhöhten. Aber auch das ist kein sicheres Mittel, wie man aus folgender Geschichte, die mir kürzlich ein englischer Kollege erzählte, ersehen kann: Er hatte ein altes Buch in seinem Katalog mit £4 angesetzt, das nicht bestellt wurde. Nach einem Jahr gab er wieder das Buch in seinen neuen Katalog und durch einen Druckfehler wurden aus £4 £40; er erhielt auf diese Nummer zwei Bestellungen. In einem großen Londoner Warenhaus sind alle Schaufenster mit Plakaten versehen: »We are never knowingly undersold« was man etwa mit: »Wir lassen uns nicht unterbieten« übersetzen könnte. Das ist auch unsere Devise und wir werden uns immer bemühen, gute und seltene Bücher zu vernünftigen Preisen anzubieten.

Ein merkwürdiger Beruf, dieser Buchhandel! Vor ein paar Woche offerierten wir ein sprachwissenschaftliches Werk einem Londoner Kollegen für £30, das er auch bestellte. Nach zwei Tagen kam ein Brief (den ich mir aufhebe), in dem er schrieb, der Preis für die Bücher wäre so »reasonable« gewesen, dass er den Scheck auf £35 ausgestellt habe. Vorige Woche fragte ich in einer Buchhandlung nach dem Preis des Großen Brockhaus im Schaufenster. Der Kollege nannte einen so niedrigen Preis, dass er aus der Intonation meines »No!« wohl merken musste, dass er zu wenig verlangt hatte. »Nun«, sagte er, »wenn Sie wollen, so können Sie mir auch £2 mehr geben«, was ich auch bereitwilligst tat. Kommen solche Dinge auch in anderen Berufen vor?

Vor einigen Wochen rief mich eine mir unbekannte Dame an, die mich in einer Verlagssache um Rat fragen wollte. Als sie kam, brachte sie eine alte Dame mit, die sie mir als Frau Simon vorstellte. Ich konnte die gewünschte Auskunft geben und dann machten die beiden Damen einen Rundgang durch unser Haus. Beim Weggehen sagte Frau Simon: »Bis gestern hatte ich von der Existenz Ihrer Firma nichts gewusst. Wenn ich sehe, was Sie da aufgebaut haben, bin ich recht stolz auf Ihr Unternehmen. Sie wissen nicht, dass eigentlich ich dafür verantwortlich bin, dass es ›Libris‹ gibt. Es war nämlich mein verstorbener Mann, der 1944 Ihre Firma für mich gegründet hat!« So hat es fast 21 Jahre gedauert, bis Frau Simon den Weg zu uns gefunden hat und der Kreis sich schloss (…).

II Von Kunden, Sammlern, Büchereinkäufen: Abschied
    von 38 A Boundary Road

38A, Boundary Road, London NW8, das Haus, in dem Libris (London) Ltd. untergebracht ist, wird bald abgerissen, um neuen Wohnbauten Platz zu machen. Als ich vor fünf Jahren eine kleine Skizze »21 Jahre Libris (London) Ltd.« schrieb und an einige Freunde und Kunden verschickte, war ich überrascht, dass mein Bericht so großes Interesse fand. Wir bekamen erstaunlich viele Zuschriften mit allen möglichen Fragen. Am meisten wurde bedauert, dass man sich von unserem Geschäft keine richtige Vorstellung machen konnte, weil ich unterlassen hatte, es zu beschreiben; auch wollte man wissen, wer unsere Kunden sind und was sie kaufen. Nun, da unsere Tage in der Boundary Road gezählt sind und wir den Großteil unseres Lagers an eine kanadische Universität verkauft haben (250

Abb. 2: »German books in seven rooms« – das Antiquariat »Libris« im Londoner Stadtteil Hampstead

große Ballen, dem Gewicht nach über 10 Tonnen) ist vielleicht der Zeitpunkt gegeben, das Versäumte nachzuholen.

38A ist ein altes, unterkellertes Haus. Es hat ein Geschäftslokal mit einer großen Auslage; darin wachsen aus zwei großen Töpfen unsere »lemon trees«, die sich im Fenster sehr wohl fühlen und das ganze Jahr hindurch mit ihren grünen Blättern den oberen Teil des Schaufensters ausfüllen. Manchmal, wenn die Sonne auf die Blätter scheint und ein Luftzug durchs Geschäft geht, duften sie wunderbar. Wir sind schon oft um Ableger gebeten worden – sie gedeihen überall ohne viel Pflege.

Im vorderen Laden steht mein Schreibtisch und der der Frau Cahn, meiner Sekretärin. Jahrelang haben wir in England inseriert: »German books in seven rooms«. Das war ein »understatement«, denn die Gänge und Stiegen waren nicht mitgerechnet. Und was so ein Gang von 12 m Länge und 4 m Höhe an Büchern fassen kann, das haben wir erst jetzt beim Ausräumen und Einpacken erfahren. Im Laufe der Jahre sind an jeder freien Stelle Kasten aufgestellt oder Regale angebracht worden, die alle zum Bersten voll sind. Im Geschäftslokal, hoch oben an der Wand, hängen drei gerahmte Piranesi. Ich kann schon nicht mehr zählen, wie oft ich nach dem Preis dieser Stiche gefragt wurde und wenn sie dadurch nicht verunstaltet würden, hätte ich schon längst große Streifen »Not for sale« anbringen lassen. Sie sind ebensowenig zum Verkauf bestimmt, wie unser »Heiliger«, der in einer Nische, also ob sie für ihn gemacht wäre, von oben auf uns herunterschaut.

Wie hat sich denn der Heilige zu uns verirrt? Vor ungefähr 15 Jahren kaufte ich von einer verwitweten Engländerin, die mit einem Ungarn verheiratet war, eine kleine Bibliothek. Als wir die Bücher ins Auto bringen wollten, sagte sie mir, sie hätte eine Heiligenfigur, die ich mitnehmen sollte – sie verlange nichts dafür. Da brachte sie auch schon eine meterhohe Barockfigur, einen Heiligen, der in der rechten Hand ein Buch hielt (sehr zu meiner Freude!). Ich sagte der Dame, dass die Figur bestimmt wertvoll sei und dass ich sie als Geschenk nicht annehmen könnte. »Dann geben Sie mir eben einen nominellen Betrag (token payment) von 10 Schilling.« Vor zwei Monaten bot uns ein deutscher Händler das 600fache, ich würde ihn aber auch nicht um £ 1.000 verkaufen. Einige Zeit später konnte ich wieder eine Statue kaufen, diesmal aber keinen Heiligen. Ich erwarb eine interessante Bibliothek von der Witwe eines Psychoanalytikers; oben am Bücherkasten stand ein nackter, afrikanischer Neger, ein ebenholzschwarzer Prachtkerl. »Den Neger will ich auch unbedingt loswerden – bitte nehmen Sie ihn mit!« Darauf spielte sich ungefähr dasselbe ab wie bei meinem Heiligenkauf. Im Geschäft konnte ich die Figur nicht gut aufstellen, zu Hause auch nicht, so habe ich ihn an einen Spezialisten verkauft, der sich über seine Neuerwerbung sehr gefreut hat. Beim Niederschreiben kommt mir die Ähnlichkeit der beiden Fälle erst so richtig zum Bewusstsein: Beide Damen waren Witwen und wollten wahrscheinlich mit ihrer Vergangenheit aufräumen. Dafür, so stelle ich es mir vor, durften sie sich nicht bezahlen lassen.

Manchmal gibt es natürlich auch Enttäuschungen. Da werde ich zu einer Dame gerufen, die eine kleine, ererbte Bibliothek verkaufen will. Darunter ist auch ein Konvolut von Broschüren, Einzelheften und Prospekten. Sie nimmt mein Angebot an und bei genauerer Durchsicht im Geschäfte finde ich in einer Mappe zwei Original-Aquarelle von Lyonel Feininger, die viel Geld wert sind. Ich rief sofort bei ihr an und erzählte ihr von meinem Fund. Als sie kam, bat ich sie um eine Option auf die beiden Bilder. Sie reagierte gar nicht auf meine Bitte, nahm die beiden Aquarelle, bedankte sich und verkaufte sie anderswo. Ich erfuhr jedoch später, dass sie gemeinsamen Bekannten gegenüber meine »Ehrlichkeit« gelobt hatte.

Nach dieser kleinen Exkursion, zurück in die Boundary Road, in den ersten Stock. Dort sind die Arbeitsstätten meines Bruders, der Frau Weichmann und unseres Herrn Hinrichs. Im ganzen sind da drei Räume, zwei Kabinette und ein Gang. Überall sind die Regale an den Wänden mit Büchern voll gepfropft. – Im zweiten Stock wohnt mein Bruder mit Frau und Katze. In jeder Buchhandlung nehmen sich Katzen gut aus; die unsere ist recht dekorativ, sie geht im ganzen Haus spazieren, ist unfolgsam, liebt die Sonne und legt sich gern in die Auslage. Über unseren großen Keller, der auch mit angefüllten Regalen und Kasten voll ist, schreibe ich lieber gar nicht (da unten aber ist's fürchterlich). Als man sich bei einem bekannten deutschen Antiquar einmal beklagte, dass in der letzten Zeit wenig neues Material hereingekommen sei, sagte er: »Am liebsten kaufe ich bei mir selbst« – ging in seinen Keller und brachte von dort einige wertvolle Bücher ins Geschäft. Ich gehe auch manchmal in unseren Keller, aber Schätze habe ich dort leider noch keine gehoben.

Wer kauft bei uns? Wir haben fast keine Laufkundschaft, weil unsere Straße zu ruhig und abgelegen ist. Uns sucht man auf. In den Laden kommen hauptsächlich Studenten, Professoren, Ärzte, Bibliothekare, Sammler, Schauspieler, Autoren und viele Herren der deutschen und der österreichischen Botschaft. Unsere besten Kunden sind Buchhändler aus aller Herren Ländern, die uns mengen- und wertmäßig am meisten abkaufen. In vielen Fällen konnten wir die von den Kollegen gekauften Bücher direkt in die mitgebrachten Autos laden, vor kurzem sogar in ein von Deutschland herübergebrachtes, gemietetes Lastauto. Die Ersparnis an Porto und Arbeitszeit war beachtlich.

Ein häufiger Gast in unserem Geschäft war Schalom Asch – er wohnte nur ein paar Minuten von uns entfernt. Wenn er zu erzählen begann, stockte die Arbeit und wir alle hörten ihm fasziniert zu. Er war ein großer Bücherliebhaber, und ich erinnere mich, wie ihm einmal die Tränen über

die Wangen liefen, weil er glaubte, dass er sich ein bestimmtes Buch, das ich
ihm gezeigt hatte, nicht leisten könne. Dabei war er wohlhabend, wenn
nicht sogar reich. Aber wie so viele alte Menschen hatte er Angst, Geld aus-
zugeben. Ich war mit ihm übereingekommen, dass er sich antiquarische
Bücher leihweise nach Hause nehmen durfte, was ihn sehr freute. Seine mit
großer Kennerschaft aufgebaute eigene Bibliothek enthielt große Raritäten.

Karl Otten, der während des Krieges erblindete Dichter, kam oft mit
seiner Gattin zu uns; er war ein großer Kenner und Sammler expressionis-
tischer Literatur, und wir konnten ihm im Laufe der Zeit beim Ausbau
seiner Sammlung sehr helfen. Er freute sich wie ein Kind, wenn wir etwas
hatten, was ihm fehlte. Einmal erzählte ich ihm am Telefon, dass ich eine
von August Gaul modellierte Löwin gekauft hatte. Er kam gleich zu uns,
und ich sehe ihn noch deutlich vor mir, wie er das bronzene Tier streichel-
te. Ich war froh, dass er die Skulptur kaufen und sie bei seinem Umzug nach
Ascona mitnehmen konnte. Als ich nach seinem Tod Frau Otten besuchte,
sah ich die Löwin wieder und außer den Luxusausgaben des besonders
schön gebundenen »Genius« und »Marsyas« noch sehr viele alte Bekannte
aus der Harben- und Boundary Road, die ich alle gern zurückgekauft hätte.

Zu unseren ältesten Kunden zählte Dr. Alfred Wiener; gerade auf seinen
Gebieten Judaica, Nationalsozialismus (pro und contra) konnten wir sehr
viel seltenes Material auftreiben. Bis zum heutigen Tag beliefern wir die
Wiener Library und das Institute of Contemporary History unter der Leitung von Professor W.[alter] Laqueur.

Den unermüdlichen Wilhelm Sternfeld haben wir seit unserem Bestehen
mit Material versorgt. Er hat mit der Zusammenstellung der Bibliografie
der Emigrantenliteratur Pionierarbeit geleistet. Es ist unglaublich, wie viele kleine und kleinste Schriften während der Emigration erschienen sind
und wie schwer es in vielen Fällen ist, Autoren, Erscheinungsorte und -jah-
re festzustellen. Herr Sternfeld musste sich mit diesen Problemen oft wie
ein Detektiv befassen und hat viele gelöst, da er systematisch und mit viel
Geduld allen Spuren nachgegangen ist.

Dr. R.[ichard] Friedenthal ist bei uns ein gern gesehener Kunde. Von ihm
lernen wir eine Menge, nicht nur was Literatur, sondern auch was Bibliophilie anlangt. Sein Gedächtnis ist erstaunlich, und er erzählt uns manchmal die lustigsten Dinge, ohne auch nur eine Miene zu verziehen. Von ihm
sagt man, dass er das weiß, was unterm Strich (in den Anmerkungen) steht.

Seit vielen Jahren geht Martin Esslin bei uns ein und aus – von seinem
Haus ist es nicht weit zu uns. Er gilt heute als einer der besten Kenner
Brechts und hat im Laufe der Jahre eine bedeutende Sammlung aufgebaut.
Ich bin stolz darauf, dass einige Glanzstücke von uns stammen. Esslin
spricht sechs Sprachen und hat, mit einem großartigen Gedächtnis ausge-
stattet, sein Material immer parat. (Wir sagen von ihm, dass er druckreif

spricht.) Er ist einer der wenigen Refugees, die auf künstlerischem Gebiet eine bedeutende Karriere gemacht haben: er ist seit langer Zeit Head of the Radio Drama Section of the BBC, Professor und wird dauernd überallhin zu Vorlesungen (das Wort ist nicht ganz richtig, da er meistens frei spricht) eingeladen. Dass ein auf dem Kontinent geborener Nichtengländer eine derartige Stellung bei der BBC einnehmen kann, ist kaum zu fassen, spricht aber sehr für das Management.

Wenn uns Dr. Elias Canetti besucht, so bin ich sicher, dass er etwas Ungewöhnliches bei uns ausgraben wird. Wir hören ihm dann immer gespannt zu, wenn er uns in seiner ruhigen Art erklärt, warum das betreffende Buch für ihn wichtig ist und er es seiner großen Bibliothek einverleibt.

Einer unser regelmäßigen Kunden ist Professor J.[acob] P. Mayer, der Herausgeber der großen französischen Tocqueville-Ausgabe, Ritter der légion d'honneur, der Gatte unserer ehemaligen Kollegin Lola Mayer. Er hat immer ein lobendes Wort für uns übrig und sagt, dass er bei uns mehr finden kann als irgendwo anders.

Eines Nachmittags kam eine auffallend hübsche, nach der neuesten Mode gekleidete junge Frau zu uns ins Geschäft und fragte mich, ob wir auch moderne deutsche Literatur hätten. Ich sagte ihr, dieses Gebiet wäre nun nicht gerade unsere Stärke, aber wir könnten ihr ein paar Sachen zeigen. Das erste Buch, das ich ihr vorlegte, war Gisela Elsners *Riesenzwerge*, das damals gerade den Preis von Formentor bekommen hatte. »Nein« sagte sie, »dieses Buch möchte ich nun gerade nicht – das habe ich selbst geschrieben!« Seither kommen sie und ihr Gatte oft zu uns »stöbern«.

Einer unserer englischen Kunden, ein Universitätslektor, arbeitete an einem Buch über »Deutsches Schrifttum und die Lyrik im Ersten Weltkrieg«. Besonders war ihm daran gelegen, unveröffentlichtes Material zu bekommen. Wo sollten wir das aber hernehmen? Da kaufte ich eine kleine Bibliothek und fand zu meiner Freude ein ausführliches Kriegstagebuch der verstorbenen Besitzerin, die im Ersten Weltkrieg als Pflegerin in einem Lazarett gearbeitet und täglich gewissenhaft ihre Eintragungen gemacht hatte. Unser Kunde war natürlich sehr erfreut über dieses Originalmanuskript. Ein paar Wochen darauf kam ein Freund ins Geschäft und sagte mir, er hätte in einem Trödlerladen sehr viele deutsche Bücher gesehen und ich sollte sie mir doch einmal ansehen. Dazu habe ich nun immer Lust und bat meine Sekretärin, mich dorthin zu führen. Nach einigen Minuten Autofahrt fanden wir auch den unansehnlichen Trödlerladen, in dem man kaum Bücher vermutet hätte. (Ich glaube auch nicht, dass der Besitzer richtig lesen und schreiben konnte). Aber da stand in ein paar Regalen die überdurchschnittliche deutsche Bibliothek eines sehr gebildeten Mannes: Literatur, Philosophie, Judaica, Geschichte und Politik. Ich wählte ca. 250 Bücher, für die der Ladeninhaber sehr wenig verlangte und die wir sofort mitnahmen. Wieso sich diese Bibliothek dorthin verirrt hat, wird mir immer ein Rätsel bleiben. Als ich die Bücher in unserem Geschäft durchsah, entdeckte ich einen dicken Band, den ich wohl nur des schönen Einbands wegen ausgewählt hatte. Er entpuppte sich als das Kriegstagebuch des ehemaligen Bibliothekseigentümers, der den Weltkrieg als Krankenpfleger in einem Spital mitgemacht und getreulich Tagebuch geführt hatte. Es war also das männliche Gegenstück zu dem früher gefundenen Manuskript, für meinen Kunden aber noch deshalb viel interessanter, weil es sehr viele eigene Gedichte des Chronisten enthielt. Man bedenke: Ich finde innerhalb kurzer Zeit zwei Kriegstagebücher aus dem Ersten Weltkrieg, die jemand braucht. In meiner langen Praxis hatte ich niemals eines kaufen können; ich hätte auch keinen Interessenten dafür gehabt! War das Zufall? Oder wie Wilhelm von Scholz es nennt: »Die Anziehungskraft des Bezüglichen«?

Einen der merkwürdigsten Zufälle, der mich lange beschäftigte, möchte ich nicht unerwähnt lassen. Eines Morgens öffne ich meine Schreibtischlade und nehme eine Originalausgabe von Harsdörffers *Frauenzimmer Gesprechspiele*, ein kleines dickes Buch, in die Hand. Ich hatte es vor längerer Zeit gekauft, aber nie Zeit gehabt, es mir richtig anzusehen. Da kommt der Postbote und wirft ein Paket auf den zwei Schritte von mir entfernten Glaskasten. Ich öffne es und traue meinen Augen nicht: ich finde den von einer Universität bestellten Nachdruck des Buches, dessen Original ich beim Auspacken soeben aus der Hand gelegt hatte.

Wir haben großes Verständnis für Sammler und viel Geduld mit ihnen. Die muss man haben, denn die richtigen sprechen ja von nichts anderem als von ihrem Steckenpferd. Einer der systematischsten war der mit mir befreundete Dr. F. E. Loewenstein, gebürtiger Berliner, er hatte in Deutschland Heinrich Heine (gest. 1856) gesammelt. Von dem Tage an, als er als Flüchtling nach England kam, befasste er sich mit G. B. Shaw (geb. 1856), damit, wie er sagte, die Sammel-Kontinuität gewahrt bleibe. Er las und kaufte alles über G. B. S., was er nur finden konnte. So eignete er sich im Laufe der Zeit ein ganz großes Wissen über seinen Lieblingsschriftsteller an. Nachdem er sich richtig vorbereitet hatte und sicher genug fühlte, trat er an G. B. S. heran, der, wie es scheint, Gefallen an ihm fand. So kam es, dass ein geborener Berliner Shaws »Bibliographer« wurde und viele Jahre im selben Haus wie sein Idol arbeiten und wohnen konnte. G. B. S. musste natürlich eine Riesenkorrespondenz führen, um die aus der ganzen Welt einströmenden Briefe zu beantworten. Er hatte für alle möglichen Gelegenheiten und Anfragen eigens gedruckte Postkarten. Eine davon, die sich auf biografische Fragen bezog, lautete: »You had better ask Dr. F. Loewenstein who knows more about my life than I can remember.«

Ein anderer leidenschaftlicher Sammler, den wir seit Jahren beliefern, ist Dr. R. Klein. Er ist Hans [Christian]Andersen-Experte und seine in London aufgebaute Sammlung ist heute international bekannt. Was er da im Laufe der Jahre zusammengetragen hat, ist wirklich erstaunlich und sehenswert. Er sammelt nämlich nicht nur Bücher von und über Andersen in allen Sprachen, sondern überhaupt alles, was irgendwie mit ihm zu tun hat: Gläser, Porzellan, Medaillen, Zündhölzer, Servietten, Weihnachtskarten, Theaterprogramme, Marzipanpackungen usw. Ebenso skurril ist einer unserer interessantesten Kunden, ein englischer Arzt, der sein Leben lang alles über Rauchfangkehrer (Schornsteinfeger) sammelte (...). Über alle unsere Kunden ausführlich zu schreiben, würde zu weit gehen und vielleicht auch zu Komplikationen führen.

Im Allgemeinen wickeln sich alle unsere Transaktionen glatt ab. Einmal allerdings – der Fall liegt schon viele Jahre zurück – hätte ich es darauf ankommen lassen, eine Sache vor Gericht austragen zu lassen. – Im Sommer 1949 kaufte ich die schöne Bibliothek des österreichischen Sammlers Dr. Sch. von seiner Witwe. Nur über den Propyläen-Goethe: 45 Bände und 4 Ergänzungsbände in schwarzem Ganzmaroquin wurden wir nicht handelseinig. Diese chronologisch angeordnete Ausgabe ist an und für sich schwer zu verkaufen; außerdem verlangte Frau Sch. einen zu hohen Preis. Ihre Bitte, das Werk in Kommission zu nehmen und für sie zu verkaufen, konnte ich nicht gut abschlagen. Ich lehnte es jedoch aus Platzmangel ab, alle 49 Bände mitzunehmen und nahm nur den ersten und letzten Band des Werkes als Musterbände mit. Trotz meiner Bemühungen konnte ich für das Werk lange Zeit keinen Interessenten finden. Endlich fand sich ein Londoner Sammler, der den Goethe von mir kaufen wollte (ich hatte nur 10 Prozent auf meinen vereinbarten Einkaufspreis aufgeschlagen). Freudig ging ich ans Telefon, um Frau Sch. die gute Nachricht mitzuteilen. Ihre Reaktion hatte ich allerdings nicht erwartet: »Ah« sagte sie, »jetzt, wo das Pfund abgewertet ist, gebe ich den Goethe nicht her – schicken Sie mir gefälligst die beiden Bände zurück!«. Das tat ich aber nicht. Nach ein paar Tagen kam ein Brief ihres Anwaltes, in dem er die Rücksendung der beiden Bände forderte. Ich antwortete ihm, dass ich den Goethe verkauft habe und dass ich die fehlenden 47 Bände von Frau Sch. haben möchte. Monatelang geschah nichts; mein Kunde, dem ich die Sachlage erklärt hatte, zeigte volles Verständnis und wartete. Im darauffolgenden Frühjahr bat mich ein Dr. T. zu sich, da er mir seine Bibliothek verkaufen wollte. Als ich zu ihm kam, sah ich auch einen Propyläen Goethe in seinem Bücherkasten stehen: 45 Bände, in Halbleinen. Da erzählte ich ihm – ohne Namensnennung – was mir mit dem Ganzmaroquin Exemplar passiert ist. »War das in London?« fragte mich Dr. T. »Nein« sagte ich, »in C., ca. 20 Meilen von hier«. Nach ein paar Tagen erhielt ich einen Brief von Frau Sch. »Sie verdanken es meinem Vetter, Dr. T., der sich so für Sie eingesetzt hat, dass Sie die restlichen Goethebände von hier abholen können.« So kamen wir und unser

Kunde zum kompletten Exemplar des Propyläen-Goethe. Ich hatte von dem Verwandtschaftsverhältnis keine Ahnung und nehme an, dass Dr. T. seiner Cousine tüchtig die Leviten gelesen hat (...).

Am Samstagvormittag geht es in 38A meistens recht gemütlich zu. Da finden sich die »Stammgäste« ein; sie bekommen Tee oder Kaffee, die Neueingänge werden besichtigt, und es wird eifrig debattiert. Den Nukleus dieser Samstag-Vormittag-Gesellschaft bilden unsere Kunden und Freunde: Dr. F. Hajek (ein Polyhistor, den ich um sein Gedächtnis sehr beneide und dessen Angaben immer hieb- und stichfest sind), H. Raumann (trotz seiner Jugend ein Österreicher vom alten Schlag im besten Sinne des Wortes), Ernst Pories (ein großer Bücherfreund und Karl Kraus-Kenner), Martin Esslin (dessen Lob ich schon früher gesungen habe) und in letzter Zeit auch Dr. Wolfgang Fischer, der junge, begabte Autor von »Wohnungen«. Nun müssen wir uns von diesen Herren auch noch Vorwürfe anhören, weil sie nicht wissen, wohin sie am Samstagvormittag gehen werden! Überhaupt bekommen wir, seit es bekannt ist, dass wir 38 A verlassen müssen, dauernd Kondolenzbesuche.

Der Entschluss, Libris Ltd. nicht so wie bisher weiterzuführen, ist mir wahrhaftig nicht leicht gefallen. Ich werde (wenn ich es erlebe) nächstes Jahr 70 Jahre alt; obwohl ich mich im Augenblick noch gesund und rüstig fühle, möchte ich nicht mehr so viel arbeiten und mir auch keine neue Sorgen und Verpflichtungen aufbürden. Man sagt allgemein Libris Ltd. ist eine »Institution« (und wenn man das so oft hört, glaubt man es schließlich selbst), und das einzige deutsche Antiquariat in England darf nicht verschwinden! – Ich war wirklich gerührt, als man uns fragte, ob wir finanzielle Hilfe bräuchten. Nein, damit wäre uns nicht gedient. Was wir suchten und trotz aller Bemühungen nicht finden konnten, war ein Geschäftsraum mit erschwinglicher Miete. Geschäfte, die Bücher billig verkaufen (und auch andere Unternehmungen), können sich nur halten, so lange der alte Mietvertrag besteht. Die Mieten und alle anderen Spesen sind in der letzten Zeit derart gestiegen, dass ökonomisches Arbeiten mit einer vernünftigen Gewinnspanne fast unmöglich geworden ist. Das ist aber nicht nur in England so. Vor 14 Tagen las ich einen Artikel in einer deutschen Zeitung, in dem 25 Prozent der deutschen Buchhandlungen das Ende vorausgesagt wird.

Die 26 Jahre Libris (London) Ltd. sind mir und meinen Mitarbeitern unglaublich rasch vergangen; wir können mit gutem Gewissen sagen, dass wir in all den Jahren wirklich darauf bedacht waren, die Bedürfnisse unserer Kundschaft zu befriedigen und »Dienst am Kunden« zu leisten. Die vielen Dankschreiben für unsere Bemühungen scheinen dies zu bestätigen. Ich frage mich manchmal, ob es einen anderen Beruf gibt, in dem der Aufwand an Zeit, Arbeit, Mühe und Suchen in so einem krassen Missverhältnis zum

Verdienst steht wie im Buchhandel. Dabei denke ich gar nicht an die vielen täglichen Anrufe, bei denen wir nur als Auskunftsbüro fungieren. Wenn der englische Kunde sich für die Besorgung eines Buches bedankt und sagt: »You do not just sell me a book, you give me service«, so trifft er den Nagel auf den Kopf.

Aller Voraussicht nach werden wir bis Mitte Juli in der Boundary Road bleiben können. Vor kurzem konnte ich zwei gute Bibliotheken kaufen, die im Geschäft übersichtlich aufgestellt sind. Ich habe nicht die Absicht, Libris (London) Ltd. gänzlich aufzugeben, sondern will die Firma in kleinerem Umfang und nur mit seltenen Büchern weiterführen. Näheres darüber werden wir unsern Freunden und Kunden, die Interesse zeigen, zu gegebener Zeit mitteilen.

˙ Der zweiteilige Bericht illustriert die Rolle des Antiquariatsbuchhandels in der Emigrantenszene in England nach 1945. Er stammt von dem 1939 aus Wien vertriebenen Joseph Suschitzky, der 1945 mit »Libris (London) Ltd.« – unterstützt durch seinen Bruder Willi – ein Antiquariat aufgebaut hat, das sich in London und weit darüber hinausgehend bei Kunden in vielen Ländern großer Beliebtheit erfreute und mit bis zu 60.000 Titeln das umfangreichste Lager deutschsprachiger Bücher in ganz Großbritannien führte. An die Freunde seines Unternehmens hat Suschitzky 1966 einen Bericht *21 Jahre Libris (London) LTD. Etwas vom Buchhandel in England und sehr viel Persönliches* und fünf Jahre später, 1971, aus Anlass der bevorstehenden Schließung des Antiquariats eine weiteren Bericht *Von Kunden, Sammlern, Büchereinkäufen und wie es in 38A Boundary Road, London NW 8 aussieht* verschickt. Beide Berichte sind in maschinenschriftlich-hektografierter Form verbreitet worden; der Letztere ist (leicht gekürzt) unter dem Titel *Von Kunden, Sammlern, Büchereinkäufen: Abschied von 38A Boundary Road* abgedruckt worden in *Aus dem Antiquariat*, Beilage zum *Börsenblatt des deutschen Buchhandels* (Frankfurter Ausgabe), Nr. 49, 22.6.1971, S. 248–252. (Der Abdruck des Berichts erfolgt mit freundlicher Genehmigung von Wolf Suschitzky, London.) Nach der durch den Abbruch des Hauses erzwungenen Räumung des Geschäfts verkaufte Joseph Suschitzky sein Lager und zog sich aus dem Antiquariatsbuchhandel fast ganz zurück; seine Absicht, das Geschäft in kleinerem Rahmen von seiner Wohnung aus weiterzuführen, dürfte er bis zu seinem Tod 1975 krankheitsbedingt nur sehr eingeschränkt verwirklicht haben. Zur Biografie Joseph Suschitzkys s. die Selbstauskünfte in dem hier abgedruckten Bericht, die Kurzbiografie am Schluss dieses Bandes sowie die Untersuchung von Annette Lechner: »Die Wiener Verlagsbuchhandlung ›Anzengruber-Verlag, Brüder Suschitzky‹ (1901–1938) im Spiegel der Zeit«. In: Archiv für Geschichte des Buchwesens, Jg. 44 (1995), S. 187–273.

Klaus Körner

Fortleben des politischen Exils in der Bundesrepublik
Johann Fladung und der Progress-Verlag 1950–1972

I

Am 13. Januar 1964 begann vor der politischen Strafkammer des Landgerichts Düsseldorf der Prozess gegen den Verleger und früheren Bundessekretär des Demokratischen Kulturbundes Deutschlands (DKBD) Johann Fladung wegen Staatsgefährdung und Verstoßes gegen das KPD-Verbot. Mitangeklagt waren seine Ehefrau Klara Fladung und seine Buchhalterin Grete Hoffmann wegen Beihilfe. Die Anklageschrift von 1963 umfasst 234 Seiten. Sie besteht zu großen Teilen aus Zitaten aus den Kulturbundzeitschriften *Heute und Morgen* und *Geist und Zeit*, von der Polizei aufgenommenen Aussagen des früheren Kulturbundfunktionärs Werner Sticken und weiteren Zitaten aus dem nach Angaben Stickens unter dem Pseudonym Karl Richter 1959 veröffentlichten Buch *Die trojanische Herde. Ein dokumentarischer Bericht*. Schon der erste Eindruck, den die drei Angeklagten machten, alle im Rentenalter und Altkommunisten, die durch die NS-Verfolgung körperlich schwer geschädigt waren, ließ Zweifel daran aufkommen, inwiefern sie eine Gefährdung der inneren Sicherheit der Bundesrepublik darstellen könnten. Fladung ging auf die Anklage nicht weiter ein, sondern nutzte das Forum des Strafprozesses bei den Angaben zur Person für eine ausführliche Beschreibung seines Lebens vom Kaiserreich zur Bundesrepublik.[1] Es wurde eine für seine Generation typische Darstellung des Werdegangs eines Kommunisten seit den Tagen des Kaiserreichs und ein Bericht über das Fortleben des politischen Exils in der Bundesrepublik.

Der 1898 in Frankfurt als Sohn eines sozialdemokratischen Bildhauers geborene Fladung war 1916 aus Protest gegen die kaiserliche Kriegsführung mit seiner Frankfurter Arbeiterjugendgruppe kollektiv zur Unabhängigen Sozialdemokratischen Partei Deutschlands (USPD) übergetreten. Bald darauf war er zum Heer eingezogen und an der Westfront eingesetzt worden. Zu den bleibenden Erinnerungen gehörten eine Halsverletzung und die Verleihung des EK I. Als die USPD 1924 zerfiel, trat Fladung der KPD bei, wurde Redakteur bei KPD-Zeitungen und zog für die Partei als jüngstes Mitglied in das Preußische Abgeordnetenhaus und die Düsseldorfer Stadtverordnetenversammlung ein. In Düsseldorf hatte er mit dem Schauspieler Wolfgang Langhoff den Kulturverein GESOV (Gesellschaft für sozialkritische Vorträge) gegründet. Im Herbst 1933 wurde er bei einem illegalen KP-Treffen in Berlin von der Gestapo verhaftet und vor dem neu geschaffenen Volksgerichtshof angeklagt. Anklagepunkte waren die Verbreitung hochverräterischer Schriften, also der KPD-Zeitungen, für die er verantwortlich gewesen war, und die illegale Arbeit für die verbotene KPD, strafbar als Verstoß gegen das Gesetz gegen die Neubildung von Parteien vom 14. Juli 1933. Nach der Verhaftung in Berlin war er zunächst in dem von der SS geführten KZ Columbia-Haus so geschlagen und gefoltert worden, dass sein Zentralnervensystem dauerhaft geschädigt war. Er konnte kaum noch sehen und sich nur noch ungelenk wie ein spastisch Gelähmter bewegen. Dennoch verurteilte ihn der Volksgerichtshof zu zweieinhalb Jahren Zuchthaus. Mit einem Schutzhaftbefehl der Gestapo kam er anschließend ins KZ Oranienburg. Erst eine Solidaritätsaktion der britischen Quäker ermöglichte seine Freilassung und 1938 die Emigration über die Schweiz nach England.

In London erfuhr Fladung, dass sich das politische Konzept der KPD in den vergangenen fünf Jahren grundlegend geändert hatte. Nicht der Kampf für Sowjetdeutschland und gegen die »Sozialfaschisten« war angesagt, sondern die Schaffung einer breiten antifaschistisch-demokratischen Volksfront gegen den Faschismus. Einen besonderen Stellenwert erhielten dabei Schriftsteller und Künstler, denen man einen großen Einfluss auf die »Massen« zutraute. Der KPD-Presseunternehmer Willi Münzenberg hatte schon in den 1920er Jahren das Modell entwickelt, neben der Partei ein ganzes Netzwerk von Vorfeldorganisationen aufzubauen, die insbesondere die bürgerliche Intelligenz ansprechen sollten, und nach diesem Konzept im Vorfeld des VII. Kongresses der Kommunistischen Internationalen 1935 in Paris den Internationalen Schriftstellerkongress zur Verteidigung der Kultur organisiert.[2] Die Kommunistische Internationale hatte Münzenbergs Volksfrontlinie eindrucksvoll bestätigt; Georgi Dimitroff sprach davon, es gelte nach Art des trojanischen Pferdes in das Lager des faschistischen Feindes vorzustoßen.[3] Eine späte Frucht der Volksfrontbemühungen war die Bildung von überparteilichen Kulturorganisationen im westlichen Exil.[4] Im Dezember 1938 wurde unter maßgeblicher kommunistischer Beteiligung der Freie Deutsche Kulturbund (FDKB) in London gegründet. Zielgruppe waren die etwa 70.000 Emigranten in England, die hauptsächlich aus dem Bürgertum stammten und wegen ihrer Verfolgung als Juden emigriert waren. Der FDKB hatte in seinen besten Zeiten 1.500 Mitglieder. Erster Präsident wurde der frühere Berliner Theaterkritiker Alfred Kerr, dem später der österreichische Maler Oskar Kokoschka folgte. Zum internationalen Ehrenpräsidium gehörten die Dichter Thomas und Heinrich Mann, Erich Weinert, Johannes R. Becher, Theodor Plievier, Stefan Zweig und Anna Seghers. Von den 26 Vorstandsmitgliedern gehörten nur acht der KPD an,

darunter der bald zum Vorsitzenden gewählte Johann Fladung. Die angli-
kanische Kirche stellte dem Bund ein Haus zur Verfügung, in dem Vorträge, Dichterlesungen, Diskussionsabende, Konzerte und Ausstellungen
stattfanden. Dazu gehörte auch eine Bibliothek, die von Margret Kuczynski, der Ehefrau des Wirtschaftshistorikers Jürgen Kuczynski geleitet wurde.
In der Gastronomie arbeitete Karl Marx, ehemals Mitarbeiter im Stab
Münzenbergs in Paris und nach 1945 Chefredakteur der *Allgemeinen Wochenzeitung der Juden* in Düsseldorf. Der FDKB gab ein Mitteilungsblatt,
die *Freie Deutsche Kultur,* heraus und veröffentlichte zahlreiche Broschüren.[5] Die Botschaften der Schriften und Veranstaltungen waren keineswegs kommunistisch, sondern antifaschistisch und humanistisch. Als
Beispiel ließ Fladung zu Beginn des Düsseldorfer Prozesses den Text einer
Rede verlesen, die er 1947 in Köln über eine Kinderkunstausstellung in
London während des Bombenkrieges gehalten hatte.
    Eine Problemgruppe für den FDKB waren von Anfang an die emigrier-
ten Sozialdemokraten. Für den späteren SPD-Vorsitzenden Ollenhauer,
den künftigen SPD-Pressechef Fritz Heine und Willi Eichler, 1959 Verfasser des Godesberger Programms, waren die Kommunisten verantwortlich
für den Untergang der Weimarer Republik. Die Sowjetunion mit ihren Verfolgungen und Säuberungen konnte für die demokratischen Sozialisten
kein Vorbild abgeben und mit der Propaganda des Nationalkomitees Freies Deutschland in schwarz-weiß-rot ab 1943 wollten sie ebenfalls nichts zu
tun haben.[6] Für den unabhängigen Sozialisten Kurt Hiller war der FDKB
schlicht eine »russische Erfindung«.[7] Die öffentliche Meinung in England,
das nach 1941 für den Sieg auf ein Bündnis mit der Sowjetunion angewiesen war, nahm solche antikommunistischen Stimmen allerdings nicht zur
Kenntnis. Andererseits erlangte die aus dem Kulturbund hervorgegangene
Freie Deutsche Bewegung, eine Art Nationalkomitee, nie die Resonanz des
Kulturbundes, nachdem sie sich voll hinter die sowjetische Deutschland-
politik gestellt hatte.
    Über den Rundfunk erfuhren die Londoner Emigranten von der Grün-
dungsveranstaltung des Kulturbundes zur demokratischen Erneuerung
Deutschlands am 3. Juli 1945 in Berlin und der Rede von Johannes R. Becher.[8] Fladung unterstellte daraufhin sofort seinen Bund der neuen Berliner
Institution. Die Erklärung kam jedoch etwas zu früh, denn im besetzten
Vier-Mächte-Deutschland durfte es keine organisatorischen Verbindungen
»nach draußen« geben und in den Westzonen wurden anfangs neue Organisationen nur auf Orts- oder allenfalls Kreisebene zugelassen. Auch ent-
sprachen die Briten erst 18 Monate später Fladungs Antrag, unverzüglich
nach Düsseldorf zurückkehren zu können.

II

Bei seiner Rückkehr nach Düsseldorf im Oktober 1946 fand Johann Fladung bereits eine lebhafte Kulturszene vor, die sich maßgeblich um den
vom neuen Generalintendanten der Düsseldorfer Bühne, Wolfgang Langhoff, gegründeten Kulturbund entwickelte. Zu dieser Szene gehörten bekannte Künstler und Schriftsteller, die sich in der Weimarer Zeit einen
Namen gemacht hatten, wie Herbert Eulenburg, Rudi vom Endt, die Grafiker Otto Coester und Otto Pankok sowie der Kulturdezernent der Stadt
Hanns Kralik. Der Vorsitzende war der Rechtsanwalt und Notar Friedrich
Maase. Fladung wurde sofort in den Kulturbund aufgenommen und bei
der Bildung des Landesverbandes Nordrhein-Westfalen zum Sekretär gewählt.[9] Der Kulturbund, im Westen meist kurz »Bund« genannt, war neben
den Volkshochschulen eine der wichtigsten Stützen der kurzen »Kulturblü-
te« der Jahre 1945–48. Keine der Besatzungsmächte wollte damals
Deutschland als Macht- und Militärstaat wiederherstellen. Die Kultur sollte vielmehr einen wichtigen Beitrag zur Umerziehung des deutschen Volkes
leisten. Der Bund hielt Gedenkstunden für Nazi-Opfer ab, lud zu Diskussionen ein über Themen wie »Was erwarten wir vom Theater?«, »Ideale gestern und heute« und »Kunststadt Düsseldorf« und veranstaltete Vorträge
wie »Der Nürnberger Prozess«, »Über die Hoffnungen einer zerstörten
Stadt«, »Nietzsche und der Faschismus« oder »Deutsch-englische Kulturbe-
ziehungen«. Die Leitung des Kulturbundes lag für jeden erkennbar in den
Händen von Kommunisten, aber die Veranstaltungen waren keine kommunistische Propaganda, sondern pluralistisch angelegt. Kritik und Ablehnung erfuhr der Bund vor allem von der katholischen Kirche wegen fehlenden religösen Bekenntnisses sowie von den auf Abgrenzung bedachten
Sozialdemokraten, doch der spätere DGB-Vorsitzende und SPD-Bundes-
tagsabgeordnete Hans Böckler war auch Mitglied.

Bis 1948 fühlten sich alle Ortsverbände des Kulturbundes als Teile einer
großen gesamtdeutschen Organisation. Der maßgebliche Verlag war der
Berliner Aufbau-Verlag als Hausverlag des Kulturbundes mit der Monatszeitschrift *Aufbau*. In der Zeitschrift veröffentlichten auch der spätere Gesamtdeutsche Minister Ernst Lemmer und der künftige CDU-Bundestags-
abgeordnete Professor Ferdinand Friedensburg. Doch mit dem Ausbruch
des Kalten Krieges in Deutschland, sichtbar durch die Währungsreform
und die Berliner Blockade 1948, war es mit dem Traum von Einheit und
Gemeinsamkeit vorbei. Der US- und der britische Militärgouverneur verboten die Einfuhr sowjetisch lizenzierter Schriften, nachdem die Sowjetzone den Import von Westzeitungen untersagt hatte. 1949 wurden die Bundesrepublik und die DDR gegründet, der legale Schriftenaustausch lief jetzt
über den engen Flaschenhals Interzonenhandel. Für die westdeutschen Kul-

turbundgruppen ergab sich hieraus die Notwendigkeit, eine eigene Organisation und einen eigenen Verlag für Bücher und Zeitschriften aufzubauen. Der westdeutsche Kulturbund wurde 1950 konstituiert, 1951 wählte der Gründungskongress in Aßmannshausen Johann Fladung zum Bundessekretär des »Demokratischen Kulturbundes Deutschlands« (DKBD).[10] Mit der Neugründung und der neuen Bezeichnung versuchte er auch der Qualifizierung als verfassungsfeindliche Organisation zu entgehen, die die neue Bundesregierung am 11. September 1950 für den »Kulturbund zur demokratischen Erneuerung Deutschlands« getroffen hatte. Da Johann Fladung eine britische Lizenz für den Kulturbund in Nordrhein-Westfalen und damit für die Veröffentlichung eines Mitteilungsblatts des Kulturbunds erhalten hatte, sollte er auch die westdeutsche Kulturbundzeitschrift verlegen.

Im Januar 1950 kam als erstes Verlagsprodukt die Zeitschrift *Kulturaufbau* heraus. Der zweite Teil des Namens erinnerte zwar an die DDR-Kulturbundzeitschrift *Aufbau*. Der lange Untertitel *Illustrierte Monatsschrift für Kunst, Literatur, Wissenschaft, Zeitgeschehen und Unterhaltung* und die lockere Gestaltung mit Fotos, Holzschnitten und Graphiken zeigten aber, dass hier der Versuch unternommen wurde, eher eine Kulturillustrierte zu schaffen. Doch eine Illustrierte verlangte nach Aktualität, einem größeren Mitarbeiterstab, einer höheren Auflage und einem beachtlichen Anzeigenaufkommen. Als Herausgeber fungierte zunächst der Landesverband Nordrhein-Westfalen des Kulturbundes, der bisher das *Mitteilungsblatt* verlegt hatte. Ab April 1950 stand die neue Personenfirma Progress-Verlag Johann Fladung im Impressum, die 1954 in eine GmbH umgewandelt wurde. Als Verantwortlicher wurde nur Johann Fladung genannt, nicht aber der Redakteur Heinrich Arndt, ein gelernter Schriftsetzer, der auch für die grafische Gestaltung zuständig war. Im Herbst 1950 zeichnete sich ab, dass der *Kulturaufbau* die erhoffte Verbreitung und Wirkung nicht erreichen konnte. Auch die Änderung der politischen Landschaft verlangte ein neues Konzept. 1950 wurden in der Bundesrepublik die Weichen für die Westintegration und die Wiederbewaffnung gestellt. Die Antwort der Sowjetunion und der DDR bestand in einer Friedenskampagne, Forderungen nach Verhandlungen über eine Wiedervereinigung, nach gesamtdeutschen Gesprächen zwischen Politikern aber auch Kulturschaffenden aus Ost und West und nach Bewahrung der Einheit der deutschen Kultur.

Fladung machte daher in der Tradition des Londoner FDKB eine engere Zielgruppe aus, die nicht eindeutig reaktionär festgelegte bürgerliche Intelligenz. Für sie sollte eine Zeitschrift nach dem Muster des inzwischen von US-Seite finanzierten konservativen Traditionsblattes *Deutsche Rundschau* geschaffen werden, das zugleich ein Gegenstück zu dem unter dem Dach des Kongresses für kulturelle Freiheit herausgegebenen und ebenfalls US-finanzierten liberalen Blatt *Der Monat* bilden sollte. Werbung um das Bürgertum, das hieß Verzicht auf marxistische Argumentation, auf klassenkämpferische Parolen, auf Stalin-Kult. Dafür schien eine gewisse Gediegenheit in der äußeren Gestaltung und Zurückhaltung in der Sprache angebracht. Das Blatt im klassischen Zeitschriftenformat sollte vielleicht sogar etwas langweilig wirken, um die Seriosität zu erhöhen. »Die Studienräte lasen das Blatt, das eine Druckauflage von 12.000 Exemplaren erreichte«, erinnert sich der langjährige Kulturbundfunktionär Willi Fetz.[11] Als neuen Namen wählte Fladung *Heute und Morgen* und den Untertitel *Monatsschrift für Kunst, Literatur, Wissenschaft und Zeitgeschehen.* Unter diesem Titel erschien bereits seit 1947 in Schwerin die Kulturbundzeitschrift für Mecklenburg. Deren Herausgeber war der Schriftsteller Willi Bredel, der als Moskau-Emigrant 1936 mit Bertolt Brecht und Lion Feuchtwanger die Volksfrontzeitschrift *Das Wort* mitgegründet hatte. Rolf Richter, Bearbeiter der Schweriner *Heute-und-Morgen*-Bibliografie meint, dass es für die Namensgleichheit der Schweriner und der Düsseldorfer Kulturbundzeitschriften »offensichtlich keine Gründe« gebe.[12] Man kann umgekehrt vermuten, dass Fladung, der Bredel, die Exilzeitschriften und die DDR-Kulturbundzeitschriften kannte, hieraus geschöpft hat. Zum neuen Chefredakteur wurde der Schriftsteller Herbert Burgmüller ernannt, der in der NS-Zeit zum Widerstandskreis um Ernst Niekisch gehört hatte und nach 1945 die Matinée-Veranstaltungen des Düsseldorfer Schauspielhauses organisiert und die Literaturzeitschrift *Die Fähre* redigiert hatte. »Für Burgmüller begann die deutsche Literatur mit Thomas Mann und endete auch mit ihm«, charakterisiert Willi Fetz seinen Chefredakteur, dessen Nachfolge er 1952 antrat, etwas abfällig.

Die Gliederung von *Heute und Morgen* entsprach deutscher bildungsbürgerlicher Konvention. Am Anfang stand meist ein literarischer, wissenschaftlicher Text oder ein klassisches Zitat, es folgten Dokumente, aktuelle Kulturnotizen, Buchbesprechungen, eine Zeitschriftenübersicht, eine Romanbeilage, Gedenktage und am Schluss eine Doppelseite Schach und Rätsel. Bei den Romanbeilagen handelte es sich um Vorabdrucke aus Werken, die im Progress-Verlag erscheinen sollten. Bei den Aufsätzen handelte es sich selten um Originalbeiträge, meist waren sie schon an anderer Stelle veröffentlicht worden. Großer Wert wurde auf bedeutende Namen mit Professorentiteln gelegt, die dann auf der Rückseite »Aus dem Inhalt der letzten Hefte« aufgeführt waren, so etwa die Professoren Ernst Bloch, Klara-Maria Faßbinder, Walter Hollitscher, Victor Klemperer, Hans Mayer, Alfred Meusel, Carl Nissen, Carl Traube und Hermann Unger.

1953 erschienen drei Themenhefte, bei denen der Schwerpunkt auf jeweils einem Land lag, Frankreich, Russland und den USA. Bemerkenswert war, dass im Gegensatz zur bis dahin in der DDR üblichen Kennzeichnung der USA als Land der Kulturfeindlichkeit und des Kulturimperialismus dort auch fortschrittliche Traditionen und Gegenwartstendenzen ausgemacht wurden. Polemiken waren in *Heute und Morgen* die Ausnahme, so ein offener Brief Stephan Hermlins aus dem Jahr 1952 an den Präsidenten der Deutschen Akademie für Sprache und Dichtung in Darmstadt, Rudolf Alexander Schröder, über die Verlagspolitik der DDR, in welchem er die in der DDR verlegten Klassikerausgaben auflistete.[13] 1955 attackierte Egbert Hoehl »Restaurationsbestrebungen in der gegenwärtigen westdeutschen Literatur«.[14] Brechts Offener Brief vom 26. September 1951 an die deutschen Künstler und Schriftsteller für die Freiheit der Kunst, der mit den berühmten Sätzen endet »Das große Carthago führte drei Kriege. Es war noch mächtig nach dem ersten, noch bewohnbar nach dem zweiten, es war nicht mehr auffindbar nach dem dritten« – wurde mit einer Zustimmungserklärung des Hamburger Verlegers und dortigen Kulturbundvorsitzenden Ernst Rowohlt abgedruckt.[15] Unter dem Pseudonym Teo Trischen setzte sich ein Redakteur kritisch mit der Betriebsamkeit Hans Werner Richters, der Gruppe 47 und deren Antikommunismus auseinander.[16] Der Autor polemisierte auch gegen das in der Bundesrepublik hoch angesehene Feuilleton der *Neuen Zeitung*.[17] Katharina Fuchs setzte sich mit der US-finanzierten Kulturzeitschrift *Perspektiven* auseinander.[18] Zu den Kuriositäten gehört ein Nachdruck aus dem Diözesanblatt des Bistums Osnabrück, in dem die anständigen Zeitungskioske in der DDR mit den mit pornografischen Blättern behängten Kiosken im Westen verglichen wurden.[19]

Die Verbindung zwischen der Zeitschrift und dem Kulturbund und das Verständnis der Zeitschrift als Organisator gesamtdeutscher Veranstaltungen und Manifeste zeigte sich am deutlichsten bei der Wiedergabe von fast 100 Einladungen, Aufrufen und Entschließungen gegen den Krieg, für den Frieden, gegen die Remilitarisierung und für gesamtdeutsche Beratungen. Diese Dokumente waren in der Regel mit vielen Unterschriften von Professoren, Künstlern und Schriftstellern versehen. Star-Redner bei Kulturbundveranstaltungen und Kongressen war der redegewandte Leipziger Literaturwissenschaftler und Progress-Autor Hans Mayer. »Der war sich seines Wertes für den Kulturbund durchaus bewusst«, bemerkte Willi Fetz, »und er legte dabei nicht die Eitelkeit eines Pfaus an den Tag, sondern die einer ganzen Pfauenfarm.«[20] In einem Gutachten des Bundesamts für Verfassungsschutz zum Verbotsverfahren gegen den Kulturtag in Bayreuth 1952 wurde Mayer sogar als Mitglied des ZK der SED und Instrukteur des DDR-Kulturbundes bezeichnet.[21] In seinen Erinnerungen verteidigt Mayer nachhaltig seinen Einsatz für die »Deutsche an einen Tisch«-Politik der DDR und insbesondere Bechers.[22]

In ungewöhnlicher Zurückhaltung übten sich die Chefredakteure und der Herausgeber in den ersten Jahren. Vergeblich sucht man bis 1956 auch nach Artikeln, die mit ihrem Namen gekennzeichnet sind. Sicher hatte das mit der Furcht zu tun, Beweisstücke für ein Strafverfahren zu liefern, denn seit 1950 stand der Kulturbund unter Beobachtung des Verfassungsschutzes. Als das am 17. August 1956 ausgesprochene KPD-Verbot zum Greifen nah war, entschied Fladung, die Zeitschrift weiter zu literarisieren.[23] Ab 1956 erschien sie als Zweimonatszeitschrift unter dem Titel *Geist und Zeit*, aus dem Untertitel verschwanden die Worte »Zeitgeschehen« und »Unterhaltung«. Neue Chefredakteurin wurde die promovierte Literaturwissenschaftlerin Dr. Katharina Fuchs-Arndt, die in der Sicht der KPD durch ihre Verwandtschaft mit dem Atomspion Klaus Fuchs »geadelt« war. Die Zeitschrift orientierte sich an der von Peter Huchel in Potsdam herausgegebenen Literaturzeitschrift *Sinn und Form*.

Zwischen dem Progress-Verlag und dem Kulturbund gab es eine Reihe weiterer Zeitschriften, die bildende Künstler (*Von Atelier zu Atelier*), Pädagogen (*Schule und Nation*), Schachfreunde (*Fernschach*) oder auch einfache Kulturbundmitglieder ansprachen, so das vom Progress-Autor Heinrich Christian Meier redigierte Hamburger Mitteilungsblatt *Unter der Lupe* sowie das vom Vorsitzenden des Schutzverbandes Deutscher Autoren in Hamburg, Harry Reuß-Löwenstein, herausgegebene Satireblatt *Der Deutsche Michel*. Im zweiten Bereich seiner Produktion, den Büchern, fehlte der sichtbare Bezug zu Kulturbundaktionen, dafür zeigte sich die DDR-Nähe des Verlages stärker als bei den Zeitschriften.

III

Über den Interzonenhandel konnten politisch »ungefährliche« Bücher aus der DDR in die Bundesrepublik importiert werden. Aber das westdeutsche Sortiment boykottierte DDR-Verlage weitgehend. Um dieses Hindernis zu durchbrechen und im Sinne der Kulturbundziele zu wirken, sollten als Ergänzung zur Zeitschrift auch Bücher bei Progress mit dem Erscheinungsort Düsseldorf herauskommen. Die Zeitschrift mit einer Druckauflage von 12.000 Exemplaren und einem Abonnentenstamm von 8.000 bot eine Werbemöglichkeit. Außerdem beauftragte der Verlag Buchvertreter, die ausgewählte Buchhandlungen aufsuchten.

Was sollte man aus der DDR übernehmen? Bodenreform-, Aufbau- oder Betriebsromane kommunistischer Autoren hätten westdeutsche Leser nur abgeschreckt. Fladung wählte den 1950 bei Aufbau erschienenen Roman *Jeanne Peyrouton* des Ostberliner Kulturbundjournalisten und Nachwuchsautors Wolfgang Joho. Die Handlung spielt im besetzten Frankreich nach 1940 und schildert den Wandel der etwas unbedarften jungen Frau zur bewussten Kämpferin. Nach dem Vorabdruck in *Heute und Morgen* erschien das mit Illustrationen von Gerd Kuth versehene, in Ganzleinen gebundene Buch Anfang 1951, ohne allerdings größere Beachtung zu finden. Auch Erzählbände von DDR-Autoren wie Stefan Heym und Friedrich Wolf wurden kaum wahrgenommen.

Daher schien es günstiger, auf Klassiker zu setzen, denn ohnehin war die Umerziehung des deutschen Volkes durch Vermittlung klassischer Literatur ein erklärtes Ziel des Kulturbundes. In seinem Brief an Rudolf Alexander Schröder hatte Stephan Hermlin bereits darauf hingewiesen, dass die DDR in Großauflagen die Reihe »Romane der Weltliteratur« mit Büchern von Goethe, Victor Hugo, Balzac, Tolstoi, Diderot, Stendhal, Raabe und Zola verbreite. Damit knüpfte man an alte erziehungspolitische Ziele aus der Weimarer Zeit an. Der Hamburger Gutenberg Verlag hatte schon 1928 damit begonnen, unter gleichem Reihentitel »Romane der Weltliteratur« herauszugeben, beginnend etwa mit zwei Werken von Walter Scott. Wie die Gutenberg-Bände so wurden auch die DDR-Ausgaben mit einer ausführlichen Einleitung oder einem langen Nachwort versehen. Für Fladung, der einen Teil der Bände aus den Verlagen Aufbau, Rütten und Loening sowie Dietz übernahm, bot dieses Verfahren den Vorteil, gediegene Bücher bekannter Autoren zu günstigsten Konditionen verlegen zu können. Schwer verkäuflich war das außerhalb dieser Reihe, aber in gleicher Ausstattung erschienene »Sonettwerk« von Johannes R. Becher. »Was Bechers Gedichtband anlangt, die Sonette«, urteilte Alfred Döblin, »sie sind so grauenhaft und minderwertig, schlechte Fabrikware, dass man kein Wort darüber verlieren sollte.«[24]

Eine zweite, sehr viel kleinere Buchsparte bildete die »heitere Reihe«. Dazu gehörten die Erinnerungen von Claire Waldorff und der Zirkusdirektorin Paula Busch, der Wasserminna, spaßige Geschichten von Harry Reuß-Löwenstein, heitere Betrachtungen von Hans Müller-Schlösser, Dirks Paulun und Irmgard Keun. Keun hatte Ende der Weimarer Zeit mit dem *Kunstseidenen Mädchen* einen großen Erfolg erzielt, war dann aber von den Nazis verfemt worden und ins Exil gegangen. Nach 1945 schlug sie sich als Feuilletonredakteurin durch. Burgmüller fand die Schilderung des westdeutschen Nachkriegsalltags in ihrem »transvestierten« Ich-Roman *Ferdinand, der Mann mit dem jugendlichen Herzen* so realistisch gelungen[25], dass er Progress empfahl, ausgewählte Feuilletonbeiträge von ihr unter dem Titel »Wenn wir alle gut wären« zu veröffentlichen. Der Band wurde zugleich als Lizenzausgabe beim DDR-Verlag der Nation untergebracht. Die Ausstattung besorgte der Frankfurter Grafiker Ernst Zirnig.

Für einen akademischen Leserkreis war eine philosophisch und literaturwissenschaftlich ausgerichtete Broschürenreihe bestimmt, deren Gestaltung an Schriften wissenschaftlicher Akademien erinnerte. Hier erschienen kürzere Abhandlungen von Ernst Bloch, Werner Krauss, Helmut Gumtau,

Georg Lukacs, Nikolai Tscher-
nyschewski, Henri Mogin und
Hans Mayer. Angekündigt waren auch Referate von Johannes
R. Becher und Karl Saller auf
dem gesamtdeutschen Kulturtag in Bayreuth 1952. Nachdem
der Bayerische Innenminister
die Veranstaltung wegen angeb-
licher Verfassungsfeindlichkeit
aber verboten hatte, kamen diese Schrift und die Folgehefte der
»Schriftenreihe des Deutschen
Kulturtages« als Privatdrucke
von Karl Saller heraus. 1953 erschien in der kleinen Wissen-
schaftsreihe die Abhandlung
von Montesquieus *Histoire véri-*
table auf deutsch mit Zeichnungen von Werner Klemke, übersetzt und mit einem Vorwort
von Victor Klemperer. »Erst

Abb. 1: 1954 erschien bei Progress ein Auswahl-
band mit Feuilletonbeiträgen von Irmgard Keun

jetzt schickt mir der Aufbauver-
lag ein Belegexemplar. Irgendwelches Geld nicht«, schrieb Klemperer am
2. März 1954 in sein Tagebuch, »es ist wohl der Oppositions- und KB-Ver-
lag drüben in Düsseldorf. Ich sehe dort Broschüren von Bloch u. Krauss
angezeigt. Ich figuriere nur im Petit-Druck als Übersetzer. Nicht als Herausgeber auf der Titelseite. Vanitas!«[26] Wegen ihrer edlen Ausstattung dem
Bereich Kunst zuzuordnen sind zwei kleinere Schriften. Zum Schiller-Jahr
1955 wurde der bereits 1953 im Aufbau Verlag veröffentlichte Vortrag von
Hans Mayer *Schiller und die Nation* auf besonders edlem Papier gedruckt,
in Ganzleinen gebunden und mit einem Medaillon-Stempel auf dem vorderen Deckel versehen. Im Heine-Jahr 1956 brachte Fladung *Deutschland,*
ein Wintermärchen mit Illustrationen von Max Schwimmer in Ganzlei-
neneinband mit Goldfolienprägung heraus und als limitierte Sonderausgabe sogar auf handgeschöpftem Bütten in Ganzleder mit handgearbeiteter
Kassette.

Zur linken Düsseldorfer Kunstszene gehörte der Akademieprofessor Otto Pankok, der sich als Holzschneider in der Tradition Frans Masereels einen Namen gemacht hatte. Sein bekanntestes politisches Motiv war eine
Christusfigur, die ein Gewehr über dem Knie zerbricht. Fladung vertrieb
20 Holzschnitte und mehrere Bücher von und über Pankok, darunter den

edel ausgestatteten Band *Deutsche Holzschneider.* Der Sonderprospekt Pankok des Verlages weist auf der Rückseite zusätzlich auf neun kunstge-
schichtliche Bände von der altägyptischen Malerei bis zu Käthe Kollwitz
hin, meist Lizenzausgaben aus dem DDR-Verlag der Kunst in Dresden.
Hier war 1952 auch der erste große Band über die Arbeit des Berliner Ensembles von Bertolt Brecht erschienen. Denn für westdeutsche Theater-
freunde war ein Besuch im Ostberliner Theater am Schiffbauerdamm über
Jahrzehnte ein Muss. Fladung brachte daher schon 1954 und 1957 Lizenzausgaben des begehrten Bild-Text-Bandes *Theaterarbeit. 6 Aufführungen des
Berliner Ensembles* heraus, die dritte Lizenzausgabe erschien noch 1972 in
Brechts westdeutschem Hausverlag Suhrkamp. Brecht galt lange Jahre als
umstrittener kommunistischer Autor. Nach dem 17. Juni 1953, nach der
Niederwerfung des Ungarn-Aufstands 1956 und dem Bau der Berliner
Mauer 1963 versuchten konservative, aber auch sozialdemokratische Stim-
men, die Absetzung von Brecht-Stücken an westdeutschen Bühnen zu erreichen. Darüber veröffentlichte der Vorsitzende der Brecht-Gesellschaft
André Müller bei Progress dann das Buch *Kreuzzug gegen Brecht.*
    Ein anderes Werk aus dem Grenzbereich von Kultur und Politik war der
Almanach des Deutschen PEN-Zentrums Ost und West von 1954. Mit tat-
kräftiger Unterstützung des Gesamtdeutschen Ministeriums war 1951 das
gesamtdeutsche PEN-Zentrum gespalten worden. Dabei hatte sich der
Herausgeber der *Deutschen Rundschau,* Rudolf Pechel, besonders hervorgetan. *Die Freiheit fordert klare Entscheidungen* lautete der Titel der Bonner
Begleitschrift.[27] Das PEN-Zentrum Ost und West mit mehrheitlich
DDR-Autoren hatte seine offizielle Residenz in München. Der bisherige
Redakteur von *Heute und Morgen* Herbert Burgmüller wurde zum Geschäftsführer gewählt. Eine seiner Aufgaben bestand in der Herausgabe
eines Almanachs von 41 Autoren aus Ost und West. An der Spitze der
alphabetisch angeordneten Beiträge stand Alexander Abuschs »Faust und
die Nation«. Das war eine Abrechnung mit der negativen Faust-Deutung,
die Hanns Eisler in seinem Opernlibretto 1952 vorgelegt hatte.[28] Bei den
meisten Beiträgen handelte es sich um Zweitveröffentlichungen. Für die
Gestaltung hatte Burgmüller den Leipziger Buchgestalter Horst Erich Wol-
ter gewonnen. Die Verlagsangabe lautete »Verlag das Schiff, München«.
Tatsächlich kam das Buch in zwei Ausgaben heraus, einer mit braunem
Einband und DDR-Lizenz und mit einem blauen für den Westen, beide
Ausgaben waren allerdings in der DDR hergestellt worden. Den westdeutschen Vertrieb übernahm Progress, da der 1949 als Hausverlag des Kulturbundes in Bayern gegründete Verlag vor dem Ende stand und nur als neu-
trale Adresse brauchbar war. Ab 1954 wurden als Verlagsorte von Progress
neben Düsseldorf auch München und Hamburg angegeben. Ebenfalls von
Herbert Burgmüller stammt das literarische Szenarium über das Leben

Albert Lortzings *Die Musen darben*, das als Vorlage für einen DEFA-Film konzipiert war. Das vom Leipziger Buchkünstler Max Schwimmer gestaltete Buch erschien ebenfalls gleichzeitig bei Progress und im DDR-Verlag der Nation.

Einen Vorstoß in die aktuelle Politik wagte der Verlag 1955 mit dem Band von Walter Maria Guggenheimer *Kommentare*. Guggenheimer hatte als entschiedener Nazi-Gegner nach 1941 in den Reihen der Streitkräfte des Freien Frankreich gekämpft und war nach dem Krieg lange Jahre Redakteur zunächst des *Ruf* und dann der *Frankfurter Hefte* sowie Theaterkritiker der *Neuen Ruhr-Zeitung* in Essen und dann Suhrkamp-Lektor. Besonderes Aufsehen erregten Anfang der 1950er Jahre seine wöchentlichen Kommentare zur Außenpolitik im Bayerischen Rundfunk, weil seine Position konträr zur offiziellen Bonner Position im Kalten Krieg war. Für viele Zeitgenossen klangen Guggenheimers Ansichten wie Offenbarungen. Auf politischen Druck hin musste Guggenheimer 1955 sein Thema wechseln und durfte nur noch über Theaterfragen sprechen. Daraufhin reiste Hans F. Erb, der für Bücher zuständige Verlagsleiter von Progress, zu Guggenheimer und sicherte sich die Nachdruckrechte für die Kommentare. Die Auswahl besorgte Willi Fetz, der inzwischen die Nachfolge von Herbert Burgmüller bei *Heute und Morgen* angetreten hatte. Der Band dokumentiert die in klarer Sprache und mit bestechender Logik vorgetragenen Argumente eines Antimilitaristen zum internationalen Geschehen[29], er fand aber dennoch keine große Verbreitung.

Der einzige wirkliche Verlagserfolg war die deutsche Ausgabe der Briefe von Jawaharlal Nehru an seine Tochter Indira aus den Jahren 1930 bis 1938 mit dem Titel *Weltgeschichtliche Betrachtungen*. Der indische Premier galt seit der Bandung-Konferenz der nicht paktgebundenen Staaten im Jahr 1955 als einer der großen Staatsmänner der »Dritten Welt«. Die Rechte an seiner Autobiografie für die Bundesrepublik lagen bei der Büchergilde Gutenberg, eine DDR-Lizenzausgabe erschien bei Rütten und Loening. Doch über den Pressechef der indischen Botschaft in Bonn war Progress 1957 an die Lizenzrechte für die Briefe an seine Tochter gekommen. Die Übersetzung besorgte Else Sticken, die Ehefrau des Kulturbundfunktionärs Werner Sticken, den Einband und den Umschlag gestaltete der Düsseldorfer Graphiker Richard Ebert. Das Buch erlebte 1958 eine zweite Auflage. Für Fladung war es eine besondere Anerkennung, dass die Kultusministerkonferenz beim Verlag um Erlaubnis zum Nachdruck einzelner Briefe in Geschichtsbüchern nachsuchte. 1961 erschien ein zweiter Band mit Briefen von und an Nehru. Ebenfalls eine Übersetzung aus dem Englischen war das Buch *Welt ohne Krieg* des britischen Physikers und Pazifisten John D. Bernal, der sich über Jahrzehnte in der Friedensbewegung hervorgetan hatte. Die Kosten für dieses ebenfalls in zwei Auflagen erschienene Buch waren gering, da es sich um eine Lizenzausgabe des DDR-Verlages der Wissenschaften handelte. Von dort übernahm Progress auch Bernals monumentale Untersuchung *Die Wissenschaft in der Geschichte*.

IV

Trotz einiger Erfolge blieb die Gesamtbilanz des Verlages negativ, ihm hing das Stigma der DDR-Nähe an, so dass er vom Sortiment weitgehend boykottiert wurde. Nur das moderne Antiquariat war da unbefangener. In seinen Erinnerungen schreibt Fladung vorsichtig: »Der DKBD und der Progress-Verlag ›lebten immer über ihre Verhältnisse‹.« Der frühere DKBD-Funktionär Fetz formuliert das klarer: »Ich habe den jungen DKP-Genossen immer gesagt, sie sollten mit der Parole aufhören, wir lebten von den Arbeitergroschen. Einer der ersten Beschlüsse der Kommunistischen Internationale verpflichtete reichere Parteien, ärmere finanziell zu unterstützen. Und dieser Pflicht ist die SED stets großzügig nachgekommen.« Unmittelbar zuständig für die Unterstützung des DKBD und des Progress-Verlages war die Westabteilung des DDR-Kulturbundes. Regelmäßig kam die Kulturbundinstrukteurin Gertrud Meter nach Düsseldorf, um Verlagsprogramm und DKBD-Aktivitäten abzustimmen. Monatlich reiste ein Kurier aus Berlin / DDR nach Düsseldorf und brachte – wie zu Zeiten der Fugger – größere Geldbeträge in bar mit. Zuständig für die Finanzen war Peter Meter, der Ehemann der Instrukteurin. Die für den DKBD bestimmten Beträge wurden gestückelt auf dessen Konto eingezahlt und als Spenden ausgewiesen. Für den monatlichen Zuschuss an den Progress-Verlag in Höhe von 17.000 Mark stellte dieser fingierte Rechnungen an Buchhandlungen und Inserenten aus, DKBD-Funktionäre zahlten dann an den angegebenen Orten bei der Post die entsprechenden Barbeträge ein. Einmal wurde der *Geist-und-Zeit*-Redakteur Fetz mit einem Geldbetrag bei der Grenzkontrolle verhaftet. Das Bundesamt für Verfassungsschutz war aber nicht auf solche Zufallsfänge angewiesen.

Seit seiner Gründung stand der Kulturbund unter Observation und 1957 hatte der langjährige Funktionär Werner Sticken dem Verfassungsschutzamt offenbart, dass er nach der Niederwerfung des Ungarn-Aufstandes im Herbst 1956 mit dem Kommunismus gebrochen habe. Das Amt riet ihm, seine Funktion weiter auszuüben und fleißig Material zu sammeln. Da Sticken zeitweilig mit Fladung in einem Haus gewohnt hatte und seine Frau für den Progress-Verlag übersetzte, war er über die Interna des Verlages und des Kulturbundes bestens informiert. Schließlich verbreitete der Freiheitssender 904 der verbotenen KPD im Juni 1959 die Warnmeldung, dass Sticken mit der politischen Polizei zusammenarbeite. »Unsere Leute wurden immer schlecht bezahlt und da bestand dann die Gefahr, dass sie sich eine zweite Erwerbsquelle beschafften«, so Wolfgang Plat, der frühere Kultursekretär des KPD-Vorstands.[30] Plat hatte aus anderen Gründen Schwierigkeiten mit dem Kulturbund. Nach dem KPD-Statut von 1951 war es Aufgabe des Vorstands, die Unterorganisationen, und dazu gehörte der offiziell überparteiliche DKBD, »anzuleiten«. »Doch Fladung war ein souveräner Mann, der sich nicht von irgendwo Anweisungen abholte«, erinnert sich Willi Fetz, Plat hatte dagegen die »Disziplinierungsvorstellungen des Wehrmachtführungsstabs. Ich habe ihm Ende 1956 einfach erwidert: ›Du hast uns gar nichts zu sagen, unsere Partei ist jetzt verboten.‹«

Im Frühjahr 1957 übernahm Fetz eine andere Aufgabe für den Kulturbund, die Organisation von Protestaktionen gegen die geplante Ausrüstung der Bundeswehr mit Atomwaffen. Bundeskanzler Adenauers ungeschützte Erklärung vom 4. April 1957, die Bundeswehr müsse wie die anderen Nato-Streitkräfte ausgerüstet werden und taktische Atomwaffen seien nichts anderes als eine Weiterentwicklung der Artillerie, löste heftige Proteste aus. Am 12. April 1957 verabschiedeten 18 führende Atomforscher unter Leitung von Otto Hahn in Göttingen einen Appell gegen eine Atomrüstung der Bundeswehr. »Ich habe damals sofort in Göttingen ein Büro aufgemacht, um den Protest zu organisieren«, erinnert sich Fetz. Der Kulturbund stellte nach dem KPD-Verbot die einzige funktionsfähige KP-Frontorganisation dar. Die breite Protestbewegung mündete in die von SPD und Gewerkschaften getragene Organisation »Kampf dem Atomtod« ein.

Parallel dazu bestand die von Fetz organisierte »Aktionsgemeinschaft gegen die Atomrüstung«.[31] Galionsfiguren der Aktionsgemeinschaft waren die Kulturbund-Referenten und Progress-Autoren Professor Franz Paul Schneider und Professor Karl Saller. Noch einmal entstand eine Art Volksfrontkampagne mit Kongressen, Tagungen, Aufrufen und Petitionen von Professoren, Schriftstellern, Künstlern, Pastoren und Gewerkschaftlern gegen die Atomrüstung. Schneider und Saller versandten auch ein »Blaubuch« gegen die Atomrüstung und für eine atomwaffenfreie Zone in Mitteleuropa, dem Zahlkarten mit der Bitte um Spenden beigelegt waren. Die Gegenaktionen Bonns begannen erst, als die Kampagne längst ihren Höhepunkt überschritten hatte und die SPD sich aus dem Unternehmen zurückziehen wollte. Am 3. März 1959 gab das nordrhein-westfälische Innenministerium bekannt, dass der Demokratische Kulturbund Deutschlands (DKBD), das Friedenskomitee der Bundesrepublik, die Bewegung für gesamtdeutsche Verständigung und die Gemeinschaftshilfe freier Wohlfahrtsverband e.V. als kommunistische Tarnorganisationen verboten und aufgelöst worden seien.[32] Zwei Wochen zuvor war in Köln das Komitee »Rettet die Freiheit« im Auftrag der Psychologischen Kampfführung der Bundeswehr gegründet worden. Es machte vor allem durch die Verbreitung des

Rotbuchs *Verschwörung gegen die Freiheit* auf sich aufmerksam, in dem 480 Professoren, Schriftsteller und Künstler angeprangert wurden, weil sie irgendwann eine Unterschrift gegen die Wiederbewaffnung oder die Atomrüstung geleistet hatten.[33]

Die dritte Gegenaktion bestand in der Verbreitung des Buchs von Karl Richter *Die trojanische Herde* des Verlags für Politik und Wirtschaft in Köln, einem Nebenbetrieb von Kiepenheuer & Witsch. Die Hintergrundfarbe des von Hannes Jähn gestalteten Umschlags ist das kräftige Blau, die Farbe der Friedensbewegung, davor marschiert ein stilisiertes trojanisches Pferd in Stiefeln von Ost nach West, eine Reminiszenz an Dimitroffs Metapher. Das Buch schildert detailliert die Arbeitsweise des Kulturbundes und Progress-Verlages sowie ihre Finanzierung durch Ost-Berlin. Am Schluss wird angedeutet, dass es sich bei dem Autor um den langjährigen Kulturbundfunktionär Sticken handele. »Ich habe Sticken gekannt«, sagte Wolfgang Plat, »der stammte aus Lüneburg und konnte nicht schreiben, deshalb kann der nur das Material geliefert haben.« Tatsächlich war das Buch von einem der journalistischen Mitarbeiter des Abteilungsleiters im Bundesamt für Verfassungsschutz Günther Nollau geschrieben worden.[34] Die Finanzierung und den Versand der 8.000 Exemplare über seinen großen Kulturverteiler hatte das Gesamtdeutsche Ministerium übernommen. Das Rotbuch und *Die trojanische Herde* wurden durch einstweilige Verfügungen des Landgerichts Köln wegen Verleumdung verboten.[35] Die Verlagslektorin bei Kiepenheuer & Witsch bekennt im Nachhinein: »Ich war dafür nicht zuständig, aber ich habe mich dieses Buches in unserem Verlagsprogramm wegen seines denunziatorischen Charakters immer geschämt, auch Verleger Witsch später, war mein Eindruck.«[36]

Fladung hatte schon 1957 das Amt des DKBD-Bundessekretärs niedergelegt, um einer Verfolgung zu entgehen. Er wandte sich an den hessischen Generalstaatsanwalt Fritz Bauer, ebenfalls früherer KZ-Häftling und Emigrant. »Die Antwort Bauers«, so die Erinnerung des Fladung-Neffen Hans Löffler, »war einfach: ›Kamerad Fladung, komm nach Hessen. Hier passiert dir nichts‹.«[37] Ab Herbst 1959 meldete sich der Progress-Verlag Johann Fladung von seinem neuen Standort Darmstadt in Hessen beim Buchhandel. Nach Abstimmung mit dem DDR-Kulturbund wurde das Verlagsprogramm ab 1961 eingeschränkt. Das deutsch-deutsche Gespräch oder die Einheit der deutschen Literatur waren keine Themen mehr. Die Zeitschrift *Geist und Zeit* wurde mit Heft 4/1961 eingestellt. Eine angekündigte gleichnamige Schriftenreihe ist nie herausgekommen.

Die durch den Eichmann-Prozess entfachte neue NS-Debatte bildete den Anlass für die Veröffentlichung des Buchs von Karl Saller *Die Rassenlehre des Nationalsozialismus in Wissenschaft und Propaganda*. An ein breiteres Publikum wandte sich die Schrift von Kurt Hirsch *SS gestern, heute und ...* Besonderen Anstoß erregte bei westdeutschen Kritikern, dass der ÖTV-Vorsitzende Adolph Kummernus für den Band ein Vorwort geschrieben hatte, das mit dem Satz endet: »Das Buch zeigt, dass die Todfeinde demokratischer und freiheitlicher Menschen noch immer unter uns sind.« Dem neu erwachten Interesse an einer Verständigung mit Polen kam der Verlag mit dem Bericht des westdeutschen Journalisten Hans Joachim Orth *Diesseits und jenseits der Weichsel* entgegen. Orth beschreibt darin auch, wie die ehemals deutschen Ostgebiete inzwischen von Polen wiederaufgebaut wurden. 1962 veröffentlichte Fladung den autobiografischen Exilroman seines Darmstädter Mitbürgers, des Lehrers Otto Czierski *Gewissen ohne Exil.* Die als »Friedens-Klärchen« apostrophierte Bonner Pädagogik-Professorin Klara-Maria Faßbinder, Autorin mehrerer Beiträge in *Heute und Morgen,* war wegen ihres Engagements in der kommunistisch beeinflussten Friedensbewegung vom Dienst suspendiert worden und konnte dank ihres Anwalts Diether Posser nachweisen, dass die gegen sie erhobenen Beschuldigungen von einem gedungenen Vorbestraften im Auftrag des antikommunistischen »Volksbundes für Frieden und Freiheit« gefälscht waren.[38] Ihre Erinnerungen kamen 1961 heraus. Fladung hatte Bedenken, ob sich ihr politischer Reisebericht *Wolga! Wolga! Erlebte Sowjetunion* verkaufen ließe. Das Buch mit dem auffällig roten Umschlag und kyrillischer Schrift erlebte zwei Auflagen. Der Roman des US-amerikanischen Autors Benjamin Appel *Hukbalahap* über den Widerstand auf den Philippinen gegen die japanische Besatzung im Zweiten Weltkrieg war in den USA ein Erfolg gewesen, in der deutschen Übersetzung fand er als Progress-Buch aber nur wenige Käufer. Der linkskatholische frühere Emigrant Hans Wirtz schrieb aus Anlass des II. Vatikanischen Konzils eine Kirchengeschichte von Kaiser Konstantin bis zu Papst Johannes XXIII. Weniger kirchentreu war das wissenschaftliche Buch des Straßburger Religionssoziologen Prosper Alfaric *Die sozialen Ursprünge des Christentums;* die Progress-Ausgabe war allerdings eine Lizenz des DDR-Verlages der Wissenschaft.

V

Zum 10-jährigen Bestehen brachte der Verlag im Herbst 1961 einen Almanach heraus. Der von Heinrich Arndt gestaltete Band mit einer schwarzen Eule auf dem gelben Umschlag und einer Bibliografie im Anhang sollte dokumentieren, dass der Verlag im Wesentlichen wissenschaftliche und literarische Werke veröffentlicht hatte und keine politischen Agitationsschriften. Gleichwohl bastelte die Staatsanwaltschaft beim Landgericht Düsseldorf aus den vom Innenministerium für das Kulturbundverbotsverfahren zusammengestellten Materialien eine Anklageschrift gegen Fladung, seine Frau und die Verlagsgeschäftsführerin Greta Hoffmann. Bei einer Verurteilung hätte nicht nur Fladung seine Verfolgtenrente nach dem Bundesentschädigungsgesetz verloren, sondern auch der Verlag wäre am Ende gewesen.

Das Verfahren wurde jedoch erst im Januar 1964 in Düsseldorf eröffnet. Die DDR organisierte zwar eine große Solidaritätsaktion für Fladung, und auch die Londoner *Sunday Times* äußerte ihr Unverständnis für diesen Prozess, aber mittlerweile hatte die Entspannungspolitik der Großmächte nach Lösung der Kuba-Krise von 1962 begonnen. Auch zwischen Bonn und Ostberlin hatten die ersten Verhandlungen über Häftlingsfreikäufe stattgefunden und in Berlin hatte es zu Weihnachten 1963 erstmals seit dem Mauerbau Passierscheine für Westberlin gegeben. Da passte das Strafverfahren nicht mehr in die politische Landschaft. Der schlechte Gesundheitszustand der Angeklagten bot dem Gericht die Möglichkeit, ohne Aufsehen aus dem Verfahren auszusteigen. Der Prozess wurde wegen Verhandlungsunfähigkeit der Angeklagten ausgesetzt. Der Verlag operierte jetzt noch vorsichtiger und brachte fast nur noch schöngeistige Werke heraus.

Nach der Wiederzulassung einer neuen Deutschen Kommunistischen Partei (DKP) wurde auch das parteinahe Verlagswesen neu geordnet. Als Folge der studentischen 68er-Bewegung waren jetzt marxistische Theorie und eine Neuauflage von Arbeiterkultur angesagt.[39] Der Hausverlag der DKP für Kultur wurde der Damnitz Verlag mit den Zeitschriften *Kürbiskern* und *Tendenzen*. Progress lief derweil wegen Fladungs historischen Verdiensten noch vier Jahre auf kleiner Flamme weiter. Erst 1972 stellte die DDR ihre Zuwendungen ein.

Fladung überlebte das Verlagsende noch um zehn Jahre, aber er und sein Verlag gerieten immer mehr in Vergessenheit. Er war inzwischen so krank, dass er nur den ersten Teil seiner Erinnerungen, die er bereits 1964 für das Strafverfahren skizziert hatte, ausarbeiten konnte, nicht aber den zweiten Teil über sein Wirken in der Bundesrepublik.[40] Als sich 1996 in Leipzig Buchforscher zu einer Tagung über den innerdeutschen Literaturaustausch trafen, erwähnte keiner der Referenten den Namen Fladung oder den Progress-Verlag.[41] Zu den ersten Aufgaben der 1974 in Bonn eingerichteten Ständigen Vertretung der DDR gehörte es, den »Nachlass« Fladungs mit den Verlagsunterlagen in das Archiv des DDR-Kulturbundes zu schaffen, wofür sie dem Kulturbund 300 D-Mark (West) berechnete. Unausgepackt und unbearbeitet ging der Nachlass nach der Wiedervereinigung an die Stiftung Archiv der Parteien und Massenorganisationen der ehemaligen DDR im Bundesarchiv über. Dort lagert er weiterhin unbearbeitet und unzugänglich.

1 Johann Fladung: *Zur Person.* Karlsruhe 1964 (= Schriftenreihe des Demokratischen Kulturbundes Deutschlands H. 11). — **2** Tania Schlie: *»Alles für die Einheit«. Zur politischen Biographie Willi Münzenbergs (1936–1940).* MA-Arbeit Hamburg 1990, S. 27. — **3** Stefan T. Possony: *Jahrhundert des Aufruhrs* (Übersetzung aus dem Amerikanischen). München 1956, S. 242. — **4** Werner Mittenzwei: *Die Intellektuellen. Literatur und Politik in Ostdeutschland von 1945 bis 2000.* Leipzig 2001, S. 29. — **5** Werner Röder: *Die deutschen sozialistischen Exilgruppen in Großbritannien 1940–1945.* Bonn-Bad Godesberg 1973, S. 85 f.; Birgid Leske, Marion Reinisch: »Exil in Großbritannien«. In: *Exil in der Tschechoslowakei, in Großbritannien, Skandinavien und in Palästina.* Hg. v. Ludwig Hoffmann u. a. Leipzig 1981, S. 147 ff. — **6** Stefan Appelius: Heine. *Die SPD und der lange Weg zur Macht.* Essen 1999, S. 248 f. — **7** Kurt Hiller: *Rote Ritter. Erlebnisse mit deutschen Kommunisten.* Gelsenkirchen 1951, S. 95. — **8** Johannes R. Becher: »Auferstehen!«. In: Ders.: *Publizistik II 1939–1945.* Berlin 1978, S. 454 f. — **9** Frank Thissen: »Der Kulturbund zur Demokratischen Erneuerung Deutschlands«. In: *Bilanz Düsseldorf '45. Kultur und Gesellschaft von 1933 bis in die Nachkriegszeit.* Hg. v. Gertrude Cepl-Kaufmann u. a. Düsseldorf 1992, S. 247 ff.; Carola Spies: »Der Kulturbund zur Demokratischen Erneuerung Deutschlands. Seine Anfänge in Westdeutschland aufgezeigt anhand der Entwicklung in Düsseldorf«. In: Dieter Breuer, Gertrude Cepl-Kaufmann (Hg.): *Öffentlichkeit der Moderne – Die Moderne in der Öffentlichkeit. Das Rheinland 1945–1955.* Essen 2000, S. 69–84. — **10** Karl-Heinz Schulmeister: *Auf dem Weg zu einer neuen Kultur. Der Kulturbund in den Jahren 1945–1949.* Berlin 1977, S. 65 ff. — **11** Interview mit Willi Fetz in Köln v. 8. Oktober 1998. — **12** *Heute und Morgen. Schwerin 1947–1954. Bibliographie einer Zeitschrift.* Bearb. v. Herbert Riedel, Vorwort v. Rolf Richter. Berlin, Weimar 1987, S. 7. — **13** Stephan Hermlin: »Das ›alte Wahre‹ und wir. Offener Brief an Rudolf Alexander Schröder«. In: *Heute und Morgen,* Nr. 10 / 1952, S. 901 ff. — **14** Egbert Hoehl: »Restaurationsbestrebungen in der gegenwärtigen westdeutschen Literatur«. In: *Heute und Morgen,* Nr. 1 / 1955, S. 15 ff. — **15** Bertolt Brecht: »Offener Brief an die deutschen Künstler und Schriftsteller«. In: *Heute und Morgen,* Nr. 11 / 1951, S. 502 f. — **16** Teo Trischen: »Ein neuer Hauptmann von Köpenick. Hans Werner Richters ›Literatur‹ will ›vom Gegner lernen‹«. *In: Heute und Morgen,* Nr. 6 / 1952, S. 563 f.; ders.: »Der Konkurs bringt es an den Tag! Hans Werner Richters Scheingefechte gegen die Restauration«. In: *Heute und Morgen,* Nr. 12 / 1952, S. 1097 f. — **17** Teo Trischen: »Unser Kulturerbe und die ›Neue Zeitung‹«. In: *Heute und Morgen,* Nr. 11 / 1952, S. 1030 f. — **18** Katharina Fuchs: »Die ›abnormalen‹ Perspektiven«. In: *Heute und Morgen,* Nr. 12 / 1952, S. 1094 f. — **19** »Vorbildliche Sowjetzone«. In: *Heute und Morgen,* Nr. 11 / 1951, S. 506 f. — **20** Interview mit Willi Fetz v. 8. Oktober 1998. — **21** Karl Richter (Ps.): *Die trojanische Herde. Ein dokumentarischer Bericht.* Köln 1959, S. 182 Fn. — **22** Hans Mayer: *Ein Deutscher auf Widerruf. Erinnerungen.* Bd. II. Frankfurt / M. 1984, S. 61 ff. — **23** »Abschied und Anfang«. In: *Heute und Morgen,* Nr. 12 / 1955, S. 745 f. — **24** Alfred Döblin: *Briefe II.* Düsseldorf, Zürich 2001, S. 415 f. — **25** Herbert Burgmüller: »Wiederbegegnung mit Irmgard Keun«. In: *Aufbau,* Nr. 8 / 1950, S. 775 f. — **26** Victor Klemperer: *So sitze ich denn zwischen allen Stühlen. Tagebücher 1950–1959.* Hg. v. Walter Nowojski. Bd. 2. Berlin 1999, S. 429. — **27** *Die Freiheit fordert klare Entscheidungen. Johannes R. Becher und der PEN-Club.* Hg. v. Bundesministerium f. Gesamtdeutsche Fragen. Bonn 1951; Rudolf Pechel: *Deutsche Gegenwart. Aufsätze und Vorträge 1955–1952.* Darmstadt, Berlin 1953, S. 213–227. — **28** *Faust-Bibliographie.* Teil III. Bearb. v. Hans Henning. Berlin, Weimar 1976, S. 144 f. — **29** Walter Maria Guggenheimer: Kommentare. Zusammenstellung v. Willi Fetz. Mit Nachwort v. Hans F. Erb. Düsseldorf 1955. — **30** Mitteilung von Dr. Wolfgang Plat v. 23. Oktober 1997. — **31** Hans Karl Rupp: *Außerparlamentarische Opposition in der Ära Adenauer. Der Kampf gegen die Atombewaffnung in den fünfziger Jahren.* Köln 1970, S. 135 ff. — **32** Wolfgang Kraushaar: *Die Protest-Chronik 1949–1959.* Bd. III. Hamburg 1996, S. 2123. — **33** Ernst Nolte: *Deutschland und der Kalte Krieg.* München 1974, S. 696 f. — **34** Schreiben von Herrn Dr. Hans Josef Horchem v. 14. April 1998. — **35** *Deutsche Volkszeitung* v. 29. April 1960. — **36** Schreiben v. Frau Dr. h.c. Carola Stern v. 20. April 1989. — **37** Interview mit Herrn Hans Löffler v. 7. Oktober 1998. — **38** »Propaganda-Schwindel«. In:

Der *Spiegel*, Nr. 21/1955, S. 12 f.; Antje Dertinger: *Frauen der ersten Stunde*. Frankfurt/M. 1999, S. 34–46. — **39** Vgl. Ulla Hahn: *Literatur in der Aktion – Zur Entwicklung operativer Literaturformen in der Bundesrepublik*. Wiesbaden 1978. — **40** Johann Fladung: *Erfahrungen. Vom Kaiserreich zur Bundesrepublik*. Hg. u. eingel. v. Josef Schleifstein. Frankfurt/M. 1986, S. 34 — **41** *Das Loch in der Mauer. Der innerdeutsche Literaturaustausch*. Hg. v. Mark Lehmstedt, Siegfried Lokatis. Wiesbaden 1997.

Wilfried Weinke

Ruth Liepman: Anwältin und Agentin der Autoren

Als ich Ruth Liepman vor einigen Jahren fragte, wo sie sich mehr zu Hause fühlen würde, in Hamburg oder in Zürich, antwortete sie spontan: »In Holland!« In Hamburg verbrachte sie zwar ihre Kindheit und Jugend, dort hat sie auch nach 1945 viele Jahre gelebt. Zürich wurde für mehrere Jahrzehnte geschätzter Lebens- und Arbeitsmittelpunkt. Doch in Holland hat man ihr das Leben gerettet.

Als Tochter jüdischer Eltern wurde Ruth Lilienstein am 22. April 1909 in Polch in der Eifel geboren. Noch vor dem Ersten Weltkrieg zog die Familie nach Hamburg. Nachhaltige Erinnerungen verband Ruth Liepman mit dem Direktor ihrer Mädchenschule, dem über Hamburg hinaus bekannten Pädagogen und Dichter Jakob Loewenberg, dessen Lyzeum sie von 1915 bis Ostern 1925 besuchte. Prägend war vor allem die reformfreudige Lichtwarkschule, deren pädagogisches Credo lautete: »Eine Schule, die hungrig macht, aber nicht satt.«

In ihren Erinnerungen *Vielleicht ist Glück nicht nur Zufall* schreibt Ruth Liepman zu dieser Schule: »Die Lichtwarkschule war in der Zeit der Weimarer Republik in Hamburg eine Art Reformschule (...) Was wir dort lernten, sollte uns zu lebendigen Menschen machen, die bereit waren, sich gesellschaftlich und politisch zu engagieren und für Veränderungen zu kämpfen (...) Im Unterricht wurde auch aktuelle Politik besprochen. Ich erinnere mich noch, wie 1927 Sacco und Vanzetti hingerichtet wurden. Da sagten wir zum Geschichtslehrer, wir wollten mehr darüber wissen. In der Anfangszeit der Schule (...) gab es noch nicht einmal Klassen, nur Gruppen mit besonderen Interessen. Das änderte sich zwar, die Schule blieb aber immer unkonventionell. Es gab ein Kabarett und eine Schulzeitung ›Der Querkopf‹, an deren Redaktion ich mitarbeitete.«[1]

Die an der Lichtwarkschule praktizierte Erziehung zur Selbstständigkeit, die Einbeziehung politischer Themen in den Unterricht, Fahrten nach England und die Teilnahme an pazifistischen Demonstrationen blieben Ruth Liepman bis in hohe Alter präsent. Ein Foto in der Festschrift der Schule zeigt Lichtwarkschüler, die vor der Kirche St. Martin in the Fields in London deutsche Volkslieder singen:[2] inmitten der Schüler und Schülerinnen Ruth Lilienstein, kräftig in die Gitarre greifend und singend. Während ihrer Schulzeit entstanden Freundschaften, die auch in ihrem späteren Leben Bestand hatten, und zwar zu der späteren Schriftstellerin Ruth

Tassoni[3] sowie zu Gerhard Lüdtke, der nach 1945 Redakteur des Norddeutschen Rundfunks in Hamburg wurde.

Schon früh wurde Ruth Lilienstein Mitglied der KPD. »Das erste Mal kam ich mit der Kommunistischen Partei am 1. Mai 1928 in Berührung. Ich bin ganz mutterseelenallein zur großen 1. Mai-Demonstration auf der Moorweide in Hamburg gegangen. Und obwohl ich zu den unzähligen

Abb. 1: Ruth Liepman, um 1992; Foto: Isolde Ohlbaum, München

Menschen, die dort hinströmten, auch nicht den geringsten Kontakt hatte und mich eigentlich sehr allein fühlte, dachte ich, daß das, was ich tat, das Richtige wäre (...) Ich war gerade neunzehn Jahre alt.«[4] Nach dem Abitur im Februar 1928 arbeitete sie in einer Hamburger Textilfabrik: »Ich wollte so leben wie die Arbeiter, um genauer zu wissen, wovon ich in meiner Parteizelle und bei Schulungen rede, wenn es um die Arbeiterklasse geht (...) Meine Freundin Ruth Tassoni, die das damals miterlebt hat, nannte mich ›die kleine Johanna der Schlachthöfe‹«[5]. Zu ihrem weiteren Engagement berichtete und urteilte sie rückblickend: »Schon bald habe ich in der Marxistischen Arbeiterschule, der MASCH unterrichtet und wurde sogar einigermaßen populär dort. Das war eine Abendschule, wo wir über marxistische Begriffe und über Politik diskutierten. Es war mir sehr ernst damit, denn ich war hundertprozentig überzeugt, daß man die Menschen im marxistischen Sinn verändern könnte. Wenn ich inzwischen auch den Glauben an dogmatische Theorien verloren habe, muß ich sagen, daß ich eigentlich auch heute noch meine, daß man Menschen unter gewissen Umständen verändern kann. Es ist sicher schwer, aber daß Menschen begierig sind, die Welt und sich selbst zu verändern, das glaube ich bis heute.«[6]

Seit 1928 studierte Ruth Lilienstein in Hamburg und Berlin Jura. Im November 1931 bestand sie die erste juristische Staatsprüfung. Zur Referendarin ernannt, trat sie am 1. März 1932 ihren juristischen Vorbereitungsdienst an. Doch schon am 21. Juni 1933 wurde sie aus dem hamburgischen Staatsdienst entlassen: »1933 bin ich sofort aus meinem Beruf als Referendarin rausgeschmissen worden. Ich war eine der ersten, die aus politischen Gründen Berufsverbot erhielt, übrigens zuerst einmal eher als Kommunistin denn als Jüdin.«[7] Sie hatte sich am illegalen Widerstand der KPD beteiligt und wurde deshalb wiederholt bei der Gestapo denunziert. So heißt es in der bis heute erhaltenen Personalakte Ruth Liliensteins in einem dort aufbewahrten Vermerk der Kriminalpolizei: »Am 14.3.1933 teilte mir eine Person, die ihren Namen nicht angeben wollte, mit, daß ein Fräulein Lilienstein, Funktionärin der K.P.D., wohnhaft Sophienallee, jeden Morgen beigefügte Druckschrift verteile.«[8]

Da sie zum zweiten Staatsexamen schon nicht mehr zugelassen worden war, wurde sie im Januar 1934 promoviert: »Um doch noch in Deutschland einen Abschluß zu bekommen, habe ich 1934 schnell noch bei Professor Laun promoviert, über ein ganz langweiliges Thema, das aber sehr schnell zu bewältigen war.«[9] Es lautete: »Die Exterritorialität des Personals der Gesandtschaften«.[10] Am 5. Oktober 1934 stellte die Hamburger Staatsanwaltschaft einen Steckbrief wegen vermeintlicher »Vorbereitung zum Hochverrat« aus.[11] Schon ein halbes Jahr zuvor, an ihrem 25. Geburtstag, war Ruth Lilienstein aus Deutschland geflohen.[12]

Holland wurde zu ihrem Exilland. 1937 erschien in Haarlem im Verlag H. D. Tjeenk Willink & Zoon das von Emmerich und Rothschild herausgegebene Buch *Die Rechtslage deutscher Staatsangehöriger im Ausland*[13], ein Buch, an dem Ruth Lilienstein mitgearbeitet hatte, auf dessen Titel jedoch ihr Name wegen der steckbrieflichen Suche nicht erscheinen konnte.[14] Noch vor der Okkupation Hollands durch deutsche Truppen wurde Ruth Lilienstein Schweizerin. Aus Ruth Lilienstein wurde nun Ruth Stock, ihr Mann war der Schweizer Architekt Oskar Stock, die Verbindung eher eine Schutzheirat denn eine wirkliche Ehe. Als Mitarbeiterin des Schweizer Konsuls rettete sie vielen vom »Dritten Reich« Verfolgten das Leben; durch ihren Lebensmut und ihre juristischen Kenntnisse verhalf sie vielen Juden zur Flucht aus Europa. Neben dieser legalen Existenz hatte Ruth Stock aber auch Verbindungen zu holländischen Widerstandsgruppen, sie leitete z. B. militärische Informationen über die deutschen Truppen in Holland weiter, betrieb von ihrer Wohnung aus einen illegalen Sender. Im April 1943 wurde die Lage auch für Ruth Stock zu gefährlich. Dank der Zivilcourage einer calvinistischen Arbeiterfamilie, die sie versteckte, überlebte sie die Okkupation Hollands.[15]

Nach der Befreiung kehrte sie besuchsweise nach Hamburg zurück. Hier traf sie ihren späteren Mann, den Schriftsteller und Journalisten Heinz Liepman, der aus dem amerikanischen Exil nach Deutschland zurückgekehrt war:[16] »Als ich endlich wieder legal nach Deutschland einreisen konnte, im Winter 1945 / 46, bin ich als erstes nach Hamburg gefahren (…) In der Wohnung meiner ältesten Hamburger Freunde, den Lüdtkes, lernte ich bei diesem Aufenthalt Heinz Liepman kennen (…) Ich habe zu ihm gesagt, ich kenne dich schon aus der Zeit vor dem Krieg, vom Wegsehen. Genauer gesagt hatte er Beziehungen zum damaligen Bund proletarisch-revolutionärer Schriftsteller, mit dem auch ich als KP-Mitglied Kontakt hatte. Ich hatte damals gedacht: er ist ein blasser, kränklicher, jüdischer Typ, ein Typ, den ich eigentlich hasse, ein ›Zimmerjude‹. Jetzt faszinierte er mich. Ich fand, daß er etwas Geniales hatte. Er war klug und zurückhaltend, ein echter Schriftsteller, dem die Arbeit mit dem Wort Qual und Freude bedeutete.«[17]

In seinem »Gepäck« hatte Heinz Liepman eine Liste von Autoren und Büchern, für die er deutsche Verlage suchen sollte. Nachdem Ruth und Heinz Liepman 1949 geheiratet hatten, gründeten sie ein Jahr später in Hamburg eine Literaturagentur, die sehr schnell zu einer der führenden Agenturen auf dem deutschen wie internationalen Buchmarkt werden sollte. Ruth Liepman zu den Anfängen der Agentur: »Jetzt begann die Zeit der literarischen Agentur. Der Hintergrund war der: Als Heini von Amerika wieder nach Deutschland zurückgehen wollte, hatten ihm sein Verleger und seine amerikanische Agentin (Ann Elmo) gesagt: ›Schau dich doch mal um, ob uns nicht durch den Krieg wichtige deutsche Autoren entgangen sind.‹ Und so sprach er mit vielen deutschen Verlegern, die ihrerseits aber viel mehr an englischer und amerikanischer Literatur interessiert waren. Er hatte auch auf einem Blatt hellblauen Durchschlagpapiers eine Liste von Autoren und Büchern notiert, deren deutsche Rechte ihm anvertraut worden waren. Darauf stand z.B.: Norman Mailer ›The Naked and the Dead‹, J.D. Salinger ›The Catcher in the Rye‹ und F. Scott Fitzgerald. Er hatte die Exklusivrechte für eine Reihe amerikanischer Verlage, z.B. Doubleday. Diese Aufgabe faszinierte mich sofort, und da Heini eigentlich mehr schreiben wollte, überließ er mir nach und nach diese Agenturarbeit.«[18] An anderer Stelle, in einem biografischen Abriss zum Leben ihres Mannes, notierte sie: »Daß ich Juristin bin, hat mir dabei sehr geholfen. aber er war bis zu seinem Tode der ›elder statesman‹.«[19] Sehr schnell wuchs die Bedeutung der kleinen Agentur Liepman in Hamburg, deren Büro sich zunächst in der Schlüterstraße 2, seit 1955 am Ohlstedter Stieg, schließlich bis 1961 in der Hallerstraße befand. In ihren Erinnerungen schreibt Ruth Liepman über ihr Verständnis von Literaturvermittlung und den damaligen Stellenwert ihrer Agentur: »Ich hatte schon damals die Idee, daß die Agentur in alle Richtungen international arbeiten müßte, sie müßte wichtige Bücher aus der ganzen Welt in die ganze Welt bringen. Das war und ist meine Grundvorstellung. Heini fand das immer ein bißchen verrückt (...) Durch Heinis Kontakte mit der Welt der Literatur und des Journalismus und die schnell wachsende Agentur wurde unsere Wohnung in den 50er Jahren zu einem kulturellen Treffpunkt in Hamburg. Man kann ohne Übertreibung sagen, was in Hamburg kulturell passierte, das ging uns irgendwie durchs Haus. Ich kann es nicht anders ausdrücken, auch wenn es protzig klingt.«[20]

1961 verließen die Liepmans Deutschland erneut. Heinz Liepman nannte es wiederholt seine »zweite Emigration«[21], die er nur um fünf Jahre überlebte, er starb schon 1966. Die Agentur wurde fortan von Ruth Liepman und zwei Partnerinnen geleitet. Da die Agentur seit 1970 ihren Sitz in einem schönen Haus am Zürichberg hat, spricht man nicht nur in Zürich von den »Liepfrauen« des Zürichbergs.[22] Die Agentur Liepman zählt heute nicht nur zu den größten literarischen Agenturen für das deutschsprachige Gebiet, sondern auch zu den renommiertesten internationalen Agenturen. Gewiss auch ein Ergebnis der unermüdlichen und engagierten Vermittlertätigkeit Ruth Liepmans.[23]

Zu Heinz und Ruth Liepmans engsten Freunden zählten seit den Hamburger Tagen Gisela und Alfred Andersch[24] – Anderschs Buch *Die Kirschen der Freiheit* wurde durch Ruth Liepman vermittelt –, das Verlegerehepaar Hilde und Eugen Claassen[25], der Verleger Heinrich Ledig-Rowohlt[26], die Intendantin Ida Ehre[27], die die Nazi-Zeit in Hamburg in so genannter »pri-

vilegierter Mischehe« überleben konnte, Elsbeth und Herbert Weichmann[28], der spätere Bürgermeister Hamburgs, Joy und Günther Weisenborn.[29] Der Schriftsteller Günther Weisenborn war Mitglied der von der
Gestapo als »Rote Kapelle«[30] bezeichneten Widerstandsgruppe; von 1951
bis 1953 Dramaturg an den von Ida Ehre geleiteten Hamburger Kammer-
spielen, war er auch Herausgeber der Dokumentation *Der lautlose Aufstand*,
einem, so der Untertitel, »Bericht über die Widerstandsbewegung des deutschen Volkes 1933–1945«.[31] Diese auch heute noch beeindruckende Dokumentation erschien durch die Vermittlung Ruth Liepmans erstmals 1953
im Rowohlt Verlag. Auch der 1950 aus dem amerikanischen Exil zurück-
gekehrte Schriftsteller Hans-José Rehfisch[32] zählte zu den Freunden Heinz
und Ruth Liepmans; seine Bücher, insbesondere *Die Hexen von Paris*, aber
auch seine Dramen und Theaterstücke wurden durch Ruth Liepman vermittelt.

Ruth Liepman hat 1977 in einer Rede in der Akademie für Sprache und
Dichtung in Darmstadt sich selbst und ihre Arbeit in prägnanter Weise
skizziert: »Ich bin eine literarische Agentin – und das seit 1949. Die Be-
rufsbezeichnung Agent hat etwas Anrüchiges, etwas Verdächtiges und Ver-
ächtliches an sich, das selbst in Verbindung mit ›Literatur‹ haften bleibt.
Der große Duden gibt bei Agent an: ›Geschäftsvermittler, Agent, Spion‹.
Ich bin oft gefragt worden, was eigentlich ein literarischer Agent sei, was er
täte, und obwohl gerade in den letzten Jahren viel von Literaturagenten die
Rede war, wissen nur wenige über ihn Bescheid.«[33] Welche Rolle hat nach
Ansicht Ruth Liepmans nun der Agent? »Die Beziehung zwischen Autor
und Agent beruht auf absolutem Vertrauen. Der Agent versteht sich als ver-
längerter Arm des Autors. In dieser Eigenschaft ist er imstande, dem Autor
auch kritisch gegenüberzutreten und ihn manchmal besser zu beraten, als
ein Verleger das kann (…) Autoren sind allgemein empfindsame, verletzli-
che und oft auch ein wenig eitle Naturen. Nichts ist für den Autor wichtiger, als sein Manuskript gedruckt zu sehen (…) Verleger wissen das und
sind oft verlockt, diese Schwäche gegen den Autor auszunutzen. Deswegen
ist es für den Autor wichtig, daß der Agent ihm das unangenehme Gespräch
über Geld und Vertragliches abnimmt. Hier liegt die Bedeutung des Agenten. Er weiß, was er vom Verleger verlangen kann und was dem Buch an-
gemessen ist.«[34]

Ruth Liepman, die ihr ganzes Leben ein offener, neugieriger und anderen
zugewandter Mensch gewesen ist, hat die Arbeit als Literaturagentin jedoch
nicht nur theoretisch gefaßt und praktisch gelebt. Ihr hat diese Arbeit zudem auch Spaß und Freude gemacht. Resümierend sagte sie: »Das Schönste und Interessanteste an der Arbeit in einer literarischen Agentur sind
sicherlich die oft langjährigen Beziehungen zu Schriftstellern und Verlegern.«[35] Es waren eben oftmals nicht nur Beziehungen, sondern langjähri-

ge Freundschaften. Zu den schon genannten Schriftstellerehepaaren Andersch und Weisenborn kamen im Lauf der Jahre andere Freunde hinzu, so der Soziologe Norbert Elias, Erich und Annis Fromm, Julius und Eva Hay, die Lyrikerin Mascha Kaleko, der ins englische Exil geflohene, später im Tessin lebende Robert Neumann. Daher erstaunt nicht, dass die Literaturagentur auch die Nachlässe von Erich Fromm, Norbert Elias, Anne Frank, Ernst Weiss und Robert Neumann betreut. Seit Mitte der 1950er Jahre hatte sich Ruth Liepman auch für die Bücher und Vorträge des noch in England lebenden Robert Neumann eingesetzt. Als er im Herbst 1955 eine größere Arbeit zu »Schriftstellern im Exil« vorschlug, antwortete ihm Ruth Liepman: »Schriftsteller im Exil. Ich kann mir vorstellen, daß ich sowohl im Rundfunk wie in Zeitschriften (ZEIT) etwas unterbringen kann, über den englischen Roman oder über englische Schriftsteller. Ich glaube nicht, daß man sich im großen ganzen für die Probleme von Schriftstellern im Exil interessiert. Emigration, Exil, das sind alles Worte und Gedankenverbindungen, die man nicht gern hört.«[36]

Doch trotz ihrer sicher für die damalige Rezeption von Exilliteratur realistischen Einschätzung blieb die Vermittlung der Bücher von ins Exil getriebenen Autoren ein ständiges Anliegen Ruth Liepmans, wie folgende Beispiele zeigen: Zu Ruth und Heinz Liepmans Freundeskreis zählten auch der 1941 in die USA emigrierte Architekt Konrad Wachsmann und seine Frau Judith. Wachsmanns Buch *Wendepunkt im Bauen* erschien durch Ruth Liepmans Vermittlung 1959 im Wiesbadener Krauskopf Verlag.[37] Auch die nach seinem Tode von Michael Grüning geschriebene, in der DDR erschienene Biografie[38] sowie das vom gleichen Autor verfasste Buch *Ein Haus für Albert Einstein*[39], dessen Landhaus in Caputh von Konrad Wachsmann errichtet wurde, wurde im deutschsprachigen Raum durch die Agentur Liepman verbreitet.

Ein Buch, an dessen Zustandekommen Ruth Liepman wesentlichen Anteil hatte, verdient besondere Erwähnung. Es handelt sich um das Buch *Charlotte Salomon. Ein Tagebuch in Bildern 1917–1943*[40]. Charlotte Salomon, die 1917 in Berlin geborene Malerin, war 1938 nach Frankreich emigriert. Dort schuf sie ihren Bildzyklus »Leben? oder Theater?«. 1943, im Jahr ihrer Hochzeit und im dritten Monat schwanger, wurde Charlotte Salomon gemeinsam mit ihrem Mann von Lyon nach Auschwitz deportiert. 1961 wurden ihre Bilder erstmals im Amsterdamer Stedelijk Museum gezeigt, Bilder, die auch Ruth Liepman bei einem Besuch dort elektrisierten: »In der Heren- oder Keizersgracht las ich ein Plakat: Ausstellung Charlotte Salomon. Es waren drei Räume voller intensiver, farbiger Bilder mit eingefügten Texten, auf gewöhnlichen Zeichenblättern. Ich begann mir die Bilder anzuschauen – sie hatten einen Zusammenhang: es war die Lebensgeschichte der Charlotte Salomon. Ihre Familie, die Tragödie um die Mutter, die sich umgebracht hatte, und Charlotte immer dabei; die Nazis, dann die Flucht zu den Großeltern nach Südfrankreich – und die Bilder immer hektischer, als ob es ein Wettlauf mit der Zeit wäre. Das war auch so, denn Charlotte wurde von den Nazis eingeholt, nach Auschwitz verschleppt und vergast. Ich war von der Kraft dieser Bilder tief beeindruckt. Ich fragte Charlottes Vater, den Chirurgen Dr. Albert Salomon, ob ich versuchen dürfe, ein Buch aus Charlottes Zeichnungen zu machen. Das Buch kam wirklich zustande – es war meine erste Koproduktion. Kurt Wolff, der uns in Zürich besuchte, entschloß sich die erste amerikanische Ausgabe herauszubringen (...) Kurt Wolff und ich suchten aus der Fülle der Zeichnungen – es waren etwa tausend Blätter, alle in Charlottes letztem Lebensjahr gemalt – ein Lebensbild zusammenzustellen. Ich glaube, es ist uns geglückt, und ich bin heute noch froh darüber.«[41]

Doch das 1963 auf dem deutschen Markt erschienene Buch über Charlotte Salomon war nicht nur das Gemeinschaftswerk der beiden Emigranten Ruth Liepman und des in die USA emigrierten Verlegers Kurt Wolff, übrigens auch ein Freund der Liepmans.[42] Von einem weiteren Emigranten, dem in die USA geflohenen Theologen Paul Tillich, stammte das Vorwort; die Einleitung schrieb der 1935 nach Frankreich emigrierte, spätere saarländische Kultusminister Emil Straus.

Und ein weiteres Beispiel: Zu den ältesten Freundinnen Ruth Liepmans, mit der sie gemeinsam die Schulbank gedrückt hatte, zählte die bereits erwähnte Ruth Tassoni. Nach Teilnahme am Spanischen Bürgerkrieg und Emigration, zunächst nach Frankreich und dann in die USA, lebte sie seit 1950 in Bergamo. Ihre im Exil begonnenen Schreibexperimente und Sprachmosaike, vereint in ihren Büchern *Lichtpunkte, Der unerforschte Garten* und *Erinnerungskapsel*, erschienen Ende der 1980er Jahre durch Ruth Liepmans Engagement allesamt im Zürcher pendo-Verlag.[43]

Im November 1992 wurden im Zürcher Rathaus die kantonalen Auszeichnungen für Kulturschaffende überreicht. Als erste Frau überhaupt erhielt Ruth Liepman die goldene Ehrenmedaille für ihre Verdienste um den internationalen Buchmarkt. Wörtlich hieß es in der Laudatio: »Die politischen Wirren und Schrecken dieses 20. Jahrhunderts hat die diesjährige Empfängerin der vom Regierungsrat verliehenen goldenen Ehrenmedaille für kulturelle Verdienste, Frau Dr. Ruth Liepman, besonders intensiv miterlebt (...) Ruth Liepman leitet in Zürich seit über 30 Jahren mit großem persönlichen Engagement eine der bedeutendsten europäischen Literaturagenturen und hat sich als Vermittlerin zwischen Autoren und Verlegern bedeutende kulturelle Verdienste erworben. Wir freuen uns ganz besonders, in Frau Liepman eine deutsche Zeugin des unerschrockenen antifaschistischen Widerstandes auch im Namen der Zürcher Bevölkerung zu ehren.«[44] Ein halbes Jahr später, im Frühjahr 1993, veröffentlichte der Verlag Kiepenheuer & Witsch ihre Erinnerungen, die nicht nur auf Grund der großen Bekanntheit Ruth Liepmans vielfache Beachtung fanden.[45] Im März 1998, ein Jahr vor ihrem 90. Geburtstag, beschloss die Gesellschaft für Exilforschung auf ihrer Jahrestagung in Amsterdam, Ruth Liepman die Ehrenmitgliedschaft zu verleihen.

Doch Ruth Liepman war nicht nur Grande Dame unter den internationalen Literaturagenten, wie man sie immer wieder charakterisiert hat: Sie war vor allem ein überaus liebenswerter, freundlicher, immer hilfsbereiter Mensch. Als Ruth Liepman am 29. Mai 2001 in Zürich starb[46], gab der Hamburger Publizist Matthias Wegner seinen Nachruf auf Ruth Liepman im *Börsenblatt für den Deutschen Buchhandel* die Überschrift »Zierliche Zauberin« und charakterisierte sie mit den Worten: »In der Welt der Büchermacher(innen) gehörte sie – äußerlich gesehen – zu den Kleinsten. Was jedoch ihren Einfluss auf die deutschsprachigen Verlagsprogramme nach 1945 betraf, gehörte sie während vieler Jahrzehnte zu den Allergrößten. Ihr strahlendes Lächeln, ihre findige Beharrlichkeit, ihre enge Vertrautheit sowohl mit ihren Autoren wie deren Verlegern, vor allem aber ihre vergnügten und unkomplizierten Umgangsformen sorgten dafür, dass alle sie kannten und ›duzten‹ (...) Ruth Liepman war keine kühle ›Business-Frau‹, sondern eine ebenso passionierte wie zärtliche und zierliche Mutter Courage der Literatur.«[47]

1 Ruth Liepman: *Vielleicht ist Glück nicht nur Zufall. Erzählte Erinnerungen*. Mit historischen Nachbemerkungen von Inge Marßolek. Köln 1993, S. 44 f. Ruth Liepmans Erinnerungen liegen auch auf Englisch vor: *Maybe luck isn't just chance*. Tr. John A. Broadwin. Evanston, Illinois 1997. — **2** Arbeitskreis Lichtwarkschule (Hg.): *Die Lichtwarkschule. Licht und Gestalt*. Hamburg 1979, S. 123. Erstmals veröffentlicht in: *Hamburger Illustrierte*, Jg. 8, Nr. 36, 1926, S. 17. Vgl. zur Lichtwarkschule Joachim Wendt: *Die Lichtwarkschule Hamburg (1921–1937). Eine Stätte der Reform des höheren Schulwesens*. Hg. vom Verein für Hamburgische Geschichte. Hamburg 2000. Neuerdings auch Reiner Lehberger, Loki Schmidt: *Früchte der Reformpädagogik. Bilder einer neuen Schule*. Hg. vom Amt für Schule. Hamburg 2002. — **3** Vgl. Renate Wall: *Deutschsprachige Schriftstellerinnen im Exil 1933–1945*. Bd. II. Freiburg i. Br. 1995, S. 163 f. — **4** Liepman: *Vielleicht ist Glück nicht nur Zufall* (s. Anm. 1), S. 53. — **5** Ebd., S. 56. — **6** Ebd., S. 58. — **7** Ebd., S. 73. — **8** Vermerk der Polizeibehörde, Abteilung II (Kriminal- u. Staatspolizei), vom 15.3.1933. Staatsarchiv Hamburg, Bestandsnr. 241–2, Justizverwaltung – Personalakten. Vgl. Gisela Diewald-Kerkmann: *Politische Denunziation im NS-Regime oder Die kleine Macht der »Volksgenossen«*. Bonn 1995. — **9** Liepman: *Vielleicht ist Glück nicht nur Zufall* (s. Anm. 1), S. 72 f. — **10** Ruth Lilienstein: *Die Exterritorialität des Personals der Gesandtschaften*. Zeulenroda i. Th. 1934. — **11** Veröffentlicht in: *Amtlicher Anzeiger. Beiblatt zum Hamburgischen Gesetz- und Verordnungsblatt*, Nr. 240, 10.10.1934, S. 954. — **12** Die Steuerkarte der Deutsch-Israelitischen Gemeinde für Ruth Lilienstein vermerkt »Ausgeschieden, den 28.7.1934 durch: Verzug nach Amsterdam.« Staatsarchiv Hamburg, Bestandsnr. 522–1, Jüdische Gemeinden, Steuerkartei. — 13 Hugo Emmerich, John Rothschild: *Die Rechtslage deutscher Staatsangehöriger im Ausland.* Haarlem 1937. — 14 Liepman: *Vielleicht ist Glück nicht nur Zufall* (s. Anm. 1), S. 94. — 15 Vgl. neben den entsprechenden Kapitel in den Erinnerungen Ruth Liepmans auch: Gott hat Dich auf unsere Schwelle gelegt. Vom illegalen Leben in Holland erzählt Ruth Liepman. Aufgezeichnet von Ulrike Rode. WDR I, 18.3.1989. — 16 Vgl. Wilfried Weinke: »Heinz Liepman«. In: John M. Spalek, Konrad Feilchenfeldt, Sandra H. Hawrylchak (Hg.): *Deutschsprachige Exilliteratur seit 1933. 3. USA. Teil 4.* Zürich und München 2003, S. 127–151. — 17 Liepman: *Vielleicht ist Glück nicht nur Zufall* (s. Anm. 1), S. 161 f. Siehe auch Wilfried Weinke: »Deutschfeindliche Journalisten und Schriftsteller: Justin Steinfeld und Heinz Liepmann«. In: Ursula Wamser, Wilfried Weinke (Hg.): *Ehemals in Hamburg zu Hause: Jüdisches Leben am Grindel.* Hamburg 1991, S. 105–119. — 18 Liepman: *Vielleicht ist Glück nicht nur Zufall* (s. Anm. 1), S. 170 f. — 19 Ruth Liepman: »Heinz Liepman. Ein biographischer Abriß«. In: Heinz Liepman: *... wird mit dem Tode bestraft.* Mit einem Nachwort von Hans-Albert Walter. Hildesheim 1986, S. VII. — 20 Liepman: *Vielleicht ist Glück nicht nur Zufall* (s. Anm. 1), S. 176. — 21 Vgl. Wilfried Weinke: »Ein deutscher Jude denkt über Deutschland nach. Der Schriftsteller und Journalist Heinz Liepman, sein Wirken in Hamburg und seine Auseinandersetzung mit Antisemitismus und Philosemitismus in Deutschland nach 1945«. In: *Zeitschrift des Vereins für Hamburgische Geschichte,* Bd. 85 (1999), S. 183–206. — 22 Vgl. das Kapitel »Zwischen Bücherstapeln der Zürichsee. Die Literaturagentin Ruth Liepman«. In: Irma Hildebrandt: *Die Frauenzimmer kommen. 15 Zürcher Porträts.* München 1994, S. 201–215. — 23 Aus den unzähligen Artikeln zu Ruth Liepman seien die wichtigsten Beiträge hervorgehoben: Ruth Binde: »Literarische Agenturen: 3. Dr. Ruth Liepman. Theater, Hotel, Hühnerfarm, Agentur. Schwergewicht liegt bei den Angelsachsen, die Liebe gilt den deutschen Autoren«. In: *Börsenblatt,* Nr. 98, 9.12.1975, S. 1673–1675; Georg Ramseger: »Zu Ruth Liepmans 70. Geburtstag. Potior origine virtus. Ein sehr persönlicher Glückwunsch«. In: *Börsenblatt* (Frankfurter Ausgabe) Nr. 54 vom 6.7.1979; Claudia Kühner: »Die Frau, die Verleger und Autor zusammenbringt. Ruth Liepman, literarische Agentin in Zürich.« In: *Die Weltwoche,* Nr. 21, 22.5.1986; Franz Josef Görtz: »Die Prinzipalin. Ruth Liepman makelt Bücher«. In: *Frankfurter Allgemeine Zeitung,* 21.8.1987; Heinrich Maria Ledig-Rowohlt: »Ehen stiften, bei denen es nicht zur Scheidung kommt«. In: *Börsenblatt,* Nr. 32, 21.4.1989, S. 1481 f.; Hubert Winkels. »Erfolg hoch vier«. In: *ZEIT-Magazin,* Nr. 42, 11.10.1991. Siehe auch Wiebke Skalicky: »Literaturagenten in der literarischen Emigration 1933–1945. Beobachtungen zu Rolle und Wirkung«. In: Ernst Fischer (Hg.): *Literarische Agenturen – die heimlichen Herrscher im Literaturbetrieb?* Wiesbaden 2001, S. 101–123. — 24 Vgl. Stephan Reinhardt: *Alfred Andersch. Eine Biographie.* Zürich 1990. — 25 Vgl. Eugen Claassen: *In Büchern denken. Briefwechsel mit Autoren und Übersetzern.* Hamburg und Düsseldorf 1970; Reinhard Tgahrt (Bearb.): *Eugen Claassen. Von der Arbeit eines Verlegers. Mit einer Bibliographie der Verlage H. Goverts, Claassen & Goverts, Claassen 1935–1966.* Marbach 1981. — 26 Willy Wirsch (= Heinz Liepman): »Porträt eines Verlegers: Heinrich Maria Ledig-Rowohlt«. In: *Die Welt,* 29.4.1965 (Die Welt der Literatur, Nr. 9). Vgl. auch: *Heinrich Maria Ledig-Rowohlt zuliebe. Festschrift zu seinem 60. Geburtstag.* Hg. von Siegfried Unseld. Reinbek bei Hamburg 1968. — 27 Vgl. Ida Ehre: *Gott hat einen größeren Kopf, mein Kind.* Hamburg 1985. Anna Brenken: *Ida Ehre.* Hamburg 2002. — 28 Vgl. Anneliese Ego: *Herbert und Elsbeth Weichmann. Gelebte Geschichte. 1896–1948.* Hg. von der Herbert und Elsbeth Weichmann Stiftung. Hamburg 1998; Uwe Bahnsen: *Die Weichmanns in Hamburg. Ein Glücksfall für Deutschland.* Hg. von der Herbert und Elsbeth Weichmann Stiftung. Hamburg 2001. Es erstaunt, dass Bahnsen offenbar über keinerlei Kenntnis der langjährigen und innigen Freundschaft zwischen den Weichmanns und den Liepmans verfügte. — 29 Vgl. Ilse Brauer, Werner Kayser: *Günther Weisenborn.* Eingel. von Ingeborg Drewitz und Walter Huder. Hg. von der Freien Akademie der Künste in Hamburg in Zusammenarbeit mit der Staats- und Universitätsbibliothek Hamburg. Hamburg 1971. — 30 Vgl. u. a. das von Ruth Liepman vermittelte Buch von Günther Weisenborn, Joy Weisenborn: *Einmal laß mich traurig sein. Briefe, Lieder, Kassiber*

1942–1943. Zürich 1984. — **31** Günther Weisenborn (Hg.): *Der lautlose Widerstand. Bericht über die Widerstandsbewegung des deutschen Volkes 1933–1945.* Nach dem Material von Ricarda Huch. Mit einer Einleitung von Martin Niemöller. Hamburg 1953. — **32** Vgl. Frithjof Trapp u. a.: *Handbuch des deutschsprachigen Theaters 1933–1945. Bd. 2: Biographisches Lexikon der Theaterkünstler, Teil 2: L–Z.* München 1999, S. 762 f. — **33** Vgl. Liepman: *Vielleicht ist Glück nicht nur Zufall* (s. Anm. 1), S. 219; Ruth Liepmans Rede »Die Aufgaben des literarischen Agenten«. In: *Jahrbuch der Deutschen Akademie für Sprache und Dichtung.* Darmstadt 1977. Heidelberg 1978, S. 115–122. — **34** Ebd., S. 224 f. — **35** Ebd., S. 191. — **36** Brief Ruth Liepmans an Robert Neumann, London, vom 9.11.1955. Nachlass Heinz Liepman bei Ruth Liepman, Zürich. — **37** Konrad Wachsmann: *Wendepunkt im Bauen.* Wiesbaden 1959. — **38** Michael Grüning: *Der Wachsmann-Report. Auskünfte eines Architekten.* Berlin (Ost) 1986. Eine in Wien 1986 erschiene Lizenzausgabe trug den Titel »Der Architekt Konrad Wachsmann. Erinnerungen und Selbstauskünfte«. — **39** Michael Grüning: *Ein Haus für Albert Einstein. Erinnerungen, Briefe, Dokumente.* Mit einer Vorbemerkung von Margot Einstein und einem Nachwort von Werner Mittenzwei. Berlin 1990. — **40** *Charlotte Salomon. Ein Tagebuch in Bildern 1917–1943.* Vorwort von Paul Tillich. Einleitung von Emil Straus. Hamburg 1963. — **41** Liepman: *Vielleicht ist Glück nicht nur Zufall* (s. Anm. 1), S. 204. — **42** Vgl. Heinz Liepman: »Ein wahrer Grandseigneur der Literatur. Erinnerung an Kurt Wolff«. In: *Die Welt,* 24.10.1963. S. a. *Kurt Wolff 1887–1963.* Hg. von den Verlagen Heinrich Scheffler, Frankfurt am Main und Günther Neske, Pfullingen. Frankfurt am Main 1963, S. 15–17. — **43** Vgl. Wall: *Deutschsprachige Schriftstellerinnen im Exil 1933–1945* (s. Anm. 3); Werner Morlang: »Zersplittertes Dasein. Zum Tod von Ruth Tassoni«. In: *Neue Zürcher Zeitung,* 19.11.1994; Ulrich Weinzierl: »Porträt mit schwarzem Rand. Kleine Erinnerung an Ruth Tassoni: Die letzten Erzählungen«. In: *Frankfurter Allgemeine Zeitung,* 26.11.1994. — **44** Zitiert nach dem Typoskript der Ansprache von Regierungsrat Alfred Gilgen im Zürcher Rathaus am 27.11.1992 (Archiv des Verfassers). Vgl. a. die Meldung »Zürcher Kulturnotizen. Kantonale Auszeichnungen 1992 an 17 Kulturschaffende«. In: *Neue Zürcher Zeitung,* 28./29.11.1992. — **45** Vgl. Matthias Wegner: »Rosen für die Dame. Die ›erzählten Erinnerungen‹ der Literaturagentin Ruth Liepman«. In: *Frankfurter Allgemeine Zeitung,* 13.4.1993; Wilfried Weinke: »Jüdin, Antifaschistin, Literaturagentin. Die Erinnerungen der Ruth Liepman«. In: *die tageszeitung,* Berlin, 7.5.1993; ders., »Maklerin in Sachen Autor und Verleger. Die Literaturagentin Ruth Liepman«. In: *Allgemeine Jüdische Wochenzeitung,* 13.5.1993; Will Schaber: »Das Drama eines Lebens. Die literarische Agentin Ruth Liepman publizierte ihre Memoiren«. In: *Aufbau,* 21.5.1993; Carlo Bernasconi: »Der diskrete Charme der Literaturvermittler. Ruth Liepman: Eine Literaturagentin erinnert sich – vor allem privat«. In: *Börsenblatt für den Deutschen Buchhandel,* Nr. 45, 8.6.1993; Gunhild Kübler. »Rückblick für die Nachgeborenen. Ruth Liepmans ›Erzählte Erinnerungen‹«. In: *Neue Zürcher Zeitung,* 8.7.1993. — **46** Vgl. Michael Krüger: »Die Königin in der Sofaecke. Zum Tod der Zürcher Literaturagentin Ruth Liepman«. In: *Frankfurter Allgemeine Zeitung,* 30.5.2001; »Ein deutsches Schicksal. Literaturagentin Ruth Liepman in der Schweiz gestorben«. In: *Hamburger Abendblatt,* 31.5.2001; »Agentinnen: Ruth Liepman ist im Alter von 92 Jahren gestorben«. In: *Frankfurter Rundschau,* 31.5.2001; Gerhard Beckmann: »Anwältin ihrer Autoren, Ruth Liepman brachte die Literatur der Welt nach Deutschland«. In: *Die Welt,* 2.6.2001; Wilfried Weinke: »Nachruf auf eine Agentin. Ruth Liepman verstarb im Alter von 92 Jahren«. In: *Aufbau,* 7.6.2001; F. J. Raddatz: »Die Autorenmutter«. In: *Die Zeit,* 7.6.2001; Heinrich Hannover; »Erinnerungen an Ruth Liepman«. In: *Ossietzky,* 30.6.2001. S. a. Wilfried Weinke: »Ruth Liepman«. In: Franklin Kopitzsch, Dirk Brietzke: *Hamburgische Biografie. Personenlexikon.* Hamburg 2003, S. 253 f. — **47** Mathias Wegner: »Zierliche Zauberin. Zum Tod der Literaturagentin Dr. Ruth Liepman«. In: *Börsenblatt für den Deutschen Buchhandel,* Nr. 46, 8.6.2001, S. 22 f.

Dieter Schiller

Die »Volksfront-Sache« – »moralisch zerstört«?
Aus dem redaktionellen Briefwechsel von Leopold Schwarzschilds
Neuem Tage-Buch im Jahr 1937

Der redaktionelle Briefwechsel des *Neuen Tage-Buch*[1] im Jahr 1937 spiegelt den tiefen Bruch in der Medienlandschaft des Exils, der für dieses Krisenjahr der antihitlerischen Emigration kennzeichnend war. Die Zeitschrift Leopold Schwarzschilds ist freilich nicht nur Spiegel, sie ist auch ein wirkender Faktor innerhalb der politischen Polarisierungen in der Exil-Öffentlichkeit.

Das verstand sich keineswegs von selbst, denn ursprünglich wollten Herausgeber und Redaktion des *Neuen Tage-Buch* »über Auseinandersetzungen innerhalb der Emigration nie etwas (…) bringen«, weil das – so Schwarzschild 1934 – nur »den Leuten in Deutschland« nutze, den nationalsozialistischen Propagandisten also, die sich »über jeden derartigen Streit mit Genugtuung verbreiten«. Bei den Ausländern aber schade es.[2] Gemeint waren mit diesen Ausländern bürgerliche Kreise der westeuropäischen Länder, Presseleute, Diplomaten und Politiker vor allem, die eine wichtige, vielleicht die wichtigste Zielgruppe des Blattes darstellten. Bei der Gründung des *Neuen Tage-Buch* im Jahr 1933 hatte der Herausgeber zudem betont, es werde kein Emigrantenblatt werden, das sich damit beschäftigt, allwöchentlich den bevorstehenden Zusammenbruch des neuen deutschen Regimes anzukündigen. Vielmehr solle es »objektiv, in voller Sachlichkeit die politischen, wirtschaftlichen und kulturellen Erscheinungen unter dem neuen Regime darstellen und analysieren.«[3] Tatsächlich konnte Schwarzschild schon nach einem Jahr vom sichtbaren und steigenden Einfluss auf die Presse einiger westlicher Länder berichten, besonders Frankreichs, und mit Genugtuung feststellen, in Deutschland werde das *Neue Tage-Buch* als »der gefährlichste aller publizistischen Gegner betrachtet.«[4] Noch im Jahr 1937 bestätigt der Budapester Journalist Emmerich Békessy, für ihn sei das *Neue Tage-Buch* die »einzige reine und verlässliche Quelle«, aus der er »Material über Deutschland schöpfen« könne.[5]

Mit seiner Auflage von 15.000 Exemplaren, die in 58 Ländern vertrieben wurden[6], konnte und wollte sich die Zeitschrift allerdings der Aufgabe nicht entziehen, auch der »aus Deutschland vertriebenen und verbannten Literatur eine Tribüne zu geben.«[7] Während im dominierenden Politik- und Wirtschaftsteil vor allem die Mitglieder der Redaktion das Sagen hatten, brachte der Kulturteil Essays, Besprechungen und Vorabdrucke von Publizisten und Schriftstellern recht verschiedener Couleur, fast durchweg bekannten Leuten aus der kulturellen Szene der Weimarer Republik. Zu den prägenden Autoren des – in der redaktionellen Grundlinie liberalen[8] – Blattes gehörte neben Ludwig Marcuse, Walter Mehring und Hermann Kesten vor allem Joseph Roth, auch wenn er sich in jenen Jahren als österreichischer Legitimist verstand. Später nahm dann auch Valeriu Marcu eine herausragende Position unter den Autoren ein, der in einem Brief an Joseph Bornstein und Leopold Schwarzschild erklärt hatte, er fühle sich verpflichtet, bei ihnen mitzuarbeiten, obwohl er – wie er ironisch hinzusetzte – ein »treuer Reaktionär« sei.[9]

Kompromisslose Gegnerschaft zum nationalsozialistischen Regime in Deutschland war das verbindende Moment aller Mitarbeiter. Freilich glaubte Schwarzschild nicht an die Fähigkeit der innerdeutschen Opposition, dieses Regime aus eigener Kraft zu stürzen. Das unterschied ihn von der Mehrheit derer, die sich um eine deutsche Volksfront bemühten – auch wenn er deren Bestrebungen zeitweilig unterstützt hatte. Ihm ging es darum, in der demokratischen Öffentlichkeit des Westens ein Bewusstsein dafür zu schaffen, dass die Politik Hitler-Deutschlands auf den Krieg um die Vorherrschaft in Europa ausgerichtet war, dass alle wirtschaftlichen und politischen Maßnahmen im Reich der militärischen Rüstung und der Einschwörung der Massen auf den Krieg dienten. Diese Bedrohung einzudämmen, war Schwarzschilds Ziel.

Seine redaktionelle Linie sollte dazu beitragen, den Spielraum des potenziellen Aggressors möglichst zu beschränken, um so letztendlich den »Zusammenbruch oder Verfall, die Abwandlung der Fascismen«[10] herbeizuführen. Dafür war ihm jedes Bündnis recht, ob mit Sowjetrussland unter Stalins Herrschaft, dem autoritär regierten Österreich oder zeitweilig sogar mit dem faschistischen Italien. Bei alledem grenzte er sich jedoch betont ab von der Vorstellung, ein Krieg gegen Hitler-Deutschland sei unvermeidlich oder gar erwünscht. Der Krieg, schreibt er, sei ein ungeheurer Preis, der bezahlt werden müsste, um eine Regierung zu beseitigen, zu hoch auch dann, wenn diese Regierung zweifelsfrei eine Geißel der Menschheit darstelle. Denn dieser Krieg selbst sei eine so furchtbare Geißel und seine Folgen so unabsehbar, dass das negative Mittel den positiven Zweck kompensiere und vielleicht sogar überkompensiere.[11]

Diese Grundhaltung hat Schwarzschild auch später nicht aufgegeben. Doch nach den Moskauer Schauprozessen vom August 1936 und Januar 1937[12] werden die Diktaturen Hitlers in Nazi-Deutschland und Stalins in Sowjetrussland von der Redaktion des *Neuen Tage-Buch* zunehmend gleichgesetzt. Worte wie Freiheit, Recht, Demokratie – schreibt Schwarzschild in seinem Aufsatz *Die alte Wahrheit* vom Februar 1937 – klängen angesichts des Terrors in der Sowjetunion für viele wieder neu.[13] Damit hatte er so unrecht nicht, denn nicht wenige Hitlergegner aus dem nichtkommunistischen Lager empfanden ähnlich wie er. Die Vorgänge in Moskau stürzten die mühsam erarbeiteten Grundlagen einer – ursprünglich ja von der Kommunistischen Internationale initiierten – Volksfrontbewegung in eine tiefe Glaubwürdigkeitskrise; dies um so mehr, als hegemoniale Ambitionen kommunistischer Parteikader ohnehin böses Blut bei sozialdemokratischen, sozialistischen und linksbürgerlich-intellektuellen Volksfront-Anhängern in der deutschen Emigration in Frankreich machten.

Eine Spaltung der Front gegen den Faschismus wünschten jedoch die wenigsten von ihnen. Selbst das *Neue Tage-Buch* hatte noch im Sommer 1936 Arnold Zweig das Wort für einen Beitrag gegen den »spaltenden Wahn« gegeben – er meinte damit die Angst vor dem Kommunismus.[14] Die schroffe Wendung der Redaktion zu einer erbitterten Polemik gegen Stalins Diktatur und die ihr botmäßige kommunistische Bewegung um die Jahreswende 1936/37 ließ natürlich auch die Autoren des literarisch-kunstkritischen Teils der Zeitschrift nicht unberührt. Zwar gab, wer weiterhin mit der Politik der Kommunistischen Partei sympathisierte, die Mitarbeit im *Neuen Tage-Buch* von sich aus auf, denn auf kommunistischer Seite galt das Blatt nun als »Zentralorgan aller Zersetzer und Spalter der antifaschistischen Front«[15] und wurde sogar als ein »Sprachrohr von Goebbels« verleumdet. In kommunistisch redigierten Organen galt die Regel, wer hier gedruckt werden wolle, müsse die Mitarbeit bei Schwarzschild aufkündigen. Doch auch der forderte von seinen Autoren Entscheidungen – je nach seinem Interesse an ihrer Mitarbeit fiel diese Forderung jedoch mehr oder weniger nachdrücklich aus.

Freilich spielten auch Vorgänge eine Rolle, die seit Sommer 1936 innerhalb der Exilpresse einen erbitterten Streit ausgelöst hatten. Einer von diesen Vorgängen war der Coup der Redakteure Wolff und Caro vom *Pariser Tageblatt*, der einzigen Tageszeitung der Emigration. Sie hatten im Sommer 1936 eine Beschuldigung gegen den Eigentümer des Blattes, er wolle die Zeitung den Nazis ausliefern, genutzt, um das Blatt unter dem Chefredakteur Georg Bernhard in eigener Regie als *Pariser Tageszeitung* weiterzuführen.[16] Mehrere Untersuchungsausschüsse und Prozesse vor französischen Gerichten stellten klar, dass der Vorwurf gegen den Verleger Poliakoff falsch war. Der »Fall Pariser Tageblatt« wurde nun im *Neuen Tage-Buch* von Konrad Heiden zum »moralischen Prüfungsfall« der Emigration stilisiert.[17] Die Redaktion schloss sich dieser Sicht mit großer Entschiedenheit und bissiger Polemik an.[18] Damit wurde nun aber all jenen Mitgliedern des Journalistenverbandes und anderer Organisationen die moralische Berechtigung abgesprochen, weiterhin für die antihitlerische Emigration zu sprechen, welche dem Chefredakteur der alten und neuen Zeitung – Georg Bernhard –

guten Glauben bei der rechtswidrigen Übernahme der Zeitung zubilligten oder ihm gegenüber auch nur Verständnis und Solidarität zeigten. Überzeugt, alle bestehenden Exil-Verbände seien diskreditiert, soweit sie eine Selbstreinigung der Emigration im Sinne seiner Kampagne verweigerten, gründete Schwarzschild im Sommer 1937 den Bund freie Presse und Literatur[19] mit der erklärten Absicht, den bestehenden organisierten Gruppierungen – vor allem dem Verband deutscher Journalisten und dem Schutzverband deutscher Schriftsteller – das Wasser abzugraben.

Dabei kann man getrost von einem missionarischen Eifer, ja von schroffer Unduldsamkeit und Rechthaberei Schwarzschilds sprechen. Als Klaus Mann, der regelmäßig im *Neuen Tage-Buch* schrieb und den dort vertretenen Auffassungen durchaus nahe zu stehen meinte, dennoch seinen Vorbehalt gegenüber der Kampagne gegen die »Gruppe Bernhard« anmelden wollte,[20] fuhr ihm Schwarzschild grob über den Mund. Er solle sich überlegen, heißt es in der Antwort, ob er öffentlich Solidarität mit erwiesenen Verbrechern einfordern wolle, die »den Antihitlerismus als Diebsdietrich für ihre Geldschrankknackerei«[21] missbraucht hätten, oder weiterhin zu den Mitgliedern der gesitteten Welt gehören. Der ohnehin verunsicherte Klaus Mann zog seinen Beitrag daraufhin zurück und veröffentlichte ihn auch nicht, wie zunächst beabsichtigt, in einer anderen Zeitschrift.

Der Rigorismus Schwarzschilds, der Moral sagte und Politik meinte, führte also zu beträchtlichen Irritationen bei einer Reihe von Schriftstellern, besonders solchen, die sich nicht ohne weiteres den politischen Gruppierungen zu- und unterordnen mochten. Sie schätzten das *Neue Tage-Buch* allesamt als ein Forum für Literatur, Essayistik und Kritik, wo zuerst und vor allem gedankliche Substanz und stilistisches Können Geltung besassen. Der Kunstschriftsteller Paul Westheim zum Beispiel empfand es gerade deshalb als eine – völlig unerwartete – Zumutung, von Schwarzschild zu einer Stellungnahme im Richtungsstreit des Exils gedrängt zu werden. Er gehöre, schrieb er, zur Partei derer, die über die »Affaire Pariser Tageblatt« ihre Meinung haben, im Übrigen aber mit dem ganzen Stunk nichts zu tun haben wollen, die diese Polemik als Selbstzerfleischung der Emigration betrachten und unter keinen Umständen in den politischen Dschungel hineingezogen zu werden wünschen. Dass neuerdings für redaktionelle Entscheidungen im *Neuen Tage-Buch* eine »Parteizugehörigkeit« Voraussetzung sei, habe er nicht wissen können,[22] schrieb er pikiert und sichtlich enttäuscht an Schwarzschild. Partei meint hier selbstredend keine politische Organisation, sondern eine Verpflichtung auf den politischen Standpunkt der Redaktion. Westheim sah – mit Recht – die besondere Rolle des hochgeschätzten liberalen Blattes gefährdet, in einem vergleichsweise breiten Spektrum und jenseits aller parteipolitischen Bindungen den unabhängigen schriftstellerischen Positionen Raum zu geben.

Tatsächlich hatte sich zum Jahresbeginn 1937 eine komplizierte literarisch-politische Konstellation in den wichtigsten Medien des deutschen Exils herausgebildet – die Stichworte dafür gaben Thomas Mann und André Gide. Thomas Manns Briefwechsel mit dem Bonner Dekan[23] mit seiner vehementen Absage an das »Dritte Reich« und dem Bekenntnis zur literarischen Emigration hatte ein lebhaftes Echo gefunden. Erich Andermann, das ist Joseph Bornstein, der Chefredakteur des *Neuen Tage-Buch*, würdigte den Brief Manns als »klassische Analyse des Wahnsinns des Nationalsozialismus« und als eine »Anklage von prophetischer Wucht«.[24] Er knüpfte daran den Vorschlag, die bei Oprecht erschienene Broschüre Thomas Manns an Bekannte und Freunde im Reich zu schicken, sofern sie nicht bei etwaiger Entdeckung gefährdet seien. Dass Thomas Mann für bildungsbürgerliche Kreise der Emigration durch seine Entscheidung eine Art »ungekröntes Oberhaupt«[25] geworden war, belegt darüber hinaus ein Offener Brief von Professor Walter A. Berendsohn an den Dichter, der im *Neuen Tage-Buch* erschienen ist. Darin trägt Berendsohn Thomas Mann die Führerschaft an für eine Initiative, während der Weltausstellung in Paris eine »Zusammenkunft aller ehrenhalber ausgebürgerten Deutschen« einzuberufen, um dort über die Idee eines »militanten Humanismus« zu reden, mit Vorträgen, Kundgebungen und Veröffentlichungen an die Öffentlichkeit zu treten und vielleicht sogar einen ständigen Ausschuss zu gründen.[26] Mit aller gebotenen Skepsis stimmte Thomas Mann der Publikation dieses Offenen Briefes zu – immerhin, meinte er, wäre ein Rendezvous der Ausgebürgerten ein »hübscher Gedanke«.[27]

Schwarzschild begrüßte denn auch die Idee und stellte sich und sein Redaktionsbüro zur Verfügung, falls Berendsohn die Sache in die Hand nehmen wolle.[28] Freilich suchte er mit dieser Zustimmung kaum verhüllt auch Thomas Mann für seine polemische Linie gegen die bestehenden Exilorganisationen zu vereinnahmen. Denn er schrieb gleichzeitig an den verehrten Dichter, sein Artikel mit dem Bekenntnis zum militanten Humanismus[29] biete eine leise Hoffnung, dass es in dieser Emigration vielleicht doch einen Kern gebe, um den sich etwas gruppieren lasse – gemeint sei damit allerdings weniger ein personeller als ein sittlicher Kern.[30] Da war nun wieder die Vorstellung von einem moralischen Prüfungsfall im Spiel. Wie es scheint, wollten sich jedoch weder Berendsohn noch Thomas Mann in die Pariser Querelen hineinziehen lassen, und so wurde die Idee eines Treffens der Ausgebürgerten im *Neuen Tage-Buch* nicht weiterverfolgt.

Es gehörte jedoch zur redaktionellen Strategie, den Briefwechsel Thomas Manns mit dem Bonner Dekan und André Gides kritischen Reisebericht *Zurück aus Sowjet-Russland*[31] eng zusammenzurücken. Gide und Mann – schreibt Walter Mehring – hätten beide vor der Frage gestanden, wie lange man einer Idee zuliebe schweigen dürfe, sich nun aber gleichzeitig zur warnenden Anklage entschlossen. Der eine, weil sein Antifaschismus das Deutschtum erhalten wissen wolle, der andere, weil sein Bekenntnis zur Idee des Kommunismus mit den konkreten Erfahrungen seiner Reise in die UdSSR unter Stalin kollidiere, und er nicht bereit sei, sich einer behaupteten politischen Notwendigkeit zu beugen. Der kommunistischen Kritik an Gide entgegnete Mehring, Antifaschisten befänden sich nicht auf dem Kasernenhof, wo sie von Gesinnungsfeldwebeln Instruktionen zu empfangen und ansonsten das Maul zu halten hätten.[32]

Wie er verwahrte sich auch Stephan Lackner gegen den Vorwurf, Gide sei ins Lager des Gegners hinübergewechselt. Er habe vielmehr erwartet, das gelobte Land der Freiheit zu finden und entsetzt erfahren, ins Gebiet einer Organisation geraten zu sein. Ein Reaktionär sei er darum nicht geworden, allerdings habe er auch nicht verstanden zu definieren, was er denn unter Freiheit verstehe. Dagegen sei es Thomas Mann in seinem Aufsatz *Achtung Europa*[33] gelungen, mit seinem Konzept des militanten Humanismus einen Weg zu zeigen, um die Individualkultur gegen den Aufstand der kollektivistischen Massen zu retten und das Prinzip der Freiheit, der Duldsamkeit und des Zweifels zu wahren – und dabei rücke er Nationalsozialismus, Faschismus und Kommunismus zusammen auf die zu bekämpfende Seite.[34]

Abgesehen davon, dass im *Neuen Tage-Buch* von Duldsamkeit wirklich nicht die Rede sein konnte, wurde Thomas Mann hier – zu Unrecht – zu einem Kronzeugen der neuen redaktionellen Linie gemacht und damit auch die politische Polarisierung in den literarisch-essayistischen Teil der Zeitschrift getragen. Es dauerte seine Zeit, bis allen Autoren die Konsequenzen klar wurden. Im Dezember 1936 hatte der sozialdemokratische Philosoph Professor Siegfried Marck in einem Brief an Schwarzschild mit einiger Skepsis festgestellt, er habe das Programm der Deutschen Volksfront zwar unterschrieben, aber lediglich der Bejahung des Gedankens einer Volksfront wegen, und deshalb habe er auch seine innere Reserve ausdrücklich betont. Die Kritik an den kommunistischen Ächtungsformeln gegen André Gide im *Neuen Tage-Buch* begrüßte er ausdrücklich – denn über den ungehemmten Zynismus in der Moskauer *Prawda* könne er nur Schmerz und Scham empfinden.[35] Zu Berendsohns Initiative hat er dann einen »kleinen Katechismus«[36] mit dem Titel *Zehn Gebote für militante Humanisten*[37] beigesteuert und im März 1937 den philosophischen Essay *Der Neuhumanismus am Zug* eingesandt[38], um zu bestätigen, dass die neue Hochschätzung der alten Werte Freiheit, Recht und Demokratie in Europa weiter entwickelt seien, als die »offiziellen politischen Kirchen« es wahrhaben wollten.[39]

Schwarzschild druckte diesen philosophischen Essay, weil er recht gut in sein Konzept passte. Doch den Versuch Siegfried Marcks, trotz aller Streitpunkte zwischen den antihitlerischen politischen Richtungen zu vermitteln,

wies er schroff zurück. Im Gegensatz zu Marck – schreibt er im Antwort-
brief – glaube er, dass die so genannte Volksfront-Sache durch den Moskauer Prozess moralisch zerstört sei. Eine gemeinsame moralisch-ideologische
Front mit den Parteikommunisten aufrechtzuerhalten sei unmöglich geworden, insbesondere wenn es um Aufrufe zur Befreiung Thälmanns und Os-
sietzkys oder um Bekenntnisse zu Demokratie, Freiheit und Recht gehe. So
wenig gegen militärische Bündnisse mit Russland gegen Hitler einzuwenden
sei, soweit es sich um Ideen handele, müsse wenigstens in elementaren Dingen Übereinstimmung bestehen. Die aber sei nicht mehr gegeben.[40]

Dass er damit eine spürbare Entfremdung namhafter Autoren riskierte,
wusste Schwarzschild durchaus und bemühte sich deshalb um Schadensbe-
grenzung. So schreibt er an Balder Olden, dessen Aufsatz *Die Rote Armee* er
abgelehnt hatte[41], sie wüssten doch beide, dass es sich bei dieser Ablehnung
um keinen routinemäßigen Vorgang handele, und er hoffe, die Gegensätze
würden auf das Feld beschränkt bleiben, auf dem sie offenbar unüberbrückbar seien.[42] Es ist bezeichnend, dass Olden zunächst mit Verweis auf
Schwarzschilds schon erwähnten Aufsatz *Die alte Wahrheit*[43] den Gegensatz
zwischen seiner eigenen Auffassung der Dinge und der Schwarzschilds
nicht für unüberbrückbar hielt. Jedoch wandte er sich gleichzeitig gegen
verschiedene Artikel von Andermann, in denen Diktatur gleich Diktatur
gesetzt wird. Denn eine Diktatur, schreibt Olden, die gegen tausend Pro-
vokationen den Frieden wahrt, sei nicht gleich einer, die den Weltfrieden
bedroht.[44]

Als Bornstein ihn – trotz dieser gravierenden Meinungsverschiedenheit –
aufforderte, häufiger Beiträge zu schicken[45], antwortete er, gern würde er
öfter im *Neuen Tage-Buch* schreiben, doch fürchte er, das Blatt werde wieder in eben den Ton gegenüber der Sowjetunion verfallen, der ihn daraus
vertrieben habe. Nicht die Kritik gegen rechts und links hindere ihn an einer Mitarbeit, sondern das Vorherrschen einer »Thersites-Sprache gegen
links«.[46] Einige Monate später formulierte er dann weit schärfer, die Zeitschrift habe – einem Ressentiment folgend – die gemeinsame Front torpe-
diert, und das halte er für ein großes Unglück, weil eine Volksfront in der
Emigration einmal zur deutschen Volksfront werden könne.[47] Etwa zu dieser Zeit schreibt auch Siegfried Marck an Schwarzschild, der Zweifronten-
krieg des *Neuen Tage-Buch* gegen Faschismus und Moskau führe in eine
Sackgasse. Weil für ihn, d. h. Marck, der Antifaschismus das Zentrum aller
Bemühungen bildete, sucht er zu begründen, warum volksfronttreue Gruppen – trotz ihrer Kritik an den Moskauer Exekutionen – gegenüber par-
teikommunistischen Intellektuellen an der Volksfront-Politik festhalten
sollten.[48] Seine Bitte, diesen Brief im *Neuen Tage-Buch* zu veröffentlichen,
wurde nicht erfüllt. Doch antwortete ihm Schwarzschild, der Brief laufe
darauf hinaus, dass Marck zwar mit dem *Neuen Tage-Buch* einverstanden sei,

aber glaube, eben das nicht sagen zu dürfen, weil es die Bundesgenossenschaft störe. Tatsächlich sei aber das Gegenteil der Fall. Eben weil »wir« – das heißt hier: die Gegner jeder Diktatur – gegen Hitler mit den Kommunisten in einem Lager stünden, sei es nötig, die eigene Ideologie zu wahren.[49]

Dieses Motiv liegt auch einer Kontroverse Schwarzschilds mit Klaus Mann anlässlich von dessen Besprechung eines Buchs von Felix Weltsch – *Das Wagnis der Mitte*[50] – zugrunde. Klaus Mann hatte gegen die aktuellen »Flügelradikalismen« den Begriff einer »schöpferischen Mitte« ins Feld geführt, ihn mit Fortschritt, Demokratie und Humanismus in Beziehung gesetzt und dabei die Frage gestellt, wie viel linker Extremismus und Totalitarismus in eine solche schöpferische Mitte einbezogen werden könne.[51] Damit handelte er sich jedoch die harsche Kritik Schwarzschilds ein, er siedele die humanistische Mitte zu weit links an. Die Behauptung, die Zukunft sei links zu suchen, sei nicht mehr als ein Postulat des Willens, nicht aber Ergebnis der Soziologie. Persönlich sei er – Schwarzschild – der Ansicht, die Welt habe sich 120 Jahre lang in einer linken Richtung entwickelt, möglicherweise aber habe sie seit einiger Zeit eine Rechtsrichtung eingeschlagen. Zwar gebe es einen politischen Willen zu der einen oder anderen Seite, aber kein philosophisches oder soziologisches Muss.[52] Eine solche Anschauung der Dinge war Klaus Mann nicht ganz fremd, und so hat er aufgrund dieser Einwände die ursprüngliche Fassung seines Aufsatzes zugunsten einer skeptischeren Haltung umgearbeitet.[53] Die politischen Schlussfolgerungen Schwarzschilds hat er jedoch nicht nachvollzogen, was schließlich auch zu seiner Distanzierung vom Bund Freie Presse und Literatur führte.[54]

In dieser kritischen Phase ging die Meinungsführerschaft – zumindest was einen beträchtlichen Teil der nichtkommunistischen Intellektuellen angeht – eindeutig an Schwarzschild und das *Neue Tage-Buch* über. Die »Affaire Gide« erwies sich dabei als ein Wendepunkt. Das war so nicht ohne weiteres vorauszusehen gewesen. Denn als sich Klaus Mann noch im Februar 1937 – freilich in der *Neuen Weltbühne*, nicht im *Neuen Tage-Buch* – in den »Streit um André« einschaltete, betonte er zwar ähnlich wie Stephan Lackner, Gide habe seine Gesinnung nicht gewechselt und nichts verraten. Doch bedeutete das bei ihm, dass Gide ein Freund des Sozialismus geblieben sei, und dass er die Idee des Sozialismus in seinem »ärgerniserregenden Bericht« nirgends in Frage stelle. Was Klaus Mann umtrieb, war vielmehr die Intoleranz der Leute im kommunistischen Lager. Statt gegen Gides Kritik am Stalinismus zu argumentieren, schreibt er, beschimpften sie ihn, ächteten und verdammten sie ihn als Faschistenknecht. Der kurze Prozess, der nun dem Schriftsteller André Gide gemacht werde, lasse Zweifel aufkommen, ob die Freiheit des Gewissens und Denkens, die im Volksfront-Aufruf *An das Deutsche Volk* gefordert werde, ernst gemeint sei und nicht nur »Taktik«, das heißt für Klaus Mann: Bluff, Trick und Schwindel. Freiheit

des Gewissens und Denkens erfordere nämlich, das »offene Wort eines ge-
scheiten und integren Mannes« hinzunehmen und es zu bedenken, »ohne
in nervöses Wutgeschrei zu verfallen«. Die Ideale, die man für die Zukunft
fordere, müssten sich auch in der Gegenwart bewähren.[55]

Hier ging es um Verständigung im Umkreis der Volksfront-Anhänger, um
sachliche Debatte, um Solidarität auch bei ernsthaften Meinungsverschie-
denheiten, nicht aber um Ausgrenzung von Sowjet-Sympathisanten, wie sie
Schwarzschild anstrebte. Dessen Anliegen war es, den Abscheu gegenüber
dem stalinistischen Terror zum Bindeglied zwischen bürgerlichen Kreisen
und den Gegnern kommunistischer Hegemonie-Ansprüche in der sozialistischen Linken zu machen. Indem er auf einer Gleichartigkeit der Despoti-
en Hitlers und Stalins insistierte, wollte er antibolschewistische Impulse
strategisch für die Auseinandersetzung mit dem »Dritten Reich« mobilisie-
ren. Paradoxerweise war es gerade Feuchtwangers sowjetfreundlicher Reisebericht *Moskau 1937*[56], ein bewusst als »Anti-Gide« konzipiertes Buch, das
die Frontenbildung verschärfte. Denn dessen Bericht über seine Moskau-
Reise um die Jahreswende 1936/37, der allzu gutgläubig den Erläuterungen der amtlichen sowjetischen Reisebegleiter und den offiziellen Darstellungen folgte und sich kaum Kritik an der Sowjetwirklichkeit gestattete,
der den Diktator lobte und seine Schauprozesse trotz einiger kritischer Ak-
zente letztlich rechtfertigte[57], wurde von vielen als verantwortungslos, wenn
nicht als verlogen und zynisch empfunden. Für Hermann Kesten war das
Buch eine »reine Stalin-Ode«.[58]

Schwarzschilds detaillierte und in den Fakten weitgehend berechtigte Polemik unter dem Titel *Feuchtwangers Botschaft*[59] und ihre Fortsetzung in
Zwei Despotien[60] fand deshalb eine recht breite Zustimmung, wie Zuschriften von Hans Sahl, Hermann Kesten, Rudolf Olden, Joseph Roth, René
Schickele, Alfred Polgar, Eugen Gürster, Valeriu Marcu und anderen belegen. In einem Brief von Joseph Bornstein aus Südfrankreich an den »Meister« Schwarzschild heißt es, es herrsche bei allen hiesigen Lesern eitle Begeisterung über den (ersten D. S.) Feuchtwanger-Artikel und Begierde auf
die Suite.[61] Selbst Erika Mann schreibt zustimmend, der »wunderschöne
Aufsatz« gegen Feuchtwanger sei ihr »sehr zu Herzen gegangen«.[62]

Das Dilemma, das nicht wenige linke Intellektuelle dennoch empfanden,
drückt der Theatermann Berthold Viertel – auch er Autor des *Neuen Tage-
Buch*[63] – in einem Brief an Schwarzschild aus. Er warte, heißt es darin, mit
Spannung auf die Fortsetzung und das Ende des »Diktatur-Aufsatzes« (das
heißt: auf den zweiten Teil von Schwarzschilds *Zwei Despotien*). Dass
Schwarzschild protestieren müsse gegen das, was er beim deutschen und
russischen Regime als wesensgleich empfinde, verstehe er. Trotzdem aber
gebe es wichtige Unterschiede zwischen dem, was aus der russischen Revolution entstanden sei und sich als neues Leben angesetzt habe, und dem,

was daraus gemacht werde. Die deutsche Erhebung dagegen könne nicht die positiven Folgen einer wirklichen Revolution haben, die auch in anderen Ländern fortwirken.[64]

Diesen Einwand nimmt Schwarzschild durchaus ernst. Was von den russischen Ereignissen in die Weltgeschichte eingehen wird, antwortet er, habe mit so verschiedenen Dingen zu tun wie es die sozialistische Lehre, die Vernichtung der Zarenherrschaft, die Eroberung der Macht durch die minoritäre Fraktion der Bolschewiki und das gegenwärtige Stalin-Russland sind. Er – Schwarzschild – beschäftige sich im Augenblick nur mit dem Russland des Diktators Stalin, denn die direkten und indirekten Einflüsse, die von hier ausgingen, seien der schwerste Schlag, den die Menschheit gegenwärtig empfangen habe. Bei Erörterung der anderen Aspekte werde das Urteil anders ausfallen.[65] Viertel zeigt sich davon befriedigt, zumal er in Schwarzschilds Antwort einen Plan künftiger Ausführungen »in dieser uns alle brennenden und schmerzlichen Sache« zu erkennen glaubte. In den bisherigen Stellungnahmen sei zwar vieles gesagt worden, das mit solcher Entschiedenheit und Klarheit gesagt werden musste. Doch war das für ihn nicht alles, allzu viele Fragen blieben offen. Er wünschte, schreibt Viertel, er wisse eine Antwort auf sie, da der Sozialismus seine Hoffnung bleibe. »Aber« – schließt er seinen Brief mit einer ebenso schmerzlichen wie hilflosen Geste – »wie soll ein Liberaler (zu ergänzen: wie ich. D. S.) sie finden?«[66]

1 Über Leopold Schwarzschild und das Neue Tage-Buch (NTB) informieren Hans-Albert Walter: *Deutsche Exilliteratur 1933–1950.* Bd. 4: *Exilpresse.* Stuttgart 1978, S. 72 ff. sowie Lieselotte Maas: »Verstrickt in die Totentänze einer Welt. Die politische Biographie des Weimarer Journalisten Leopold Schwarzschild, dargestellt im Selbstzeugnis seiner Exilzeitschrift Das Neue Tagebuch«. In: *Exilforschung. Ein internationales Jahrbuch.* Bd. 2. München 1984, S. 56–85. – Eine Dokumentation gibt Leopold Schwarzschild: *Die Lunte am Pulverfass. Aus dem Neuen Tagebuch 1933–1940.* Hg. von Valerie Schwarzschild. Hamburg 1965. — 2 BArch RY 58 V 226 / 1 / 2,64 Leopold Schwarzschild an Julius Epstein, 13.6.1934. – Mein Beitrag stützt sich auf einen – leider fragmentarischen – Bestand aus dem Nachlass von Leopold Schwarzschild und der Redaktion des Neuen Tage-Buch (vorwiegend 1937–1940), der im Bundesarchiv, Berlin, archiviert ist. Eine ausführlichere Studie darüber soll folgen. Ich danke dem Bundesarchiv für die freundliche Unterstützung meiner Recherchen. — 3 BArch RY 58 V 226 / 1 / 2,48 Leopold Schwarzschild an (?), Wien, 27.3.1933. — 4 BArch RY 58 V 226 / 1 / 2, 58 Leopold Schwarzschild an Ludwig Benedix, 28.9.1934. – Vgl. dazu auch die Glosse zum Leitartikel des *Völkischen Beobachter* vom 27.2.1935 in: NTB 1935 / 10, v. 9.3.1935. — 5 BArch RY 58 V 226 / 2 / 10,118 Emmerich Békessy an Leopold Schwarzschild, 16.8.1937. — 6 BArch RY 58 V 226 / 1 / 5 Red. NTB an Orbis, Prag, 11.9.1936. — 7 BArch RY 58 V 226 / 1 / 2,48 Leopold Schwarzschild an (?), 27.3.1933. — 8 Die Ansichten des Herausgebers Schwarzschild zu Wirtschaft und Politik waren liberal, auch wenn seine persönliche Haltung eher autoritär genannt werden kann. Dabei finden sich bis 1937 zu-

weilen Gedankengänge, die zu linken Positionen neigen, danach vollzieht er eine klare Wendung zu einer rechtsliberalen bis liberal-konservativen Position hin. — **9** BArch RY 58 V 226/2/7,199 Valeriu Marcu an Joseph Bornstein und Leopold Schwarzschild, 20.3.1937. — **10** BArch RY 58 V 226/2/8.166 Leopold Schwarzschild an Herrn Tas, 26.2.1937. — **11** EBd. — **12** Eine einführende Dokumentation gibt Theo Pirker (Hg.): *Die Moskauer Schauprozesse 1936–1938*. München 1963. — **13** Leopold Schwarzschild: »Die alte Wahrheit«. In: *NTB* 1937/7, v. 13.2.1937. — **14** Arnold Zweig: »Der spaltende Wahn«. In: *NTB* 1936/30, v. 25.5.36. — **15** *Pariser Tageszeitung* 1937/265, v. 3.3.1937. — **16** Zu diesen Vorgängen vgl. Ursula Langkau-Alex: »Von den Moskauer Prozessen zu den Pariser ›Prozessen‹. Kurze Chronik der Folgen des Coups um das Pariser Tageblatt«. In: Hélène Roussel, Lutz Winckler (Hg): *Pariser Tageblatt/Pariser Tageszeitung. Konzepte und Praxis der Tageszeitung der deutschen Emigranten in Frankreich*. Bremen 1989, S. 38 ff.; Michaela Enderle-Ristori: *Markt und intellektuelles Kräftefeld. Literaturkritik im Feuilleton von Pariser Tageblatt und Pariser Tageszeitung (1933–1940)*. Tübingen 1997, S. 31 ff.; Ursula Langkau-Alex: »›…von entscheidender Bedeutung ist, ob Münzenberg die Zeitung hat oder wir‹. Neues zur Instrumentalisierung der Pariser Tageszeitung in der Auseinandersetzung zwischen dem Sekretariat des ZK der KPD in Paris und Willi Münzenberg«. In: *IWK. Internationale wissenschaftliche Korrespondenz zur Geschichte der deutschen Arbeiterbewegung*. Jg. 37, März 2001, Heft 1, S. 77 ff. — **17** Konrad Heiden: »Der Prüfungsfall der Emigration«. In: *NTB* 1937/12, v. 20.3.1937. — **18** Dass bei der Polemik gegen Bernhard, den Journalistenverband und den Kreis um Willi Münzenberg auch finanzielle Erwägungen eine gewisse Rolle spielten, darf vermutet werden. Vgl. Anm. 16. — **19** Vgl. Dieter Schiller: »›In bewusstem Gegensatz zu der kommunistisch-ullsteinschen Bande‹. Schwarzschilds Bund Freie Presse und Literatur in Paris«. In: Anne Saint Sauveur-Henn (Hg.): *Fluchtziel Paris. Die deutschsprachige Emigration 1933–1940*. Berlin 2002, S. 215 ff. — **20** Es handelte sich um eine Zuschrift zu Konrad Heidens: »Der Prüfungsfall der Emigration«. In: *NTB* 1937/12, v. 20.3.1937. Heiden – schreibt Klaus Mann am 19.3.1937 an Leopold Schwarzschild – habe in seinem Artikel um Gegenmeinung gebeten, er, Klaus Mann, schicke nun eine und hoffe, sie werden gedruckt, auch wenn sie Schwarzschilds Ansicht nicht entspreche (BArch RY 58 V 226/2/7,155). Von der »Gruppe Bernhard« spricht Klaus Mann in einem Brief vom 16.6.1937 an Schwarzschild und betont, dass er in diesen Streit nicht hineingezogen werden möchte (BArch RY 58 V 226/2/7,182). — **21** BArch RY 58 V 226/2/7,157 Leopold Schwarzschild an Klaus Mann, 24.3.1937. — **22** BArch RY 58 V 226/2/8,222 Paul Westheim an Leopold Schwarzschild, 8.4.1937. — **23** Thomas Mann: *Ein Briefwechsel*. Zürich 1937. — **24** Erich Andermann: »Thomas Mann spricht«. In: *NTB* 1937/4, v. 23.1.1937, S. 82. — **25** BArch RY 58 V 226/2/9,80 Walter A. Berendsohn an Leopold Schwarzschild, 5.1.1937. — **26** Walter A. Berendsohn: »Der Tag der Expatriierten«. In: *NTB* 1937/4, v. 23.1.1937. — **27** BArch RY 58 V 226/2/7,137 Thomas Mann an Leopold Schwarzschild, 30.12.1936. — **28** BArch RY 58 V 226/2/9.81 Leopold Schwarzschild an Walter A. Berendsohn, 8.1.1937. — **29** Gemeint ist wahrscheinlich Thomas Mann: »Der Humanismus und Europa«. In: Ders.: *Nachträge*. (= Gesammelte Werke. Bd. XIII), Frankfurt/M. 1990, S. 633 ff., bes. 635. — **30** BArch RY 58 V 226/2/7,138 Leopold Schwarzschild an Thomas Mann, 30.12.1936. — **31** André Gide: *Zurück aus Sowjet-Russland*. Zürich 1937. — **32** Walter Mehring: »Ja und Amen«. In: *NTB* 1937/8, v. 20.2.1937, S. 184. — **33** Thomas Mann: »Achtung Europa«. In: Ders.: *Reden und Aufsätze 4* (= Gesammelte Werke. Bd. XII). Frankfurt/M. 1990, S. 766 ff. — **34** Stephan Lackner: »Stimmen der Freiheit«. In: *NTB* 1937/1, v. 2.1.1937, S. 17 ff. — **35** BArch RY 58 V 226/2/7,246 Prof. Siegfried Marck an Leopold Schwarzschild, 30.12.1936. — **36** BArch RY 58 V 226/2/7,247 Prof. Siegfried Marck an Leopold Schwarzschild, 8.1.1937. — **37** *NTB* 1937/4, v. 23.1.1937. — **38** NTB 1937/10, v. 6.3.1937. — **39** BArch RY 58 V 226/2/7,249 Siegfried Marck an Leopold Schwarzschild, 12.2.1937. — **40** BArch RY 58 V 226/2/7,250 Leopold Schwarzschild an Siegfried Marck, 26.2.1937. — **41** BArch RY 58 V 226/2/8,31 Balder Olden an Joseph Bornstein, 2.2.1937. — **42** BArch RY 58 V 226/2/8,32 Leopold Schwarzschild an Balder Olden, 5.2.1937. — **43** *NTB* 1937/7, v. 13.2.1937. – Darin heißt es, die Moskauer Prozess-Serie habe zur Folge, dass Worte wie Freiheit, Recht und Demokratie für viele wieder neu klingen. Begriffe seien wieder zum Leben erwacht, die verblasst waren. Die gefälschten Prozesse mit ihren erfundenen Beschuldigungen und Geständnissen hätten die Diktatur-Bereitschaft unter denen rückgängig gemacht, die vor der Diktatur hatten fliehen müssen. — **44** BArch RY 58 V 226 / 2 / 8,34 Balder Olden an Schwarzschild, 14.2.1937. — **45** BArch RY 58 V 226 / 2 / 8,36 Joseph Bornstein an Balder Olden, 15.4.1937. — **46** BArch RY 58 V 226 / 2 / 8,37 Balder Olden an Joseph Bornstein, 24.4.1937. — **47** BArch RY 58 V 226 / 2 / 8,40 Balder Olden an Joseph Bornstein, 10.9.1937. — **48** BArch RY 58 V 226 / 2 / 7,261 Siegfried Marck an Leopold Schwarzschild, 31.8.1937. — **49** BArch RY 58 V 226 / 2 / 7,263 Leopold Schwarzschild an Siegfried Marck, 6.9.1937. — **50** Felix Weltsch: *Das Wagnis der Mitte. Ein Beitrag zur Ethik und Politik der Zeit*. Mährisch-Ostrau 1936. — **51** Klaus Mann: »Das Wagnis der Mitte«. In: *NTB* 1937 / 27, v. 3.7.1937. — **52** BArch RY 58 V 226 / 2 / 7,183 Leopold Schwarzschild an Klaus Mann, 16.6.1937. — **53** BArch RY 58 V 226 / 2 / 7,185 Klaus Mann an Leopold Schwarzschild, 24.6.1937. — **54** Klaus Mann hatte den Bund zunächst unterstützt, war aber von Heinrich Mann gebeten worden, im Interesse der Bemühungen um eine deutsche Volksfront wieder auszutreten. In längeren Gesprächen versuchte Schwarzschild, Klaus Mann davon abzuhalten. Er habe – schreibt er an Hermann Kesten – ihm begreiflich zu machen versucht, wie es in Wahrheit um die Einheit bestellt sei, um die Klaus Mann sich sorgte. Nämlich so, dass die Kommunisten ihre Propaganda machen können und die anderen wegen der Einheit nichts dagegen sagen dürfen. Ob das Klaus Mann eingeleuchtet hat, wisse er nicht. Doch seien alle diese Dinge nicht nur Fragen der Überzeugung, sondern auch der Fabrik und des Absatzes. Russland sei ein Markt, und die anderen Märkte ohnehin schwach. (BArch RY 58 V 226 / 2 / 7,60 Leopold Schwarzschild an Hermann Kesten, 4.8.1937). Später meint er dann, Klaus Mann habe sich nicht getraut, auszutreten, obwohl ihm Heinrich Mann furchtbar zusetze. (BArch RY 58 V 226 / 2 / 7,62 Leopold Schwarzschild an Hermann Kesten, 18.8.1937). Doch am 24.8.1937 teilt ihm Klaus Mann mit, er hege Verständnis für die Motive und Tendenzen, aus denen heraus Schwarzschild die Existenz seiner Gruppe als notwendig empfinde, sei aber zu der Überzeugung gelangt, für ihn sei es besser auszuscheiden. Zugleich betont er seine persönliche Sympathie zu Schwarzschild und seine Achtung vor dessen Arbeit und legt ausdrücklich Wert darauf, weiter im *Neuen Tage-Buch* mitarbeiten zu können. (Klaus Mann: *Briefe und Antworten 1922–1949*. Hg. von Martin Gregor-Dellin. München 1987, S. 313 f.). — **55** Klaus Mann: »Der Streit um André Gide«. In: *Die neue Weltbühne* 1937 / 7, v. 11.2.1937, S. 201 ff. — **56** Lion Feuchtwanger: *Moskau 1937. Ein Reisebericht für meine Freunde*. Amsterdam 1937. — **57** Vgl. Karl Kröhnke: *Lion Feuchtwanger – Der Ästhet in der Sowjetunion. Ein Buch nicht nur für seine Freunde*. Stuttgart 1991. — **58** BArch RY 58 V 226 / 2 / 7,54 Hermann Kesten an Joseph Bornstein, 17.7.1937; in der Antwort Schwarzschilds vom 23.7.1937 heißt es, das Büchlein komme gerade recht zur Feier der Umarmung zwischen Stalin und Hitler (BArch RY 58 V 226 / 2 / 7,59). — **59** Leopold Schwarzschild: »Feuchtwangers Botschaft«. In: *NTB* 1937 / 31, v. 31.7.1937 und *NTB* 1937 / 32, v. 7.8.1937. — **60** Leopold Schwarzschild: »Zwei Despotien«. In: *NTB* 1937 / 34, v. 21.8.1937 und *NTB* 1937 / 35, v. 28.8.1937. — **61** BArch RY 58 V 226 / 2 / 7,6 Joseph Bornstein an Leopold Schwarzschild, 1.8.(1937). — **62** BArch RY 58 V 226 / 2 / 7,194 Erika Mann an Leopold Scharzschild, 21.9. (1937). — **63** Im fraglichen Zeitraum sind von ihm erschienen: »Wiedersehen mit Emil« (d. i. Emil Jannings). In: *NTB* 1937 / 33, v. 14.8.1937; »Der deutsche Schauspieler Werner Krauss«. In: *NTB* 1937 / 36, v. 4.9.1937 und »Die Nürnberger Konfession« (über den Nürnberger Parteitag der NSDAP und die Nazi-Propaganda). In: *NTB* 1937 / 38, v. 18.9.1937. — **64** BArch RY 58 V 226 / 2 / 8,207 Berthold Viertel an Leopold Schwarzschild, 23.8.1937. — **65** BArch RY 58 V 226 / 2 / 8,208 Leopold Schwarzschild an Berthold Viertel, 25.8.1937. — **66** BArch RY 58 V 226 / 2 / 8.211 Berthold Viertel an Leopold Schwarzschild, 27.8.1937. – Viertel betrachtete sich also trotz seiner Hoffnung auf den Sozialismus nicht als Sozialist oder gar Kommunist, sondern als einen linksliberalen Intellektuellen. Die von ihm erwarteten Ausführungen zu den ausgesparten Fragen hat Schwarzschild nicht geschrieben.

Ines Katenhusen

Biografie des Scheiterns?

Alexander Dorner, ein deutscher Museumsdirektor in den USA *

Im März 1939, ein gutes Jahr, nachdem er sein Amt als Direktor des Museums der Rhode Island School of Design (RISD) angetreten hatte, erhielt Alexander Dorner eine Sendung von Gemälden aus Europa. Er schaute sich die Werke an und beklagte den schlechten Zustand der Arbeiten des russischen Konstruktivisten El Lissitzky, des Malers der Gruppe *Der Blaue Reiter* Franz Marc und des *De-Stijl*-Künstlers Piet Mondrian. Der Museumsleiter wusste, wovon er sprach: Die beiden Franz-Marc-Bilder und jene El Lissitzkys hatten nur wenige Jahre zuvor der Kunstabteilung des hannoverschen Landesmuseums angehört, deren Direktor er gewesen war. Nun, 1939, erwarb er diese Arbeiten ein zweites Mal, diesmal für das RISD-Museum in Providence. Über die beiden Bilder Mondrians hingegen schrieb er, sie seien ihm unbekannt, es handele sich wohl um von den Nationalsozialisten gestohlene Werke. Er werde sie jedenfalls nicht kaufen.[1]

Dorner war zu dieser Zeit ein gefragter Geschäftspartner für Händler solcher Kunst, die in Deutschland als »entartet« galt und wenig zuvor aus den deutschen Galerien und Museen entfernt worden war. Im Mai 1939 bot ihm ein Berliner Galerist deshalb ein Bild des russischen Malers Wassily Kandinsky an. Dorner lehnte ab. Wiederum handelte es sich um ein Werk, das sich zuvor in seinem Museum in Hannover befunden hatte, jedoch hatte er es damals nicht gekauft, es war vielmehr eine private Leihgabe gewesen. Dorner schrieb: »Ich habe Befürchtungen, diese Sachen zu kaufen (...), weil eines Tages der Besitzer Anspruch erheben und gegen uns klagen könnte.«[2]

Heute, mehr als 60 Jahre später, ist eben dies eingetreten. Das Kandinsky-Bild, die *Improvisation 10*, das als eines der bedeutendsten Gemälde des 20. Jahrhunderts gilt, war von den Nazis aus dem hannoverschen Museum beschlagnahmt worden und über mehrere Umwege an den Schweizer Sammler Beyeler gelangt. Bis heute wird es in Basel gezeigt. Im November 2001 hat der Sohn der ehemaligen Eigentümerin, die mit dem jüdischen Künstler El Lissitzky verheiratet war, Klage gegen den Schweizer Sammler erhoben. Der Fall wurde, bis zur internen Einigung, auf den internationalen Kunstmärkten mit großem Interesse verfolgt, gilt er vor dem Hintergrund des weltweit sensibilisierten Interesses an der Provenienzforschung doch als richtungweisend für künftige Verfahren zur so genannten Nazi-Beutekunst. Und noch ein anderer Grund spielt eine Rolle: Der Wert der

Improvisation 10 wird mittlerweile in Fachkreisen auf rund 20 Mio. Dollar geschätzt. Angesichts der rechtlichen Verwicklungen und der unerfreulichen wechselseitigen Verdächtigungen, die diesen Streitfall kennzeichnen[3], hat Alexander Dorners Weigerung vom Frühjahr 1939, den Kandinsky für das RISD-Museum zurückzukaufen, also etwas sehr Vorwärtsschauendes.

Die *Improvisation 10* ist keinesfalls die einzige ehemalige private Leihgabe für das hannoversche Museum, die heute den Kunstmarkt, die Museen wie die auf Beutekunst spezialisierten Gerichte weltweit gleichermaßen beschäftigt. Die Listen, die in Hannover anlässlich der Beschlagnahmeaktionen der Nazis im Frühsommer 1937 angefertigt wurden, nennen über 250 avantgardistische Werke, die konfisziert und dann entweder vernichtet, vom Staat ins Ausland gegen Devisen verkauft wurden oder verschollen sind.[4] Gemessen an der Größe der Kunstabteilung des hannoverschen Museums hat diese damit überproportional zu der nationalsozialistischen Propagandaausstellung *Entartete Kunst* 1937 beigetragen. Mehr noch: Hinter einer größeren Zahl der hannoverschen Werke steht hinsichtlich der Besitzverhältnisse bis heute ein Fragezeichen. Viele Privatpersonen hatten ihre Gemälde seit Anfang der 1930er Jahre angesichts der wachsenden Gefahr, die für Sammler avantgardistischer Kunst – unter ihnen vielen Juden – bestand, dem Galeriedirektor Dorner mit der Bitte übergeben, sie in den Magazinen seines Hauses zu deponieren, bis wieder sicherere Zeiten kämen. In den Listen dieser privaten Leihgaben finden sich neben dem Kandinsky-Bild Werke von Paul Klee, George Grosz, Piet Mondrian, Fernand Léger, El Lissitzky, Alexej Jawlensky und Marc Chagall – von Künstlern mithin, die heute zu den bedeutendsten Vertretern der Kunst des vergangenen Jahrhunderts gehören.

Wer war dieser Alexander Dorner, der mit einer Mischung aus Begeisterungsfähigkeit und Dynamik, aber auch Arroganz und Rücksichtslosigkeit die Kunstszene Hannovers in den 1920er und frühen 1930er Jahren aktiv ins Zentrum des Interesses an moderner Kunst weltweit holte und über den Serge Chermayeff von der Harvard University im Rückblick des Jahres 1961 sagte, er glaube nicht, dass das, was das Museum of Modern Art in New York geleistet habe, ohne die vorbereitende Arbeit von Dorner in Hannover möglich gewesen wäre?[5] Wer war dieser Mann, der im Nationalsozialismus avantgardistische, zu dieser Zeit als »entartet« verfemte Kunst in seinem Haus länger ausstellte als die meisten seiner deutschen Kollegen, den das FBI 1941 als einen gefährlichen Nazi-Sympathisanten bezeichnete und der kurz vor seinem Tod im November 1957 – eine abermalige Volte, so will es scheinen – von der Regierung in Deutschland als Verfolgter des Nazi-Regimes anerkannt wurde? Und wer schließlich war dieser Mann, den, als er im Herbst 1937 an die amerikanische Ostküste kam, der Kunsthistoriker Walter Cook von der New York University als »großen Fang«[6] für

Amerika bezeichnete, über den es aber nur wenige Jahre später hieß, er sei nicht mehr in der Lage, die hohen Erwartungen zu erfüllen, die man bei seiner Ankunft in den USA gehegt habe?

Die folgenden Ausführungen wollen Antworten auf die Frage geben helfen, warum viele unter den rund 130 deutschen Kunsthistorikern und Museumsdirektoren, die während der Nazi-Herrschaft in die USA emigrierten[7], in dem neuen politischen und kulturellen Umfeld so schlecht Fuß fassen konnten und scheiterten. Der ambivalente und widersprüchliche Charakter des nicht-jüdischen Deutschen Alexander Dorner liefert dafür ein Beispiel.

Alexander Adelbert Dorner[8] wird im Januar 1893 als Sohn einer in Indien aufgewachsenen Engländerin und eines Königsberger Professors für Theologie geboren. Sein Vater wie sein Großvater gehören zu den einflussreichsten Wissenschaftlern; Dorner wird später davon profitieren, dass sein Großvater u. a. die Ehrendoktorwürde der Harvard und der Columbia University besaß, und er wird schreiben: »Ich weiss, dass all dies nicht mein Verdienst ist, aber ich betrachte es als ein Erbe, das ich zu erhalten habe.«[9] Der Vater hält kostenlose Philosophievorlesungen für die Königsberger Arbeiter, die Dorner bereits früh für vollkommen an deren Interessen vorbeigehend wahrnimmt. Von der Mutter Englisch zu lernen wird ihm verboten, weil dies keine »klassische« Sprache sei, statt dessen erfährt er eine humanistische Ausbildung. Wichtig ist der Austausch mit dem gegen den Willen des Vaters naturwissenschaftlich orientierten Bruder Hermann, der später einer der bedeutendsten deutschen und auch US-amerikanischen Flugpioniere wird. Doch trotz des Interesses an den Naturwissenschaften steht der Berufswunsch des 19-jährigen Abiturienten fest: Als einziger seines Jahrganges – alle anderen sind künftige ostpreußische Gutsbesitzer, Juristen oder Offiziere – gibt er an, Kunstgeschichte studieren zu wollen.

1912 immatrikuliert er sich an der Königsberger Universität. Hier erholt er sich allerdings zunächst in erster Linie von der Schulzeit, ansonsten treibt er Sport und schließt sich einer schlagenden Studentenverbindung an. An einem Degenhieb auf die linke Gesichtshälfte, den er anlässlich eines studentischen Duells erhält, stirbt er fast. Später, in den USA, wird Dorner sich bevorzugt von der rechten Seite fotografieren lassen. Schließlich war und ist in Deutschland noch lange Zeit eine solche Narbe Hinweis auf eine national gesinnte, rechte politische Gesinnung. Ob Dorner eine solche zu dieser Zeit hatte, bleibt differenzierter auszuleuchten. In jedem Fall sind seine Aufzeichnungen dieser Jahre von Überheblichkeit wie Oberflächlichkeit gleichermaßen geprägt.

Bevor er anfängt, sich für das eigentliche Studium zu interessieren, beginnt der Erste Weltkrieg. Dorner, gerade 21-jährig, meldet sich als Kriegsfreiwilliger und wechselt für die nächsten vier Jahre Studium und

Kriegsdienst ab, immer wieder unterbrochen von längeren Aufenthalten in verschiedenen Lazaretten in Frankreich und Italien. Einmal explodiert eine Granate unmittelbar in seiner Nähe, ein anderes Mal wird er verschüttet und kann mehrere Tage nicht geborgen werden. Sein Leben lang wird er unter epileptischen Anfällen und Konzentrationsschwierigkeiten leiden. Sein New Yorker Arzt argumentiert Mitte der 1950er Jahre gar, Dorner habe seit den Erfahrungen im Krieg an einer leichten Form von Schizophrenie gelitten.[10] In jedem Fall zeigen seine Kriegstagebücher, dass hier ein Sohn aus bestem Hause seinen Platz in einer Umgebung sucht, die sich so ganz von dem unterscheidet, was sein professoral-humanistisches und auch ausgeprägt elitäres Elternhaus ihm bisher vermittelt hat.[11]

1915 wechselt Dorner die Universität und studiert nun, gemeinsam u. a. mit Erwin Panofsky, Kunstgeschichte, Archäologie, Philosophie und Geschichte in Berlin. Später schreibt er über diese Zeit, er habe hier bald zu einer Gruppe widerspenstiger junger Männer und Frauen gehört. Was sie so ungeduldig gemacht habe, sei der übliche Mangel an Verbindung zwischen ihrer Wissenschaft und dem Leben gewesen. Langsam geht er in dieser Zeit dazu über, hinter die sorgfältig analysierte Fassade der wechselnden Stile nach jenen Ursachen zu suchen, die diesen Wandel bedingten. Die Suche nach den Verbindungen zu seiner Gegenwart wird ihm schon jetzt zum Maßstab kunsthistorischer Arbeit. Seine persönlichen Aufzeichnungen aus den deutschen wie den späteren amerikanischen Jahren enthalten viele ironische Bemerkungen über Kollegen, die nur Details auf Details häufen; totes Wissen in seinen Augen, ohne das tatsächliche Leben zu berücksichtigen. In der letzten Phase des Studiums entwickelt er sich zum Anhänger des Wiener Kunsthistorikers Alois Riegl, der an der Berliner Universität einen neuen Erklärungsansatz für Veränderungen und Abfolgen in der Kunstgeschichte entwickelt hatte, indem er von einem bewussten »Kunstwollen« ausging und damit, so Dorner, »eine Brise frischer Luft in das Kunsthistorische Seminar in Berlin gebracht hat, das ohne ihn hoffnungslos veraltet und unflexibel geblieben wäre.«[12]

Die Dissertation über romanische Kunst beendet Dorner im Mai 1919[13], inmitten politisch-sozialer Wirren. Er findet eine Anstellung an Hannovers Provinzialmuseum, einer Institution, die rund 70 Jahre zuvor von kunstsinnigen Bürgern, unterstützt vom lokalen Herrscherhaus, gegründet worden ist und in der neben Kunstgegenständen auch Exponate aus der Urgeschichte sowie der Völker- und der Naturgeschichte ausgestellt werden. Die Gemäldegalerie ist dabei alles andere als qualitativ minderwertig, nur hat der persönliche Geschmack jener, die sie zusammengebracht haben, dafür gesorgt, dass zeitgenössische künstlerische Strömungen, etwa der Naturalismus, der Expressionismus und erst recht der Konstruktivismus, ausgeschlossen blieben. Kunst, die das Gesehene nicht möglichst detailgetreu wiedergibt und den Betrachter im Sinn des Schönen erzieht, hat in Hannover bis zu diesem Zeitpunkt keine große Chance auf Förderung gehabt. In diesem Kurs ist die Stadt – mit rund 430.000 Einwohnern zu Beginn der 1920er Jahre die neuntgrößte im Deutschen Reich – keine Besonderheit.[14] Zudem hängen, bedingt durch persönliche Interessen der lokalen Sponsoren und Kunstpolitiker, die Bilder und Skulpturen aller Epochen ohne ein für Außenstehende erkennbares Ordnungskonzept in großer Zahl zusammen: Die Wände sind vom Boden bis zur Decke, wie in einem Briefmarkenalbum, mit Kunstwerken bedeckt, ein Besuch hier ist für viele, wie der Künstler El Lissitzky es später nennen wird, wie ein Besuch im Zoo, »wo die Besucher gleichzeitig von tausend verschiedenen Bestien angebrüllt werden.«[15]

Dorner ist Berufsanfänger, zunächst ein so genannter »wissenschaftlicher Hilfsarbeiter« ohne gesicherte Position, und doch lässt sich in den Akten nachlesen, dass er von Beginn an auf Änderungen drängt. Nachdem Anfang der 1920er Jahre damit begonnen wurde, das hannoversche Museumswesen generell zu reformieren[16], ergreift er die Initiative, Werke, die er für qualitativ minderwertig hält, in den Depots verschwinden zu lassen. Eine weitere Aufgabe besteht für ihn darin, die Sammlung erstmals überhaupt einem ordnenden Konzept zu unterstellen. Nachdem ihm 1923 die Leitung der Gemäldegalerie übertragen wurde – er ist mit 30 Jahren der jüngste Museumsdirektor in Europa –, besitzt er dazu auch offiziell die Befugnisse, die er sich in den vorangegangen Jahren durch Selbstbewusstsein und Kompetenz bereits erarbeitet hat. 1927, als die Neuordnung fast abgeschlossen ist, schreibt er: »Der Sinn eines Kunstmuseums ist damit nicht erfüllt, dass seine Schätze nach Möglichkeit gut aufgestellt und seine Räume ordentlich hergerichtet sind. Ein Kunstmuseum ist ein Erziehungsinstitut, einmal um den Geschmack zu bilden, zum anderen aber – und das ist viel wichtiger –, um die Entwicklung des menschlichen Geistes in seinem unabhängigsten und lebendigsten Objekt zu zeigen, nämlich dem Kunstwerk.«[17]

In den neu geordneten Räumen wurde der Besucher in einem chronologisch angelegten Rundgang durch die Kunstgeschichte geführt. Nicht um die jeweilige Kunstepoche zu imitieren, sondern um ihr Lebensgefühl, wie es sich ihm darstellt, zu vermitteln[18], richtet Dorner so genannte Stimmungs- oder Atmosphäreräume ein. Den Zusammenhang künstlerischer Epochen versucht er dadurch zu vermitteln, dass er die Räume jeweils unterschiedlich farbig gestaltet: Die mittelalterliche Kunst zeigt er in Räumen mit dunkler Wandbespannung, um die Atmosphäre in mittelalterlichen Kirchen nachzuempfinden. Kunst des Barock hängt in roten Samtbespannungen, im Rokokoraum sind die Wände graugelb gestrichen. Während der Fußboden fast überall neutral bleibt, sollen Sitzgelegenheiten und andere Möbel das Einfühlen in die jeweilige Epoche noch verstärken. Erläuternde Texte stehen überall, wenn auch unaufdringlich, zur Verfügung, und Dorners Notizen aus der Zeit verweisen darauf, dass die Idee, dem Besucher Informationen über Kopfhörer und Lautsprecher zu vermitteln, nicht erst in Providence entstand, in Hannover allerdings an der technischen Umsetzung scheiterte.

Dorner ist nicht der einzige Museumsleiter seiner Zeit, der sich mit einer Neuformulierung des Museumsbegriffs beschäftigt, und die Idee der Färbung von Ausstellungsräumen stammt auch keineswegs originär von ihm.[19] Doch seine Neuordnung der Sammlungsbestände gilt bald als vorbildlich und konsequent, und der junge, energische Museumsleiter erlangt das Interesse seiner Kollegen in Deutschland, aber auch international. Dies verstärkt sich noch, als ab 1926 das Abstrakte Kabinett eingerichtet wird, das den zeitlichen Endpunkt der Reise durch die Kunstgeschichte markieren soll. Es entsteht in Kooperation mit dem konstruktivistischen Künstler El Lissitzky und stellt den Versuch dar, einen Museumsraum zu entwerfen, der durch seine Fähigkeit, sich selbst je nach Standpunkt des Betrachters zu verändern, selbst dynamisch wirkt und aktiv ist.[20] Als Ausdruck der aus der ungegenständlichen Kunst geborenen zeitgenössischen Wirklichkeit ist es für Dorner die konsequente Weiterführung von seiner Überzeugung einer evolutionären, sich aus dem Vorhergehenden entwickelnden Kunst. In Deutschland, aber auch international, ruft das Kabinett der Abstrakten außerordentliches Interesse, ja Begeisterung hervor – Alfred Barr vom New Yorker Museum of Modern Art besucht es noch Mitte der 1930er Jahre und nennt es rückblickend den wahrscheinlich bekanntesten Einzelraum in der Kunstwelt des 20. Jahrhunderts.[21]

Es wäre untypisch für Dorner, bei jener Kunst, die im Abstrakten Kabinett gezeigt wird, stehen zu bleiben: Ein neuer zeitlicher End- und gleichzeitiger Höhepunkt seiner Neuordnung soll 1930 der Raum der Gegenwart sein, den er gemeinsam mit dem ungarischen Künstler Laszlo Moholy-Nagy plant. Hier sollen moderne Erfindungen aus der Naturwissenschaft und der Technik einbezogen werden, sollen Filme und Fotos den Einfluss dieser Neuerungen auf die visuelle Kultur der Zeit verdeutlichen.[22] Die Folgen der Weltwirtschaftskrise, aber auch die kulturpolitischen Verschärfungen bereiten der Realisierung dieses Plans jedoch ein Ende, eines Plans immerhin, der national wie international einen weiteren Meilenstein in der Kunst- und Museumskonzeption des frühen 20. Jahrhunderts bedeutet hätte.

Dorners kunst- und museumstheoretisches Konzept dieser Jahre beinhaltet, dass er keine durch die Zugehörigkeit zu einer spezifischen Epoche bedingte Unterscheidung in – sehr verkürzt formuliert – gute oder schlechte Kunst, langweilige oder interessante unternimmt. Wenn ihm indes auch eine große Anzahl spektakulärer Ankäufe von Kunstwerken vergangener Epochen gelingt und, gemessen an der Zahl wie den Summen, dies absolute Priorität in seiner Ankaufspolitik einnimmt, nehmen weite Teile der interessierten Öffentlichkeit ihn doch in erster Linie als Förderer der Moderne wahr. Tatsächlich ist er der erste Museumsdirektor weltweit, der Werke etwa von Piet Mondrian, Naum Gabo, Kazimir Malewitsch und El Lissitzky nicht nur ankauft, sondern in einem Museum – seinem Museum – auch dauernd ausstellt. Die Kontakte, die er in der ersten Hälfte der 1920er Jahre zu Galeristen, Sammlern und Künstlern weltweit knüpft, sind zahlreich; erst durch ihn taucht Hannover auf der Landkarte der avantgardistischen Kunstszene überhaupt auf. Mit Energie strebt er darüber hinaus einflussreiche Posten in verschiedenen Kunstvereinigungen an. Er baut dadurch seine Position aus und macht sich unentbehrlich.[23]

Freilich rufen die Methoden, derer er sich dabei bedient, nicht nur Neider, sondern auch Gegner auf den Plan. So räumt das entwicklungsgeschichtlich bestimmte Konzept seiner Neuordnung den Museumsbesucherinnen und -besuchern in der Überzeugung mancher Kritiker zu wenig Freiräume für eigene Erlebnisse und Erfahrungen ein. Dorner propagiere »Bildungstyrannei«, heißt es etwa im Dezember 1931 in der *Frankfurter Zeitung*, er versuche sein Museum »mit den Methoden eines Gestüts« zu führen: »Was aber wäre schon gewonnen, wenn wir Mensch und Menschen zu fertig bereiteten historischen Erkenntnissen, wie zum Drill, hinführen würden. Das heißt das Leid der Schuljahre auf das Leben übertragen; das Leben aber läßt sich nicht in einem Kasernenhof begreifen.«[24] Für Dorner steht die Replik auf derlei Kommentare fest: Sie seien verfasst von Neidern, die ihm seinen guten Ruf missgönnten, und mithin irrelevant.

Dass diese Kritik auch durch die Enttäuschung jener geprägt ist, die sich von den Reformdiskussionen im Museumswesen allgemein und konkret von Dorners Arbeit in Hannover einen greifbareren Beitrag zur Demokratisierung des deutschen Bildungs- und Kulturbereichs in der Weimarer Republik und damit auch zur Stärkung des neuen politischen Systems erhofft haben und zu wenig von beidem realisiert sehen, will oder kann er nicht akzeptieren. Das Kriegsende und der Zusammenbruch der Wilhelminischen Monarchie haben diesen lange entwickelten Reformplänen Auftrieb gegeben, in vielen öffentlichen Kunstmuseen der 1920er Jahre haben sich unter den neuen Vorzeichen bemerkenswerte Wandlungen vollzogen. Mancher lang gediente Direktor hat sich, bisweilen durchaus aus innerer Überzeugung, in kurzer Zeit zu einem engagierten Museumsreformer und Anwalt einer Öffnung dieser einstmals bildungsbürgerlich dominierten Institution für neue Gesellschaftsschichten entwickelt, und der junge Dorner hat sich mit seiner frischen und von Traditionen scheinbar unvoreingenommenen Arbeit in Hannover als Hoffnungsträger der neuen Zeiten geradezu an die Spitze dieser Bewegung gesetzt. Doch so wie sich unter den deutschen Museumsdirektoren in der Weimarer Republik allgemein keine politischen Revolutionäre finden, so ist auch Alexander Dorner letztlich nicht bereit, die ihm nach seiner Überzeugung durch Sozialisation und Amt zustehende Rolle als überlegener Deuter und Vermittler kultur- und kunsthistorischer Zusammenhänge zugunsten politischerer, demokratischerer Experimente aufzugeben.[25] Wie die meisten seiner Kollegen im Deutschen Reich entstammt er dem konservativen und national geprägten Bildungsbürgertum. Mag ihm, wie ihnen, das künstlerisch-kulturpolitische Klima der 1920er Jahre wie der neue politische Spielraum für die Umsetzung der Reformpläne auch willkommen sein, so wird er, den seine Stieftochter rückblickend auf die 1920er Jahre als »gefühlsmäßigen Sozialdemokraten«[26] bezeichnete, damit doch noch lange nicht zu einem verlässlichen Anwalt des demokratischen Weimarer Staates.

Doch auch die museumsreformerische Haltung gibt Anlass zur Kritik. So ist vornehmlich bildungsbürgerlichen Zeitgenossen seine Arbeit unverständlich oder auch »zu modern«; sie verstehen nicht, warum er sich an diejenigen wendet, die noch nie ein Museum besucht haben und ihnen die Moderne erklären will, warum er auch im Museum einen Wettbewerb veranstaltet, in dem derjenige gewinnt, der die meisten Reproduktionen in einer Kunstausstellung entdeckt, und warum er frohlockend mit dem Ergebnis an die Öffentlichkeit tritt, es seien nicht seine Kollegen, sondern hannoversche Schüler gewesen.[27] Andere haben Schwierigkeiten mit einem Charakter, der nicht frei von Egoismus und Bereitschaft zur Intrige ist, einem unerbittlichen Feilscher, den auch der Hinweis auf die Armut vieler junger, zeitgenössischer Künstler nicht vor massiver Preisdrückerei bewahrt. Dorner versteht es, sich ins rechte Licht zu rücken; Briefe, die seine Neuordnung loben, manipuliert er und lässt sie noch ein wenig positiver erscheinen, Kritiken und Änderungsanregungen dagegen ignoriert er. Er ist bekannt für seinen großzügigen Umgang mit den Finanzen des Provinzialmuseums und sieht kein größeres Problem darin, bei Ankaufsaktionen Provisionen für sich persönlich einzubehalten. Private Leihgaben für sein Haus, noch dazu von wenig bekannten Künstlern – und viele der heute weltberühmten Vertreter der Klassischen Moderne sind eben dies – nimmt er gern in Empfang, indem er mit dem Hinweis auf seine hervorragenden internationalen Kontakte zusagt, einen Ankauf zu vermitteln oder das Bild für sein Museum erwerben zu wollen. War es die zweite Variante, so wird er es in der Regel mehrfach gegen ein besseres neues Werk tauschen und manchmal hoffen, der rechtmäßige Eigentümer werde vergessen, dass er es jemals Dorner gegeben hat.[28] Allerdings sollten diese Tatsachen nicht vergessen lassen, dass Dorner mit seinem Engagement für noch nicht anerkannte zeitgenössische Kunst vielen jungen Künstlern überhaupt erst ein Forum bietet, sich und ihre Arbeit zu präsentieren. Und dass der junge hannoversche Museumsdirektor jemand ist, dessen Wort zumindest bei jenen Gewicht hatte, die wie er die

Moderne förderten, das geht aus vielen Dokumenten der Zeit hervor. Anders sieht dies freilich mit den Gegnern der Moderne aus, die seit Ende der 1920er Jahre mit dem Aufstieg des Nationalsozialismus zahlreicher werden. Dorners Verankerung im internationalen Netzwerk der Avantgarde wie sein Lebenswandel sorgen für immer größeren Unmut. Der Museumsleiter gilt als lebenslustiger Mann, jemand, der ihn gut kennt, nennt ihn später rückblickend einen typischen »Salonbolschewisten«[29], der mit bürgerlichen Moralvorstellungen nicht viel anzufangen wusste. 1935 heiratet er 42-jährig ein viertes Mal, was eine Reihe von Zeitgenossen zu anonymen Briefen an die vorgesetzten Behörden veranlasst. Vielleicht wird Dorner auch wegen dieser unangenehmen Erfahrungen im bürgerlichen Hannover in den offiziellen Dokumenten, die er für die Immigrationsformalitäten in den USA auszufüllen hat, die drei vorangegangenen Ehefrauen, mit denen es im Übrigen viel Ärger gab, vorsichtshalber verschweigen.

Im nationalsozialistischen Deutschland reagiert Dorner auf die – in seinen Worten – »bösartigen und hässlichen Wühlereien«[30] gegen seine Person, indem er Anfang April 1933 die Mitgliedschaft in die NSDAP beantragt. Dies ist selbst für den Angehörigen eines Berufsstandes verhältnismäßig früh, der zumindest in der Anfangsphase des NS-Regimes vielfach zu jenen Elementen gewisse Sympathien entwickelt, die das Konservative, Nationalgesonnene betonen, ehe sie in der Mehrzahl das kunstpolitische wie das politische System des Nationalsozialismus ablehnen werden.[31] Dorner wird im Frühjahr 1933 ohne Angabe von Gründen die Mitgliedschaft in der NSDAP verweigert.[32] Umso mehr gibt er sich im Folgenden Mühe, seine angeblich langjährige nationalsozialistische Gesinnung nach außen hin unter Beweis zu stellen. Schon wenige Wochen nach dem Machtantritt Hitlers überzeugt er die vorgesetzten Behörden davon, das Gros jener Bilder, die der nationalsozialistischen Ideologie folgend als »entartet« gelten, im Museum zu belassen, indem er darauf verweist, dass sie ja die Entwicklungsgeschichte der Kunst, also auch deren »Irrwege« symbolisieren. Als ein solcher »Irrweg« gilt ihm der durch Künstler wie Nolde und Kirchner vertretene Expressionismus, den er als »Verfallen in die passive Nervenspalterei« wertet und als Symbol der Gefahr, »die die ganze Periode des liberalistischen Individualismus«[33], als die er die Weimarer Republik bezeichnet, bedroht habe. Gleichzeitig bemüht er sich um eine positive Interpretation der von ihm geschätzten Manifestationen moderner Kunst als einer Art Kunst der Volksgemeinschaft und zeigt sich mehr als bereitwillig, all jenes auszusondern, was er nicht dazu zählt. Die abstrakte Kunst deutet er dabei als Vorstufe einer zukünftigen deutschen Volkskunst. Da er die Kunst im Nationalsozialismus – auch hier seinem entwicklungsgeschichtlichen Konzept folgend – als auf dem Bisherigen aufbauend deutet, ist es jenseits aller moralischen Kategorien für ihn konsequent, einzelne Werke des Kubismus und Konstruktivismus entfernen zu lassen und »an ihre Stelle Photomontagen nationalsozialistischer Propaganda oder andere jüngste Kunstwerke« zu setzen, »die die Auswirkungen des Kubismus oder Konstruktivismus hervorheben, so dass wir die Ursachen, nämlich diese Richtung selbst, nur in einem typischen Beispiel ausstellen.« Damit, so Dorner weiter, »wäre das Gesicht dieser Räume nach außen hin durchaus im gedachten Sinne verändert, ihre Bedeutung aber nicht verloren.«[34]

Mögen in anderen Städten jene Museumsleiter, die sich während der Weimarer Republik als Förderer der Avantgarde einen Namen gemacht haben, allmählich aus ihren Ämtern gedrängt werden, Alexander Dorner bleibt am Provinzialmuseum (seit Juli 1933: Landesmuseum). Er wird gestützt durch Vorgesetzte in der Provinzialbehörde, die weiter an seine fachliche Qualifikation glauben und wohl auch ihrerseits zunächst nicht von der Notwendigkeit zu überzeugen sind, die nationalsozialistischen kunstpolitischen Prämissen aus Berlin, die zudem zunächst durch Widersprüchlichkeiten geprägt waren, in Hannover eilfertig umzusetzen. Diese Rückendeckung bestärkt Dorner in der Überzeugung, eine mutige und ehrenvolle Arbeit zu tun; eine Überzeugung, die er zumindest nach außen hin bis zu seinem Tod nicht aufgeben wird. An den Kollegen Sigfried Giedion schreibt er im Herbst 1934 nach Zürich, er habe »versucht zu beweisen, dass auch der Nationalsozialismus gerade dieser modernen Bewegung sehr viel verdankt und ohne sie nicht existieren kann«. Er wisse nicht, »was man an meiner Stelle hätte besseres tun können. Wenn einer nicht gekniffen hat, so bin ich es, und ich kann nur sagen, dass es für mich ekelhaft ist, dieses Ihnen nun noch (...) beweisen zu müssen«.[35] Wenn Künstler ihn bitten, ihre Bilder zu entfernen, statt sie unter solch diskreditierenden Umständen auszustellen, weigert er sich: Das Museum habe die Werke schließlich erworben, also könne er als Direktor damit machen, was er wolle. Wie sehr dieses Verhalten nach dem Zusammenbruch des Nationalsozialismus auf seiner Biografie lastet, macht ein Brief des nach England emigrierten Kurt Schwitters, eines einstmals guten Bekannten, an den hannoverschen Malerkollegen Otto Gleichmann vom Juli 1946 deutlich, in dem es bitterironisch heißt: »Dr. Dorner ist in USA. Aber ich schreibe ihm selten. Hatte er nicht damals im Landesmuseum die kleinen Zettel an den Bildern verdächtiger Maler. Klee war, wie ich mich erinnere, ein ›typisches Beispiel jüdisch-verseuchter Kunst‹. Sie waren ja auch auf Ihrer letzten Kestner-Ausstellung jüdisch-verseucht. Ich hoffe, es hat Ihnen nicht geschadet. Ich war laut Dorner gute abstrakte Gestaltung, die nur noch mit nationalsozialistischem Geist gefüllt werden muss. Darauf kann er lange warten.«[36]

Doch auch die Bekenntnisse zum Nationalsozialismus reichen wenige Jahre nach 1933 nicht mehr aus, Alexander Dorner im Amt zu halten. In der zweiten Hälfte des Jahres 1936 passiert, was später – freilich unter vollständig anderen politischen Vorzeichen – in Providence wieder geschieht: Dorner wird von eigener Unzulänglichkeit und eigenem Fehlverhalten eingeholt und macht es seinen Gegnern leicht, sich seiner zu entledigen. Verschiedene Dokumente weisen darauf hin, dass er in dieser Zeit tatsächlich unter Beobachtung der Gestapo steht, doch aus dem Dienst am hannoverschen Museum wird er im Februar 1937 wegen des Verdachts entlassen, Gelder veruntreut zu haben.[37] Es ist keine Frage, dass dies der schnellere Weg war, einfacher als ihm politische Unzuverlässigkeit nachzuweisen. Doch es liegen tatsächlich Beweise für finanzielle Unregelmäßigkeiten vor – wie bereits mehrfach zuvor, nur eben jetzt nicht länger geduldet. Allerdings steht in Frage, ob Gustav Pauli, ehemaliger Direktor der Hamburger Kunsthalle, den jungen hannoverschen Kollegen 1935 tatsächlich noch zu seinem Nachfolger hatte machen wollen, wie Dorner nach Ende des Zweiten Weltkriegs mit Blick auf seine Restitutionsforderung an das Land Niedersachsen geltend zu machen suchen wird.[38]

Dorner zieht mit seiner Frau Lydia nach Berlin und versucht, als Reisejournalist des Ullstein-Verlages und Drehbuchautor für Ufa-Filme zu arbeiten, doch bald schon wird es den Zeitungen verboten, seine Texte zu drucken. Immer stärker fühlt er sich bedroht und beschließt deshalb nach eigener Aussage im Sommer 1937 spontan, gemeinsam mit Lydia über Paris in die USA auszureisen. Noch im Zug, so wird er später oft erzählen und schreiben, wollten ihn die Nazis verhaften, nur mit List und Mühe habe er sich dem entziehen können.[39] Das liest sich plausibel – nur kann es so nicht zutreffen. Korrespondenzen mit Freunden und Familienmitgliedern enthalten schon seit langem Hinweise auf eine wachsende Bereitschaft, den Dienst zu quittieren, Deutschland zu verlassen und die Verdächtigungen und Bespitzelungen am Museum wie im Privatleben hinter sich zu lassen. Deshalb hat er nicht nur Alfred Barr, als der ihn 1935 in Hannover besuchte, schon gebeten, für ihn eine Position in den USA zu suchen. Auch eine Reihe anderer Kollegen und Freunde in den USA hat ihm seit längerem ihre Unterstützung bei seinen Übersiedlungsplänen zugesagt. Zudem haben sowohl seine Frau als auch er, als sie am 2. August 1937 in den Hafen von New York einlaufen, ein von den Berliner Behörden abgestempeltes Visum; etwas, was angesichts der Schilderung einer übereilten Flucht ungewöhnlich ist.[40] Ebenso wenig war ein Bleiben im Deutschen Reich möglich. Während das Ehepaar die ersten ungewissen Schritte in der Neuen Welt wagt, wird ein Teil seines Hausrats in Berlin versteigert.[41] In diesen Wochen verschwindet auf ungeklärte Weise auch eine Reihe von Kunstwerken, die sich sowohl in der privaten Wohnung wie auch im Keller des Museums befanden, darunter ein Bild von El Lissitzky, eine private Schenkung, die, so Dorner, ihm in einen Teppich eingewickelt in die USA hätte nachgeschickt werden sollen, dort aber nie ankommt.

Das Visum ist ausgestellt auf einen Kurzbesuch bei dem Architekten und Bauhaus-Begründer Walter Gropius, der selbst erst kurz zuvor an der Ostküste angekommen ist, um an der Harvard University zu arbeiten. Dorner und Gropius sind seit Anfang der 1920er Jahre eng miteinander befreundet. Zum einen lernte Walter Gropius seine spätere Frau Ilse (Ise), eine gebürtige Hannoveranerin, anlässlich eines Vortrags im Provinzialmuseum kennen, zum anderen hat er seit 1924 in seinem Kampf für das politisch wie kunstpolitisch umkämpfte Bauhaus Unterstützung von dem jungen hannoverschen Museumsmann erfahren. Ebenso wie Alfred Barr und Erwin Panofsky, der einstige Kommilitone Dorners, der nun in Princeton ansässig ist, hat auch Gropius vor Dorners Ankunft bereits begonnen, für den Freund eine Beschäftigung in den USA zu suchen. Während der ersten Wochen seines Besuchs ist Dorner fast täglich Gastredner in einer der großen Universitäten, in Museen und Colleges an der Ostküste. Doch zunächst tut sich trotz der Unterstützung des New Yorker Emergency Committees in Aid of Displaced Foreign Scholars nirgendwo ein Weg auf. Mitte 1937 sind geflohene deutsche Kunsthistoriker schon in mehreren Wellen in den USA eingetroffen, vielerorts ist der Bedarf, wie in den Korrespondenzen US-amerikanischer Kunsthistoriker unumwunden mitgeteilt wird, bereits gedeckt. Dorner erfährt nur Absagen, wenn auch verbunden mit der Anerkennung seiner Arbeit und mit Verwunderung über »Deutschlands gegenwärtige Neigung, auf so viele bemerkenswerte Zeitgenossen zu verzichten«[42], wie es heißt. Auch Dorners Mitarbeit bei der Vorbereitung der großen Bauhaus-Ausstellung im New Yorker Museum of Modern Art im Spätsommer 1937 hilft nicht weiter.[43]

Doch dann schließlich bekommt Alexander Dorner zum Jahresbeginn 1938 als einer von zwei deutschen Kunsthistorikern in den USA die Chance auf eine Stellung als Museumsleiter.[44] Sowohl Erwin Panofsky als auch Alfred Barr hatten für ihn Kontakte zu dem reichen und einflussreichen Sammler und Kunstliebhaber John Nicholas Brown in Providence aufgenommen, der im Vorstand des dortigen Museums der Rhode Island School of Design sitzt. Barr etwa empfiehlt ihn Brown im September 1937 mit besonderem Nachdruck als aufrechten Streiter für die künstlerische Avantgarde, der den Nationalsozialisten bis zuletzt die Stirn geboten habe, und »weil ich denke, dass seine Position in Hannover sehr ähnlich jener ist, die in Providence zu besetzen ist und von der ich denke, dass er sie ausgezeichnet ausfüllen wird. Er steht keiner politischen Partei nahe und ist durch und durch nichtjüdisch.«[45] Wie für Barr, so ist auch für Walter Cook vom Institute of Fine Arts der New York University Dorner der geeignete Mann. Interessanterweise betont Cook ebenfalls zunächst die Tatsache, dass die Dorners keine Juden seien, was wohl als Hinweis auf den Antisemitismus an den Universitäten der amerikanischen Ostküste zu verstehen ist.[46] Cook fügt dann hinzu: »Er wird das Museum auf die Landkarte bringen, wie das nie zuvor der Fall war, er wird dem Publikum das Museum nahebringen.«[47] Brown antwortet auf diese Vorschläge, er könne sich zwar noch nicht vorstellen, einen Deutschen in der Position zu sehen, da Cooks Empfehlung aber so gut und Dorners Ruf so außerordentlich sei, sei sein Name auf jeden Fall ein großes Plus auf der Besetzungsliste.

Im Oktober 1937 treffen sich Brown und Dorner zum ersten Mal in New York und finden einander auf Anhieb sympathisch. Gleichzeitig versucht Walter Gropius auf andere Weise, Dorner in eine gute Ausgangsposition zu bringen. Sein Gewährsmann ist Philip Youtz, der Leiter des Brooklyn Museums. Youtz wiederum steht bereits seit längerem mit den Verantwortlichen in Providence in Verbindung und sieht eine Gelegenheit zur institutionellen Reform des Museums. Am gleichen Tag, an dem er Gropius' Empfehlungsschreiben für Dorner bekommt, schreibt er an die Präsidentin des zu diesem Zeitpunkt ca. 60 Jahre alten, von Privatleuten gegründeten und aufrechterhaltenen Museums, das der renommiertesten Designschule an der Ostküste angeschlossen ist[48], wie er sich diese Reform vorstellt. Und zwar hofft er, es werde sich unter Dorners neuer Leitung »zu einer Art Neuem Bauhaus«[49] entwickeln und das in künstlerischer Hinsicht nicht eben progressive, sondern eher provinzielle Providence und darüber hinaus ganz Neu-England intellektuell befruchten. Jemanden wie Dorner, der in der Kunstszene sehr einflussreich sei, als Kandidaten für den Posten des Direktors einzuladen und zusätzlich dazu eine Reihe von Vorträgen mit den aus Deutschland emigrierten Bauhauskünstlern wie Gropius, Herbert Bayer und Josef Albers, aber auch dem Architekten Richard Neutra und anderen zu institutionalisieren, halte er für eine hervorragende Chance.

Mit der Initiative so einflussreicher Freunde und Bekannter, die auf vielfältige Weise auf den Neuankömmling Alexander Dorner aufmerksam machen, ist der deutsche Kunsthistoriker, der den Nazis getrotzt zu haben und für einen Neubeginn an der Rhode Island School zu stehen scheint, im Spätherbst 1937 der einflussreichste Kandidat für die Position des Museumsleiters. Vergessen scheint die Tatsache, dass gerade erst kurz zuvor, im April 1937, ein neuer, sehr einflussreicher und selbstbewusster Vize-Direktor der Rhode Island School of Design ernannt worden ist, dem auch Dorner zu unterstehen hat. Am 13. Dezember 1937 wird der Öffentlichkeit der neue Museumsleiter Alexander Dorner vorgestellt. Besonders wird betont, dass dieser zutiefst interessiert daran sei, die Kunstgeschichte in engen Kontakt zum täglichen Dasein zu bringen und damit die reichen Bestände des Museums in neuem Licht zu präsentieren.[50]

Damit muss bei Dorner geradezu der Eindruck entstehen, er sei angestellt worden, um die Reform und Modernisierung des RISD-Museums zu realisieren. Sein Weg, eben dies zu tun, ist exakt jener, der sich vor knapp zwei Jahrzehnten schon in Hannover bewährt hat. Sofort macht er sich an die Umgestaltung der Galerien zu »atmosphere rooms« nach entwicklungsgeschichtlich-chronologischen Gesichtspunkten. Wieder verschwindet eine größere Zahl von Arbeiten in den Depots, Sofas und andere Sitzmöbel werden angekauft, neue Beleuchtungsmöglichkeiten ausprobiert, wieder auch verzichtet Dorner, hierin ganz in der Bauhaus-Tradition, auf die Trennung zwischen den so genannten angewandten und den bildenden Künsten. Sockel und Podeste werden entfernt, auffällige Bilderrahmen durch neutralere ersetzt, um den Kunstobjekten mehr Bedeutung zu verleihen. In einem Bericht erläutert er: »Um den Charakter griechischer antiker Kunst zu betonen, versucht die Ausstellung, in ihrer Farbgebung wie der Anordnung, den unbeschwerten Charakter griechischer und römischer Kunst, die Lebensbedingungen des Einzelnen und die farbige Atmosphäre von Landschaft und Kunst hervorzuheben.«[51] Ein Sarkophag verkörpert in dreidimensionaler Weise einen antiken Tempel und wird wie eine Akropolis gegen die beleuchtete Decke und die himmelblau getünchten Wände gesetzt. Weil die Fenster zum Garten im Innenhof seiner Überzeugung nach die atmosphärische Wirkung der neuen Räume mindert, bringt er insgesamt zehn transparente Bilder vor ihnen an, die Rekonstruktionen von Gebäuden zeigen und, von hinten beleuchtet, den Raumeindruck verstärken sollen. Sein museumstheoretisches Konzept lässt auch den aus Altersgründen fragmentarischen Zustand einer ägyptischen Totenmaske nicht unverändert: Dorner lässt der Figur Augäpfel einsetzen und die Brust bzw. die Arme ergänzen, um sie so darzustellen, wie sie einst ausgesehen hat. Freilich achtet er darauf, dass die Restaurierungen deutlich zu erkennen sind.

Wie schon in Hannover, so spielen auch in Providence die erläuternden Texte eine große Rolle. Wiederum werden sie unauffällig angebracht. Jetzt kann endlich auch die Lautsprecherfrage geklärt werden: Im Frühjahr 1941 kommt die Carnegie-Stiftung in New York seinem Antrag nach und bewilligt eine stattliche Summe Geldes, mit der das neue Audiosystem installiert werden kann.[52] Dorner nimmt Kontakt zu Musikwissenschaftlern und Musikern in den ganzen USA auf, und aus den vier Galerien, die er während seiner Amtszeit im Sinne der historischen Abfolge der Stile von der Vorgeschichte zur Gegenwart neu arrangiert – der Ägyptischen, Mesopotamischen, Antiken und Mittelalterlichen Galerie –, werden Klangräume, in denen alte Musik, Gedichte sowie erläuternde Texte zu hören sind. Gleichzeitig erlauben die Gelder der Carnegie-Stiftung auch die Herausgabe von Informationsbroschüren. Ohnehin ist Dorner sehr daran interessiert, sein Museum der Öffentlichkeit in anspruchsvollen Publikationen vorzustellen. Die bisher eher betulich-provinzielle Museumszeitschrift in Providence verändert schon kurz nach seinem Antritt Aussehen und Inhalt, und 1939 gründet er eine eigene Reihe, deren wissenschaftliche Publikationen begleitende Hintergrundinformationen zu großen Ausstellungen bieten sollen.

Stärker noch als in Hannover sind in Providence all diese Aktivitäten in ein pädagogisches Gesamtkonzept eingebunden. Davon überzeugt, dass einem Kunstmuseum eine wichtigere Aufgabe zukomme als allein den Sinn für Qualität auszubilden und den individuellen Geschmack zu erziehen, ist der »stete Blutstrom von Pädagogik und Vergnügen«[53] für Dorner die Basis des Museumsbesuchs. Aus den Sammlungen einen, wie er sagt, »Schrein zu machen, den die Bevölkerung von Rhode Island als ihr geistiges Eigentum anerkennt«[54], sei eine der großen Aufgaben, vor denen das Museum stehe, um die Interessen einer breiten Öffentlichkeit zu gewinnen. Er spricht die Männer- und Frauenclubs der Region an, arbeitet mit Kirchen zusammen, schreibt für Zeitungen, bringt ein lokales Theater dazu, ein Quiz über das Museum und seine Sammlungen zu veranstalten, fragt die Besucher in einem Preisausschreiben nach dem schönsten Bild und macht in Bussen und Straßenbahnen Werbung. Weniger als ein Jahr nach seinem Amtsantritt wendet er sich im November 1938 mit einer Radioansprache an die Öffentlichkeit – in Anbetracht, dass sein Englisch alles andere als perfekt ist, ein bemerkenswerter Schritt. Hier sagt er: »Normalerweise lehnt man das, was man nicht versteht, ab. Für dieses Verstehen zu werben, und zwar sowohl über die Sinne wie über den Intellekt, ist das Ziel der Neuarrangements unseres Kunstmuseums. Kinder sind unsere Zukunft. Deshalb ist es für uns von vorrangiger Bedeutung, die Kinder mit unserer neuen Form von Kunstpädagogik zu erreichen.«[55]

Zunächst wendet sich Dorner an über 800 Grundschullehrer, er lädt sie zu sich ins Museum ein oder besucht sie in den Schulen und hält Vorträge über die Sammlungen des Hauses oder über die Entwicklung von Kunst und Kultur. Und dann holt er die Schüler selbst ins Haus. Mehr als 15.000 Jugendliche erreicht er über eine Ansprache in einem lokalen Sender, die in den Schulen ausgestrahlt wird. Von nun an wird das Museum in der Ära Dorner von Schülern aus ganz Rhode Island geradezu übervölkert sein. Sie werden von einer Gruppe von jungen ehrenamtlichen Mitarbeiterinnen geführt, u. a. auch der Tochter des Präsidenten der Brown University. Programme werden von Museum und Schulen gemeinsam erarbeitet, ein Museum Club für Jugendliche wird eingerichtet.

Besonders mit dem Museum Club versucht Dorner, den Jugendlichen die Kunst der Moderne näher zu bringen. In Deutschland der erste Museumsleiter, der avantgardistische Kunst angekauft hat, ist er jetzt auch an seinem neuen Arbeitsplatz in den USA einer der ersten, der sie erwirbt und ausstellt. Er reaktiviert seine Kontakte zu Kunsthändlern in Europa und Bekannten aus alten Tagen, darunter Lyonel Feininger, Marcel Duchamps und Amédée Ozenfant. Einige ihrer Arbeiten gelangen, etwa als Stiftungen

John Nicholas Browns, nun ins Museum. Doch auch die modernen Medien, die ihn schon seit langem interessieren, versucht er einzubeziehen. Im Februar 1939 erscheint in der Tageszeitung von Providence ein umfangreicher Artikel über Dorner – einer übrigens von vielen, die sich mit dem Museumsleiter aus Deutschland beschäftigen –, der sich mit der These auseinander setzt, inwiefern die Kunst der Zukunft dazu beitragen könne, die Gegenwart zu verstehen. Hier wird der Museumsleiter als begeisterter Kinogänger beschrieben; er sehe, so heißt es, im Kinofilm, mehr aber noch im Experimentalfilm – ein Thema, dem er sich in dieser Zeit intensiv widmet – das Ziel des künstlerischen Bestrebens künftiger Zeiten.[56]

Voller Ideen, zielstrebig und begeistert wie nie zuvor, geht Dorner in dieser Zeit nichts schnell genug. An Josef Albers, den Bekannten aus Bauhaus-Zeiten, schreibt er, er sei unzufrieden mit seiner Arbeit. Er wolle keinen Fehler machen und damit sein großes Ziel riskieren, das gesamte Museum neu zu arrangieren. Dies werde seine ganze Kraft in Anspruch nehmen. Am Ende des Briefes heißt es dann: »I like the USA very much.«[57] Auch fällt in den ersten Monaten nach seinem Amtsantritt auf, wie ungewohnt zurückhaltend und fast devot Dorners Umgang mit seinen Vorgesetzten ist. Er macht der Präsidentin und ihren Angehörigen seine Aufwartung, bemüht sich um einen guten Kontakt zum Vize-Präsidenten und führt die Stifter und Förderer, zumeist Angehörige der guten Gesellschaft der Stadt, auf eine Weise durch die Sammlungen, dass man sich darüber einig ist, mit ihm eine gute Wahl getroffen zu haben. »Die Zukunft ist glänzend«[58], heißt es denn auch im ersten Jahresbericht nach seiner Ankunft im Juni 1939, und dies schlägt sich nach Jahren der Depression nicht zuletzt in den Besucherzahlen nieder.

War das Museum zuvor von ca. 35.000 Personen besucht worden, steigert sich die Zahl bis Anfang der 1940er Jahre auf knapp 90.000 Besucher jährlich.[59] Die Liste der Gratulanten und Bewunderer der Arbeit Dorners ist lang, und selbst der Vize-Präsident schreibt anlässlich einer Ausstellungseröffnung im Januar 1940, er glaube nicht, »dass die Galerien jemals so gut ausgesehen haben.«[60] Und ausgerechnet jener Museumsleiter, der nur kurze Zeit später Dorners Nachfolger werden wird, gratuliert anlässlich einer Ausstellungseröffnung mit den Worten: »Ich denke, das wird ein Beispiel setzen, dem alle Museen folgen werden.«[61]

Freilich erhält Dorner nicht nur Lob, sondern auch Tadel, und dies zunehmend nicht aus der Öffentlichkeit, sondern an seinem Arbeitsplatz. Da ist einmal das Sprachproblem. Wie konnte es sein, dass der Sohn einer Engländerin über so schlechte Englischkenntnisse verfügte? Um seine Chancen auf eine Anstellung in den USA zu erhöhen, hatte Dorner mit eben diesem Fakt in seiner Biografie für sich geworben, freilich ohne herauszustellen, dass dieser auf seine Sprachkenntnisse keinerlei Einfluss gehabt habe. Zudem beklagen sich Förderer, dass er die von ihnen gestifteten Kunstwerke ohne Rücksprache habe ins Depot bringen lassen. Man macht ihn darauf aufmerksam, dass er stets im Museum präsent zu sein habe und seine wissenschaftlichen Studien nicht, wie er es in Hannover gewohnt war, noch dazu mit Büchern aus dem Museum zu Haus betreiben könne. Die Tür zu seinem Büro habe überdies grundsätzlich geöffnet und Dorner für alle präsent und ansprechbar zu sein. Auch könne er die ehrenamtlichen Mitarbeiterinnen nicht dafür kritisieren, dass sie zu wenig arbeiteten, schließlich seien Töchter aus den einflussreichen Familien der Stadt unter ihnen. Er solle auch nicht die Aufseher mit immer neuen Aufgaben, die vor allem die Betreuung der vielen Jugendlichen im Museum betreffen, überfordern und sie zwingen, sich in ihrer Freizeit über die Sammlungsbestände zu informieren, damit sie Besuchern Auskünfte geben können. Ferner habe er stets loyal zu seinen Vorgesetzten zu sein und könne nicht eigenständig Aufträge an Drucker oder andere Handwerker vergeben, nur weil er diese für geeigneter halte als jene, mit denen das Museum seit langem zusammenarbeite. Überhaupt habe er viel stärker Rücksprache mit den Vorgesetzten zu halten und seine Finanzplanung transparenter zu gestalten – etwas, was Dorner auch in Providence nicht tut.

Im Gegenteil, als er etwa größere Geldschenkungen von emigrierten Kunsthändlern in New York erhält, erklärt er, dass sei in Deutschland so üblich und setzt sich damit dem Vorwurf der Bestechlichkeit aus. Überhaupt hat er wenig Verständnis für die Kritik, behauptet stereotyp, seine Ehre werde verletzt und reagiert arrogant und beleidigend. Besonders in Briefen an John Nicholas Brown äußert er sein Unverständnis darüber, dass jede seiner neuen Ideen durch die Berufung auf Traditionen und Hierarchien behindert und verlangsamt werde. Im Februar 1941 schreibt er an Brown, er sei zum Opfer einer Kampagne geworden: »Es kommt mir fast vor wie ein Alptraum.« Was in diesem Museum vor sich gehe, sei »das Undemokratischste, was ich jemals erlebt habe.«[62] Worin Dorner eine bewusste Demontage seiner Arbeit und einen Hang zur Nachlässigkeit vieler Mitarbeiter sieht, darin entdecken seine Gegner seine mangelnde Bereitschaft, sich ohne Vorbehalt an die allgemeinen Gepflogenheiten anzupassen, also ein hohes Maß an Ungeduld und Undiszipliniertheit. Eine Mitarbeiterin fasst diese Vorbehalte in einem Schreiben an die Präsidentin so zusammen: »Die bewährte amerikanische Praxis des *teamwork* ist von der germanischen Vorgehensweise ersetzt worden, alles einem einzigen Willen zu unterwerfen.«[63]

Nicht nur Dorner arbeitet also mit der Gegenüberstellung von demokratischen und undemokratischen Vorgehensweisen, auch seine im Verlauf des Jahres 1940 immer zahlreicher werdenden Gegner tun dies. Die Auffassungen könnten dabei nicht unterschiedlicher sein. In der Argumentation des Vize-Präsidenten, der sich in diesen Monaten immer stärker zum Hauptop-

ponenten entwickelt und auch vor Intrige und Diffamierung nicht zurück-
schreckt, haben die einflussreichen Familien in Providence Alexander Dorner eine faire Chance gegeben, sich eine Existenz in den USA aufzubauen.
Dieser aber reagiere darauf mit Undankbarkeit, Anmaßung und dem auto-
kratischen, ja diktatorischen Verhalten eines Ausländers, dessen »Vorstellung von den allgemeinen Umgangsformen und Prinzipien in Neu-England sich vollständig von dem unterscheidet, was wir darunter verstehen.«[64]
Was hier immer stärker anklingt, das ist die wachsende Empörung in der
städtischen Öffentlichkeit darüber, dass man bei der Stellenbesetzung einen
Deutschen einem Amerikaner vorgezogen hat. Auf dem Höhepunkt dieser
Empörung sind die Vorgänge in der Stadt und im Museum, wie vielerorts in
den Vereinigten Staaten zu jener Zeit[65], deutlich geprägt von einer an-
tideutschen Grundhaltung, die vor allem den erst unlängst im Land Ange-
kommenen entgegenschlägt. Am Vorabend des US-amerikanischen Kriegs-
eintritts berichten auch in Rhode Island emigrierte Verfolgte des NS-Regimes
von den Untaten der Nazis in Deutschland, im Museum erhält man ferner
von den europäischen Kunsthändlern Informationen über den Nazi-Terror,
und zudem wird beispielsweise im Sommer 1940 in der Nähe von Providence ein Hofbräufest als geheimes Treffen deutscher Nazis enttarnt.
Alexander Dorner kann mit diesen Vorgängen nicht in direkte Verbindung gebracht werden – obgleich auch dies später versucht wird –, aber er
wird als nicht-jüdischer typischer deutscher »Herrenmensch« wahrgenommen. Von nun an ist das Verhalten ihm gegenüber von einer immer niedri-
geren Hemmschwelle gekennzeichnet; es heißt jetzt etwa, er habe die Besucherzahlen gefälscht, seine Ausstellungen, wenige Monate vorher noch hoch
geschätzt, werden jetzt als Propaganda und Anmaßung gewertet. Die Verdächtigungen und Diffamierungen drehen sich zunehmend auch um die
Frage, ob Dorner in Deutschland tatsächlich ein Anti-Nazi war. Mehrere der
jungen Mitarbeiterinnen im Museum machen sich, ermuntert vom Vize-
Präsidenten, der sich von dem selbstbewussten Deutschen permanent he-
rausgefordert sieht, auf die Suche nach dem, was sie Beweise nennen, und
fördern von anderen deutschen Emigranten die Information zutage, dass
Dorner in Hannover den Nazis nicht so energisch Widerstand geleistet habe wie bisher angenommen. Selbst die kleinste kritische Bemerkung zu der
Ausstellungspraxis des deutschen Museumsleiters wird jetzt bis zur Un-
kenntlichkeit aufgeblasen und gegen Dorner eingesetzt. Um Differenzierun-
gen geht es zu diesem Zeitpunkt längst nicht mehr. Unkenntnis über die politische Lage in Deutschland spiegelt sich in der Frage, was Dorner denn nun
sei, Nazi oder Kommunist – Entschlossenheit, ihn loszuwerden, bricht sich
Bahn in der Antwort, er sei wohl beides, jedenfalls müsse er verschwinden.[66]
Auch aufgrund Dorners guter Kontakte zu den aus Europa stammenden
Kunsthändlern in New York und wegen mancher undurchsichtiger Finanz-

aktion wenden sich Angehörige des Präsidiums der Rhode Island School of Design im März 1941 ans FBI und versorgen die Beamten mit einem Film aus dem persönlichen Umfeld des Museumsdirektors. Einen Monat später entsteht im Kriegsministerium in Washington ein Bericht über »Verdächtige Naziagenten in der Kunstwelt«. Hier wird neben anderen Emigranten aus Deutschland auch Alexander Dorner als »Antisemit« und »gefährlicher Nazi-Sympathisant« bezeichnet, als ein Mitglied jener Gruppe deutscher Kunsthistoriker, »die einflussreichen Amerikanern mit beträchtlichem Erfolg Defätismus predigen und von der Nazi-Regierung oder regierungsfreundlichen Institutionen eingesetzt worden sind.«[67]

Auch wenn sich diese Vorwürfe später als haltlos erweisen und im Zusammenhang mit Fehldeutungen und Überreaktionen im Vorfeld des US-amerikanischen Eintritts in den Krieg stehen, hat in Providence offenbar fast niemand Interesse an weiteren Klärungen. Dorners Schicksal ist damit besiegelt. Am 6. Mai 1941 findet die Sitzung des Museum Committee statt, alle Vergehen und Schwächen des Museumsdirektors werden hier ausgebreitet. Nur wenige, darunter der Freund und Förderer John Nicholas Brown, setzen sich für Dorners Verbleib im Museum ein. Sie schlagen vor, man solle ihm einen assistant director zur Entlastung zur Seite stellen, ansonsten aber den beschrittenen Weg weitergehen. Brown macht deutlich, was auf dem Spiel steht. Werde man jemals einen erstklassigen Direktor berufen können, so fragt er, wenn dieser sich derartigen Vorgehensweisen gegenüber sehe »und in seinen Handlungen immer sehr beschränkt bleibt?«[68] Statt sich weiter an schmutzigen Intrigen zu beteiligen, solle man lieber die Chance ergreifen, das Museum gemeinsam zu stützen. Doch Browns Appell ist zwecklos, die Abstimmung ergibt eine Mehrheit für die Nichtverlängerung des Vertrages. Immerhin einigt man sich darauf, dem Museumsleiter einen Aufschub bis zum Sommer 1942 zu geben. Freilich muss er sich verpflichten, die durch die Carnegie-Stiftung geförderten Arbeiten zu Ende zu führen und nicht in Museumsbelange einzugreifen. Dorner willigt ein.

Durch eine gezielte Indiskretion werden dann im September 1941 mehrere Zeitungen in Rhode Island, aber auch in Boston und New York über Dorners vermeintliche Nazi-Vergangenheit informiert und seine Entlassung mit der andauernden FBI-Untersuchung erklärt. Die Verantwortlichen im Museum dementieren einen Zusammenhang sofort öffentlich. Für Außenstehende jedoch muss Dorners Verschulden evident sein. Dorner ist aufgebracht, will über seine Anwälte eine Gegendarstellung in den Zeitungen erwirken und erhält darin volle Rückendeckung von John Nicholas Brown. Brown setzt seine vielfältigen Beziehungen in diesen Tagen ganz für Dorner ein; es gelingt ihm auch, beim *Boston Herald* eine Erwiderung auf der ersten Seite durchzusetzen. Viele Zeitungen – auch die *New York Times* – drucken ferner Mitte September 1941 seine Stellungnahme zu dem Fall, die eine uneingeschränkte Loyalitätserklärung für den Menschen wie den Wissenschaftler Alexander Dorner ist. Browns Stellungnahme endet mit seinem Verzicht auf alle Ämter bei der Rhode Island School of Design, weil er, wie er sagt, glaube, »dass es nicht zum Besten unserer Institution war, auf die brillanten Fähigkeiten Dr. Dorners zu verzichten.«[69] Doch weder sein Protest noch eine Reihe von Briefen von Privatleuten aus Providence und Umgebung, die sich außerordentlich lobend über Dorners Arbeit aussprechen, können die sofortige Entlassung rückgängig machen.

Immerhin fällt Dorner Dank der Unterstützung Browns nicht wie viele seiner deutschen Kollegen in der US-amerikanischen Emigration in ein schwarzes Loch. Er findet eine Anstellung als art lecturer an der Kunstfakultät der Brown University und bleibt bis 1948 in Providence. Es wird still um ihn. Wenn er und seine Frau auch im Zweiten Weltkrieg als Angehörige eines Feindstaates eine Reihe von Restriktionen über sich ergehen lassen müssen – sie haben z. B. Fotoapparate und Waffen abzugeben (seitdem er sich durch die Gestapo verfolgt fühlte, besitzt Alexander Dorner eine Pistole) –, so scheinen sie gern dort zu wohnen. Freunde setzen sich schließlich für die Naturalisierung des Ehepaars ein; ab Ende Dezember 1943 sind die Dorners amerikanische Staatsangehörige.[70]

Erst mit der größeren Ruhe, die ihm seine neue Tätigkeit lässt, beginnt Dorner sich an der Brown University und dann am College in Bennington, wo er ab 1948 lehrt, wieder stärker mit kunsttheoretischen Fragen zu beschäftigen, an Veröffentlichungen zur Grundfrage der Museologie und der Kunstgeschichte im 20. Jahrhundert zu arbeiten und Projekte zur Gründung einer Kette von Faksimilemuseen zu entwickeln, die die amerikanische Bevölkerung mit guten Repliken kunsthistorischer Meisterwerke statt mit zweitklassigen Originalen vertraut machen sollte.[71] Daneben bemüht er sich intensiv um eine Kontaktaufnahme zu Wissenschaftlern aus den unterschiedlichsten Disziplinen. So tauchen in seinen persönlichen Aufzeichnungen dieser Jahre immer wieder die Namen der Physiker Albert Einstein und Werner Heisenberg, des Sozialpsychologen Hadley Cantril, des Schriftstellers, Stadtplaners und Architekturkritikers Lewis Mumford, des Sozialphilosophen John Dewey sowie der Architekten Buckminster Fuller und Walter Gropius auf. Mit ihnen will er beispielsweise ein »Institut zur Erforschung der Veränderung von Wahrnehmung« gründen, das sich diesem Phänomen aus unterschiedlichen Perspektiven widmen und gemeinsame Entwicklungszüge im Lauf der Menschheitsevolution herausarbeiten soll. Die Antworten der Adressierten sind jedoch allenfalls hinhaltend. Ein Museum hat Dorner nicht mehr geleitet, offenbar hat er sich auch nie wieder als Museumsleiter beworben. Ebenso wenig scheint er eine Rückkehr nach Deutschland erwogen zu haben. In Hannover ist zudem, das wird ihm mehr als einmal signalisiert, sein Ruf nicht eben ungetrübt. Nach seinem

Tod wird im Februar 1960 eine Veranstaltung zu seinen Ehren im dortigen Amerika-Haus kurz vor der Eröffnung mit dem eiligen Hinweis auf Dorners widersprüchliche Haltung im Nationalsozialismus abgesagt.[72]

In den USA basieren Alexander Dorners Ideen in den letzten zwei Lebensjahrzehnten nicht mehr auf seinen praktischen Erfahrungen, langsam verliert er den Anschluss an aktuelle Entwicklungen und verliert sich in einer Flut unrealisierbarer Pläne. Die Korrespondenz mit Freunden verdeutlicht, wie sehr er unter den Ereignissen am Museum in Providence gelitten hat und wie sehr diese sein Bild von den USA geprägt haben. In einem Brief an Walter Gropius schriebt er: »Was wir hier erlebt haben an Unterdrückung der freien Meinungsäußerung, primitivster Rechte bei Angestellten usw., ist unzweifelbar mit dem Begriff Demokratie unvereinbar. Das ist Oligarchie.«[73] Wie verbittert Dorner in seinen privaten Notizen zuweilen ist, zeigt der Satz: »Der Amerikaner hat noch nicht die mentalen Fähigkeiten der Europäer erreicht, ja, er ist dabei, noch weiter abzusinken.«[74] Einen Tag nach seinem Tod am 2. November 1957 während einer Europareise – das Ehepaar Dorner ist nach Hannover gereist, um die letzten Formalitäten zu erledigen, die für die Anerkennung Dorners als Verfolgter des Nazi-Regimes erforderlich sind – schreibt Lydia Dorner an Walter Gropius' Frau Ise: »Seit Providence hat er gelechzt nach Anerkennung.«[75]

In der amerikanischen Emigration, den letzten zwei Jahrzehnten seines Lebens, hat der deutsche Kunsthistoriker Alexander Dorner mit den Differenzen zwischen zwei unterschiedlichen kulturellen und Wissenschaftssystemen – dem deutschen und dem US-amerikanischen – gekämpft, wie so viele in die USA emigrierte deutsche Künstler und Kunsthistoriker.[76] Anders als z. B. der ehemalige Kommilitone Erwin Panofsky oder auch als Walter Gropius hat Dorner die unterschiedlichen Kommunikationsstrukturen und die sich daraus ergebenden Akkulturations- und Assimilierungs(an)gebote entweder nicht erkennen und berücksichtigen wollen oder aber – auch dies ist bedenkenswert – er konnte es nicht.[77]

* Mein besonderer Dank gilt einer Reihe von Personen und Institutionen, die mir die Arbeit am laufenden Habilitationsprojekt und insbesondere die Archivrecherchen in den USA ermöglicht haben. Dies sind vor allem Prof. Peter Nisbit und seine Mitarbeiterinnen und Mitarbeiter am Busch-Reisinger Museum, Harvard University Art Museums, Cambridge MA; Joyce Botelho mit ihrem Team vom John Nicholas Brown Center for the Study of American Civilization / JNBC, Providence, RI; sowie Andrew Martinez (Archiv der Rhode Island School of Design / RISD, Providence, RI). – Ich danke zudem der Fritz-Thyssen-Stiftung für Wissenschaftsförderung, Köln, für die Gewährung eines Reisestipendiums sowie

dem JNBC, Providence, und dem American Institute for Contemporary German Studies, the Johns Hopkins University, Washington D.C., für die Förderung im Rahmen von *research fellowships*. — **1** Brief Alexander Dorners an Curt Valentin, Galerie Buchholz, 14.3.1939, RISD Archives, Office of the Director, 1930–1949, Correspondence A–Z. — **2** Brief Alexander Dorners an Ferdinand Möller, 26.5.1939, Berlinische Galerie, Archiv, Bestand Ferdinand Möller. – Übersetzung aus dem englischen Original hier wie im Folgenden durch die Verfasserin. Auf eine Kennzeichnung der englischsprachigen Zitate wird verzichtet. — **3** Zusammenfassend: »Lieber den Spatz in der Hand als die Taube auf dem Dach«. In: *Basler Zeitung*, 5.7.2002; »The Devil and the Art Detective: Clemens Toussaint«. In: *Art + Auction*, Juli 2003, S. 98–105. — **4** Ines Katenhusen (Hg.): *2002. 150 Jahre Niedersächsisches Landesmuseum Hannover«*. In: Heide Grape-Albers (Hg.): *2002. 150 Jahre Museum in Hannover. 100 Jahre Gebäude am Maschpark. Festschrift zum Jahr des Doppeljubiläums*. Hannover 2002, S. 18–94, hier S. 40 f. — **5** Serge Chermayeff aus Anlass des Festaktes zu Ehren Lydia Dorners im Busch-Reisinger Museum, Juli 1961, Busch-Reisinger Museum, Harvard University, Alexander Dorner Papers, Ordner »Korrespondenz mit Lydia Dorner«. — **6** Walter S. Cook an John Nicholas Brown, 24.11.1937, JNBC Archives, John Nicholas Brown Papers, Ordner »Dorner, June 1941 – November 1937«. — **7** Vgl. dazu Karen Michels: *Transplantierte Kunstwissenschaft. Deutschsprachige Kunstgeschichte im amerikanischen Exil*. Berlin 1999; Dies.: »Transfer und Transformation: Die deutsche Periode der amerikanischen Kunstgeschichte«. In: Stephanie Barron, Sabine Eckmann (Hg.): *Exil. Flucht und Emigration europäischer Künstler 1933–1945*. München 1997, S. 304–316; Ulrike Wendland: *Biographisches Handbuch deutschsprachiger Kunsthistoriker im Exil*. 2 Bde. München 1999; Colin Eisler: »Kunstgeschichte American Style. A Study in Migration«. In: Donald Fleming, Bernard Bailyn (Hg.): *The Intellectual Migration. Europe and America, 1930–1960*. Cambridge 1969, S. 544–629. — **8** Vgl. zur Biografie die grundlegende Veröffentlichung Samuel Caumans, eine von Dorner noch in dessen letzten Lebensmonaten autorisierte und mitgestaltete Biografie: Samuel Cauman: *The Living Museum. Experiences of an Art Historian and Museum Director Alexander Dorner*. New York 1958; Monika Flacke-Knoch: *Museumskonzeptionen in der Weimarer Republik. Die Tätigkeit Alexander Dorners im Provinzialmuseum Hannover*. Marburg 1985. — **9** Alexander Dorner: Bericht zur Wiedergutmachungssache Nr. IV A (2), 5793/56, September 1956, Niedersächsisches Hauptstaatsarchiv Hannover [im Folgenden NStAH], VVP 21, 114. — **10** Medizinisches Gutachten Prof. Otto Lowensteins, New York, 16.12.1953, NStAH Nds. 401, Acc. 2000/155, Nr. 32. — **11** Vgl. die Kriegstagebücher Alexander Dorners in: NStAH, VVP 21, Nr. 151. — **12** Zitiert nach: Francis Golffing: »Obituary Alexander Dorner«. In: *The Art Quarterly*. Bd. 21, Herbst 1958, S. 318 f. — **13** Alexander Dorner: *Die romanische Baukunst in Sachsen und Westfalen*. Leipzig 1923. — **14** Vgl. Ines Katenhusen: *Kunst und Politik. Hannovers Auseinandersetzungen mit der Moderne in der Weimarer Republik*. Hannover 1998. — **15** El Lissitzky: »Demonstrationsräume«, zitiert nach: Kunstverein Hannover (Hg.): *Die Zwanziger Jahre in Hannover*. Hannover 1962, S. 198. — **16** Vgl. Katenhusen: »150 Jahre Niedersächsisches Landesmuseum Hannover« (s. Anm. 4), S. 32 ff. — **17** Alexander Dorner: »Kunstmuseum und Publikum. Provinzialmuseum«. In: *Hannoverscher Anzeiger*, 4.9.1927. — **18** Vgl. Alexander Dorner: »Die Kunstsammlungen der Provinz Hannover«. In: *Der Sammler*. Bd. 14, Nr. 17, 15.9.1924, S. 1–8. — **19** Vgl. dazu etwa Deutscher Museumsbund (Hg.): *Die Kunstmuseen und das deutsche Volk*. München 1919. — **20** Vgl. Maria Gough: »Constructivism Disoriented: El Lissitzky's Dresden and Hannover ›Demonstrationsräume‹«. In: Nancy Perloff, Brian Reed (Hg.): *Situating Lissitzky: Vitebsk, Berlin, Moscow*. Santa Monica 2003, S. 77–125. – Ich danke Maria Gough, University of Michigan at Ann Arbor, für die Bereitstellung der Druckfahnen dieses Artikels. — **21** Zitiert nach: Dietrich Helms: »Dorner, Lissitzky und das Kabinett der Abstrakten«. In: Kunstverein Hannover (Hg.): *Die Zwanziger Jahre in Hannover* (s. Anm. 15), S. 193–220, hier S. 195. — **22** Vgl. Sabine Lange: »Der ›Raum der Gegenwart‹ von Laszlo Moholoy-Nagy«. In: Kunstsammlung Nordrhein-Westfalen (Hg.): *Museum der Gegenwart – Kunst in öffentlichen Sammlungen bis 1937*. Düsseldorf 1988, S. 59–70; Joachim Büchner: »Laszlo Moholy-Nagy – Alexander Dorner. Raum der

Gegenwart«. In: Sprengel Museum Hannover (Hg.): *Die abstrakten hannover. Internationale Avantgarde 1927–1935*. Hannover 1988, S. 85–95. — **23** Vgl. Joan Ockman: »The Road not Taken: Alexander Dorner's Way beyond Art«. In: E. R. Somoli (Hg.): *Autonomy and Ideology: Positioning an Avant-Garde in America*. New York 1997, S. 82–118. — **24** »Was sollen heute Kunstmuseen?«. In: *Frankfurter Zeitung und Handelsblatt*, 9.12.1931. — **25** Vgl. Dirk Luckow: »Museum und Moderne. Politische und geistesgeschichtliche Voraussetzungen von Museumskonzeptionen in der Weimarer Republik«. In: Kunstsammlung Nordrhein-Westfalen (Hg.): *Museum der Gegenwart. Kunst in öffentlichen Sammlungen bis 1937* (s. Anm. 22, S. 33–45), hier S. 33; Vgl. James J. Sheehan: *Geschichte der deutschen Kunstmuseen. Von der fürstlichen Kunstkammer zur modernen Sammlung*. München 2002, S. 277 f. — **26** Gespräch der Verf. mit Frau Gitta Guski, Bad Pyrmont, 12.7.1992. — **27** »Das Ergebnis der Preisfrage der Kestner-Gesellschaft. Welches sind die Originale?«. In: *Hannoverscher Anzeiger*, 13.6.1929. — **28** Ines Katenhusen: »Zwischen Lob und Tadel. Zur Beurteilung der Arbeit Alexander Dorners in Hannover«. In: Alexander Dorner Kreis Hannover (Hg.): *überwindung der ›kunst‹. Zum 100. Geburtstag des Kunsthistorikers Alexander Dorner*. Hannover 1993, S. 71–79. — **29** Vermerk Georg Grabenhorsts, Niedersächsisches Kultusministerium, 25.7.1957, NStAH, Nds. 401, Acc. 2000/155, Nr. 32. — **30** Alexander Dorner an Alexandra Povorina, 8.6.1934, (Sprengel Museum Hannover, Alexander Dorner Nachlass, 1.0.10:3 [f]); Vgl. dazu, die Rolle Dorners als Opfer des Nationalsozialismus betonend: Anikó Szabó: *Vertreibung, Rückkehr, Wiedergutmachung. Göttinger Hochschullehrer im Schatten des Nationalsozialismus*. Göttingen 2000, S. 42 u. 100. — **31** Vgl. etwa Paul Ortwin Rave: *Kunstdiktatur im Dritten Reich*. Berlin o. J. S. 44 ff.; Luckow: »Museum und Moderne« (s. Anm. 25), S. 45; Heinrich Dilly: *Deutsche Kunsthistoriker 1933–1945*. München, Berlin 1988. — **32** Bundesarchiv Berlin (vormals Berlin Document Center), Personalakte Alexander Dorner, NSDAP-Mitgliedskarte, 1.4.1933. — **33** Anlage zum Schreiben Alexander Dorners an Schatzrat Hartmann, 28.12.1933, NStAH Hann. 152, 72. — **34** NStAH Hann. 151, 172. Zusammenfassend hierzu: Ulrike Wendland: »Überbrückungsversuche in der Provinz: Alexander Dorner in Hannover«. In: Eugen Blume, Dieter Scholz (Hg.): *Überbrückt. Ästhetische Moderne und Nationalsozialismus. Kunsthistoriker und Künstler 1925–1937*. Köln 1999, S. 80–91. — **35** Alexander Dorner an Sigfried Giedion, Zürich, 5.10.1934, NStAH Hann. 152, Acc. 68/94, Nr. 5. — **36** Kurt Schwitters an Otto und Lotte Gleichmann, 17.7.1946, Schwitters-Archiv, Stadtbibliothek Hannover, Nr. 379. — **37** Abschrift des Entlassungsschreibens des Oberpräsidenten an Alexander Dorner, 2.2.1937, NStAH VVP 21, 114. — **38** Alexander Dorner in seinem Antrag auf Wiedergutmachung an das Land Niedersachsen 1956/57, NStAH VVP 21, 114; Vgl. Dieter Wuttke (Hg.): *Erwin Panofsky. Korrespondenz*. Bd. I, 1910–1936. Wiesbaden 2002. S. 434, 438. — **39** Alexander Dorner in seinem Antrag auf Wiedergutmachung an das Land Niedersachsen 1956/57, NStAH VVP 21, 114. — **40** National Archives, Washington D. C. Index to the Port of New York, 1902–1945, 1944–1948: Alexander Dorner, Lydia Dorner. — **41** Auftrag zur Versteigerung von Eigentum Lydia Dorners sowie Versteigerungsliste, Berlin, August 1937, Landesarchiv Berlin, A Rep. 243–04, Nr. 49, und A Rep. 243–04, Nr. 40. — **42** Brief der Anwälte Nagel, Kirby, Orrick und Shepley an Walter Gropius, 15.10.1937, Busch-Reisinger Museum, Harvard University, Alexander Dorner Papers, Box B I, Ordner »Listing of Miscellaneous Papers«. — **43** Alexander Dorner: »The Background of the Bauhaus«. In: Herbert Bayer, Walter Gropius, Ise Gropius (Ed.): *1919–1928. Bauhaus*. New York 1938, S. 9–13. — **44** Michels: *Transplantierte Kunstwissenschaft* (s. Anm. 7), S. 74. — **45** Alfred Barr vom Museum of Modern Art, New York, an John Nicholas Brown, 22.9.1937, Busch-Reisinger Museum, Harvard University, Alexander Dorner Papers, Box B I, Ordner »Listing of Miscellaneous Papers«. — **46** Vgl. Leonard Dinnerstein: *Antisemitism in America*. New York, Oxford 1994, bes. S. 84 ff.; David O. Levine: *The American College and the Culture of Aspiration, 1915–1940*. Ithaca 1986, v. a. S. 136 ff.; Susanne Klingenstein: *Jews in the American Academy 1900–1940. The Dynamics of Intellectual Assimilation*. New Haven, London 1991; David Gerber: *Anti-Semitism in American History*. Urbana, Chicago 1986. — **47** Walter S. Cook an John Nicholas Brown, 24.11.1937, JNBC Archives, Folder

»John Nicholas Brown (1900–1979) – Dorner, June 1941 – November 1937«. — **48** Zur Institutionengeschichte: Carla Mathes Woodward: »Acquisition, Preservation, and Education: A History of the Museum«. In: *A Handbook of the Museum of Art. Rhode Island School of Design.* Providence, RI 1985, S. 35 ff. — **49** Philip Youtz an Helen Danforth, die Präsidentin der Rhode Island School of Design, 9.4.1937, RISD Archives, Office of the President. Historical Records 1877–1947. Helen Danforth Records (1931–1947), 7/3. 1937, January – June. — **50** Pressemitteilung von Eleanor Lambert, New York, nicht datiert, Busch-Reisinger Museum, Harvard University, Alexander Dorner Papers, Box B I, Ordner »Listing of Miscellaneous Papers«. — **51** Alexander Dorner in seinem Bericht der Museumskommission an den Vorstand der Rhode Island School of Design, 10.1.1940, RISD Archives, Corporation / Trustees: Committe Reports 1888 – 1975. Quarterly Reports of the Museum Committee. — **52** Jahresbericht der Museumskommission, 1.6.1940 – 1.6.1941. In: RISD Yearbook 1940/41, S. 23. — **53** Alexander Dorner in seinem Vierteljahresbericht der Museumskommission an den Vorstand der Rhode Island School of Design, 1.10.1940–1.1.1941, Busch-Reisinger Museum, Harvard University, Alexander Dorner Papers, Box B I, Ordner »Quarterly Reports of the Museum Committee to the Board of Trustees«. — **54** Alexander Dorner in seinem Vierteljahresbericht der Museumskommission an den Vorstand der Rhode Island School of Design, 1.6.–1.10.1940, RISD Archives, Corporation / Trustees: Committee Reports 1888–1975. Quarterly Reports of the Museum Committee. — **55** Radioansprache Alexander Dorners, 1.11.1938, Busch-Reisinger Museum, Harvard University, Alexander Dorner Papers, Box I, Ordner »Articles and Presentations 1925–1938«. — **56** »Dr. Alexander Dorner says only art of the future can help. School of Design museum director is film devotee. Believes that no other art form can teach so much about present time«. In: *Providence Evening Bulletin*, 22.2.1939. — **57** Alexander Dorner an Joself Albers, 26.2.1938, RISD Archives, Office of the Director. Correspondence to the Director 1930–1949, Correspondence A – Z. — **58** Jahresbericht des Exekutivkomitees an den Vorstand der Rhode Island School of Design, 7.6.1939, RISD Archives, Executive Committee Minutes. — **59** Jahrbücher des Museums der Rhode Island School of Design 1936–1941. — **60** Royal B. Farnum an Helen Danforth, 16.1.1940, RISD Archives, Historical Records 1877–1947. Helen Danforth Records (1926–1967). Museum Records 1926–1949. 7/6 1940, January – June. — **61** Gordon Washburn, Albright Art Gallery, Buffalo, an Alexander Dorner, 8.1.1941, RISD Archives, RISD Office of the Vice-President. Subject Files 1905–1947. Museum – Alexander Dorner 1937–1942. Private School, 1937–1942, 1941–1942 (2). — **62** Alexander Dorner an John Nicholas Brown, 4.2.1941, JNBC Archives, Ordner »John Nicholas Brown (1900–1979). Dorner June 1941 – November 1937«. — **63** Miriam A. Bank an Helen Danforth, 18.7.1940, RISD Archives, Historical Records 1877–1947. Helen Danforth Records (1926–1967). Museum Records 1926–1949, 7/7 1940, July – December. — **64** Royal B. Farnum an Helen Danforth, 27.3.1940, RISD Archives, Office of the Executive Vice President, Subject Files 1905–1947. Royal B. Farnums Papers on Museum, Alexander Dorner, 1937–1942, Carnegie Grant 1941–1942. — **65** Vgl. Stephanie Barron: »Europäische Künstler im Exil. Eine Einführung«. In: Dies., Eckmann (Hg.): *Exil. Flucht und Emigration europäischer Künstler 1933–1945* (s. Anm. 7), S. 11–29, v. a. S. 19 ff. — **66** Royal B. Farnum: Notes re: D. Mrs. Peace (Interviewed Mon, May 20, 1940). Bei diesem Dokument handelt es sich um ein 26-seitiges Konvolut, in dem der Vizepräsident Farnum die Gerüchte um Dorner minuziös zusammentrug und zu diesem Zweck Dorners Mitarbeiterinnen, die teilweise ihrerseits Erkundigungen eingeholt hatten, befragte, RISD Archives, RISD Office of the Executive Vice-President, Royal B. Farnum Papers, Subject Files 1905–1947. Museum Alexander Dorner 1937–1942. Carnegie Grant 1941–42. 7/6 Private School 1937–1942, 1937–1940 (I). — **67** Vertrauliches Schreiben des War Departments, M.I.D., »Suspected Nazi Agents in the Art World«, 22.4.1941, National Archives at College Park, Maryland, Record Group 59. General Records of the Department of State. Box C 269. Dr. Alexander Dorner 862.20211/4–2241. Possible subversive activities. — **68** John Nicholas Brown, Protokoll des Treffens der Museumskommission, 6.5.1941, RISD Archives, Office of the Executice Vice-President,

Subject Files, 1905–1947. Museum – Alexander Dorner, 1937–1942. Museum Committee Meeting, May 6, 1941. — **69** Zitiert nach: »RISD Trustee Defends Curator. Resignation is Filed by John Nicholas Brown in ›Sympathy Move‹«. In: *Pawtucket Times*, 9.9.1941; »Dorner Shown Anti-Nazi. Failure to Rename him Splits Rhode Island Museum Board«. In: *The New York Times*, 9.10.1941. — **70** National Archives and Records Administration, Northeast Region (Boston), Waltham, MA: Naturalization of Alexander and Lydia Anna Dorner: Declaration of Intention, Petition for Naturalization, Affidavit of Witnesses, Certificate of Arrival. — **71** Vgl. Albert Petermann: »Alexander Dorners ›Konstruktive Kunstgeschichte‹ aus den USA«. In: Alexander Dorner Kreis (Hg.): *überwindung der ›kunst‹* (s. Anm. 28), S. 85–90. — **72** Lydia Dorner an Ise Gropius, 2.2.1960, Bauhaus-Archiv, Museum für Gestaltung, Berlin. Walter Gropius-Korrespondenz (116/2): Alexander und Lydia Dorner an Walter Gropius. Walter Gropius an Alexander und Lydia Gropius. — **73** Alexander Dorner an Walter Gropius, 9.9.1941, Houghton Library, Harvard University, Walter Gropius Papers, bMS 208 (654), by permission of the Houghton Library, Harvard University. — **74** Nicht datierte Notiz Alexander Dorners (Kommentar zu einem Zeitungsartikel vom 9.12.1956), Busch-Reisinger Museum, Harvard University, Alexander Dorner Papers, Box I, Ordner »Evolution in Universe + on Earth«. — **75** Lydia Dorner an Ise Gropius, 3.11.1957, Houghton Library, Harvard University, Walter Gropius Papers, bMS 208 (656), by permission of the Houghton Library, Harvard University. — **76** Vgl. in diesem Zusammenhang die Ausführungen Karen Michels'. In: Dies., »Transfer und Transformation: Die deutsche Periode der amerikanischen Kunstgeschichte«. In: Barron, Eckmann (Hg.): *Exil. Flucht und Emigration europäischer Künstler 1933–1945* (s. Anm. 7), S. 312 f.; Weiterführend: Donald Peterson Kent: *The Refugee Intellectual. The Americanization of the Immigrants of 1933–1941.* New York 1953; Barry M. Katz: »The Acculturation of Thought. Transformations of the Refugee Scholar in America«. In: *Journal of Modern History.* Bd. 63, 1991, S. 740–752. — **77** Weiterführend und kontextualisierend: Sven Papcke: »Fragen an die Exilforschung heute«. In: *Exilforschung. Ein Internationales Jahrbuch.* Bd. 6: Vertreibung der Wissenschaften und andere Themen. München 1988, S. 13–17.

Rezensionen

Deutsches Exilarchiv 1933–1945 und Sammlung Exil-Literatur 1933–1945. Katalog der Bücher und Broschüren. Zugleich Band 2 von Deutsches Exilarchiv 1933–1945: Katalog der Bücher und Broschüren (1989). Hg. Die Deutsche Bibliothek, Leipzig, Frankfurt / M., Berlin. Stuttgart, Weimar (J. B. Metzler) 2003. 632 S. Geb.

Von Bibliothekaren, Archivaren und Bibliophilen lange erwartet ist jetzt der Fortsetzungsband des *Deutschen Exilarchivs 1933–1945* erschienen, das 1989 eine erste Bestandsübersicht über die Sammlung der Bestände in der Deutschen Bibliothek in Frankfurt am Main gegeben hatte. Bei der Dynamisierung und Ausdifferenzierung der Exilforschung in den 1980er Jahren waren zwar regelmäßige Ergänzungsbände zur Anzeige der Neuerwerbungen angekündigt worden, doch der Mauerfall wenig später machte eine Neudisposition nötig, die in der vorliegenden Neuerscheinung ihren Gewinn bringenden Niederschlag gefunden hat. Sie enthält in formal gleicher Ordnung zum einen die seit 1989 in Frankfurt neu erworbenen Bestände bis zum Katalogisierungsdatum Ende 1995, zum anderen die Bibliografie des gesamten Bestandes der Exil-Sammlung in der Deutschen Bibliothek in Leipzig, der alten Referenzbibliothek des deutschsprachigen Schrifttums. Nicht ohne Stolz vermerken die Herausgeber, dass beide Bände zusammen mit 12.419 Entries den weltweit umfangreichsten Bestand von Büchern und Broschüren des deutschen Exils nach 1933 bibliografisch verzeichnen; eine ähnliche Übersicht für die Exil-Zeitschriften ist in Vorbereitung. Anhand der Standorthinweise einschließlich der Signaturen ist auf einen Blick zu erkennen, wo sich das angegebene Werk (Frankfurt oder Leipzig) befindet. Bekanntlich basiert das Frankfurter Exilarchiv auf den Initiativen der Germanisten Hanns W. Eppelsheimer, seinerzeit Leiter der Deutschen Bibliothek, und Walter A. Berendsohn in Stockholm, der große Teile

seiner Sammlung zur Exilliteratur nach Frankfurt gegeben hatte. Naturgemäß stand die Pflege der Exil-Belletristik daher auch lange Zeit im Mittelpunkt der Erwerbungspolitik der Frankfurter, wie der 1. Band unschwer erkennen lässt. Glaubte man in jenem Bereich bei dessen Erscheinen bereits relative Vollständigkeit erreicht zu haben, so zeigen die Einträge jetzt des 2. Bandes, welche zahlreichen Desiderata dafür weiterhin erworben werden konnten. Vor allem gilt das für Übersetzungen und weitere Auflagen bereits vorhandener Werke, die für die Rezeptionsgeschichte wichtige Indikatoren darstellen. Signifikanter aber ist die inzwischen viel breitere Frankfurter Erwerbungspolitik, die sich in den letzten Jahren verstärkt auch dem jüdischen und dem Wissenschaftsexil zugewandt hat. Das gilt nicht nur für die modernen Sozial- und Kulturwissenschaften, sondern auch die Naturwissenschaften. Zu erkennen ist, dass nicht wenige Werke dieser Disziplinen ebenfalls in Leipzig vorhanden sind, wobei mangels Vergleichsmöglichkeiten allerdings nicht zu erkennen ist, ob das auf zeitgenössische oder spätere Erwerbungspolitik – der recht bald in den Sprachen der Zufluchtsländer publizierten Werke – zurückzuführen ist. Angesichts des intellektuellen Verlustes durch die NS-Herrschaft markieren die vorhandenen Bestände aber lediglich einen kleinen Ausschnitt des Wissenschaftsexils, so dass weitere Erwerbungen und weitere Supplemente absehbar sind. Für Letztere ließen sich womöglich weniger umständlich-barocke Untertitel finden.

Claus-Dieter Krohn

Regimekritik, Widerstand und Verfolgung in Deutschland und in den Besetzten Gebieten. Meldungen und Berichte aus dem Geheimen Staatspolizeiamt, dem SD-Hauptamt der SS und dem Reichssicherheitshauptamt 1933–

1945. Hg. von Heinz Boberach in Zusammenarbeit mit dem Bundesarchiv. Mikrofiche-Edition. München (K. G. Saur) 2003. *Deutschsprachige Zeitungen aus Palästina und Israel*. Abt. I: *Palästina 1935–1948, Teil 1: Jedioth Chadashot 1935–1948*. Hg. von Friedrich Reichenstein und der Germania Judaica – Kölner Bibliothek des deutschen Judentums e.V. Bearb. von Sabine Steinhoff und Annette Haller. Mikrofiche-Edition. München (K. G. Saur) 2003.

Die beiden monumentalen, elektronisch aufbereiteten Konvolute mit 267 und 201 Fiches zu je 150 bis 200 Seiten haben für die Exilforschung herausragende Bedeutung. Denn der »Gegnerforschung« von Gestapo und SD der SS unterlagen auch die deutschen Emigranten jenseits der Grenzen. Eine relativ komplette Übersicht über deren Beobachtung ist erst nach Öffnung der Archive in den neuen Bundesländern möglich geworden, denn nirgendwo existieren annähernd vollständige Materialsammlungen. Die elektronische Reproduktion der zwischen 1935 und 1973 in Palästina / Israel erschienenen deutschsprachigen Zeitschrift *Jedioth Chadashot*, herausgegeben von dem früheren Redakteur des Berliner Verlagshauses Mosse, Siegfried Blumenthal, gibt andererseits eine eindrucksvolle Übersicht über die Akkulturationsbedingungen der dorthin geflohenen »Jeckes« aus Deutschland. Sie enthält vor allem auf sie zugeschnittene Nachrichten aus der ehemaligen Heimat, aus ihrer neuen Lebenswelt, mehr und mehr dann aber auch von der Weltpolitik. Für die zweite über einen langen Zeitraum erschienene deutschsprachige Zeitschrift *Yedioth Hayom* (1936–1964) wird gerade eine weitere Microfiche-Edition vorbereitet. Die Handhabbarkeit der beiden Quellensammlungen fällt allerdings unterschiedlich aus. Während die NS-Spitzelberichte durch einen hervorragenden Begleitband erschlossen sind, dessen zahlreiche Register eine schnelle Orientierung nach gesuchten Personen, Orten und Regionen, nach Institutionen, den Exil-Parteien oder Gruppen sowie nach Emigranten-Zeitschriften erlauben, enthält das Begleitheft zu der Zeitschriften-Edition lediglich eine vergleichsweise schlichte Chronologie der einzelnen Nummern und ihrer Erscheinungs-Daten. Dabei ist allerdings zu berücksichtigen, dass es nirgendwo vollständige Konvolute des in den ersten Jahren nur hektografiert, in kleiner Auflage erschienenen Blattes gibt, worauf auch einige Lücken in der Edition hinweisen. Bei ihrer Nutzung sind die Leser also auf umfangreiches Blättern angewiesen, das jedoch zu prägnanten Informationen über die Lebensweise und den Integrationsprozess der deutschen Juden in Palästina führt.

Claus-Dieter Krohn

Quellen zur Geschichte emigrierter Musiker. Sources Relating to the History of Emigré Musicians 1933–1950. Bd. I: *Kalifornien / California*. Hg. Horst Weber, Manuela Schwartz. München (K. G. Saur) 2003. 364 S. Geb.

Das Quellenverzeichnis ist der erste von fünf geplanten Bänden für die Grundlagenforschung zum Musik-Exil, die im Vergleich zu anderen Disziplinen bis heute recht defizitär geblieben ist. Die Idee der Herausgeber war, einen »Spalek für die Musikwissenschaft« zu erarbeiten, doch an John Spaleks dreibändiges Quellen- und Fundstellenverzeichnis zur deutschsprachigen Emigration in die USA reicht dieses Werk bei weitem nicht heran. Seine Handhabbarkeit wird von vornherein dadurch erschwert, dass es lexikalisch nicht nach Namen, sondern – beginnend mit Berkeley und endend mit Santa Rosa – nach archivalischen Fundorten geordnet ist. Die Suche nach Überlieferungen zu einzelnen Musikern ist daher auf das Register angewiesen, die in einer umständlichen Blätterei gipfelt, weil an den Seitenangaben nur selten erkennbar ist, ob dort ein grösseres Quellenkonvolut, gar der Nachlass oder nur ein Einzeldokument nachgewiesen ist. Verunklärend ist weiterhin, dass nicht selten Fundorte und Provenienzen aufgelistet werden, so etwa das MGM Archiv oder die Heinrich Mann Collection an der University of Southern California, deren Bezug zum Musiker-Exil nicht erkennbar wird. Andererseits bleibt fraglich, ob der Anspruch der Herausgeber erfüllt wird, die 3.045 aufgeführten und durchnummerierten Quellenüberlieferungen mit einem grob differenzierenden Siglen-System inhaltlich knapp vorzustellen. Das System ist kompliziert und die Inhalte werden auf 3 bis 4 Zeilen doch nicht recht evident. Das letzte Drittel des Bandes enthält den Abdruck von knapp 30 Dokumenten allgemein zur Situation der Exilanten seit den 1930er Jahren und dann thematisch verdichtet zur Verfolgung Hanns Eislers während der McCarthy-Ära. Das ist zwar interessant, wenngleich nicht ganz unbekannt, konzise Auswahlkriterien für die Dokumentation sind jedoch nicht weiter zu erkennen. Mit Rücksicht auf die interessierte Leserschaft wäre zu wünschen, dass die künftigen Bände nach den Regeln der Archiv- und Quellenkunde schlüssiger gestaltet werden.

Max Stein

Hans Landauer in Zusammenarbeit mit Erich Hackl: *Lexikon der österreichischen Spanienkämpfer 1936–1939.* Wien (Verlag der Theodor Kramer Gesellschaft) 2003, 258 S., 150 Abb.

Das Lexikon ist Ergebnis 20-jähriger Recherchen, besonders in Spanien, bei denen es zahlreiche Schwierigkeiten zu überwinden gab, von denen der Autor, einer der jüngsten österreichischen Spanien-Freiwilligen, in der Einleitung Beispiele nennt. Dazu kam die endlose Bemühung um die Finanzierung des Projekts, die erst relativ spät zum Erfolg führte. So hat etwa der Nationalfonds der Republik Österreich für Opfer des Nationalsozialismus eine Unterstützung verweigert. Landauer entbehrte auch, anders als seine Vorgänger Max Stern und Josef Gradl, des Rückhalts einer Partei, was jedoch der Objektivität des Werkes zugute kam. Auch vom Umfang und dem Materialreichtum her kann man Landauers Lexikon nicht mit den schmalen Verzeichnissen österreichischer Interbrigadisten, die Stern und Gradl vorgelegt haben, vergleichen. Landauer nimmt alle Lebensläufe auf, deren er habhaft werden konnte, nicht nur die der kommunistischen Interbrigadisten, sondern auch die anarchistischer, »trotzkistischer«, sozialdemokratischer oder parteiloser Kämpfer. Insgesamt sind es rund 1.400 Männer und Frauen, de

nen dieses Lexikon ein Denkmal setzt. In der umfassenden Einleitung werden mehrere Irrtümer bzw. Schönfärbereien renommierter Historiker zurecht gerückt, die fast systematisch die Zahl der Interbrigadisten oder auch die Zahl der Kämpfer im so genannten »zweiten Einsatz« im Dezember 1938 in die Höhe trieben oder andererseits den hohen Anteil der Spanier in diesen Brigaden unterschlugen. Neben den Archivmaterialien benutzte Landauer auch die gesamte Erinnerungsliteratur und konnte damit weitere Fehlinformationen oder Erinnerungslücken korrigieren.

Die angenehm sachlich geschriebene Einleitung beginnt mit der Vorgeschichte in Österreich – zwei Verhaftungswellen im März und im Dezember 1937 konnten nicht verhindern, dass 80 Prozent der Anwärter in Spanien ankamen – und sie verfolgt den Weg der österreichischen Freiwilligen nach und in Spanien. Im Kapitel »Die Schlachten und die Toten« werden die Kampfverläufe und der Einsatz der XI. Internationalen Brigade, in der die meisten Österreicher kämpften, dargestellt. Die Lexikon-Artikel selbst rufen mit der Auflistung der etwa 220 österreichischen Gefallenen die wichtigsten Schauplätze dieses Krieges in Erinnerung: Die meisten fielen am Jarama, etwa der noch nicht 18-jährige Wiener Schüler Anton Pelinka, oder bei Brunete, bei Teruel und während der Ebro-Offensive. Den Frauen und dem Sanitätsdienst ist ein eigenes Kapitel gewidmet. Auch die »Nachgeschichte« wird in der Einleitung abgehandelt. Den Lebensbedingungen in den südfranzösischen Lagern Saint-Cyprien, Argelès, Gurs, Le Vernet usw. wird wenig Platz eingeräumt, weil die beiden Autoren darüber im Jahre 2000 bereits ihr *Album Gurs. Ein Fundstück aus dem österreichischen Widerstand* vorgelegt haben. Ausführlich wird hingegen auf die Spanienkämpfer in den deutschen Konzentrationslagern eingegangen. Wenn viele der KZ-Häftlinge aus spanischen Gefängnissen direkt der SS übergeben, andere von Vichy-Frankreich ausgeliefert worden waren, so kehrten wenige, einer Aufforderung der KPÖ folgend, freiwillig ins Nazi-Reich zurück und wurden dort festgenommen. Von den 458 österreichischen Spanienkämpfern in deutschen KZs sind 84 umgekommen. In den letzten

Kapiteln der Einleitung verfolgt Landauer den weiteren Lebensweg jener Spanienkämpfer, die alle Stationen des faschistischen Terrors überleben konnten. Sehr viele kämpften weiter, an der Seite des jugoslawischen oder französischen Widerstands, so etwa Rudolf Petrousek, der im April 1945 in Sarajewo wegen Zusammenarbeit mit jugoslawischen Partisanen hingerichtet wurde. Unter den rund 60 österreichischen Spanienfreiwilligen, die in den Reihen der Résistance kämpften, befanden sich besonders viele Frauen. Ihre Kampfgefährten waren in KZs eingeliefert worden. Einige der Rückkehrer schließlich landeten in stalinistischen Lagern. Erich Hackl hat zwei dieser Lebensläufe in seinen Erzählungen *Entwurf einer Liebe auf den ersten Blick* und *Die Hochzeit in Auschwitz* verarbeitet. Der Leser des Lexikons entdeckt nun, dass es sich bei den bemerkenswerten Lebensläufen von Karl Sequens und Rudolf Friemel durchaus nicht um außergewöhnliche, sondern – von der Teilnahme an den Februarkämpfen 1934 bis zur Deportation ins KZ – vielmehr um repräsentative Lebensläufe handelt; wie die große Mehrheit der Spanienkämpfer waren sie Arbeiter.

Zwar kamen die meisten Spanienfreiwilligen aus Wien und den Industriezentren, aber es sind auch Männer und Frauen aus allen Bundesländern, aus Provinzstädten und kleinen unbekannten Gemeinden vertreten, was ein Licht auf die Zusammensetzung der österreichischen Linken in den 1930er Jahren wirft. Die Lexikon-Artikel streben größte Vollständigkeit an. Sie verzeichnen, wenn eruierbar, Namen und gegebenenfalls Decknamen, Geburtsdatum und -ort, Beruf, Parteizugehörigkeit, Verfolgung und Exil während des Austrofaschismus, Zeitpunkt des Eintreffens in Spanien, militärische Einheit bzw. medizinischer Einsatzort, Lebensstationen nach dem Rückzug aus Spanien – Exil, Widerstand, KZ –, gegebenenfalls Tätigkeiten und Wohnorte nach 1945. Sehr zahlreiche Einzel- und Gruppenfotos tragen zum Informations- und auch Gefühlswert dieses passionierenden Lexikons bei.

Jürgen Doll

Carl Zuckmayer: *Geheimreport*. Hg. von Gunther Nickel und Johanna Schrön. Göttingen (Wallstein Verlag) 2002. 526 S. Geb.
Zur Diskussion: Zuckmayers »Geheimreport« und andere Beiträge zur Zuckmayer-Forschung. Redaktion Ulrike Weiß. Zuckmayer-Jahrbuch, Bd. 5 / 2002. Göttingen (Wallstein Verlag). 589 S. Pb.
Heinrich Placke: »Remarques Denkschrift *Practical Educational Work in Germany after the War*« (1944) im Kontext zeitgenössischer Konzeptionen für das nahende Nachkriegsdeutschland (Denkschrift und Tagebuch als kontrastierende Gebrauchstextsorten). In: *Erich Maria Remarque Jahrbuch / Yearbook*, Bd. XIII / 2002. Osnabrück (Universitätsverlag Rasch). S. 61–96.

Zuckmayers *Geheimreport* und Remarques Denkschrift, beide 1943 / 44 im Auftrag des Office of Strategic Services (OSS) verfasst, dürften heute vor allem Interesse finden, weil sie zeigen, mit welcher Naivität und auf welchem Niveau der erst beim Kriegseintritt der USA 1941 gegründete amerikanische Geheimdienst vor dem Hintergrund der bisherigen isolationistischen Abschottung des Landes an die nötigen Informationen über den europäischen Kriegsschauplatz und für die künftige deutsche Nachkriegsordnung zu kommen hoffte. Süffisant hat Remarque über jene post-war-planners festgehalten, dass sie kaum wüssten, ob München eine Hafenstadt sei. Von entsprechender Qualität ist auch Zuckmayers Report, eine Sammlung von etwa 150 Künstler- und Schriftstellerporträts aus NS-Deutschland unter der Frage, wer aktiv für einen demokratischen Wiederaufbau herangezogen werden könne. Die Kategorisierung der Porträts nach Kriterien, wie sie später auch in den Entnazifizierungsverfahren beobachtet wurden, verleiht dem Unternehmen wenigstens die Ahnung eines politischen Zusammenhangs. Im Übrigen enthalten sie kaum mehr als Theater- und Klatschgeschichten, häufig angereichert mit persönlich gefärbten Anekdoten.

In einem ausführlichen und sorgfältigen Nachwort skizzieren die Herausgeber die Umstände, wie die OSS-Repräsentanten auf Zuckmayer und andere aufmerksam wurden. Diese Emigranten gehörten zu jener Sammlungsbewegung in den USA, die seit

1943 nach der Niederlage der deutschen Armee in Stalingrad zunächst mit Resolutionen für den nun wahrscheinlicher werdenden Neuaufbau in Deutschland und dann mit der Gründung des Council for a Democratic Germany (CDG) im Frühjahr 1944 von sich reden machte. Ob Zuckmayers Berichte, wie die Herausgeber meinen, auf der Mikroebene ein wichtiges Komplement zu den makrogesellschaftlichen Analysen der direkt im OSS beschäftigten Emigranten um die Sozialwissenschaftler Franz Neumann, Herbert Marcuse, Otto Kirchheimer u. a. darstellen, mag dahingestellt bleiben. Nicht immer sind sie zuverlässig, gelegentlich – so im Fall Veit Harlans – sogar irreführend. Überhaupt fällt auf, dass Zuckmayer, der anfangs durchaus Sympathien für den Nationalsozialismus hatte, die Verwicklungen gerade der Theaterleute in die NS-Kulturpolitik äußerst nachsichtig behandelt, man lese nur die Porträts von Emil Jannings und Werner Krauss. Die Phantasie muss nicht überstrapaziert werden, um zu vermuten, dass sie für den Autor später bei einer Rückkehr noch einmal hätten wichtig werden können.

Hilfreich für die Interpretation solcher Ambivalenzen ist das zeitgleich mit der Publikation des Geheimreports erschienene *Zuckmayer-Jahrbuch*, das dessen »spontane Urteilsperspektive« (D. Barnouw) einer genaueren Analyse unterzieht. Im Lichte der heutigen Quellen- und Forschungslage werden der Subjektivismus der Zuckmayer'schen literarischen Miniaturen überprüft, seine Fehlurteile korrigiert, der historische Kontext und die Zwänge künstlerischer Existenz unter dem Nationalsozialismus, aber auch der servil-vorauseilende karriereorientierte Opportunismus von Schauspielern wie Hans Albers, Heinz Rühmann und Gustav Fröhlich erhellt sowie den Gründen nachgegangen, warum den Autor auch jene intellektuellen NS-Sympathisanten wie Friedrich Sieburg und Ernst Jünger sichtlich faszinierten. Gelegentlich ist das Urteil in einigen Beiträgen des Jahrbuchs allerdings überzogen; so beispielsweise wenn Zuckmayer als Gewährsmann für die neuere Forschung über die regimekritische Literatur der »inneren Emigration« positioniert wird, die sich anschicke, die »Sterilität« der Exilforschung (G. Scholdt) mit ihrer angebli-

chen Dichotomie von guten und bösen Deutschen zu überwinden.

Plackes Präsentation der Remarque-Denkschrift verfolgt die Absicht, deren konkrete erziehungspolitische Ziele zu bestimmen. Der Frage, ob Elemente davon in der tatsächlichen Reeducation-Politik der amerikanischen Militärbehörden zu finden sind, wird allerdings nicht nachgegangen. Und auch der beabsichtigte diskursanalytische Vergleich der Remarque'schen Aufzeichnungen mit den Verlautbarungen des Council for a Democratic Germany bleibt recht blass. Er verliert sich im assoziativen Hin- und Herspringen zwischen Werken Remarques und CDG-Dokumenten sowie den unsystematischen Rekursen auf die Volksfrontdiskussion der 1930er Jahre und weit ausholenden Blicken auf die Restaurationsjahre der frühen Bundesrepublik.

Claus-Dieter Krohn

Stiftung Archiv der Akademie der Künste, Berlin: *Die Kortner-Hofer-Künstler-GmbH. Fritz Kortner (1892–1970) und Johanna Hofer (1896–1988)*. Berlin 2003. 141 S.

Sie war die starke Frau in seinem Schatten, die erst nach dem Tode des Mannes wieder ins Rampenlicht trat. Gemeinsam bildeten sie die »Kortner-Hofer-Künstler-GmbH«. Unter gleichem Titel stellte Anfang 2003 die Akademie der Künste in Berlin das Schauspielerpaar Fritz Kortner (1892–1970) und Johanna Hofer (1896–1988) in den Mittelpunkt einer Ausstellung. Begleitend erschien ein Handbuch, das Dokumente aus den beiden Nachlässen, autobiografische Texte und Äußerungen von Zeitgenossen zu einer biografischen Collage verwebt. Bei der Lektüre entsteht sukzessive das Bild zweier Menschen, die nur durch gegenseitigen Rückhalt die schweren Krisenjahre ihres Lebens bewältigten: Die erzwungene Emigration nach 1933, die beruflich schwierige Zeit im amerikanischen Exil und die nicht unkomplizierte Rückkehr ins Nachkriegsdeutschland. Als Kortner und Hofer zu Beginn der 1920er Jahre zusammenkamen, hatten beide bereits die ersten Sprossen ihrer Karriere erklommen. Johanna Hofer, deren drei Schwestern ebenfalls als Tänzerinnen und Schau-spielerinnen erfolgreich waren, reüssierte seit 1915 am Frankfurter Schauspielhaus, bevor sie sich an der Berliner Volksbühne und am Staatlichen Schauspielhaus unter Leopold Jessner als zarte, lyrische Darstellerin einen Namen machte. Fritz Kortner begeisterte Publikum und Kritik in den großen, klassischen Männerrollen Richard, Othello und Macbeth mit seiner temperamentvollen, aber einfühlsamen Schauspielkunst. Als Protagonist des expressionistischen Films spielte er die Abgründigen und Dämonischen.

Die Publikation zeichnet die getrennten und nach der Heirat 1924 gemeinsamen Lebenswege durch mosaikartig zusammengefügte Texte nach, wobei der Fokus auf Kortner liegt. Sei es, weil Hofer sich nach der Geburt ihrer Kinder immer wieder für längere Zeit vom Theater zurückzog, oder weil Kortner durch seinen extrovertierten Habitus öfter für Schlagzeilen sorgte. Zudem verfasste Kortner einige Lebenserinnerungen – die bekannteste ist wohl das Buch *Aller Tage Abend* –, auf die auch die Herausgeber der *Kortner-Hofer-Künstler-GmbH* zurückgriffen. Dennoch hätten sich durch intensivere Recherchen sicherlich einige Fakten und Rezensionen zusammentragen lassen, die das Schaffen der Hofer mehr hätten erhellen können. Denn schließlich war Hofer, die Gastspiele am Renaissance-Theater gab und neben Elisabeth Bergner in *Die treue Nymphe* spielte, noch in den 1920er Jahren so beschäftigt, dass sie mit ihrem Mann 1928 die Kortner-Hofer-Künstler-GmbH zur Verwertung der gemeinsam erwirtschafteten Einnahmen eintragen ließ.

Gleich nach dem Machtantritt Hitlers 1933 flüchtete die Familie – Kortner hatte bereits in der Weimarer Republik mit antisemitischen Angriffen zu kämpfen – über Wien und England in die USA. Ihr Leben im Exil war von Unsicherheit geprägt. Vermutlich sind es die beruflichen Misserfolge – Kortner fiel als Schauspieler und Autor mit zwei Theaterstücken bei der amerikanischen Kritik durch, Hofer erhielt nur kleinere Filmrollen – und die Sehnsucht nach der Heimat, die beide 1948 zur Remigration bewegten. Szenenfotografien, Erinnerungen und Kritiken berichten von der gemeinsamen Arbeit beim Film und am Theater. Kortner avancierte zu einem der »umstrittensten, aber

auch meist geachteten Regisseure am deutschsprachigen Theater«, während Hofer für ihn auf der Bühne stand oder ihm »besonders in den angespannten Endproben zur Seite stand« (69).

Erst gegen Ende des Buches erhält Hofer ein eigenständiges, ihrer »Alterskarriere« gewidmetes Kapitel. Nach dem Tode Kortners im Jahre 1970 verwaltete sie nicht nur den Nachlass des Mannes, sondern trat in den folgenden 18 Jahren auch in Theater- und Filmproduktionen von Peter Stein, Peter Zadek und Rainer Werner Fassbinder auf. Kritisch konnte Hofer nun zurückblicken auf die gemeinsamen Schaffensjahre mit ihrem Mann: »(...) es war ein gegenseitiges Rücksicht nehmen, das nicht ganz und gar zuträglich war; dessen bin ich mir erst völlig bewußt geworden, nun ich allein spiele. Ich bin so ohne Rücksichtnahme wohl doch um einige Grade freier, als ich es vorher war.« (96)

Die durch die Collagetechnik des Buches gesponnenen losen Lebensfäden der beiden Schauspieler und Emigranten Johanna Hofer und Fritz Kortner werden erst durch den Aufsatz von Klaus Völker am Buchende zusammengeführt. Völker, der bereits eine Kortner-Biografie verfasste, gibt einen Überblick über die wichtigen Lebensstationen der beiden Protagonisten. Ohne ihn zerfiele das Handbuch wohl in zu viele Einzeldokumente. So aber entstand eine Publikation, die Zäsuren und Widrigkeiten im Leben eines Künstlerpaares vom frühen Erfolg in den 1920er Jahren über das harte Exildasein bis zur Mitgestaltung der deutschen Theaterlandschaft nach 1948 nachzeichnet. Zu hoffen ist nun, dass eine zweite, ausführlichere Publikation über das Paar Hofer-Kortner folgt, die dem Schaffen der Schauspielerin und Emigrantin Johanna Hofer vermehrte Aufmerksamkeit zuteil werden lässt.

Burcu Dogramaci

Kurzbiografien der Autorinnen und Autoren

Evelyn Adunka, geb. 1965, lebt in Wien. Historikerin und Publizistin mit dem Schwerpunkt Jüdische Zeit- und Geistesgeschichte. Redaktionsmitglied der Wiener Zeitschrift *Zwischenwelt* und Vorstandsmitglied der Österreichischen Gesellschaft für Exilforschung.

Olivia C. Díaz Pérez, geb. 1970. Studium der hispanoamerikanischen Literatur an der Universität Guadalajara, Mexiko. 2004 Promotion im Fach Germanistik an der Albert-Ludwigs-Universität Freiburg über *Mexiko im Werk von Anna Seghers*. Zur Zeit Dozentin für Deutsch und Vergleichende Literaturwissenschaft an der Universität Guadalajara.

Michaela Enderle-Ristori, geb. 1959, Studium der Germanistik und Romanistik in Tübingen und Paris VIII, Promotion 1994 in Tübingen, Agrégation 1997; seitdem Maître de Conférences für deutsche Literatur an der Universität Tours.

Ernst Fischer, geb. 1951 in Wien, Professor für Buchwissenschaft an der Johannes Gutenberg-Universität Mainz. Publikationen zur Literatur-, Buchhandels- und Mediengeschichte des 18.–20.Jahrhunderts, darunter auch zu Verlag und Buchhandel im deutschsprachigen Exil nach 1933; zuletzt Konzeption und Begleitbuch zur Ausstellung *Buchgestaltung im Exil 1933–1950* an der Deutschen Bibliothek in Frankfurt am Main März / Juni 2003.

Germaine Goetzinger, geb. 1947, studierte Germanistik und Geschichte an der Universität Tübingen. Seit 1995 leitet sie das Centre national de littérature (Luxemburger Literaturarchiv) in Mersch.

Ines Katenhusen, geb. 1966. Studium der Geschichte und Germanistik, Promotion 1997 zum Thema Kunst und Politik. Hannovers Auseinandersetzungen mit der Moderne in der Weimarer Republik. Seit 1999 wissenschaftliche Mitarbeiterin am Institut für Politische Wissenschaft der Universität Hannover. Zur Zeit Arbeit am Habilitationsprojekt zu Leben und Werk Alexander Dorners.

Klaus Körner, geb. 1939, Studium der Rechts- und Politikwissenschaft, Großes juristisches Staatsexamen 1969. Seit 1975 freier Autor, zahlreiche Beiträge zur Kultur- und Verlagsgeschichte der Bundesrepublik.

Irene Nawrocka, geb. 1969, Studium der Vergleichenden Literaturwissenschaft, Skandinavistik und Germanistik in Wien, Promotion 1999. Veröffentlichungen u. a.: *Verlagssitz: Wien, Stockholm, New York, Amsterdam. Der Bermann-Fischer Verlag im Exil 1933–1950* (2000); *Carl Zuckmayer – Gottfried Bermann Fischer: Briefwechsel* (2004).

Hélène Roussel, geb. 1945. Studium der Germanistik und Romanistik (Ecole Normale Supérieure und Sorbonne). Maître de conférences an der Université Paris 8. Veröffentlichungen zur Literatur, Presse und Kulturgeschichte des deutschen Exils 1933–1945. Übersetzerin von Anna Seghers.

Dieter Schiller, geb. 1933, Studium der Germanistik an der Humboldt-Universität Berlin, Promotion 1965. Prof. em. und ehemaliger stellvertretender Direktor des Zentralinstituts für Literaturgeschichte der Akademie der Wissenschaften der DDR, Berlin.

Joseph Suschitzky, geboren 1902 in Wien, gestorben 1975 in London. Bis 1924 Lehrzeit in Buchhandlung und Verlag (Anzengruber-Verlag) seines Vaters Philipp S. und Onkels Wilhelm S. Anschließend Jurastudium in Wien, 1928 Promotion bei dem Staatsrechtler Hans Kelsen; seit 1934 Geschäftsleitung im Anzengruber-Verlag. 1938 Inhaftierung in den Konzentrationslagern Dachau und Buchenwald; seine Eltern wurden in Auschwitz ermordet. Nach Freilassung Emigration nach London, von 1940 bis 1945 Leiter des Rare Books Departments bei der Buchhandlung Foyle's. 1945 Eröffnung der Antiquariatsbuchhandlung Libris, bis zur Schließung 1971 ein Anlaufpunkt der literarischen und intellektuellen Emigration in London.

Jörg Thunecke, geb. 1941, Studium der Anglistik und Germanistik in Hamburg, Dublin und London. Bis 1997 Senior Lecturer in German an der Nottingham Trent University in England, seitdem Dozent an der Westdeutschen Akademie für Kommunikation in Köln.

Wilfried Weinke, geb. 1955, Historiker und Publizist, Veröffentlichungen zur deutsch-jüdischen Geschichte Hamburgs und zur Exilliteratur.

Exilforschung. Ein internationales Jahrbuch

Herausgegeben von Claus-Dieter Krohn, Erwin Rotermund,
Lutz Winckler und Wulf Koepke

Band 1/1983
Stalin und die Intellektuellen und andere Themen
391 Seiten

»... der erste Band gibt in der Tat mehr als nur eine Ahnung davon, was eine so interdisziplinär wie breit angelegte Exilforschung sein könnte.«
Neue Politische Literatur

Band 2/1984
Erinnerungen ans Exil – kritische Lektüre der Autobiographien nach 1933
415 Seiten

»Band 2 vermag mühelos das Niveau des ersten Bandes zu halten, in manchen Studien wird geradezu außergewöhnlicher Rang erreicht ...«
Wissenschaftlicher Literaturanzeiger

Band 3/1985
Gedanken an Deutschland im Exil und andere Themen
400 Seiten

»Die Beiträge beschäftigen sich nicht nur mit Exilliteratur, sondern auch mit den Lebensbedingungen der Exilierten. Sie untersuchen Möglichkeiten und Grenzen der Mediennutzung, erläutern die Probleme der Verlagsarbeit und verfolgen ›Lebensläufe im Exil‹.«
Neue Zürcher Zeitung

Band 4/1986
Das jüdische Exil und andere Themen
310 Seiten

Hannah Arendt, Bruno Frei, Nelly Sachs, Armin T. Wegner, Paul Tillich, Hans Henny Jahnn und Sergej Tschachotin sind Beiträge dieses Bandes gewidmet. Ernst Loewy schreibt über den Widerspruch, als Jude, Israeli, Deutscher zu leben.

Band 5/1987
Fluchtpunkte des Exils und andere Themen
260 Seiten

Das Thema »Akkulturation und soziale Erfahrungen im Exil« stellt neben
der individuellen Exilerfahrung die Integration verschiedener Berufsgrup-
pen in den Aufnahmeländern in den Mittelpunkt. Bisher wenig bekannte
Flüchtlingszentren in Lateinamerika und Ostasien kommen ins Blickfeld.

Band 6/1988
Vertreibung der Wissenschaften und andere Themen
243 Seiten

Der Blick wird auf einen Bereich gelenkt, der von der Exilforschung bis dahin kaum wahrgenommen wurde. Das gilt sowohl für den Transfer denkge-
schichtlicher und theoretischer Traditionen und die Wirkung der vertriebenen Gelehrten auf die Wissenschaftsentwicklung in den Zufluchtsländern
wie auch für die Frage nach dem »Emigrationsverlust«, den die Wissen-
schaftsemigration für die Forschung im NS-Staat bedeutete.

Band 7/1989
Publizistik im Exil und andere Themen
249 Seiten

Der Band stellt neben der Berufsgeschichte emigrierter Journalisten in den
USA exemplarisch Persönlichkeiten und Periodika des Exils vor, vermittelt
an deren Beispiel Einblick in politische und literarische Debatten, aber
auch in die Alltagswirklichkeit der Exilierten.

Band 8/1990
Politische Aspekte des Exils
243 Seiten

Der Band wirft Schlaglichter auf ein umfassendes Thema, beschreibt Hand-
lungsspielräume in verschiedenen Ländern, stellt Einzelschicksale vor. Der
Akzent auf dem kommunistischen Exil, dem Spannungsverhältnis zwischen
antifaschistischem Widerstand und politischem Dogmatismus, verleiht
ihm angesichts der politischen Umwälzungen seit 1989 Aktualität.

Band 9/1991
Exil und Remigration
263 Seiten

Der Band lenkt den Blick auf die deutsche Nachkriegsgeschichte, untersucht, wie mit rückkehrwilligen Vertriebenen aus dem Nazi-Staat in diesem Land nach 1945 umgegangen wurde.

Band 10/1992
Künste im Exil
212 Seiten. Zahlreiche Abbildungen

Beiträge zur bildenden Kunst und Musik, zu Architektur und Film im Exil stehen im Mittelpunkt dieses Jahrbuchs. Fragen der kunst- und musikhistorischen Entwicklung werden diskutiert, die verschiedenen Wege der ästhetischen Auseinandersetzung mit dem Faschismus dargestellt, Lebens- und Arbeitsbedingungen der Künstler beschrieben.

Band 11/1993
Frauen und Exil
Zwischen Anpassung und Selbstbestimmung
283 Seiten

Der Band trägt zur Erforschung der Bedingungen und künstlerischen wie biografischen Auswirkungen des Exils von Frauen bei. Literaturwissenschaftliche und biografische Auseinandersetzungen mit Lebensläufen und Texten ergänzen feministische Fragestellungen nach spezifisch »weiblichen Überlebensstrategien« im Exil.

Band 12/1994
Aspekte der künstlerischen Inneren Emigration
1933 bis 1945
236 Seiten

Der Band will eine abgebrochene Diskussion über einen kontroversen Gegenstandsbereich fortsetzen: Zur Diskussion stehen Literatur und Künste in der Inneren Emigration zwischen 1933 und 1945, Möglichkeiten und Grenzen einer innerdeutschen politischen und künstlerischen Opposition.

Band13/1995
Kulturtransfer im Exil
276 Seiten

Das Jahrbuch 1995 macht auf Zusammenhänge des Kulturtransfers aufmerksam. Die Beiträge zeigen unter anderem, in welchem Ausmaß die aus Deutschland vertriebenen Emigranten das Bewusstsein der Nachkriegsgeneration der sechziger Jahre – in Deutschland wie in den Exilländern – prägten, welche Themen und Erwartungen die Exilforschung seit jener Zeit begleitet haben.

Band 14/1996
Rückblick und Perspektiven
231 Seiten

Methoden und Ziele wie auch Mythen der Exilforschung werden kritisch untersucht; der Band zielt damit auf eine problem- wie themenorientierte Erneuerung der Exilforschung. Im Zusammenhang mit der Kritik traditioneller Epochendiskurse stehen Rückblicke auf die Erträge der Forschung unter anderem in den USA, der DDR und in den skandinavischen Ländern. Zugleich werden Ausblicke auf neue Ansätze, etwa in der Frauenforschung und der Literaturwissenschaft, gegeben.

Band 15/1997
Exil und Widerstand
282 Seiten

Der Widerstand gegen das nationalsozialistische Herrschaftssystem aus dem Exil heraus steht im Mittelpunkt dieses Jahrbuchs. Neben einer Problematisierung des Widerstandsbegriffs beleuchten die Beiträge typische Schicksale namhafter politischer Emigranten und untersuchen verschiedene Formen und Phasen des politischen Widerstands: z.B. bei der Braunbuch-Kampagne zum Reichstagsbrand, in der französischen Résistance, in der Zusammenarbeit mit britischen und amerikanischen Geheimdiensten sowie bei den Planungen der Exil-KPD für ein Nachkriegsdeutschland.

Band 16/1998
Exil und Avantgarden
275 Seiten

Der Band diskutiert und revidiert die Ergebnisse einer mehr als zwanzig-
jährigen Debatte um Bestand, Entwicklung oder Transformation der historischen Avantgarden unter den Bedingungen von Exil und Akkulturation;
die Beiträge verlieren dabei den gegenwärtigen Umgang mit dem Thema
Avantgarde nicht aus dem Blick.

Band 17/1999
Sprache – Identität – Kultur
Frauen im Exil
268 Seiten

Die Untersuchungen dieses Bandes fragen nach der spezifischen Konstruk-
tion weiblicher Identität unter den Bedingungen des Exils. Welche Brüche
verursacht die – erzwungene oder freiwillige – Exilerfahrung in der individuellen Sozialisation? Und welche Chancen ergeben sich möglicherweise
daraus für die Entwicklung neuer, modifizierter oder alternativer Iden-
titätskonzepte? Die Beiträge bieten unter heterogenen Forschungsansätzen
literatur- und kunstwissenschaftliche, zeithistorische und autobiografische
Analysen.

Band 18/2000
Exile im 20. Jahrhundert
280 Seiten

Ohne Übertreibung kann man das 20. Jahrhundert als das der Flüchtlinge
bezeichnen. Erzwungene Migrationen, Fluchtbewegungen und Asylsu-
chende hat es zwar immer gegeben, erst im 20. Jahrhundert jedoch begann-
nen Massenvertreibungen in einem bis dahin unbekannten Ausmaß. Die
Beiträge des Bandes behandeln unterschiedliche Formen von Vertreibung,
vom Exil aus dem zaristischen Russland bis hin zur Flucht chinesischer Dis-
sidenten in der jüngsten Zeit. Das Jahrbuch will damit auf Unbekanntes
aufmerksam machen und zu einer Erweiterung des Blicks in vergleichender
Perspektive anregen.

Band 19/2001
Jüdische Emigration
Zwischen Assimilation und Verfolgung, Akkulturation und jüdischer Identität
294 Seiten

Das Thema der jüdischen Emigration während des »Dritten Reichs« und Probleme jüdischer Identität und Akkulturation in verschiedenen europäischen und außereuropäischen Ländern bilden den Schwerpunkt dieses Jahrbuchs. Die Beiträge befassen sich unter anderem mit der Vertreibungspolitik der Nationalsozialisten, richten die Aufmerksamkeit auf die Sicht der Betroffenen und thematisieren Defizite und Perspektiven der Wirkungsgeschichte jüdischer Emigration.

Band 20/2002
Metropolen des Exils
310 Seiten

Ausländische Metropolen wie Prag, Paris, Los Angeles, Buenos Aires oder Shanghai stellten eine urbane Fremde dar, in der die Emigrantinnen und Emigranten widersprüchlichen Erfahrungen ausgesetzt waren: Teilweise gelang ihnen der Anschluss an die großstädtische Kultur, teilweise fanden sie sich aber auch in der für sie ungewohnten Rolle einer Randgruppe wieder. Der daraus entstehende Widerspruch zwischen Integration, Marginalisierung und Exklusion wird anhand topografischer und mentalitätsgeschichtlicher Untersuchungen der Metropolenmigration, vor allem aber am Schicksal der großstädtischen politischen und kulturellen Avantgarden und ihrer Fähigkeit, sich in den neuen Metropolen zu reorganisieren, analysiert. Ein spezielles Kapitel ist dem Imaginären der Metropolen, seiner Rekonstruktion und Repräsentation in Literatur und Fotografie gewidmet.

Band 21/2003
Film und Fotografie
296 Seiten

Als »neue« Medien verbinden Film und Fotografie stärker als die traditionellen Künste Dokumentation und Fiktion, Amateurismus und Professionalität, künstlerische, technische und kommerzielle Produktionsweisen. Der Band geht den Produktions- und Rezeptionsbedingungen von Film und Fotografie im Exil nach, erforscht anhand von Länderstudien und Einzelschicksalen Akkulturations- und Integrationsmöglichkeiten und thematisiert den Umgang mit Exil und Widerstand im Nachkriegsfilm.

Literatur in der edition text + kritik

Reiner Wild (Hg.)
Dennoch leben sie.
Verfemte Bücher, verfolgte Autorinnen
und Autoren. Zu den Auswirkungen
nationalsozialistischer Literaturpolitik.
2003, 454 Seiten
€ 32,--/sfr 53,80
ISBN 3-88377-745-5

Am 10. Mai 1933 brannten in Deutschland die Bücher. Diese Aktion war ein öffentlicher Höhepunkt des weit greifenden Versuchs der National-sozialisten, die deutsche Kultur ideologisch auszurichten und von Einflüssen zu »säubern«, die sie aus politischen oder rassischen Gründen ablehnten. Und sie war ein Fanal; dem Verbrennen der Bücher folgte die Verfemung der Autoren und Autorinnen, ihre Exilierung und Verfolgung.

Zweifellos bewirkte die nationalsozialistische Verfolgung einen Bruch in der deutschen kulturellen Entwicklung, der auch nach 1945 nicht zu heilen war. An etwa vierzig Beispielen wird in dem Band dem Schicksal der missliebigen und verbrannten Bücher und ihrer verfemten und verfolgten Autorinnen und Autoren nachgegangen. Darunter sind bekannte Namen wie Thomas Mann, Sigmund Freud, Bertolt Brecht, Anna Seghers oder Bertha von Suttner, aber ebenso nicht mehr oder kaum noch bekannte AutorInnen wie Gina Kaus, Heinrich Eduard Jacob, Rahel Sanzara, Oskar Wöhrle oder Henri Lichtenberger.

Indem dieser Band die unterschiedlichen Wege der Werke und AutorInnen nach der Bücherverbrennung darstellt, leistet er Gedächtnisarbeit und ist damit zugleich Teil der kulturellen Überlieferung.

edition text + kritik
Postfach 80 05 29 | 81605 München | Levelingstraße 6a | 81673 München
info@etk-muenchen.de | www.etk-muenchen.de

LEO BAECK INSTITUTE YEAR BOOK 2004

Editors

J.A.S. Grenville
Raphael Gross

Manuscript Editors

Gabriele Rahaman
Joel Golb

Bibliographers

Barbara Suchy
Annette Pringle

Contents

I. The End of the War and the Holocaust

II. Jewish Intellectuals

III. Remigration

IV. The Haskalah

V. Dissertation Abstracts

VI. Bibliography for 2003

Berghahn Books is pleased to announce that the Leo Baeck Institute Year Book is now available on a subscription basis.

Individual Subscription $45.00/£30.00
Institutional Subscription $60.00/£45.00

Single Copy : $90.00/£60.00

Leo Baeck Institute Year Book
Volumes I-XL, 1956–1995 on CD-ROM
ISBN : 1-57181-183-4 $399.00/£260.00

Berghahn Books
New York/Oxford

3 Newtec Place, Oxford (01865) 250011
150 Broadway,#812, New York (212) 2226502
www.berghahnbooks.com

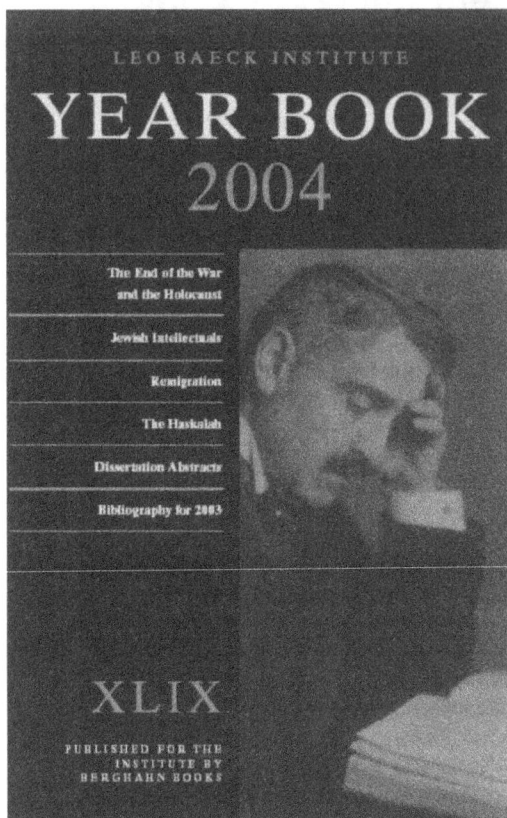

www.ingramcontent.com/pod-product-compliance
Lightning Source LLC
Chambersburg PA
CBHW020504270326
41926CB00008B/738

9 783112 422915